Barbara Webb

yachtsman's ten language dictionary

3RD EDITION

ADLARD COLES NAUTICAL
LONDON

English • French • German • Dutch • Danish • Spanish • Italian • Portuguese • Turkish • Greek

Published by Adlard Coles Nautical
an imprint of A & C Black (Publishers) Ltd
38 Soho Square, London W1D 3HB
www.adlardcoles.com

First edition *Yachtsman's Eight Language Dictionary* published by

Adlard Coles 1965	Reprinted 1969
Second edition 1977	Reprinted 1978
Third edition 1983	Reprinted 1985, 1988, 1989, 1991, 1994

First edition *Yachtsman's Ten Language Dictionary* published by
Adlard Coles Nautical 1995
Second edition 2000
Third edition 2008

ISBN 9780–7136–8440–7

A CIP catalogue record for this book is available from the British Library.

This book is produced using paper that is made from wood grown in managed, sustainable forests. It is natural, renewable and recyclable. The logging and manufacturing processes conform to the environmental regulations of the country of origin.

Typeset in Optima 7.5/8.25pt by Falcon Oast Graphic Art Ltd.
Printed in Pantone 301C and Pantone 465C
Printed and bound in Spain by GraphyCems, S L

It is more than forty years ago that Barbara Webb and Adlard Coles first produced the *Yachtsman's Eight Language Dictionary*. That it has grown is hardly surprising. Yacht cruising has developed so much in those four decades that much now taken for granted on a modern boat would have been unrecognised in 1965. Glass fibre was scarcely known as a boatbuilding material nor the huge range of equipment, instrumentation, rigging ideas and care products that clamour for our attention from the pages of yachting magazines, chandlery shelves and the boat show stands. It is now even more important for a skipper or crew to be able to explain what is wanted or to describe a problem to someone trying to help.

Life was simpler then. But the dictionary has always been in demand. After two editions and several reprints, we are delighted to offer the third edition of the *Ten Language Dictionary* – it expanded to ten languages in 1995 as the number of people venturing into the Eastern Mediterranean grew and Greek and Turkish were added to the previous mix. We have had suggestions for more languages to be included but that could make access to the word or phrase you need more difficult: the dictionary would become much more unwieldy and a problem to fit into the cruising library.

New words have brought the dictionary up-to-date but it retains all the fascinating detail of the classic boats, including drawings of varying rigs. It is a tribute to the care of my predecessor, Michael Manton, that we have had to make few corrections to existing text. We repeat, however, his appeal for those who spot errors to let the publishers know. The translation of nearly 3000 words into nine other languages gives some scope for mistakes or misunderstandings, and we welcome suggestions for improvement. Even among the experienced team of translators we use, some debate was necessary to ensure we have a full understanding of new words included in this edition. We cannot be held responsible for the consequences of any errors.

As before, we have used the ™ annotation where we are aware that it is a proprietary name that has passed into more general use. Should we have unwittingly not marked all such cases we regret this and shall be happy to make corrections at the earliest opportunity if we are informed.

USING THIS DICTIONARY

It is not possible, of course, to arrange a multi-language dictionary in alphabetical order. We have followed previous practice and organised the words into sections defined by subject or situation which are defined in the Contents. The earlier sections cover phrases that you are likely to need in a hurry – in case of emergency or of coming into harbour, for example (hopefully not coincidentally). It will nevertheless be sensible to browse through the book to gain a familiarity with the layout. We think you will find this interesting as an exercise in itself but very useful if you come to circumstances in which you need the right word in haste.

Michael Davey
Editor for the Cruising Association
Senior Vice President

INTRODUCTION

Cela fait plus de quarante ans que Barbara Webb et Adlard Coles ont élaboré le premier *Dictionnaire en 8 langues du Plaisancier*. Ce n'est donc pas une surprise qu'il ait grossi. La plaisance s'est tellement developpée durant ces quatre dizaines d'années que beaucoup de choses faisant partie integrale d'un bateau moderne, étaient pratiquement inexistantes en 1965. La fibre de verre était à peine connue comme matériau de construction navale, de meme pour le choix immense d'équipement, instruments, accastillage et produits d'entretien s'étalant dans les magazines spécialisés sur les rayonnages des shipchandlers ou dans les "Salons du Bateau" pour nous tenter. Il est plus que jamais important pour un skipper ou un membre de l'équipage de pouvoir expliquer ce dont il a besoin ou de décrire un problème à quelqu'un prêt à aider.

La vie était alors plus simple. Mais i l y a toujours eu une forte demande pour le dictionnaire. Après deux publications et plusieurs rééditions, nous sommes heureux de présenter la troisième edition du *Dictionnaire en 10 langues* – deux langues ont été ajoutées en 1995 en raison du nombre croissant de gens s'aventurant dans la partie orientale de la Méditerranée – le Grec et le Turc. On nous avait suggéré d'inclure d'autres langues, mais cela aurait créer plus de difficultés pour trouver le mot ou la phrase recherchée: le dictionnaire aurait été plus encombrant et aurait posé un problème pour la bibliothèque du bateau.

De nombreux mots ont modernisés le dictionnaire mais il contient toujours les détails fascinants des bateaux classiques y compris les dessins de gréments variés. C'est grâce à la minutie de mon prédecesseur que nous avons eu peu de corrections à faire. Cependant, nous renouvelons son invitation à ceux qui trouveraient des erreurs , de bien vouloir les signaler à l'éditeur. Il est inévitable que lorsqu'on traduit quelques 3.000 mots dans neuf autres langues, il se produise quelques erreurs ou malentendus et toute suggestion sera la bienvenue. Malgé la qualité de nos traducteurs expérimentés, quelques discussions ont été nécessaires afin de s'assurer d'une parfaite compréhension des mots nouveaux inclus dans cette édition. Nous n'acceptons aucune responsabilité pour les conséquences d'erreurs qu'elles soient.

Comme auparavant, nous avons utilisé l'annotation ™ lorsqu'il s'agit d'un nom de marque utilisé dans le language courant. Si par hasard nous avons commis une ou plusieurs omissions, nous le regrettons et ferons volontiers les corrections nécessaires, au plus tôt après en avoir été informés.

UTILISATION DU DICTIONNAIRE

Il est évident qu'il n'est pas possible d'arranger un tel dictionnaire par ordre alphabétique. Nous avons utilisé la méthode précédente et organisé les mots en chapitres se réfèrant à un sujet ou une situation repertoriés dans l'Index. Les premiers chapitres sont ceux dont on aurait besoin en cas d'urgence ou à l'arrivée dans un port, par exemple (en souhaitant que ce ne soit pas les deux en même temps). Il est cependant recommandé de parcourir le livre pour se familiariser avec sa composition. Nous pensons même que vous trouverez que c'est un exercice intéressant mais également très utile au cas où vous auriez besoin rapidement du mot juste.

Michael Davey

EINFÜHRUNG

Barbara Webb und Adlard Coles hatten vor über vierzig Jahren die erste Ausgabe von *Yachtsman's Eight Language Dictionary* zusammengestellt. Es überrascht nicht, dass es angewachsen ist. Yachten haben sich in diesen vier Jahrzehnten so erheblich weiterentwickelt, dass heute Selbstverständliches 1965 völlig unbekannt war. Glasfiber war kaum als Bootsbaumaterial bekannt, ebenso wenig wie die große Auswahl an Ausrüstungsgeräten, Instrumenten, Takelage und Pflegemitteln, die in den Yachtmagazinen, in den Regalen der Bootsausrüster und auf Bootsausstellungen unsere Aufmerksamkeit anziehen sollen. Es ist heute für einen Skipper oder eine Crew sehr wichtig, dass sie erklären können, was sie benötigen oder jemandem für eine Hilfeleistung ein Problem beschreiben können.

Das Leben war damals einfacher, dennoch war das Wörterbuch immer begehrt. Nach zwei Auflagen und sieben Nachdrucken freuen wir uns, die dritte Auflage des *Ten Language Dictionary* herausgeben zu können – 1995 um Griechisch und Türkisch auf zehn Sprachen erweitert, denn immer mehr Menschen wagten sich in das östliche Mittelmeer. Wir haben Vorschläge, weitere Sprachen aufzunehmen, aber das könnte die Suche nach einem Wort oder Ausdruck schwieriger machen: das Wörterbuch würde unhandlich und möglicherweise nicht mehr in die Buchsammlung auf der Yacht passen.

Neue Wörter haben das Wörterbuch auf einen aktuellen Stand gebracht, ohne dass die faszinierenden Details von klassischen Yachten verloren ging, einschließlich Zeichnungen und verschiedene Takelagen. In Anerkennung der Sorgfalt meines Vorgängers haben wir einige Korrekturen am bisherigen Text vorgenommen. Wir wiederholen dennoch seine Bitte an alle, die Fehler entdecken, diese an den Herausgeber zu melden. Da die Übersetzung von fast 3000 Worten in neun andere Sprachen Möglichkeiten für Fehler oder Missverständnisse bietet, bitten wir um Verbesserungsvorschläge. Trotz großer Erfahrung der Übersetzer waren einige Erörterungen notwendig, damit das gleiche Verständnis der neuen Worte gewährleistet ist. Wir können keine Verantwortung für eventuelle Folgen von Fehlern übernehmen.

Wie bisher haben wir Markenbezeichnungen und geschützte Namen, die im Alltagsgebrauch verwendet werden, mit ™ gekennzeichnet. Wenn wir unwissentlich solche nicht gekennzeichnet haben, bedauern wir dieses und nehmen, wenn wir davon erfahren, Korrekturen zum frühest möglichen Zeitpunkt vor.

ZUM GEBRAUCH DIESES BUCHES

Ein mehrsprachiges Wörterbuch lässt sich naturgemäß nicht alphabetisch ordnen. Wir haben wie bisher die Worte jeweils Abschnitten zugeordnet, die sich auf den Gegenstand oder die Situation beziehen. In den ersten Abschnitten sind besonders die Worte aufgeführt, die man u. U. schnell in Notfällen oder beim Einlaufen in einen Hafen benötigt (hoffentlich nicht zufälligerweise). Es empfiehlt sich, durch das ganze Buch zu blättern, um sich mit dem Aufbau vertraut zu machen. Wir glauben, dass dieses auch für die eigene Übung hilfreich ist; auf jeden Fall ist es aber sehr nützlich, wenn Sie dringend das richtig Wort suchen.

Michael Davey

VOORWOORD

Nu meer dan veertig jaar geleden stelden Barbara Webb en Adlard Coles de eerste editie van *Hollandia's Tien Talen Scheepswoordenboek* samen. Dat dit boek is uitgegroeid tot een standaardwerk is niet verwonderlijk. Steeds meer watersporters varen buiten de grenzen van hun eigen land en hebben daarbij de vertaling nodig van scheepstermen, die in een standaardwoordenboek vaak ontbreken.

De watersport heeft zich de afgelopen veertig jaar sterk ontwikkeld. Zaken aan boord die ten tijde van de eerste druk in 1965 ondenkbaar waren, vinden we tegenwoordig heel gewoon. Het assortiment op het gebied van uitrusting, instrumenten, tuigage en onderhoudsproducten is enorm uitgebreid en nieuwe producten en materialen hebben hun intrede gedaan. Van bijvoorbeeld het gebruik van kunststof in de jachtbouw (toen nog een nieuw fenomeen) kijkt inmiddels niemand meer op.

Al was het leven toen eenvoudiger, er is altijd vraag gebleven naar dit woordenboek. Maar vanwege recente ontwikkelingen was er wel een herziening nodig. Na twee uitgaven en zeven herdrukken verheugt het ons dan ook om u hierbij de derde uitgave van het *Hollandia's Tien Talen Scheepswoordenboek* te presenteren. Nieuwe woorden hebben het woordenboek up-to-date gemaakt; daarnaast echter bleven de detailtekeningen van het klassieke schip, inclusief tekeningen van verschillende tuigages, gehandhaafd.

Reeds in 1995 werd dit woordenboek uitgebreid tot tien talen. Grieks en Turks werden er toen toegevoegd, aangezien de oostelijke Middellandse Zee een belangrijk vaargebied was geworden. Wij hebben suggesties voor het toevoegen van meer talen overwogen, maar hier om gebruikstechnische redenen van afgezien. Het zou de toegankelijkheid van het boek verkleinen en het formaat zou te onhandig worden voor de scheepsbibliotheek.

Veel merk- en handelsnamen hebben tegenwoordig een plaats gekregen in het dagelijks taalgebruik. Indien dergelijke woorden in dit boek zijn opgenomen, worden ze aangeduid met het ™-teken. Mochten we dit (uit onwetendheid) hebben nagelaten, dan willen we u vragen de uitgever hierover op de hoogte te stellen, zodat we dit in een volgende druk kunnen corrigeren. Wij wijzen elke verantwoordelijkheid met betrekking tot consequenties van zulke vergissingen van de hand.

Alle lof voor de zorgvuldigheid van mijn voorganger, waardoor slechts weinig correcties in de bestaande tekst nodig waren. We herhalen echter zijn verzoek om ook op dit gebied de uitgever te informeren als er ondanks onze zorg fouten in de tekst zijn blijven staan. De vertaling van ongeveer 3000 woorden in negen andere talen laat ruimte voor fouten en misverstanden, en we zijn blij met alle suggesties voor verbetering.

HET GEBRUIK VAN DIT BOEK

Het is niet mogelijk een meertalig woordenboek alfabetisch te rangschikken. Net als in het verleden hebben we de woorden gerangschikt per onderwerp, zoals weergegeven in de inhoudsopgave. De eerste secties hebben betrekking op situaties waarbij het snel en makkelijk terugvinden van de benodigde woorden van groot belang kan zijn, zoals bij noodgevallen of bij het binnenlopen van een haven. Het is raadzaam om dit boek van tevoren rustig door te bladeren en handigheid in het gebruik te krijgen.

Michael Davey

FORORD

Det er nu mere end 40 år siden Barbara Webb og Adlard Coles startede på at skrive *Yachtsman's Eight Language Dictionary* (Ordbog for sejlere på otte sprog). Det er ikke så underligt at den er blevet af større format. Lystbåd sejlads har udviklet sig i så høj en grad over de fire årtier, at meget der nu er en selvfølge i moderne både, ville have været uhørt i 1965. Hverken glasfiber som bådbyggermateriale eller det store udvalg af udstyr som instrumenter, tilrigningsudstyr og vedligeholdelse produkter var til rådighed. Vi bliver nu bombaderet af fristende udvalg fra annoncer i lystbåd blade, hylder i sejlerbutikker og på bådustillinger. Det er derfor nu mere end nogensinde vigtigt, for en skipper eller gast, at kunne forklare hvad der ønskes eller forklare et problem der gerne skulle løses.

Livet var enklere dengang. Men ordbogen har altid været populær. Efter to udgaver og syv genoptryk, er vi er nu glade for at kunne tilbyde tredje udgave af *Ten Language Dictionary* (Ordbog på ti sprog). Det blev udviget til ti sprog i 1995 eftersom mange begyndte at sejle i den østlige del af Middelhavet. Græsk og tyrkisk blev de to nye sprog i puljen. Vi har modtaget forslag om endnu flere sprog der kunne blive inkluderet, men det kunne gøre det vanskeligere for brugere, at få adgang til de enkelte ord eller hele udtryk. Ordbogen ville blive meget mere uhåndterlig og sværere at få plads til på hylden.

Nye ord har gjort den tidssvarende mens den stadigvæk beholder alle de fascinerende detaljer der hører til de klassiske både, som tegninger af den skiftende rig. Det er tak til arbejdet af min forgænger, at vi har lavet så få ændringer i teksten. Vi gentager dog hans ønske om at meddele forlaget om eventuelle fejl. Oversættelse af næsten 3000 ord til ni andre sprog giver mulighed for fejl eller misforståelser og vi modtager gerne forslag til forbedring. Selv blandt vores gruppe af erfarne oversættere, har debat været nødvendig for at vi kunne være sikre på fuld forståelse af nye ord og udtryk i denne udgave. Vi er ikke ansvarlige for konsekvenser der eventuelt opstår pga fejl i udgaven.

Vi har som før benyttet os af TM note når vi er klar over at indregistreret navn er brugt i almindelig tale. Hvis det er tilfældet at vi ved en fejltagelse ikke har markeret alle sådanne varer, beklager vi og vil rette fejlen hurtigst muligt, hvis vi er blevet informeret.

VED BRUG AF ORDBOG

Det er selvfølgelig ikke muligt at arrangere en flersproget ordbog i alfabetisk rækkefølge. Vi har som i tidligere udgaver delt ord i grupper hvis definition udgør emne eller situation, som defineret i Indhold. De første afsnit er til hurtig adgang: F.eks. I en nødsituation eller det at sejle ind i en havn (forhåbentlig ikke det samme). Det vil alligevel være en god idé at blade igennem bogen for at få kendskab til layout (indretningen). Vi mener det i sig selv vil være interessant, men også nyttigt hvis situationen skulle opstå hvor det korekte ord skal bruges i hast.

Michael Davey

INTRODUCCIÓN

Hace mas de cuarenta años que Barbara Webb y Adlard Coles redactaron el primer *Dicccionario del Deportista Náutico en 8 idiomas*. No es extraño que se haya desarrollado. La navegación de recreo se ha incrementado tanto en estas cuatro décadas que muchas de las cosas que integran un barco moderno, eran desconocidos en 1965. La fibra de vidrio, era, a penas,conocida como material de construcción naval, al igual que el enorme surtido de equipamiento , aparejos y productos de mantenimiento, que desde las revistas, secciones especializadas y ferias náuticas, reclaman nuestra atención. Y hoy en dia es muy importante que un capitán o un miembro de la tripulación sea capaz de explicar lo que necesita o describir un problema a quien intente ayudarle. La vida era entonces más sencilla. Pero el diccionario siempre estuvo muy solicitado.

Después de dos ediciones y siete reimpresiones, nos complace presentarles la tercera edición del *Diccionario en Diez Idiomas* – aumentando a diez idiomas en 1995; dado el incremento de personas aventurándose por el Mediterráneo Oriental, el Griego y el Turco, se añadieron a la estructuración anterior. Se nos sugirió incluir más idiomas, pero hubiese dificultado un tanto, encontrar la palabra o la frase buscada; el diccionario resultaria mucho menos manejable y problemático el encajarlo en la librería del barco.

Nuevas palabras han modernizado el diccionario, pero conserva todos los detalles fascinantes de los barcos clásicos, incluso dibujos de aparejos diversos. Gracias al esmero de mi predecesor, pocas correciones han tenido que hacerce en el texto ya existente. No obstante, reiterando su petición, quienes observen algún error, comuníquenlo al editor. Inevitablemente, la traducción de casi 3000 palabras a nueve lenguas diferentes, comporta errores o malentendidos; agradeceremos, pues, cualquier sugerencia para subsanarlos. Incluso en el equipo de experimentados traductores del que nos servimos, ha sido necesaria alguna puesta en común. Para cerciorarnos sobre la total comprensíon de las palabras nuevas incluidas en esta edición. No se nos puede hacer responsables por las consecuencias de cualquiera que sea el error.

Como antes, hemos utilizado las siglas ™ siempre que hemos tenido constancia de que se trataba de un nombre de marca que haya pasado a uso general. Si, de modo inconsciente, no lo hubiésemos anotado en todos los casos, lo lamentamos y, una vez informados, nos alegraria coriegirlo a la mayor brevedad.

USO DE ESTE DICCCIONARIO

Por supuesto no se puede organizar un diccionario multi-lingue, por orden alfabético. Hemos continuado con el método precedente y organizado las palabras por articulos, definidos por temas o situaciones, establecidas en el Indice. Los primeras articulos son los que probablemente necesitaria de manera rápida: en caso de urgencia o a la llegada a puerto,por ejemplo (esperando que no haya coincidencia). Con todo, seria prudente hojear el libro para familiarizarse con su estructuración. Pensamos que le parecerá un ejercicio interesante en si mismo y utilísimo en circunstancias en las que precise, con prisa, de la palabra justa.

Michael Davey

Sono trascorsi più di quarant'anni da quando Barbara Webb e Adlard Coles pubblicarono per la prima volta lo *Yachtsman's Eight Language Dictionary*, ossia il Dizionario dello Yachtman in Otto Lingue. Non sorprende che da allora esso si sia tanto sviluppato e arricchito. In queste ultime quattro decadi la navigazione da diporto è si talmente diffusa che molto di ciò che è normale trovare nelle moderne imbarcazioni risulterebbe del tutto ignoto nel 1965. La fibra di vetro era allora scarsamente conosciuta quale materiale da costruzione di imbarcazioni, così come sconosciuti erano l'imponente gamma di apparecchiature, di strumentazione, di attrezzature e di prodotti per la cura e il mantenimento delle imbarcazioni che richiamano la nostra attenzione dalle pagine delle riviste di yachting, dagli scaffali dei negozi specializzati e dagli stand dei saloni nautici. E' ora anche più importante per uno skipper o per un intero equipaggio essere in grado di spiegare i propri desideri o di descrivere un eventuale problema a qualcuno che ci offra il proprio aiuto.

La vita era più semplice allora, ma il dizionario è sempre stato molto richiesto. Dopo due edizioni e sette ristampe siamo ora lieti di presentare la terzo edizione del *Ten Language Dictionary* – il dizionario è divenuto di dieci lingue nel 1995, poiché il numero di quanti si avventuravano nei paesi del Mediterraneo Orientale andava crescendo e quindi vennero aggiunti il Greco e il Turco. Ci è stato suggerito di inserire nel dizionario anche altre lingue ma ciò rischierebbe di rendere più difficile accedere alla parola o alla frase desiderata: il dizionario risulterebbe molto poco maneggevole e potrebbe essere un problema inserirlo nella biblioteca di bordo.

L'aggiunta di nuovi vocaboli ha reso attuale il dizionario, ma esso conserva tutti gli affascinanti dettagli delle imbarcazioni classiche, compresi i disegni di differenti tipi di sartiame e di attrezzature di bordo. Il fatto di aver dovuto effettuare solo poche correzioni al testo preesistente.è un riconoscimento della accuratezza del mio predecessore. Ripetiamo comunque il suo appello, rivolto a coloro che dovessero identificare errori, di informarne la casa editrice. La traduzione di circa 3000 parole in nove altre lingue presta il fianco a errori ed a fraintendimenti e noi daremo il benvenuto ai suggerimenti di miglioramento. Anche tra i traduttori esperti dei quali ci siamo avvalsi sono stati a volte necessari confronti e dibattiti per raggiungere la certezza della esatta comprensione delle nuove parole inserite in questa edizione del dizionario. Non possiamo comunque essere ritenuti responsabili delle conseguenze di eventuali errori.

Come già in precedenza, anche per questa edizione abbiamo utilizzato la notazione ™ in quei casi in cui sapevamo trattarsi di vocaboli "proprietari" passati ad un uso più generalizzato. Se involontariamente abbiamo tralasciato di marcare con detta notazione qualcuno di tali vocaboli, ce ne rammarichiamo e, se informati, saremo lieti di apportare non appena possibile le dovute integrazioni e correzioni.

USARE QUESTO DIZIONARIO

Ovviamente non è possibile elencare in ordine alfabetico le parole di un dizionario multilingue. Abbiamo perciò seguito il sistema precedente e abbiamo suddiviso le parole in sezioni denominate in base al tipo di argomento o al tipo di situazione. Tali sezioni sono evidenziate nell'Indice. Le prime sezioni sono quelle alle quali è probabile sia necessario accedere con urgenza: per esempio in un caso di emergenza o all'arrivo in un porto (auspicabilmente non le due cose in contemporanea). E' tuttavia buona norma navigare attraverso il libro per acquisire familiarità con l'impianto complessivo. Pensiamo che si tratti di un esercizio interessante in se, ma anche molto utile in quelle circostanze nelle quali sia necessario trovare in fretta la giusta parola.

Michael Davey

INTRODUÇÃO

Foi há mais de quarenta anos que Barbara Webb e Adlard Coles publicaram o *Yachtsman's Eight Language Dictionary*. Que este tenha crescido desde então, não é surpreendente. A náutica de recreio desenvolveu-se de tal maneira durante as últimas quatro décadas que aquilo que hoje em dia se considera como um dado adquirido a bordo dum barco moderno ainda nem era conhecido em 1965. A fibra de vidro era praticamente desconhecida pela construção naval tal como não se conhecia a enorme gama de equipamento, instrumentação, palamenta e produtos para manutenção que actualmente atraiem a nossa atenção por via das revistas da especialidade, das lojas de apetrechos náuticos e das exposições de náutica de recreio. Assim, é cada vez mais importante para um "skipper" ou sua tripulação poderem explicar aquilo de que precisam ou descreverem um problema a quem se propõe prestar-lhes auxílio.

Naquele tempo a vida era bem mais simples. No entanto, sempre houve procura para um dicionário. Assim, após dois edições e sete impressões, temos o prazer de apresentar a terceria edição do *Ten Language Dictionary*. Devido ao grande aumento dos que se aventuram no Mediterrâneo Oriental, foram acrescentados em 1965 o Grego e o Turco aos oito idiomas já existentes. Entretanto, foi-nos sugerido acrescentar outras línguas, mas isso poderia vir a dificultar ainda mais o acesso à palavra ou frase pretendida e a obra final tornar-se-ia mais volumosa complicando a sua arrumação na biblioteca de bordo.

O dicionário foi actualizado mediante a inclusão de novas palavras mas conserva todos os pormenores relativos aos barcos clássicos, incluindo os desenhos de várias armações. O facto de termos tido a necessidade de fazer poucas correcções ao texto actual deve-se ao louvável cuidado do meu antecessor. Todavia, reiteramos o seu apelo àqueles que detectarem erros para os assinalarem ao editor. A tradução de quase 3000 palavras para nove idiomas diferentes dá azo a erros e enganos pelo que quaisquer sugestões para aperfeiçoamento são bem vindas. Note-se que mesmo para a nossa equipa de tradutores experimentados foram necessários vários debates e discussões para se assegurarem de um bom entendimento do significado das novas palavras inseridas nesta edição. Por isso, não nos poderemos responsabilizar pelas consequências de quaisquer erros.

Tal como no passado, utilizamos a anotação TM quando sabemos que um termo é propriedade de alguém mesmo quando a sua utilização se tenha generalizado. Se porventura nos tiverem escapado alguns casos, terá sido involuntariamente e procederemos à sua correcção oportunamente logo que sejamos informados do mesmo.

COMO UTILIZAR ESTE DICIONÁRIO

Não é possível ordenar alfabeticamente um dicionário multilingue pelo que seguimos a prática anterior de organizar as palavras por secções definidas por assuntos ou situações que por sua vez estão indicados no índice. As primeiras secções são aquelas cuja probabilidade de terem que ser consultadas à pressa é maior. Por exemplo: no caso de uma emergência ou de uma entrada num porto. (Esperamos que as duas não venham a coincidir!) De qualquer modo, aconselhamos a folhear o livro para se familiarizarem com a sua disposição. Julgamos que constituirá uma experiência interessante por si própria, mas de certeza muito útil se as circunstâncias exigirem imediatamente a palavra certa.

Michael Davey

Kırk yıldan daha uzun bir süre once Barbara Webb ve Adlard Coles ilk *Sekiz Dilde Denizci Sözlüğünü* hazırladı. Bu geçen süre içinde çok şaşırtıcı gelişmeler oldu. Yatçılık bu son kırk yılda o kadar gelişme gösterdi ki ortaya çıkan modern tekneler 1965 yılında tahmin bile edilemezdi. O tarihlerde yat imali malzemesi olarak Fiber çok fazla bilinmeyen bir malzemeydi ve çok geniş seçenekli yardımcı malzemeler, göstergeler, donanım fikirleri, bakım malzemeleri Boat Fuarlarında, yat malzeme mağazası raflarında ve yatçılık dergileri sayfalarında dikkatimizi bu kadar fazla çekmiyordu. Kaptan veya mürettebatın yardımcı olmaya çalışan bir kişiye ihtiyacının ne olduğunu açıklayabilmesi veya sorununu izah edebilmesi şimdi çok daha fazla önemli.

Hayat o zamanlar daha kolaydı fakat yine de bu sözlük gerekliydi. Iki düzenleme ve birkaç yenibasım ardından *'On Dilde Denizci Sözlüğünün'* üçüncü düzenlemesini sunmaktan onur duyuyoruz – çok sayıda denizcinin Doğu Akdeniz e yönelmesiyle 1995 yılında Yunanca ve Türkçe bu sözlüğe eklendi. Yeni dillerin eklenmesi için de öneriler oldu fakat bu çalışma sözlükte yer alacak kelime ve cümlelerin bulunması için zorluklar yaratacaktı, kullanılmasını güçleştirecekti ve kitaplığa uygun olmayacak ölçüleri olan bir sözlüğü ortaya çıkaracaktı.

Yeni kelimeler bu sözlüğü güncelleştirdi ama değişik donanım tarzlarının çizimleri dahil klasik botların tüm muhteşem detayları bu sözlükte yerlerini korudu. Daha önce bu çalışmayı yapanların olağanüstü başarıları nedeniyle mevcut bilgilerde çok az düzeltmeler yapıldı. Basımcıya bildirilen hataları tekrar belirttik. Yaklaşık 3.000 kelimenin dokuz farklı dile çevirisi bazı hataların veya yanlış anlamlandırmaların ortaya çıkmasına sebep olmaktadır ve bu yüzden daha iyisinin yapılabilmesi için önerileriniz her zaman memnuniyetle karşılanacaktır. Tecrübeli çeviri ekibimize rağmen bu yeni düzenlemede yeni kelimelerin tam anlamı ile yer aldığına emin olmak için daha ileri incelemenin gerekli olduğuna inanıyoruz. Bu nedenle hatalardan dolayı meydana gelecek sorunlardan sorumlu tutulmamamız gerekir.

Bazı ticari marka isimlerini artık genel kullanımda olmaları nedeniyle daha once olduğu gibi isim olarak kullandık. Bu ticari isimleri tam olarak belirtemediğimiz için üzgünüz ancak eğer bildirilirse ilk fırsatta değerlendirmeye alacağız.

Çok dilli bir sözlükte alfabetik bir sıralama yapılması doğal olarak mümkün değildir. Daha önceki metodolojiyi takip ettik ve başlıklar bölümünde yer alan durum veya konulara göre kelimeleri gruplara ayırarak sınıflandırdık. İlk bölümler acil durumlar, liman girişleri gibi (umarım aynı anda olmaz) daha çok hemen ihtiyacınız olacak konulara ayrıldı. Kitabın genel düzeni hakkında fikir sahibi olmak için kısa bir inceleme yapmanız yararlı olacaktır. Bu kısa incelemenin ilgi çekici bir alıştırma olacağına ve aynı zamanda ihtiyacınız olduğu anda doğru sözcüğü bulmanızı da sağlayacağına inanıyoruz.

Michael Davey

ΕΙΣΑΓΩΓΗ

Ήταν περισσότερο από σαράντα χρόνια πριν όταν η Barbara Webb και ο Adlard Coles εξέδωσαν για πρώτη φορά το *Yachtsman's Eight Language Dictionary*. Ότι το λεξικό θα μεγάλωνε ήταν αναμενόμενο από τότε. Το yachting (γιώτινγκ) εξελίχθηκε τόσο πολύ τις τέσσερις αυτές δεκαετίες που πολλά από αυτά που θεωρούνται πλέον δεδομένα σε ένα σύγχρονο σκάφος ήταν άγνωστα το 1965. Ο υαλοβάμβακας ήταν σχεδόν άγνωστος σαν υλικό κατασκευής σκαφών όπως επίσης και η ευρεία γκάμα εξοπλισμού, οργάνων, μεθόδων αρματώματος και προϊόντων περιποίησης που προβάλουν στις σελίδες των περιοδικών yachting (γιώτινγκ), στα ράφια καταστημάτων εξοπλισμού και στα εκθεσιακά περίπτερα. Μεγαλώνει πλέον η ανάγκη του skipper (σκίπερ) και του πληρώματος να μπορούν να εξηγήσουν τι χρειάζονται ή ποιο είναι το πρόβλημα σε κάποιον που προσπαθεί να βοηθήσει.

Η ζωή ήταν απλούστερη τότε. Το λεξικό ωστόσο ήταν και τότε απαραίτητο. Μετά από δύο εμπλουτισμένες εκδόσεις και επτά απλές επανεκδόσεις, με χαρά σας παρουσιάζουμε την τρίτη εμπλουτισμένη έκδοση του *Ten Language Dictionary*- προστέθηκαν δύο ακόμα γλώσσες το 1995 καθώς ο αριθμός των ανθρώπων που αναζητούσαν την περιπέτεια στην ανατολική Μεσόγειο μεγάλωσε και τα ελληνικά και τα τούρκικα προστέθηκαν στην ήδη υπάρχουσα συλλογή. Υπήρξαν προτάσεις για την ένταξη περισσότερων γλωσσών αυτό όμως θα έκανε την εύρεση του λύματος δύσκολη κι έτσι το λεξικό θα γινόταν μη λειτουργικό και δύσκολο στην αποθήκευση μέσα στο σκαφος.

Ο εμπλουτισμός με τους νέους όρους της τεχνολγίας καθιοτά το λεξικό σύγχρονο, διατηρώντας παράλληλα όλες τις συναρπαστικές λεπτομέρειες των κλασικών σκαφών, συμπεριλαμβανομένων σχεδίων από διάφορους τρόπους αρματώματος. Σαν φόρο τιμής στη φροντίδα που έδειξαν οι πρωτεργάτες του έργου έχουν γίνει κάποιες διορθώσεις στο προυπάρχον κείμευο. Με την ευκαιρία επαναλαμβάνουμε την έκκληση τους για ειδοποίηση των εκδοτών σε περίπτωση που εντοπιστούν λάθη. Η μετάφραση τριών χιλιάδων λέξεων σε εννέα διαφορετικές γλώσσες εμπεριέχει τον κίνδυνο ενός αριθμού λαθών και για αυτό οι προτάσεις για βελτιώσεις είναι ευπρόσδεκτες. Ακόμα και ανάμεσα στο επιτελείο των έμπειρων μεταφραστών που χρησιμοποιήθηκαν χρειάστηκαν συζητήσεις για να διασφαλιστεί η πλήρης κατανόηση των νέων λέξεων που συμπεριληφθήκαν σε αυτή την έκδοση. Οι εκδότες δεν φέρουν ευθύνη για τις συνέπειες των λαθών που μπορεί να υπάρχουν.

Όπως και στις προηγούμενες εκδόσεις χρησιμοποιήθηκε το σήμα κατατεθέν του προϊόντος όταν ήταν γνωστό ότι είναι αναγνωρισμένο όνομα και έχει περάσει σε γενικότερη χρήση. Αν έχουν ακούσια παρσαληφθει κάποιες από όλες τις περιπτώσεις λυπούμαστε και θα χαρούμε να προβούμε σε διορθώσεις με την πρώτη ευκαιρία εφ' όσον ειδοποιηθούμε.

ΧΡΗΣΗ ΑΥΤΟΥ ΤΟΥ ΛΕΞΙΚΟΥ

Δεν είναι, ασφαλώς, δυνατό να οργανωθεί ένα πολύγλωσσο λεξικό με αλφαβητική σειρά. Ακολουθήθηκε η προηγουμένη τακτική και ομαδοποιήθηκαν οι λέξεις σε κεφάλαια που ορίζονται από το αντικείμενο ή την κατάσταση που τα χαρακτηρίζει και όπως αυτα περιγράφονται στα Περιεχόμενα. Τα πρώτα κεφάλαια περιέχουν υλικό που μπορεί να χρειαστεί να βρείτε γρήγορα: σε περίπτωση έκτακτης ανάγκης ή κατά την είσοδο σε λιμάυι- παραδείγματος χάρη και στην καλύτερη των περιπτώσεων. Χρήσιμη θα ήταν μια εκ των προτέρων συνοπτική ματιά στο βιβλίο και η εξοικείωση με τη δομη των κεφαλαίων του. Πιστεύουμε πως θα βρείτε το βιβλίο ενδιαφέρον για την εξάσκηση που προσφέρει αλλά και πολύ χρήσιμο σε περίπτωση που χρειαστείτε τη σωστή λέξη επειγόντως.

Michael Davey

ACKNOWLEDGEMENTS

EIGHT LANGUAGE EDITION

Mme L van de Wiele	French
Hr Otto Albrecht Ernst and Hr Ludwig Dinklage	German
Ir M F Guning	Dutch
Redaktør G Strømberg	Danish
Sr Adolfo Grill	Italian
Contralmirante Julio Guillen and Duque de Arion	Spanish
Antonio and Patricia Potier	Portuguese

TEN LANGUAGE EDITION

Hellenic Offshore Racing Club A Krallis and E Panayotou	Greek
Capt A Muhittin Öney and Hasan Kaçmaz*	Turkish
Janine Kempton*	French
Dr Med Meinhard Kohfahl* and Wolfgang Mertz	German
Capt M H Loos* and J van Vroonhoven	Dutch
Royal Danish Yacht Club Eyvind Peetz*	Danish
dr ing Carlo Spandonari	Italian
Capt Jeffrey Kempton* and Sra Catalina Ginart Vidal	Spanish
Joaquim L F Pinto Basto*	Portuguese

Sincere thanks also go to Keith Kilburn, Roger Powley and Andrew Turner.

THIRD EDITION OF THE TEN LANGUAGE EDITION

We are enormously indebted to the following who have translated the new words and phrases and introduction into their respective languages:

Philip Abercassis	Portuguese
Ingolf Hertlin	German
Hasan Kaçmaz*	Turkish
Captain Jeffrey Kempton* and Sra Catalina Ginart Vidal	Spanish
Janine Kempton*	French
Charles Leeming, Silvia Minas and Filippo Bennicelli	Italian
Capt Martin Loos* and Drs J Veldhuis	Dutch
Roger Stafford and Lila Massika	Greek
Jørn Seiersen* and Anne-Marie H Keyworth	Danish

* Cruising Association Honorary Local Representatives

CONTENTS

CONTENTS

TABLE DES MATIERES

INHALTSVERZEICHNIS

INHALTSVERZEICHNIS

INHOUDSOPGAVE

INDHOLDSFORTEGNELSE

LISTA DE MATERIAS

INDICE DELLA MATERIA

INDICE DELLA MATERIA

LISTA DE ASSUNTOS

İÇİNDEKİLER

İÇİNDEKİLER

ΠΕΡΙΕΧΟΜΕΝΑ

ΠΕΡΙΕΧΟΜΕΝΑ

ENGLISH	FRANÇAIS	DEUTSCH	NEDERLANDS	DANSK
1 EMERGENCIES	**URGENCES**	**NOTFÄLLE**	**NOODGEVALLEN**	**NØDSITUATIONER**
Asking for help	**Demandes de secours**	**Hilferuf**	**Vragen om hulp**	**Anmode om hjælp**
1 Mayday	1 Mayday	1 Mayday	1 Mayday	1 Mayday
2 Pan Pan	2 Pan Pan	2 Pan Pan	2 pan pan	2 Pan Pan
3 emergencies	3 urgence	3 Notfall	3 noodsituatie	3 nødstilfælde
4 present position	4 position actuelle	4 gegenwärtige Position	4 huidige positie	4 nuværende position
5 very urgent	5 très urgent	5 sehr dringend	5 zeer dringend	5 meget vigtigt
6 please come	6 venez s'il vous plaît	6 bitte kommen	6 kom alstublieft	6 kom venligst
7 please hurry	7 dépêchez-vous s'il vous plaît	7 bitte beeilen	7 haast u alstublieft	7 skynd dem
8 please help	8 à l'aide s'il vous plaît	8 bitte helfen	8 helpt u alstublieft	8 hjælp ønskes
9 not understood	9 pas compris	9 nicht verstanden	9 niet verstaan, niet begrepen	9 ikke forstået
10 yes	10 oui	10 ja	10 ja	10 ja
11 no	11 non	11 nein	11 nee	11 nej
12 thank you	12 merci	12 danke	12 dank u	12 tak
13 I need a tow	13 J'ai besoin d'un remorquage	13 Ich brauche ein Schlepptau	13 Ik heb een sleep nodig	13 Jeg ønsker bugserassiatance
Problems	**Problèmes**	**Probleme**	**Problemen**	**Problemer**
1 collision	1 abordage	1 Kollision	1 aanvaring	1 kollision
2 shipwreck	2 naufrage	2 Schiffbruch	2 schipbreuk	2 skibbrud
3 man overboard	3 homme à la mer	3 Mann über Bord	3 man overboord	3 mand overbord
4 capsize	4 chavirer	4 kentern	4 omslaan	4 kæntring
5 stove in, holed	5 défoncé, troué	5 eingedrückt, Loch in	5 ingedrukt, lek	5 lækage
6 explosion	6 explosion	6 Explosion	6 explosie	6 eksplosion
7 fire	7 feu	7 Feuer	7 brand	7 brand
8 smoke	8 fumée	8 Rauch	8 rook	8 røg
9 gas	9 gaz	9 Gas	9 gas	9 gas
10 danger	10 danger	10 Gefahr	10 gevaar	10 fare
11 pollution	11 pollution	11 Verunreinigung	11 vervuiling	11 forurening
12 fouled anchor	12 l'ancre surjattée	12 unklarer Anker	12 onklaar anker	12 ankeret fisker
13 dragging anchor	13 chasser sur l'ancre	13 der Anker schliert	13 krabbend anker	13 ankeret holder ikke
14 to run aground	14 échouer	14 auf Grund laufen	14 aan de grond lopen	14 gå på grund
15 lee shore	15 côté sous le vent	15 Legerwall, Leeküste	15 lage wal	15 læ kyst
16 to founder	16 couler	16 sinken	16 vergaan, zinken	16 rystelser

	ESPAÑOL	ITALIANO	PORTUGUÊS	TÜRKÇE	ΕΛΛΗΝΙΚΑ (GREEK)
	EMERGENCIAS	**EMERGENZA**	**EMERGÊNCIAS**	**ACİL DURUMLAR**	**ΕΠΕΙΓΟΥΣΕΣ ΚΑΤΑΣΤΑΣΕΙΣ** 1
	Pidiendo ayuda	**Richiesta d'aiuto**	**Pedido de socorro**	**Yardım isteme/yardım çağırısı**	**ΒΟΗΘΕΙΑ**
1	Mayday	Mayday	Mayday	Mayday	ΜΕΙΝΤΕΙ
2	Pan Pan	Pan Pan	Pane Pane	Panpan	ΠΑΝ-ΠΑΝ
3	urgencia	emergenza	emergência	acil durum	ΕΠΕΙΓΟΥΣΑ ΚΑΤΑΣΤΑΣΗ
4	situación actual	posizione attuale	posição actual	bulunulan mevki-konum	ΠΑΡΟΥΣΑ ΘΕΣΗ
5	muy urgente	urgentissimo	muito urgente	çok acele	ΠΟΛΥ ΕΠΕΙΓΟΝ
6	por favor acudan	prego venite	por favor venha	lütfen cevap verin	ΠΑΡΑΚΑΛΏ ΕΛΑΤΕ
7	por favor apresúrense	prego affrettatevi	venha depressa	lütfen acele edin	ΠΑΡΑΚΑΛΏ ΒΙΑΣΤΕΙΤΕ
8	ayuda por favor	prego soccorreteci	favor ajudem-nos	lütfen yardım edin	ΠΑΡΑΚΑΛΏ ΒΟΗΘΕΙΣΤΕ
9	no he entendido	non ho capito	não entendido	anlaşılmadı	ΔΕΝ ΚΑΤΑΛΑΒΑ
10	si	sì	sim	evet	ΝΑΙ
11	no	no	não	hayır	ΟΧΙ
12	gracias	grazie	obrigado	teşekkür ederim	ΕΥΧΑΡΙΣΤΏ
13	necesito remolque	Ho bisogno du un rimorchio	Necessito de um reboque	Yedeklenmeye ihtiyacım var	ΧΡΕΙΑΖΟΜΑΙ ΡΥΜΟΥΛΚΗΣΗ
	Problemas	**Problemi**	**Problemas**	**Problemler**	**ΠΟΒΛΗΜΑΤΑ**
1	colisión, abordaje	collisione	colisão abalroamento	çatışma	ΣΥΓΚΡΟΥΣΗ
2	naufragio	relitto	naufrágio	geminin batması	ΝΑΥΑΓΙΟ
3	hombre al agua	uomo in mare	homem ao mar	denize adam düştü	ΑΝΘΡΏΠΟΣ ΣΤΗ ΘΑΛΑΣΣΑ
4	zozobrar	capovolgersi (scuffiare)	virar-se	alabora	ΑΝΑΠΟΔΟΓΥΡΙΣΜΑ
5	desfondado	sfondato	porão	karinada delik, ezilme	ΕΜΒΟΛΙΣΜΕΝΟΣ
6	explosión	esplosione	explosão	infilak	ΕΚΡΗΞΗ
7	fuego, incendio	incendio	fogo	yangın	ΦΏΤΙΑ
8	humo	fumo	fumo	duman	ΚΑΠΝΟΣ
9	gas	gas	gás	gaz	ΑΕΡΙΟ
10	peligro	pericolo	perigo	tehlike	ΚΙΝΔΥΝΟΣ
11	contaminación	inquinamento	poluição	kirlenme	ΜΟΛΥΝΣΗ
12	ancla encepada	ancora impigliata	ferro preso	demir takıldı	ΜΠΕΡΔΕΜΕΝΗ ΑΓΚΥΡΑ
13	ancla garreando	ancora che ara	ferro agarrar	tarayan demir	ΑΓΚΥΡΑ ΠΟΥ ΞΕΣΕΡΝΕΙ
14	varar, encallar	incagliarsi	encalhar	kıyıya oturma	ΠΡΟΣΑΡΑΞΗ
15	costa de sotavento	costa sottovento	terra a sotavento	rüzgar altında seyir	ΠΡΟΣΗΝΕΜΟΣ ΑΚΤΗ
16	hundir	affondare	afundar	batmak	ΒΟΥΛΙΑΖΏ

ENGLISH	FRANÇAIS	DEUTSCH	NEDERLANDS	DANSK
1 EMERGENCIES	**URGENCES**	**NOTFÄLLE**	**NOODGEVALLEN**	**NØDSITUATIONER**
Weather	**Le temps**	**Wetter**	**Weer**	**Vejr**
1 gale	1 coup de vent	1 stürmischer Wind	1 harde wind	1 hårdkuling
2 strong gale	2 fort coup de vent	2 Sturm	2 storm	2 stormende kuling
3 storm	3 tempête	3 schwerer Sturm	3 zware storm	3 storm
4 violent storm	4 violente tempête	4 orkanartiger Sturm	4 zeer zware storm	4 stærk storm
5 hurricane	5 ouragan	5 Orkan	5 hurricane, orkaan	5 orkan
6 breaking seas	6 lames déferlantes	6 brechende Seen	6 brekers, brekende zeeën	6 brydende søer
7 lightning strike	7 foudre	7 Blitzschlag	7 blikseminslag	7 lynnedslag
Damage	**Dégâts**	**Schaden**	**Schade**	**Skader**
1 stove in, holed	1 défoncé, troué	1 eingedrückt, Loch in	1 ingedrukt, lek	1 lækage
2 dismasted	2 démâté	2 entmastet	2 ontmast	2 tabt masten
3 broken rudder	3 gouvernail cassé	3 Ruderbruch	3 gebroken roer	3 brækket ror
4 broken keel	4 quille cassée	4 Kielbruch	4 gebroken kiel	4 brækket køl
5 to make water	5 faire de l'eau	5 Wasser machen	5 lek zijn	5 trække vand
6 to ship water	6 embarquer de l'eau	6 vollschlagen	6 water maken	6 tage vand ind
7 to pump the bilges	7 pomper, vider, assécher	7 Bilge lenzen	7 bilges leegpompen	7 pumpe læns
8 to bail out	8 écoper	8 ausösen	8 hozen	8 øse
9 engine failure	9 panne de moteur	9 Störung der Maschine	9 motorstoring	9 motorstop
10 electrical failure	10 panne d'électricité	10 Störung der Elektrik	10 elektrische storing	10 elektrisk fejl
Safety equipment	**Equipement de sécurité**	**Sicherheitsausrüstung**	**Veiligheidsuitrusting**	**Sikkerhedsudstyr**
1 fire extinguisher	1 extincteur d'incendie	1 Feuerlöscher	1 brandblusser	1 brandslukker
2 fog horn	2 corne de brume	2 Nebelhorn	2 misthoorn	2 tågehorn
3 bell	3 cloche	3 Glocke	3 bel	3 klokke
4 radar reflector	4 réflecteur radar	4 Radarreflektor	4 radarreflector	4 radar reflektor
5 distress flares	5 feux de détresse, fusées	5 Notsignalfeuer	5 vuurpijlen, noodsignalen	5 nødblus
6 inflatable liferaft	6 radeau de survie	6 aufblasbare Rettungsinsel	6 opblaasbaar reddingvlot	6 oppustelig gummiflåde
7 safety harness	7 harnais	7 Sicherheitsgurt	7 veiligheidsgordel	7 sikkerhedssele
8 lifebelt	8 brassière	8 Rettungsring	8 veiligheidsgordel	8 redningsbælte
9 lifejacket	9 gilet de sauvetage	9 Schwimmweste	9 reddingvest	9 redningsvest

ESPAÑOL	ITALIANO	PORTUGUÊS	TÜRKÇE	ΕΛΛΗΝΙΚΑ (GREEK)
EMERGENCIAS	**EMERGENZA**	**EMERGÊNCIAS**	**ACİL DURUMLAR**	**ΕΠΕΙΓΟΥΣΕΣ ΚΑΤΑΣΤΑΣΕΙΣ**
El tiempo	**Condizioni atmosferiche**	**Tempo**	**Hava**	**ΚΑΙΡΟΣ**
1 temporal	1 burrasca	1 vento muito forte	1 fırtına	1 ΘΥΕΛΛΑ
2 temporal fuerte	2 burrasca forte	2 vento tempestuoso	2 kuvvetli fırtına	2 ΙΣΧΥΡΗ ΘΥΕΛΛΑ
3 temporal duro	3 tempesta	3 temporal	3 tam fırtına	3 ΚΑΤΑΙΓΙΔΑ
4 temporal muy duro	4 tempesta forte	4 temporal desfeito	4 çok şiddetli fırtına	4 ΙΣΧΥΡΗ ΚΑΤΑΙΓΙΔΑ
5 temporal huracanado	5 uragano	5 furacão	5 kasırga	5 ΑΝΕΜΟΘΥΕΛΛΑ
6 rompientes	6 frangenti	6 arrebentacão	6 kırılan dalgalar	6 ΑΦΡΙΣΜΕΝΑ ΚΥΜΑΤΑ
7 rayos	7 colpo di fulmine	7 relâmpago	7 yıldırım çarpması	7 ΚΕΡΑΥΝΟΣ
Averias	**Danni**	**Avarias**	**Hasar**	**ΖΗΜΙΑ**
1 desfondado	1 sfondato	1 porão	1 teknenin delinmesi	1 ΕΜΒΟΛΙΣΜΟΣ
2 desarbolado	2 disalberato	2 partir o mastro	2 direk kırmak	2 ΞΑΛΜΠΟΥΡΏΜΑ
3 timón averíado	3 timone in avaria	3 leme partido	3 dümenin kırılması	3 ΣΠΑΣΜΕΝΟ ΤΙΜΟΝΙ
4 quilla averíada	4 chiglia rotta	4 quilha partida	4 salma kırılması	4 ΣΠΑΣΜΕΝΗ ΚΑΡΙΝΑ
5 hacer agua	5 fare acqua	5 fazer água	5 su yapmak	5 ΚΑΝΏ ΝΕΡΑ
6 embarcar agua	6 imbarcare acqua	6 meter água	6 teknenin su alması	6 ΠΑΙΡΝΏ ΝΕΡΑ
7 achicar la sentina	7 svuotare la sentina	7 esgotar com bomba	7 sintineleri pompalamak	7 ΑΝΤΛΏ ΣΕΝΤΙΝΕΣ
8 achicar	8 sgottare	8 esgotar com bartedouro	8 suyu kovayla boşaltmak	8 ΑΔΕΙΑΖΩ ΝΕΡΑ
9 fallo de motor	9 guasto al motore	9 falha no motor	9 motor arızası	9 ΒΛΑΒΗ ΜΗΧΑΝΗΣ
10 fallo eléctrico	10 guasto elettrico	10 falha electrica	10 elektrik arızası	10 ΗΛΕΚΤΡΙΚΗ ΒΛΑΒΗ
Equipamiento de seguridad	**Dispositivi di sicurezza**	**Equipamento de segurança**	**Güvenlik donanımı (ekipman)**	**ΕΞΟΠΛΙΣΜΟΣ ΑΣΦΑΛΕΙΑΣ**
1 extintor	1 estintore	1 extintor	1 yangın söndürücü	1 ΠΥΡΟΣΒΕΣΤΗΡΑΣ
2 bocina de niebla	2 corno (da nebbia)	2 sereia de nevoeiro	2 sis düdüğü	2 ΜΠΟΥΡΟΥ
3 campana	3 campana	3 sino	3 çan	3 ΚΑΜΠΑΝΑ
4 reflector de radar	4 riflettore radar	4 reflector de radar	4 radar reflektörü	4 ΑΝΑΚΛΑΣΤΗΡΑΣ ΡΑΝΤΑΡ
5 bengalas de socorro	5 razzi di soccorso	5 fachos luminosos de socorro	5 tehlike fişekleri	5 ΦΩΤΟΒΟΛΙΔΕΣ
6 balsa salvavidas	6 zattera gonfiabile	6 jangada pneumática de salvação	6 şişme can salı	6 ΝΑΥΑΓΟΣΏΣΤΙΚΗ ΣΧΕΔΙΑ
7 arnés de seguridad	7 cintura di sicurezza	7 cinto de segurança	7 emniyet kemeri	7 ΕΞΑΡΤΗΣΗ ΑΣΦΑΛΕΙΑΣ
8 salvavidas	8 salvagente	8 bóia de salvação	8 can kemeri	8 ΖΩΝΗ ΑΣΦΑΛΕΙΑΣ
9 chaleco salvavidas	9 giubbotto di salvataggio	9 cinto, colete de salvação	9 can yeleği	9 ΣΩΣΙΒΙΟ

ENGLISH	FRANÇAIS	DEUTSCH	NEDERLANDS	DANSK
1 EMERGENCIES	**URGENCES**	**NOTFÄLLE**	**NOODGEVALLEN**	**NØDSITUATIONER**
Safety equipment	**Equipement de sécurité**	**Sicherheitsausrüstung**	**Veiligheidsuitrusting**	**Sikkerhedsudstyr**
10 lifebuoy	10 bouée en fer à cheval	10 Rettungsboje	10 reddingboei	10 redningskrans
11 danbuoy	11 perche IOR	11 Bergungsboje	11 danbuoy	11 redningsbøje
12 floating line	12 ligne flottante	12 Schwimmleine	12 drijvende lijn	12 flydeline
13 EPIRB	13 balise de détresse	13 EPIRB-BOSE	13 EPIRB	13 EPIRB
14 search & rescue transponder	14 balise émettrice	14 Seenotfunkboje	14 opsporings- en reddings-transponder	14 eftersøgnings og redningsoperation
15 bung/plug	15 pinoche	15 Leckpfropfen	15 stop, plug	15 prop
16 throwing line	16 lance-amarre	16 Wurfleine	16 werplijn	16 kasteline
17 storm/grab bag	17 sac tempete	17 Notfalltasche	17 noodtas	17 nødpakke

	ESPAÑOL	ITALIANO	PORTUGUÊS	TÜRKÇE	ΕΛΛΗΝΙΚΑ (GREEK)
	EMERGENCIAS	**EMERGENZA**	**EMERGÊNCIAS**	**ACİL DURUMLAR**	**ΕΠΕΙΓΟΥΣΕΣ ΚΑΤΑΣΤΑΣΕΙΣ**
	Equipamiento de seguridad	**Dispositivi di sicurezza**	**Equipamento de segurança**	**Güvenlik donanımı (ekipman)**	**ΕΞΟΠΛΙΣΜΟΣ ΑΣΦΑΛΕΙΑΣ**
10	guindola	salvagente a ferro di cavallo con luce	bóia de ferradura	can simidi	ΠΕΤΑΛΟ – ΣΩΣΙΒΙΟ
11	baliza de socorro	gavitello	bóia de sinalização de homem ao mar	can simidi göstergesi	ΑΝΘΡΏΠΟΣ ΣΤΗ ΘΑΛΑΣΣΑ
12	cabo flotante	cima galleggiante	retenida flutuante	yüzen (batmayan) halat	ΣΧΟΙΝΙ ΠΟΥ ΕΠΙΠΛΕΕΙ
13	EPIRB	EPIRB	EPIRB	EPİRB	ΕΠΙΡΜΠ
14	radiobaliza de localización de siniestros	trasponditore di ricerca e salvataggio	busca e salvamento	elektronik arama ve tarama aygıtı (transponder)	ΜΕΤΑΔΟΤΗΣ ΑΝΑΖΗΤΗΣΗΣ ΚΑΙ ΔΙΑΣΏΣΗΣ
15	tapón	foro d'allievo/tappo	bujão de boeira	tıpa, miçoz	ΤΑΠΑ
16	cabo recoger de amarre	sagola di lancio	retenida	el incesi	ΣΧΟΙΝΙ ΓΙΑΠΎΤΑΓΜΑ
17	bolsa de materiales listos por su uso	sacco per vela di cappa	saco de emergencia	acil ihtiyaç çantası	ΤΣΑΝΤΑ ΦΟΥΡΤΟΥΝΑΣ

ENGLISH	FRANÇAIS	DEUTSCH	NEDERLANDS	DANSK
2 MEDICAL EMERGENCIES	**URGENCES MEDICALES**	**MEDIZINISCHE NOTFÄLLE**	**MEDISCHE NOODGEVALLEN**	**FØRSTEHJÆLP**
Asking for help	**Demandes de secours**	**Hilferuf**	**Vragen om hulp**	**Anmode om hjælp**
1 please can you direct me to...?	1 s'il vous plaît, où puis- je trouver...?	1 Bitte zeigen Sie mir den Weg...	1 Kunt u me de weg wijzen naar...?	1 hvor finder jeg...?
2 the doctor	2 le médecin	2 zum Arzt	2 de dokter	2 lægen
3 the hospital	3 l'hôpital	3 zum Krankenhaus	3 het ziekenhuis	3 hospitalet
4 the dentist	4 le dentiste	4 zum Zahnarzt	4 de tandarts	4 tandlægen
5 the chemist	5 le pharmacien	5 zur Apotheke	5 de apotheker	5 apoteket
6 the optician	6 l'opticien	6 zum Optiker	6 de oogarts	6 optikeren
7 someone is injured	7 quelqu'un est blessé	7 jemand ist verletzt	7 er is iemand gewond	7 en mand er såret
8 someone is ill	8 quelqu'un est malade	8 jemand ist krank	8 er is iemand ziek	8 en mand er syg
Symptoms	**Symptômes**	**Symptome**	**Symptomen**	**Symptomer**
1 burn	1 brûlure	1 Brandwunde	1 brandwond	1 brandsår
2 scald	2 petite brûlure	2 Verbrennung	2 verbranding	2 skoldet
3 shock	3 traumatisme, choc	3 Schock	3 shock	3 chok
4 broken	4 cassé	4 gebrochen	4 gebroken	4 brækket
5 fracture	5 fracture	5 Fraktur, Bruch	5 breuk	5 brud
6 compound fracture	6 fracture compliquée	6 komplizierter Bruch	6 gecompliceerde breuk	6 kompliceret brud
7 swelling	7 enflure, hypertrophie	7 Schwellung	7 zwelling	7 hævelse
8 bruise	8 contusion	8 Prellung	8 kneuzing	8 kvæstelse
9 to cut open	9 faire une incision	9 aufschneiden	9 opensnijden	9 skære op
10 bleeding	10 saignement	10 blutend	10 bloeden	10 blødende
11 haemorrhage	11 hémorragie	11 Blutung	11 bloeding	11 blødning
12 internal haemorrhage	12 hémorragie interne	12 innere Blutung	12 interne bloeding	12 indvendig blødning
13 low blood pressure	13 tension basse	13 niedriger Blutdruck	13 lage bloeddruk	13 lavt blodtryk
14 to drown, drowning	14 se noyer, noyade	14 Ertrinken	14 verdrinken	14 drukne
15 hypothermia	15 hypothermie	15 Unterkühlung	15 onderkoeling	15 hypotermia
16 carbon monoxide poisoning	16 asphyxie ou empoisonnement par l'oxyde de carbone	16 Kohlenmonoxidvergiftung	16 koolmonoxydevergiftiging	16 kulilte-forgiftning
17 suffocation	17 asphyxie	17 Erstickung	17 verstikking	17 kvælning

ESPAÑOL	ITALIANO	PORTUGUÊS	TÜRKÇE	ΕΛΛΗΝΙΚΑ (GREEK)
URGENCIAS MÉDICAS	EMERGENZA MEDICA	EMERGÊNCIAS MÉDICAS	TIBBİ ACİL DURUMLAR	ΙΑΤΡΙΚΑ ΕΠΕΙΓΟΝΤΑ
Pedir ayuda	**Richiesta d'aiuto**	**Pedido de socorro**	**Yardım isteme/yardım çağirisi**	**ΖΗΤΩ ΒΟΗΘΕΙΑ**
1 ¿Por favor, podría indicarme?	1 per favore, può indicarmi...?	1 faz favor indicat-me	1 lütfen beni ... e yönlendirin	1 ΠΑΡΑΚΑΛΩ ΜΠΟΡΕΙΤΕ ΝΑ ΜΕ ΟΔΗΓΕΙΣΤΕ ΠΡΟΣ
2 al médico	2 il dottore	2 um médico	2 doktor	2 ΤΟΝ ΓΙΑΤΡΟ
3 al hospital	3 l'ospedale	3 um hospital	3 hastane	3 ΤΟ ΝΟΣΟΚΟΜΕΙΟ
4 al dentista	4 il dentista	4 um dentista	4 dişçi	4 ΤΟΝ ΟΔΟΝΤΟΓΙΑΤΡΟ
5 a la farmacia	5 la farmacia	5 uma farmácia	5 eczacı	5 ΤΟ ΦΑΡΜΑΚΕΙΟ
6 al oftalmólogo	6 l'oculista	6 oftalmologista	6 göz doktoru	6 ΤΟΝ ΟΦΘΑΛΜΙΑΤΡΟ
7 hay un herido	7 qualcuno è ferito	7 temos alguém ferido	7 yaralanan var	7 ΚΑΠΟΙΟΣ ΕΙΝΑΙ ΠΛΗΓΏΜΕΝΟΣ
8 hay un enfermo	8 qualcuno sta male	8 temos um doente	8 hasta var	8 ΚΑΠΟΙΟΣ ΕΙΝΑΙ ΑΡΡΏΣΤΟΣ

Síntomas	Sintomi	Sintomas	Belirtiler	ΣΥΜΠΤΏΜΑΤΑ
1 quemadura	1 ustione	1 queimadura	1 yanık	1 ΕΓΚΑΥΜΑ
2 escaldadura	2 scottatura	2 escaldadura	2 haşlanmak	2 ΚΑΨΙΜΟ
3 traumatismo, shock	3 shock	3 choque	3 sok	3 ΣΟΚ
4 roto	4 rotto	4 partido	4 parçalanmak, kopmak, kesilmek	4 ΣΠΑΣΜΕΝΟ
5 fractura	5 frattura	5 fractura	5 kırık, kemik, kırığı	5 ΚΑΤΑΓΜΑ
6 fractura grave	6 frattura composta	6 fractura múltipla	6 İhtilâtlı kırık	6 ΠΟΛΛΑΠΛΟ ΚΑΤΑΓΜΑ
7 hinchazón, hinchado	7 gonfiore	7 inchação	7 şiş	7 ΠΡΗΞΙΜΟ
8 cardenal, chichón	8 escoriazione	8 contusão	8 bere	8 ΚΑΚΩΣΗ
9 cortarse	9 tagliarsi profondamente	9 cortar para abrir	9 yarmak	9 ΚΟΒΏ – ΑΝΟΙΓΏ
10 sangrando	10 sanguinare	10 sangrar	10 kanama	10 ΑΙΜΟΡΡΑΓΙΑ
11 hemorragia	11 emorragia	11 hemorragia	11 hemoraji, kanama	11 ΑΙΜΟΡΡΑΓΙΑ
12 hemorragia interna	12 emorragia interna	12 hemorragia interna	12 iç kanama	12 ΕΣΩΤΕΠΙΚΗ ΑΙΜΟΡΡΑΓΙΑ
13 tensión baja	13 bassa pressione sanguigna	13 baixa de tensão	13 düşük kan basıncı	13 ΧΑΜΗΛΗ ΠΙΕΣΗ
14 ahogarse	14 annegare	14 afogar-se	14 boğulmak, boğulma	14 ΠΝΙΓΜΟΣ
15 hipotermia	15 ipotermia	15 hipotermia	15 hipotermi	15 ΥΠΟΘΕΡΜΙΑ
16 envenenamiento por monóxido de carbono	16 avvelenamento da monossido di carbonio	16 intoxicação por gaz de óxido de carbono	16 karbon monoksit zehirlenmesi	16 ΔΗΛΗΤΗΡΙΑΣΗ ΑΠΟ ΜΟΝΟΞΕΙΔΙΟ ΑΝΘΡΑΚΑ
17 asfixia	17 soffocamento	17 sufocaçao	17 nefessiz kalma	17 ΑΣΦΥΞΙΑ

ENGLISH	FRANÇAIS	DEUTSCH	NEDERLANDS	DANSK
2 MEDICAL EMERGENCIES	**URGENCES MEDICALES**	**MEDIZINISCHE NOTFÄLLE**	**MEDISCHE NOODGEVALLEN**	**FØRSTEHJÆLP**
Symptoms	**Symptômes**	**Symptome**	**Symptomen**	**Symptomer**
18 breathing problem	18 problème de respiration	18 Atemprobleme	18 ademhalingsprobleem	18 åndedrætsbesvær
19 electric shock	19 électrocution	19 elektrischer Schlag	19 elektrische schok	19 elektrisk chok
20 unconscious	20 évanoui, inconscient, comateux	20 ohnmächtig, beuwusstlos	20 buiten bewustzijn, bewusteloos	20 bevidstløs
21 sunstroke	21 coup de soleil	21 Sonnenstich	21 zonnesteek	21 solstik
22 heatstroke	22 insolation	22 Hitzschlag	22 zonnesteek	22 hedeslag
23 sunburn	23 brûlure par le soleil	23 Sonnenbrand	23 zonnebrand	23 solskoldet
24 illness	24 maladie	24 Krankheit	24 ziekte	24 dårligt tilpas
25 high temperature, fever	25 fièvre	25 Fieber	25 verhoging, koorts	25 høj temperatur, feber
26 pain	26 douleur	26 Schmerz	26 pijn	26 smerte
27 infection	27 infection	27 Infektion	27 infectie	27 infektion
28 septic	28 septique	28 septisch	28 ontstoken	28 betændelse
29 paralysis	29 paralysie	29 Lähmung	29 verlamming	29 lammelse
30 heart attack/pain	30 crise/douleur cardiaque	30 Herzanfall/ Herzschmerzen	30 hartaanval/pijn	30 hjerteanfald
31 allergy	31 allergie	31 Allergie	31 allergie	31 allergi
32 rash	32 éruption	32 Hautausschlag	32 uitslag (huiduitslag)	32 udslæt
33 insect bite/sting	33 piqûre d'insecte	33 Insektenbiss/Insektenstich	33 insectenbeet/-steek	33 insektbid/stik
34 poisoning	34 empoisonnement	34 Vergiftung	34 vergiftiging	34 forgiftning
35 diarrhoea	35 diarrhée	35 Durchfall	35 diarree, buikloop	35 diarré
36 stomach upset	36 digestion dérangée	36 Bauchbeschwerden, Magenbeschwerden	36 maag van streek	36 mavepine
37 stomach ache	37 mal au ventre	37 Magenschmerzen	37 buikpijn	37 mavesmerter
38 vomiting	38 vomissement	38 Brechreiz	38 overgeven, braken	38 opkast
39 dehydration	39 déshydratation	39 Austrocknung	39 uitdrogingsverschijnselen	39 tørst
40 constipation	40 constipation	40 Verstopfung	40 verstopping	40 forstoppelse
41 urine	41 urine	41 Urin	41 urine	41 urin
42 toothache	42 rage de dents	42 Zahnschmerzen	42 kies-/tandpijn	42 tandpine
43 abscess	43 abcès	43 Abszess	43 gezwel, abces	43 bylder
44 backache	44 mal au dos	44 Rückenschmerzen	44 rugpijn	44 rygsmerter
45 earache	45 mal à l'oreille	45 Ohrenschmerzen	45 oorpijn	45 ørepine
46 concussion	46 traumatisme crânien	46 Erschütterung	46 hersenschudding	46 hjernerystelse
47 headache	47 mal à la tête	47 Kopfschmerzen	47 hoofdpijn	47 hovedpine
48 migraine	48 migraine	48 Migräne	48 migraine	48 migræne
49 sore throat	49 mal de gorge	49 Halsschmerzen	49 zere keel, keelpijn	49 ondt i halsen
50 pregnant	50 enceinte	50 schwanger	50 zwanger, in verwachting	50 gravid

	ESPAÑOL	ITALIANO	PORTUGUÊS	TÜRKÇE	ΕΛΛΗΝΙΚΑ (GREEK)
	URGENCIAS MÉDICAS	EMERGENZA MEDICA	EMERGÊNCIAS MÉDICAS	TIBBİ ACİL DURUMLAR	ΙΑΤΡΙΚΑ ΕΠΕΙΓΟΝΤΑ
	Síntomas	**Sintomi**	**Sintomas**	**Belirtiler**	**ΣΥΜΠΤΩΜΑΤΑ**
18	problema respiratorio	problema di respirazione	problema de respiração	solunum sorunu	ΠΠΟΒΛΗΜΑ ΑΝΑΠΝΟΗΣ
19	descarga eléctrica	shock elettrico	choque eléctrico	elektrik çarpması, şoku	ΗΛΕΚΤΡΙΚΟ ΣΟΚ
20	sin conocimiento	svenuto	sem sentidos	bilinçsiz	ΑΝΑΙΣΘΗΤΟΣ
21	insolación	colpo di sole	insolação	güneş çarpması	ΗΛΙΑΣΗ
22	golpe de calor	colpo di calore	insolação derido ao calôr	sıcak çarpması	ΘΕΡΜΟΠΛΗΞΙΑ
23	quemadura del sol	scottatura da sole	queimadura de sol	güneş yanığı	ΕΓΚΑΥΜΑ ΑΠΟ ΤΟΝ ΗΛΙΟ
24	enfermedad	malore	doença	hastalık	ΑΡΡΏΣΤΙΑ
25	fiebre alta	febbre	temperatura alta, febre	yüksek ateş, ateş	ΠΥΡΕΤΟΣ
26	dolor	dolore	dôr	ağrı,acı	ΠΟΝΟΣ
27	infección	infezione	infecção	enfeksiyon	ΜΟΛΥΝΣΗ
28	séptico	settico	aceptico	septik	ΜΟΛΥΣΜΕΝΟ
29	parálisis	paralisi	paralisia	felç	ΠΑΡΑΛΥΣΗ
30	ataque cardíaco/angina de pecho	attacco/dolore cardiaco	ataque de coração/dor	kalp krizi, ağrısı	ΚΑΡΔΙΑΚΗ ΠΡΟΣΒΟΛΗ – ΠΟΝΟΣ
31	alergia	allergia	alergia	allerji	ΑΛΛΕΡΓΙΑ
32	urticaria	eruzione	erupção de sangue	isilik	ΕΞΑΝΘΗΜΑ
33	picadura de insecto	morso/puntura d'insetto	picada de insecto/ferrão	böcek sokması	ΤΣΙΜΠΗΜΑ ΕΝΤΟΜΟΥ
34	envenenamiento	avvelenamento	envenenamento	zehirlenme	ΔΗΛΗΤΗΡΙΑΣΗ
35	diarrea	diarrea	diarreia	diarre, ishal	ΔΙΑΡΡΟΙΑ
36	cortar la digestión	stomaco scombussolato	cólicas	mide bozukluğu	ΣΤΟΜΑΧΙΚΗ ΔΙΑΤΑΡΑΧΗ
37	dolor de estómago	mal di stomaco	dor de estômago	mide sancısı	ΣΤΟΜΑΧΟΠΟΝΟΣ
38	vomitos	vomito	vomitar	kusma, kay	ΕΜΕΤΟΣ
39	deshidratación	disidratazione	desidratação	su kaybı	ΑΦΥΔΑΤΩΣΗ
40	estreñimiento	stitichezza	mal da barriga	kabızlık	ΔΥΣΚΟΙΛΙΟΤΗΣ
41	orina	urina	urina	sidik	ΟΥΡΑ
42	dolor de muelas	mal di denti	dôr dos dentes	diş ağrısı	ΠΟΝΟΔΟΝΤΟΣ
43	abceso, flemón	ascesso	abcesso	abse	ΦΟΥΣΚΑΛΑ
44	dolor de espalda	mal di schiena	dor nas costas	sırt ağrısı	ΠΟΝΟΣ ΣΤΗΝ ΠΛΑΤΗ
45	dolor de oídos	mal d'orecchi	dor de ouvidos	kulak ağrısı	ΠΟΝΟΣ ΣΤΟ ΑΥΤΙ
46	conmoción	concussione	concussão	başa darbe	ΔΙΑΣΕΙΣΗ
47	dolor de cabeza	mal di testa	dor de cabeça	başağrısı	ΠΟΝΟΚΕΦΑΛΟΣ
48	jaqueca	emicrania	enxaqueca	migren	ΗΜΙΚΡΑΝΙΑ
49	dolor de garganta	mal di gola	dor de garganta	boğaz ağrısı	ΠΟΝΟΛΑΙΜΟΣ
50	embarazo	incinta	grávida	hamile	ΕΓΚΥΟΣ

ENGLISH	FRANÇAIS	DEUTSCH	NEDERLANDS	DANSK
2 MEDICAL EMERGENCIES	**URGENCES MEDICALES**	**MEDIZINISCHE NOTFÄLLE**	**MEDISCHE NOODGEVALLEN**	**FØRSTEHJÆLP**
Symptoms	**Symptômes**	**Symptome**	**Symptomen**	**Symptomer**
51 epilepsy	51 épilepsie	51 Epilepsie	51 epilepsie	51 epilepsi
52 diabetes	52 diabète	52 Diabetes, Zuckerkrankheit	52 suikerziekte	52 sukkersyge
Treatment	**Traitement**	**Behandlung**	**Behandelingen**	**Behandling**
1 artificial respiration	1 respiration artificielle	1 künstliche Beatmung	1 kunstmatige ademhaling	1 kunstigt åndedræt
2 pulse	2 pouls	2 Puls	2 pols, polsslag	2 puls
3 to dress a wound	3 faire un bandage, poser un pansement	3 einen Verband anlegen	3 een wond verbinden	3 forbinde et sår
4 antiseptic cream	4 crême antiseptique	4 antiseptische Salbe	4 desinfecterende zalf	4 anticeptisk creme
5 aspirin tablets	5 aspirine	5 Aspirin	5 aspirinetabletten	5 hovedpinetabletter
6 paracetamol	6 paracetamol	6 Paracetamol	6 paracetamol	6 paracetamol
7 painkillers	7 analgésiques	7 Schmerztabletten	7 pijnstillers	7 smertestillende midler
8 anaesthetic	8 anesthésie	8 Betäubung	8 verdoving	8 bedøvelse
9 sleeping pills	9 somnifère, sédatif	9 Schlaftabletten	9 slaappillen	9 sovetabletter
10 laxative	10 laxatif, purgatif	10 Abführmittel	10 laxeermiddel	10 afføringsmidler
11 suppositories	11 suppositoires	11 Zäpfchen	11 zetpil	11 søsygepiller
12 anti-seasickness pills	12 remède contre le mal de mer	12 Medikament gegen Seekrankheit	12 zeeziektepillen	12 stikpiller
13 anti-histamine	13 antihistaminique	13 Antihistamine	13 anti-histamine	13 anti-histamin
14 anti-diarrhoea	14 anti-diarrhée	14 Durchfallmittel	14 anti-diarree	14 midler mod diarré
15 antibiotic	15 antibiotique	15 Antibiotika	15 antibiotica	15 antibiotika
16 anti-tetanus	16 anti-têtanos	16 Tetanusschutzimpfung	16 anti-tetanus	16 stivkrampemidler
17 eye lotion	17 collyre	17 Augentropfen	17 oogdruppels	17 øjensalve
18 ear drops	18 gouttes pour l'oreille	18 Ohrentropfen	18 oordruppels	18 øjendråber
19 inhaler	19 inhalateur	19 Inhalator	19 respirator	19 inhalator
20 rehydration	20 réhydratation	20 Flüssigkeitsausgleich	20 bevochtiger	20 genhydrering
21 splint	21 attelle	21 Schiene	21 splinter/spalk	21 splint
22 injection	22 piqûre	22 Injektion	22 injectie	22 insprøjtning
23 insulin	23 insuline	23 Insulin	23 insuline	23 insulin

ESPAÑOL	ITALIANO	PORTUGUÊS	TÜRKÇE	ΕΛΛΗΝΙΚΑ (GREEK)
URGENCIAS MÉDICAS	**EMERGENZA MEDICA**	**EMERGÊNCIAS MÉDICAS**	**TIBBİ ACİL DURUMLAR**	**ΙΑΤΡΙΚΑ ΕΠΕΙΓΟΝΤΑ**
Síntomas	**Sintomi**	**Sintomas**	**Belirtiler**	**ΣΥΜΠΤΩΜΑΤΑ**
51 epilepsia	51 epilessia	51 epilepsia	51 epilepsi, sara	51 ΕΠΙΛΗΨΙΑ
52 diabetes	52 diabete	52 diabetes	52 diabet	52 ΔΙΑΒΗΤΗ
Tratamiento	**Cure**	**Tratamento**	**Tıbbı yardım ve tedavi**	**ΘΕΡΑΠΕΙΑ**
1 respiración artificial	1 respirazione artificiale	1 respiração artificial	1 suni solunum	1 ΤΕΧΝΗΤΗ ΑΝΑΠΝΟΗ
2 pulso	2 polso	2 pulso	2 nabız	2 ΣΦΥΓΜΟΣ
3 curar una herida	3 medicare una ferita	3 tratar uma ferida	3 yara pansumanı	3 ΕΠΙΔΕΣΗ
4 pomada de sulfamidas	4 pomata antisettica	4 pomada antiséptica	4 antiseptik merhem	4 ΑΝΤΙΣΗΠΤΙΚΗ ΚΡΕΜΑ
5 aspirinas	5 compresse d'aspirina	5 compromidos de aspirina	5 aspirin tabletleri	5 ΔΙΣΚΙΑ ΑΣΠΙΡΙΝΗΣ
6 paracetamol	6 paracetamolo	6 paracetamol	6 paracetamol	6 ΠΑΡΑΚΕΤΑΜΟΛΗ
7 analgésicos	7 antidolorifico	7 analgésico	7 ağrı dindiriciler	7 ΑΝΑΛΓΗΤΙΚΑ
8 anestesia	8 anestetico	8 anestésico	8 anastezik	8 ΑΝΑΙΣΘΗΤΙΚΑ
9 pastillas para dormir	9 sonnifero	9 compromidos para dormir	9 uyku hapları	9 ΥΠΝΩΤΙΚΑ ΧΑΠΙΑ
10 laxante	10 lassativo	10 laxativo	10 laksatif	10 ΚΑΘΑΡΤΙΚΑ
11 supositorios	11 supposte	11 supositórios	11 süppozituarlar, fitille	11 ΥΠΟΘΕΤΑ
12 píldoras contra el mareo	12 pillole contro il mal di mare	12 compromidos para não enjoar	12 deniz tutmasına karşı hap	12 ΔΙΣΚΙΑ ΓΙΑ ΤΗΝ ΝΑΥΤΙΑ
13 antihistamínico	13 antistaminico	13 anti-hestaminico	13 antihistaminik	13 ΑΝΤΙΙΣΤΑΜΙΝΙΚΑ
14 antidiarreico	14 anti-diarrea	14 anti-diarreia	14 ishal kesici	14 ΕΝΑΝΤΙΟΝ ΤΗΣ ΔΙΑΡΡΟΙΑΣ
15 antibiótico	15 antibiotico	15 antibiótico	15 antibiyotik	15 ΑΝΤΙΒΙΟΤΙΚΑ
16 antitetánico	16 antitetanico	16 antitetânico	16 tetanos aşısı	16 ΑΝΤΙΤΕΤΑΝΙΚΑ
17 colirio	17 collirio	17 anticongestivo	17 göz losyonu	17 ΟΦΘΑΛΜΙΚΟ ΥΓΡΟ
18 gotas para los oídos	18 gocce per l'otite	18 gotas para os ouvidos	18 göz damlası	18 ΣΤΑΓΟΝΕΣ ΓΙΑ ΤΑ ΑΥΤΙΑ
19 inhalador	19 inalatore	19 inalador	19 nefes açıcı	19 ΣΠΡΕΙ ΕΙΣΠΝΟΩΝ
20 rehidratación	20 reidratazione	20 rehidratação	20 su kaybını gidermek	20 ΕΠΑΝΥΔΑΤΩΣΗ
21 tablilla	21 stecca	21 colocar em talas	21 kırık sargısı	21 ΝΑΡΘΗΚΑΣ
22 inyección	22 iniezione	22 injecção	22 enjeksiyon	22 ΕΝΕΣΗ
23 insulina	23 insulina	23 insulina	23 ensulin	23 ΙΝΣΟΥΛΙΝΗ

ENGLISH	FRANÇAIS	DEUTSCH	NEDERLANDS	DANSK
2 MEDICAL EMERGENCIES	**URGENCES MEDICALES**	**MEDIZINISCHE NOTFÄLLE**	**MEDISCHE NOODGEVALLEN**	**FØRSTEHJÆLP**
Equipment	**Equipement**	**Ausrüstung**	**Uitrusting**	**Udstyr**
1 first aid box	1 pharmacie de bord	1 Bordapotheke	1 EHBO-kist	1 Førstehjælpskasse
2 wound dressing	2 pansement stérilisé	2 Notverband	2 verbandgaas	2 at forbinde et sår
3 cotton wool	3 ouate, coton hydrophile	3 Watte	3 pluksel, watten	3 vat
4 sticking plaster	4 pansement adhésif, sparadrap	4 Heftpflaster	4 pleister, leukoplast	4 hæfteplaster
5 bandage	5 bandage	5 Binde, Verband	5 verbandwindsel	5 forbinding
6 elastic bandage	6 bandage élastique	6 elastische Binde	6 elastisch verband	6 elastikbind
7 scissors	7 ciseaux	7 Schere	7 schaar	7 saks
8 safety pin	8 épingle de sureté	8 Sicherheitsnadel	8 veiligheidsspeld	8 sikkerhedsnåle
9 tweezers	9 pince à épiler	9 Pinzette	9 pincet	9 pincet
10 thermometer	10 thermomètre	10 Thermometer	10 thermometer	10 termometer
11 disinfectant	11 désinfectant	11 Desinfektionsmittel	11 ontsmettingsmiddel	11 desinfektionsvand
12 stretcher	12 brancard	12 Trage	12 draagbaar	12 båre
13 spectacles	13 lunettes	13 Brille	13 bril	13 briller
14 contact lens	14 verres de contact	14 Kontaktlinse	14 contactlens	14 kontaktlinser
15 sterile hypodermic	15 seringue stérile	15 steril Injektionsnadel	15 steriel gaasje	15 steril sprøjte

	ESPAÑOL	ITALIANO	PORTUGUÊS	TÜRKÇE	ΕΛΛΗΝΙΚΑ (GREEK)
	URGENCIAS MÉDICAS	**EMERGENZA MEDICA**	**EMERGÊNCIAS MÉDICAS**	**TIBBİ ACİL DURUMLAR**	**ΙΑΤΡΙΚΑ ΕΠΕΙΓΟΝΤΑ**
	Equipo	**Materiali**	**Equipamento**	**Ekipman**	**ΕΞΟΠΛΙΣΜΟΣ**
1	botiquín	cassetta di pronto soccorso	caixa de medicamentes para socorro	ilk yardım kutusu	ΚΟΥΤΙ ΠΡΩΤΩΝ ΒΟΗΘΕΙΩΝ
2	gasa	medicazione	penso	yara pansumanı	ΓΑΖΕΣ
3	algodón hidrófilo	cotone idrofilo	algodão	hidrofil pamuk	ΒΑΜΒΑΚΙ
4	esparadrapo	cerotto	adesivo	yara bandı	ΛΕΥΚΟΠΛΑΣΤΗΣ
5	venda	benda	ligadura	sargı	ΕΠΙΔΕΣΜΟΣ
6	venda de elástica	benda elastica	ligadura elástica	elastik sargı, bandaj	ΕΛΑΣΤΙΚΟΣ ΕΠΙΔΕΣΜΟΣ
7	tijeras	forbici	tesoura	makas	ΨΑΛΙΔΙ
8	imperdibles	spilla di sicurezza	alfinetes de dama	çengelli iğne	ΠΑΡΑΜΑΝΑ
9	pinzas	pinzette	pinças	cımbız	ΤΣΙΜΠΙΔΑΚΙ
10	termómetro	termometro	termómetro	termometre	ΘΕΡΜΟΜΕΤΡΟ
11	desinfectante	disinfettante	desinfectante	dezenfektan, mikrop öldürücü	ΑΠΟΛΥΜΑΝΤΙΚΟ
12	camilla	barella	maca	sedye	ΦΟΡΕΙΟ
13	gafas	occhiali	óculos	gözlük	ΓΥΑΛΙΑ
14	lentillas	lente a contatto	lentes de contacto	kontakt lens	ΦΑΚΟΙ ΕΠΑΦΗΣ
15	aguja hipodérmica esterilizada	siringa ipodermica sterile	agulha esterelizada	steril hipotermik iğne	ΣΥΡΙΓΓΑ ΜΙΑΣ ΧΡΗΣΕΩΣ

ENGLISH	FRANÇAIS	DEUTSCH	NEDERLANDS	DANSK
3 FORMALITIES	**FORMALITES**	**FORMALITÄTEN**	**FORMALITEITEN**	**FORMALITETER**
1 harbourmaster	1 Capitaine du port	1 Hafenkapitän	1 havenmeester	1 havnefoged
2 harbour dues	2 Droits de port	2 Hafengebühren	2 havengeld	2 havnepenge
3 port police	3 Police du port	3 Hafenpolizei	3 (haven)politie	3 havnepoliti
4 immigration	4 Immigration	4 Grenzschutz, Einwanderungsbehörde	4 immigratieambtenaar	4 immigration
5 customs	5 Douanes	5 Zoll	5 douane	5 told
6 health authority	6 Autorités sanitaires	6 hafenärztlicher Dienst	6 gezondheidsdienst	6 sundhedstilsyn
7 boat name	7 nom du bateau	7 Schiffsname	7 scheepsnaam	7 bådenavn
8 length overall/LOA	8 longueur hors-tout	8 Länge über Alles/LüA	8 lengte over alles/LOA	8 længde overalt/LOA
9 skipper	9 skipper	9 Schiffsführer	9 schipper	9 skipper
10 owner	10 propriétaire	10 Eigner	10 eigenaar	10 ejer
11 address	11 adresse	11 Adresse	11 adres	11 adresse
12 beam	12 largeur	12 Schiffsbreite	12 breedte	12 bredde
13 draught	13 tiran d'eau	13 Tiefgang	13 diepgang	13 dybgang
14 sailing yacht	14 voilier	14 Segelyacht	14 zeiljacht	14 sejlbåd
15 motor yacht	15 motor yacht	15 Motoryacht	15 motorjacht	15 motorbåd
16 auxiliary engine	16 moteur auxiliaire	16 Hilfsmotor	16 hulpmotor	16 hjælpemotor
17 wooden construction	17 construction en bois	17 Holzbauweise	17 houtbouw	17 trækonstruktion
18 glass reinforced plastic/GRP	18 polyester renforcé fibre de verre	18 glasfaserverstärkter Kunststoff/GFK	18 polyester	18 glasfiberarmeret polyester
19 steel	19 acier	19 Stahl	19 staal	19 stål
20 aluminium	20 aluminium	20 Aluminium	20 aluminium	20 aluminium
21 ferro-cement	21 ferro-ciment	21 Ferrozement	21 ferrocement	21 ferro-cement
22 diesel	22 diesel	22 Diesel	22 dieselolie/gasolie	22 diesel
23 petrol	23 essence	23 Benzin	23 benzine	23 benzin
24 horsepower	24 cheval vapeur (CV)	24 Pferdestärken	24 paardenkracht	24 hestekræfter
25 flag/nationality	25 pavillon/nationalité	25 Flagge/Nationalität	25 natonaliteit	25 flag/nationalitet
26 port of registry	26 port d'attache	26 Heimathafen	26 registratiehaven, thuishaven	26 hjemmehavn
27 registration number	27 numéro d'immatriculation	27 Registriernummer	27 registratienummer	27 registreringsnummer
28 last port of call	28 dernière escale	28 zuletzt angelaufener Hafen	28 laatste aanloophaven	28 forrige anløbshavn

ESPAÑOL	ITALIANO	PORTUGUÊS	TÜRKÇE	ΕΛΛΗΝΙΚΑ (GREEK)
FORMALIDADES	**FORMALITA**	**FORMALIDADES**	**FORMALİTELER**	**ΔΙΑΤΥΠΩΣΕΙΣ**
1 Capitán de puerto	1 capitano del porto	1 director da marina	1 liman başkanı	1 ΛΙΜΕΝΑΡΧΗΣ
2 derechos de puerto	2 diritti portuali	2 taxas	2 liman harçları	2 ΛΙΜΕΝΙΚΟ ΤΕΛΟΣ
3 policía de puerto	3 polizia marittima	3 policia marítima	3 liman polisi	3 ΛΙΜΕΝΙΚΗ ΑΣΤΥΝΟΜΙΑ
4 inmigración	4 immigrazione	4 emigração	4 pasaport polisi	4 ΑΛΛΟΔΑΠΩΝ
5 aduana	5 dogana	5 alfândega	5 gümrük	5 ΤΕΛΩΝΕΙΟ
6 autoridad sanitaria del puerto	6 autorità sanitaria	6 direcção de saúde	6 sahil sıhhiye	6 ΙΑΤΡΙΚΕΣ ΑΡΧΕΣ
7 nombre del barco	7 nome della barca	7 nome do barco	7 tekne adı	7 ΟΝΟΜΑ ΣΚΑΦΟΥΣ
8 eslora total	8 lunghezza fuori tutto (LFT)	8 comprimento fora a fora	8 tekne tam boyu	8 ΟΛΙΚΟ ΜΗΚΟΣ
9 patrón	9 skipper	9 comandante	9 skipper, kaptan	9 ΚΥΒΕΡΝΗΤΗΣ
10 propietario, armador	10 proprietario	10 proprietário	10 yacht sahibi	10 ΙΔΙΟΚΤΗΤΗΣ
11 dirección	11 indirizzo	11 morada	11 adres	11 ΔΙΕΥΘΥΝΣΗ
12 manga	12 larghezza massima	12 boca	12 azami tekne eni	12 ΠΛΑΤΟΣ
13 calado	13 pescaggio	13 calado	13 çektiği su	13 ΒΥΘΙΣΜΑ
14 velero	14 barca a vela, veliero	14 iate à vela	14 yelkenli yat	14 ΙΣΤΙΟΦΟΡΟ ΘΑΛΑΜΗΓΟ
15 barco de motor	15 barca a motore	15 iate a motor	15 motorlu yat	15 ΜΗΧΑΝΟΚΙΝΗΤΟ ΘΑΛΑΜΗΓΟ
16 motor auxiliar	16 motore ausiliario	16 motor auxiliar	16 yardımcı motor	16 ΒΟΗΘΗΤΙΚΗ ΜΗΧΑΝΗ
17 barco de madera	17 costruzione in legno	17 construção em madeira	17 ahşap inşaat	17 ΞΥΛΙΝΗ ΚΑΤΑΣΚΕΥΗ
18 poliéster con fibra de vidrio	18 vetroresina	18 fibra de vidro	18 GRP/camelyafı takfiyeli	18 ΕΝΙΣΧΥΜΕΝΟΣ ΠΟΛΥΕΣΤΕΡΑΣ
19 acero	19 acciaio	19 ferro	19 çelik	19 ΑΤΣΑΛΙΝΟ
20 aluminio	20 alluminio	20 aluminio	20 alüminyum	20 ΑΛΟΥΜΙΝΕΝΙΟ
21 ferrocemento	21 ferro-cemento	21 ferrocimento	21 betonarme	21 ΕΝΙΣΧΥΜΕΝΟ ΣΚΥΡΟΔΕΡΜΑ
22 diesel	22 diesel	22 gasoleo	22 dizel	22 ΠΕΤΡΕΛΑΙΟ
23 gasolina	23 benzina	23 gasolina	23 benzin	23 ΒΕΝΖΙΝΗ
24 caballo de vapor	24 potenza	24 cavalos força	24 beygirgücü	24 ΙΠΠΟΔΥΝΑΜΗ
25 bandera/nacionalidad	25 bandiera/nazionalità	25 bandeira/ nacionalidade	25 bayrak/milliyet	25 ΣΗΜΑΙΑ/ΕΘΝΙΚΟΤΗΣ
26 puerto de matrícula	26 porto d'immatricolazione	26 porto de registo	26 kayıt limanı	26 ΛΙΜΗΝ ΝΗΟΛΟΓΗΣΕΩΣ
27 matrícula	27 numero d'immatricolazione	27 número do registo	27 kütük numarası	27 ΑΡΙΘΜΟΣ ΝΗΟΛΟΓΙΟΥ
28 última escala	28 ultimo scalo	28 último porto tocado	28 geldiği liman	28 ΤΕΛΕΥΤΑΙΟ ΛΙΜΑΝΙ ΕΙΣΟΔΟΥ

ENGLISH	FRANÇAIS	DEUTSCH	NEDERLANDS	DANSK
3 FORMALITIES	**FORMALITES**	**FORMALITÄTEN**	**FORMALITEITEN**	**FORMALITETER**
29 next port of call	29 prochaine escale	29 nächster anzulaufender Hafen	29 volgende aanloophaven	29 næste anløbshavn
30 ship's papers, etc	30 papiers de bord	30 Schiffspapiere	30 scheepspapieren	30 skibspapirer
31 certificate of registry	31 acte de francisation	31 Registrierungs-Zertifikat	31 registratiepapieren	31 registreringscertifikat
32 rating certificate	32 certificat de jauge	32 Messbrief	32 meetbrief	32 målebrev
33 ship's articles	33 rôle d'equipage	33 Musterrolle	33 scheepswetten	33 besætningsliste
34 ship's log	34 livre de bord	34 Schiffstagebuch, Logbuch	34 logboek, journaal	34 logbog
35 bill of health	35 patente de santé	35 Gesundheitspass	35 gezondheidsverklaring	35 sundhedscertifikat
36 radio licence	36 licence radio	36 Funkerlaubnis	36 zendmachtiging	36 radiolicens
37 radio call sign	37 indicatif radio	37 Rufzeichen	37 radioroepnaam	37 radiokaldesignal
38 pratique	38 libre-pratique	38 freie Verkehrserlaubnis	38 inklaren, inklaring	38 sejltilladelse
39 insurance certificate	39 attestation d'assurance	39 Versicherungspolice	39 verzekeringspolis	39 forsikringspolice
40 VAT certificate	40 attestation de TVA	40 Mehrwertsteuer-bescheinigung	40 BTW-papieren	40 told/MOMS-dokument
41 charter party	41 charte-partie	41 Chartervertrag	41 huurovereenkomst	41 certeparti
42 customs clearance	42 libre-sortie, congé de douane	42 Zollabfertigung	42 douaneverklaring	42 toldklarering
43 bonded stores	43 provisions entreposées en franchise, sous douane	43 unter Zollverschluss	43 verzegelde waren	43 varer fra frilager
44 passport	44 passeport	44 Reisepass	44 paspoort	44 pas
45 visa	45 visa	45 Visum	45 visum	45 visa
46 crew list	46 liste d'équipage	46 Besatzungsliste	46 bemanningslijst	46 mandskabsliste
47 crew change	47 changement d'équipage	47 Besatzungswechsel	47 bemanningswissel	47 mandskabsbytte
48 transit log/temporary importation permit	48 permis d'importation temporaire	48 Durchreisegenehmigung / befristete Einfuhrgenehmigung	48 doorvoerpapieren	48 transitbevis/midlertidig importtilladelse
49 master's certificate	49 diplôme de capitaine	49 Kapitänspatent	49 vaarbevoegdheids-papieren	49 eksamensbevis for skippere
50 certificate of competence	50 permis bateau	50 Befähigungszeugnis	50 vaarbewijs	50 dueligshedscertifikat

ESPAÑOL	ITALIANO	PORTUGUÊS	TÜRKÇE	ΕΛΛΗΝΙΚΑ (GREEK)
FORMALIDADES	FORMALITA	FORMALIDADES	FORMALİTELER	ΔΙΑΤΥΠΩΣΕΙΣ
29 próxima escala	29 prossimo scalo	29 próximo porto	29 gideceği ilk liman	29 ΕΠΟΜΕΝΟ ΛΙΜΑΝΙ
30 documentación	30 documenti di bordo	30 documentação do barco	30 gemi belgeleri	30 ΕΓΓΡΑΦΑ ΣΚΑΦΟΥΣ
31 Patente de Navegación	31 certificato d'immatricolazione	31 Certificado de Registo	31 kayıt belgesi	31 ΕΓΓΡΑΦΟ ΕΘΝΙΚΟΤΗΤΟΣ
32 certificado de 'Rating' (ventaja)	32 certificato di stazza	32 certificado de abôno	32 rating belgesi	32 ΠΙΣΤΟΠΟΙΗΤΙΚΟ ΚΑΤΑΜΕΤΡΗΣΕΩΣ
33 rol	33 clausole d'ingaggio	33 rol da equipagem	33 gemi mürettebat alıştırma rolesi	33 ΠΕΡΙΕΧΟΜΕΝΑ
34 cuaderno de bitácora	34 libro di bordo	34 diário de bordo	34 gemi jurnali	34 ΗΜΕΡΟΛΟΓΙΟ ΣΚΑΦΟΥΣ
35 patente de sanidad	35 certificato sanitario	35 certificado de saúde	35 sağlık belgesi	35 ΠΙΣΤΟΠΟΙΗΤΙΚΟ ΥΓΕΙΟΝΟΜΙΚΟΥ
36 certificado radioeléctrico	36 licenza radio	36 licença de rádio	36 telsiz kullanma ruhsatı	36 ΑΔΕΙΑ ΡΑΔΙΟΣΤΑΘΜΟΥ
37 distintivo de llamada	37 nominativo radio	37 indicativo de chamada	37 telsiz çağırma işareti	37 ΣΗΜΑ ΡΑΔΙΟΣΤΑΘΜΟΥ
38 plática	38 libera pratica	38 livre prática	38 sağlık kontrolü	38 ΙΔΙΟΤΗΣ ΣΚΑΦΟΥΣ
39 póliza de seguro	39 polizza d'assicurazione	39 certificado de seguro	39 sigorta belgesi	39 ΠΙΣΤΟΠΟΙΗΤΙΚΟ ΑΣΦΑΛΙΣΕΩΣ
40 certificado IVA	40 certificato IVA	40 certificado de IVA	40 KDV belgesi	40 ΠΙΣΤΟΠΟΙΗΤΙΚΟ ΦΠΑ
41 contrato de flete	41 contratto di noleggio	41 fretador	41 charter müşterisi,	41 ΟΜΑΔΑ ΝΑΥΛΩΣΕΩΣ
42 despacho de aduana	42 sdoganamento	42 despacho	42 gümrüklerden çıkış izni	42 ΕΚΤΕΛΩΝΣΜΟΣ
43 víveres precintados	43 magazzini doganali	43 mantimentos des alfandegados	43 gümrük antrepolarında bulundurulan yiyecekler	43 ΑΠΟΤΑΜΙΕΥΜΕΝΑ ΑΓΑΘΑ (ΤΡΑΝΖΙΤ)
44 pasaporte	44 passaporto	44 passaporte	44 pasaport	44 ΔΙΑΒΑΤΗΡΙΟ
45 visado	45 visto	45 visto	45 vize	45 ΒΙΖΑ
46 lista de tripulación	46 ruolo dell'equipaggio	46 lista da tripulação	46 mürettebat listesi	46 ΛΙΣΤΑ ΠΛΗΡΩΜΑΤΟΣ
47 cambio de tripulación	47 variazione dell'equipaggio	47 mudança de tripulação	47 mürettebat değişimi	47 ΑΛΛΑΓΗ ΠΛΗΡΩΜΑΤΟΣ
48 permiso temporal de importación	48 permesso d'importazione temporanea	48 licença de estadia/licença de importação temporária	48 transit log/geçici	48 ΠΡΟΣΩΡΙΝΗ ΑΔΕΙΑ ΕΙΣΑΓΩΓΗΣ
49 título de capitán	49 certificato di proprietà	49 carta de patrão	49 ithal izni	49 ΔΙΠΛΩΜΑ ΚΥΒΕΡΝΗΤΗ
50 título	50 attestato di competenza	50 certificado de competência	50 yeterlilik belgesi	50 ΔΙΠΛΩΜΑ ΙΚΑΝΟΤΗΤΟΣ

ENGLISH	FRANÇAIS	DEUTSCH	NEDERLANDS	DANSK
4 IN HARBOUR	**AU PORT**	**IM HAFEN**	**IN DE HAVEN**	**I HAVN**
Anchoring	**Jeter l'ancre**	**Ankern**	**Ankeren**	**Ankring**
1 anchor	1 ancre	1 Anker	1 anker	1 anker
2 to drop/let go	2 jeter l'ancre, mouiller	2 fallen lassen	2 laat vallen/lekko	2 kaste/lade gå
3 to weigh	3 lever l'ancre	3 auslaufen	3 ophalen	3 lette anker
4 chain	4 chaine	4 Kette	4 ketting	4 kæde
5 anchor warp	5 aussière/câblot	5 Ankerleine	5 ankerketting	5 ankertrosse
6 fouled	6 surjattée	6 unklar	6 onklaar	6 i bekneb
7 to drag	7 chasser	7 schlieren	7 krabben	7 drive
8 to anchor off	8 ancrer au large de	8 Ankerauf gehen	8 ankeren nabij	8 ankre ud for
9 upwind	9 au vent	9 gegen den Wind	9 in de wind	9 mod vinden
10 downwind	10 sous le vent	10 mit dem Wind	10 voor de wind	10 med vinden
11 up-tide	11 en amont du courant de marée	11 gegen die Tide	11 tegenstrooms	11 med tidevandet
12 down-tide	12 en aval du courant de marée	12 mit der Tide	12 voor de stroom	12 mod tidevandet
13 to swing	13 rappeler sur son ancre	13 schwojen	13 zwaaien	13 at svaje
14 to anchor	14 mouiller	14 ankern	14 ankeren	14 at ankre
15 to let go anchor	15 jeter l'ancre, mouiller	15 Anker fallen lassen	15 het anker laten vallen	15 kaste anker
16 to run out the anchor	16 faire porter l'ancre par un canot	16 einen Anker ausfahren	16 ketting (bij) steken	16 varpe ankeret ud
17 fouled	17 surjalée, surpattée	17 unklar	17 onklaar	17 uklar/i bekneb
18 dragging anchor	18 l'ancre chasse	18 der Anker schliert	18 krabbend anker	18 i drift for ankeret
19 holding anchor	19 l'ancre croche, tient	19 der Anker hält	19 houdend anker	19 ankeret holder
20 to lie to an anchor	20 être au mouillage	20 vor Anker liegen	20 ten anker liggen	20 at ligge for anker
21 to break out an anchor	21 l'ancre décroche	21 den Anker ausbrechen	21 een anker losbreken	21 at brække ankeret løs
22 to weigh anchor	22 appareillage	22 Ankerauf gehen, Anker hieven oder lichten	22 anker inhalen	22 lette anker
23 to slip the anchor	23 laisser filer le mouillage	23 den Anker slippen	23 anker laten uitvieren	23 stikke ankeret fra sig med bøje på

	ESPAÑOL	ITALIANO	PORTUGUÊS	TÜRKÇE	ΕΛΛΗΝΙΚΑ (GREEK)
	EN EL PUERTO	**NEL PORTO**	**NO PORTO**	**LİMANDA**	**ΣΤΟ ΛΙΜΑΝΙ**
	Fondear	**Ancoraggio**	**Ancorar**	**Demirleme**	**ΑΓΚΥΡΟΒΟΛΙΑ**
1	ancla	ancora	âncora/ferro	demir	ΑΓΚΥΡΑ
2	fondear el ancla	gettare/mollare	largar o ferro/deixar ir	funda demir/demir atmak	ΡΙΧΝΩ ΤΗΝ ΑΓΚΥΡΑ
3	levar ancla	salpare	pesar	demir almak	ΣΗΚΩΝΩ
4	cadena	catena	amarra/amarreta	zincir	ΑΛΥΣΣΙΔΑ
5	cabo del ancla	gomena per ancora	cabo do ferro	demir haladı	ΑΓΚΥΡΟΣΧΟΙΝΟ
6	ancla encepada	impigliata	unhado	demir zincirinin çapariz alması	ΜΠΛΕΓΜΕΝΗ
7	garrear el ancla	arare	à garra	demir taramak	ΞΕΣΕΡΝΕΙ
8	fondear en rada	levare l'ancora	levantar o ferro	demirlemek	ΦΟΥΝΤΑΡΩ ΜΑΚΡΥΑ
9	barlovento	controvento	barlavento	rüzgâra karşı	ΠΡΟΣΗΝΕΜΑ
10	sotavento	sottovento	sotavento	rüzgâr altına	ΥΠΗΝΕΜΑ
11	contra la marea	contro la marea	barlacorrente	akıntıya karşı	ΠΡΟΣ ΤΗΝ ΠΑΛΙΡΡΟΙΑ
12	a favor de la marea	con la marea	sotacorrente	akıntıyla birlikte	ΜΕ ΤΗΝ ΠΑΛΙΡΡΟΙΑ
13	bornear	girare sull'ancora	rabiar	salmak	ΓΥΡΝΩ ΠΑΝΩ ΣΤΗΝ ΑΓΚΥΡΑ
14	fondear	ancorarsi	fundear	demirlemek	ΑΓΚΥΡΟΒΟΛΩ
15	dar fondo	dare fondo all'ancora	largar o ferro	demir atmak, demirlemek	ΡΙΧΝΩ ΤΗΝ ΑΓΚΥΡΑ
16	atoar el ancla	stendere l'ancora	espiar um ferro	demiri bir botla götürmek	ΑΦΗΝΩ ΑΛΥΣΣΙΔΑ
17	encepada	ancora impigliata, inceppata	ferro prêso, ensarilhado	zincirin demire sarması	ΜΠΛΕΓΜΕΝΗ
18	ancla garreando	ancora che ara	ferro a garrar	demirin taraması	ΞΕΣΕΡΝΕΙ
19	ancla agarrada	ancora che agguanta	ferro unhado	demirin tutması	ΚΡΑΤΑΕΙ
20	aguantarse con un ancla	essere alla fonda	fundeado	tek demirle yatmak	ΣΤΕΚΟΜΑΙΚΡΑΤΙΕΜΑΙ ΑΠΟ ΤΗΝ ΑΓΚΥΡΑ
21	desatrincar	spedare un'ancora	arrancar o ferro	demiri (dipten) koparmak	ΞΕΚΑΡΦΩΝΩ ΤΗΝ ΑΓΚΥΡΑ
22	levar el ancla	levare l'ancora, salpare	suspender a amarra	demir kaldırmak, hareket etmek	ΣΗΚΩΝΩ ΑΓΚΥΡΑ
23	perder el ancla	sferrare l'ancora	picar a amarra	demir döşemek, zincir kaçırmak	ΣΕΡΝΩ ΤΗΝ ΑΓΚΥΡΑ

4 IN HARBOUR

	ENGLISH	FRANÇAIS	DEUTSCH	NEDERLANDS	DANSK
	IN HARBOUR	**AU PORT**	**IM HAFEN**	**IN DE HAVEN**	**I HAVN**
	Mooring up	**Amarrage**	**Festmachen**	**Afmeren**	**Fortøjning**
1	quay	quai	Kaje, Kai	kade	kaj
2	jetty	jetée	Anlegesteg	pier, steiger	dækmole
3	mooring buoy	bouée de corps-mort	Festmachertonne	meerboei	fortøjningsbøje
4	laid mooring	corps-mort	ausgebrachte Festmachertonnen	verankerde afmeerplaats	fast fortøjning
5	finger pontoon	catway	Schwimmstege mit Auslegern	vingersteiger	finger-ponton
6	pile	poteau	Dalben	steigerpaal	pæl
7	bollard	bollard	Poller	bolder	pullert
8	mooring ring	anneau d'amarrage	Festmachering	afmeerring	fortøjningsring
9	depth	profondeur	Wassertiefe	diepte	dybde
10	is there enough water?	est-ce qu'il y a assez d'eau?	Ist dort genug Wasser?	staat daar genoeg water?	er der vand nok?
11	where can I moor?	où puis-je m'amarrer?	Wo kann ich festmachen?	waar kan ik afmeren?	hvor kan jeg fortøje?
12	to dry out	s'échouer	trocken fallen	droogvallen	tør ved lavvande
13	stern-to	arrière à quai	heckwärts	met het achterschip naar	hækken til
14	bows-to	avant à quai	bugwärts	met de boeg naar	stævnen til
15	alongside	le long de	längsseits	langs, langszij	langskibs
16	to raft up	amarrer à couple	im Päckchen festmachen	langszij vastmaken	fortøje på siden
17	warp/line	amarre	Verholleine	lijn	kasteline
18	breast-rope	amarre traversière	Querleine	dwarslijn	fortøjning
19	spring	garde	Spring	spring	spring
20	make fast	frapper	festmachen	vastmaken	sætte fast
21	let go/cast off	larguer	loswerfen	losgooien, ontmeren	lade gå
22	to single up a rope	garder une seule amarre	alle Leinen bis auf eine loswerfen	dubbele lijnen wegnemen	kvejle op
23	to slip a rope	larguer	Leine loswerfen	een lijn laten vieren	kaste los

	ESPAÑOL	ITALIANO	PORTUGUÊS	TÜRKÇE	ΕΛΛΗΝΙΚΑ (GREEK)
	EN EL PUERTO	NEL PORTO	NO PORTO	LİMANDA	ΣΤΟ ΛΙΜΑΝΙ
	Amarrar	**Ormeggio**	**Atracação**	**Bağlama**	**ΠΡΟΣΔΕΣΗ**
1	muelle, desembar-cadero	banchina	cais	rıhtım	ΝΤΟΚΙ
2	muelle, dique, escollera, pantalán	molo	molhe	iskele	ΠΡΟΒΑΗΤΑ
3	boya de amarre	boa d'ormeggio	bólia de atracação	bağlama şamandırası	ΣΗΜΑΔΟΥΡΑ ΠΡΟΣΔΕΣΗΣ
4	muerto de amarre	corpo morto	estaleiro permanente	bağlama halatı	ΑΓΚΥΡΟΒΟΛΗΜΕΝΗ ΣΗΜΑΔΟΥΡΑ
5	pantalán	pontile a pennello	pontão com fingers	parmak iskele	ΠΑΚΤΩΝΑΣ-ΠΟΝΤΟΝΙ
6	estaca	pilone	estaca	bağlama kazığı	ΣΤΥΛΟΣ
7	bolardo	bitta	abita	baba, bağlama babası	ΚΑΠΟΝΙ-ΔΕΣΤΡΑ ΜΩΛΟΥ
8	argolla de amarre	anello d'ormeggio	argola de amarração	bağlama anelesi	ΚΡΙΚΟΣ ΠΡΟΣΔΕΣΗΣ
9	profundidad	profondità	fundura	derinlik	ΒΑΘΟΣ
10	¿hay bastante calado?	c'è abbastanza acqua?	tenho àgua suficiente?	orada yeterli derinlik var mı?	ΕΧΕΙ ΑΡΚΕΤΟ ΒΑΘΟΣ
11	¿dónde puedo amarrar?	dove posso ormeggiare?	onde posso atracar?	nereye bağlayabilirim?	ΠΟΥ ΜΠΟΡΩ ΝΑ ΔΕΣΩ
12	varar, en seco	seccare	secar	gel-git nedeniyle karaya oturmak	ΒΓΑΖΩ ΣΚΑΦΟΣ ΣΤΗ ΣΤΕΡΙΑ
13	amarrar a popa	in andana	à popa	kıçtan kara	ΜΕ ΤΗΝ ΠΡΥΜΝΗ
14	amarrar a proa	di prua	à proa	baştan kara	ΜΕ ΤΗΝ ΠΛΩΡΗ
15	al costado	di fianco, all'inglese	paralelo a …	aborda olmak, yanaşmak	ΜΕ ΤΗΝ ΠΛΕΥΡΑ
16	abarloar	far zattera con un'altra barca	içar a balsa	borda, bordaya bağlamak	ΔΕΝΩ ΤΟ ΣΚΑΦΟΣ ΣΕ ΝΤΑΝΑ
17	amarra/cabo	cime d'ormeggio	espia	palamar (tel veya halat)	ΚΑΒΟΣ
18	través	traversino	cabo com seio	omuzluk palamarı	ΜΟΥΣΤΑΚΙΑ-ΚΟΥΤΟΥΚΙΑ
19	esprín	spring	rejeira	açmaz, spring halatı, pürmeçe halatı	ΣΧΟΙΝΙΑ ΠΡΟΣΔΕΣΕΩΣ
20	hacer firme	dar volta	depressa	bağlamak	ΣΙΓΟΥΡΕΥΩ-ΠΡΟΣΔΕΝΟΜΑΙ
21	largar amarras	mollare (l'ormeggio)	folgar/atira	halatı boşlamak, boşkoymak	ΑΦΗΝΩ
22	aligerar una amarra	disporre a doppino una cima	cabo singelo	(voltayı) tek halata indirmek voltayı azaltmak	ΠΑΙΡΝΩ ΜΕΣΑ ΣΧΟΙΝΙ ΚΑΙ ΜΕΤΖΑΒΟΛΤΑ
23	largar una amarra	filare una cima	deslizar o cabo	halatı kaydırmak	ΑΦΗΝΩ ΤΟ ΣΧΟΙΝΙ

ENGLISH	FRANÇAIS	DEUTSCH	NEDERLANDS	DANSK
4 IN HARBOUR	**AU PORT**	**IM HAFEN**	**IN DE HAVEN**	**I HAVN**
Mooring up	**Amarrage**	**Festmachen**	**Afmeren**	**Fortøjning**
24 to shorten up	24 raccourcir	24 aufkürzen, verkürzen	24 overbodige lijnen weghalen	24 korte op
25 to slack off/ease	25 choquer	25 fieren, Lose geben	25 vieren	25 lade gå
Manoeuvring	**Faire des manœuvres**	**Manövrieren**	**Manoeuvreren**	**Manøvrering**
1 bow	1 proue	1 Bug	1 boeg	1 stævn
2 stern	2 poupe	2 Heck	2 hek, achterschip	2 hæk
3 amidships	3 milieu	3 mittschiffs	3 midscheeps	3 midtskibs
4 port	4 bâbord	4 backbord	4 bakboord	4 bagbord
5 starboard	5 tribord	5 steuerbord	5 stuurboord	5 styrbord
6 to go ahead	6 aller en avant	6 voraus gehen	6 vooruitgaan	6 gå frem
7 to go astern	7 aller en arrière	7 achterauss sacken	7 achteruitgaan	7 bakke
8 propeller	8 hélice	8 Propeller	8 schroef	8 skrue
9 stop engine	9 arrêter le moteur	9 Maschine stopp	9 stop motor	9 stop motoren
10 start engine	10 démarrer le moteur	10 Maschine starten	10 start motor	10 start motoren
11 fast	11 vite	11 schnell	11 snel	11 hurtigt
12 slowly	12 lentement	12 langsam	12 langzaam	12 langsomt
13 bow thruster	13 propulseur d'étrave	13 Bugstrahlruder	13 boegschroef	13 bovpropel
14 fender	14 défense	14 Fender	14 fender	14 fender
15 to fend off	15 déborder	15 abfendern	15 afhouden	15 fendre af
16 boathook	16 gaffe	16 Bootshaken	16 bootshaak, pikhaak	16 bådshage

ESPAÑOL	ITALIANO	PORTUGUÊS	TÜRKÇE	ΕΛΛΗΝΙΚΑ (GREEK)
EN EL PUERTO	**NEL PORTO**	**NO PORTO**	**LİMANDA**	**ΣΤΟ ΛΙΜΑΝΙ**
Amarrar	**Ormeggio**	**Atracação**	**Bağlama**	**ΠΡΟΣΔΕΣΗ**
24 acortar	24 accorciare	24 encurtar	24 halatın boşunu almak	24 ΜΑΖΕΥΩ-ΚΟΝΤΕΝΩ ΤΟ ΣΧΟΙΝΙ
25 amollar	25 allentare	25 folgar	25 halatı lâşka etmek	25 ΧΑΛΑΡΩΝΩ ΤΟ ΣΧΟΙΝΙ
Maniobras	**Manovre**	**Manobrar**	**Manevra**	**ΧΕΙΡΙΣΜΟΙ**
1 proa	1 prua	1 proa	1 pruva, baş	1 ΠΛΩΡΗ
2 popa	2 poppa	2 popa	2 pupa, kıç	2 ΠΡΥΜΝΗ
3 en medio del buque	3 a mezzanave	3 través	3 tekne vasadı (ortası)	3 ΣΤΟ ΚΕΝΤΡΟ ΤΟΥ ΣΚΑΦΟΥΣ
4 babor	4 sinistra	4 bombordo	4 iskele	4 ΑΡΙΣΤΕΡΗ ΠΛΕΥΡΑ
5 estribor	5 dritta	5 estibordo	5 sancak	5 ΔΕΞΙΑ ΠΛΕΥΡΑ
6 ir avante	6 andare avanti	6 à vante	6 ileri yol	6 ΠΡΟΣΩ
7 dar marcha atrás	7 andare indietro, sciare	7 à ré	7 geri yol, tornistan	7 ΑΝΑΠΟΔΑ
8 hélice	8 elica	8 hélice	8 pervane	8 ΠΡΟΠΕΛΛΑ
9 para el motor	9 ferma il motore	9 parar o motor	9 motor stop	9 ΚΡΑΤΕΙ, ΣΒΥΣΕ ΜΗΧΑΝΗ
10 arranca el motor	10 accendi il motore	10 ligar o motor	10 motor çalıştır	10 ΑΝΑΨΕ ΜΗΧΑΝΗ
11 rápido	11 veloce	11 depressa	11 hızlı	11 ΓΡΗΓΟΡΑ
12 despacio	12 lento	12 devagar	12 yavaş, yavaşça	12 ΑΡΓΑ
13 hélice de proa	13 elica trasversale di prua	13 bow thruster	13 bodoslama pervanesi	13 ΠΡΟΠΕΛΛΑ ΠΛΩΡΗΣ
14 defensa	14 parabordo	14 defensa	14 usturmaça	14 ΜΠΑΛΟΝΙ
15 abrirse el barco	15 scostare	15 por as defensas	15 teknenin dokunmasını önlemek	15 ΑΒΑΡΑΡΩ
16 bichero	16 gaffa, mezzomarinaio	16 croque	16 kanca, bot kancası	16 ΓΑΝΤΖΟΣ

ENGLISH	FRANÇAIS	DEUTSCH	NEDERLANDS	DANSK
4 IN HARBOUR	**AU PORT**	**IM HAFEN**	**IN DE HAVEN**	**I HAVN**
Supplies	**Avitaillement**	**Versorgungsgüter**	**Voorzieningen**	**Forsyninger**
1 water	1 eau	1 Wasser	1 water	1 vand
2 hose	2 tuyau	2 Schlauch	2 slang	2 slange
3 hose connector	3 embout de tuyau	3 Schlauchanschluss	3 slangaansluiting	3 slangeforskruning
4 electricity	4 électricité	4 Elektrizität	4 stroom, elektriciteit	4 elektricitet
5 electric cable	5 câble électrique	5 Elektrokabel	5 snoer, elektriciteitskabel	5 elektrisk ledning
6 electric plug	6 prise de courant	6 Elektrostecker	6 stekker	6 elstik
7 fuelling station	7 station service	7 Tankstelle	7 bunkerplaats	7 benzinstation
8 garbage	8 ordures	8 Küchenabfälle	8 afval	8 affald
9 Meat: beef, chicken, ham, horse, lamb, pork, halal	9 boeuf, poulet, chèvre, jambon, cheval, agneau, porc, halal	9 Rind, Huhn, Ziege, Schinken, Pferd, Lamm, Schwein, Halalfleisch	9 rund, kip, geit, ham, paard, lam, varken, halal	9 oksekød, kylling, ged, skinke, hest, lam, svinekød, halhal (mad efter muslimske regler)

ESPAÑOL	ITALIANO	PORTUGUÊS	TÜRKÇE	ΕΛΛΗΝΙΚΑ (GREEK)
EN EL PUERTO	**NEL PORTO**	**NO PORTO**	**LİMANDA**	**ΣΤΟ ΛΙΜΑΝΙ**
Suministros	**Rifornimenti**	**Mantimentos**	**İkmaller**	**ΠΡΟΜΗΘΕΙΕΣ**
1 agua	1 acqua	1 àgua	1 su	1 ΝΕΡΟ
2 manguera	2 manichetta	2 mangueira	2 hortum	2 ΣΩΛΗΝΑΣ-ΛΑΣΤΙΧΟ
3 conexión de manguera	3 raccordo per manichetta	3 ligação da mangueira	3 hortum bağlantısı	3 ΕΝΩΤΙΚΟ ΣΩΛΗΝΑ-ΡΑΚΟΡ
4 electricidad	4 elettricità	4 electricidade	4 elektrik	4 ΗΛΕΚΤΡΙΚΟ
5 cable eléctrico	5 cavo elettrico	5 cabo electrico	5 elektrik kablosu	5 ΗΛΕΚΤΡΙΚΟ ΚΑΛΩΔΙΟ
6 enchufe	6 spina elettrica	6 ficha electrica	6 elektrik fişi	6 ΠΡΙΖΑ
7 gasolinera	7 stazione di rifornimento carburante	7 estação de serviço	7 akaryakıt ikmal istasyonu	7 ΣΤΑΘΜΟΣ ΚΑΥΣΙΜΩΝ
8 basuras	8 pattume	8 lixo	8 çöp	8 ΣΚΟΥΠΙΔΙΑ
9 ternera, pollo, cabra, jamon, caballo, cordero, cerdo, halal	9 manzo, pollo, capra, prosciutto, cavallo, agnello, maiale, halal	9 carne de vaca, frango, galinha, cabrito, fiambre, carne de cavalo, borrego, carne de porco, halal	9 dana, tavuk, keçi, domuz eti, at, kuzu domuz, helal	9 ΜΟΣΧΑΡΙ, ΚΟΤΟΠΟΥΛΟ, ΚΑΤΣΙΚΙ, ΖΑΜΠΟΝ, ΑΡΝΙ, ΧΟΙΡΙΝΟ ΚΡΕΑΣ ΑΠΟ ΖΩΟ ΣΦΑΓΜΕΝΟ ΜΕ ΤΟ ΜΟΥΣΟΥΛΜΑΝΙΚΟ ΝΟΜΟ

ENGLISH	FRANÇAIS	DEUTSCH	NEDERLANDS	DANSK
5 THE BOAT	**LE BATEAU**	**DAS BOOT**	**DE BOOT, HET SCHIP**	**BÅDEN**
Basic vocabulary	**Vocabulaire de base**	**Grundbegriffe**	**Basiswoordenlijst**	**Nøgleord**
1 hull	1 coque	1 Rumpf	1 romp	1 skrog
2 deck	2 pont	2 Deck	2 dek	2 dæk
3 mast	3 mât	3 Mast	3 mast	3 mast
4 keel	4 quille	4 Kiel	4 kiel	4 køl
5 rudder	5 gouvernail	5 Ruder	5 roer	5 ror
6 bow	6 proue	6 Bug	6 boeg	6 stævn
7 stern	7 poupe	7 Heck	7 achterschip	7 hæk
8 port	8 bâbord	8 backbord	8 bakboord	8 bagbord
9 starboard	9 tribord	9 steuerbord	9 stuurboord	9 styrbord
10 ahead	10 en avant	10 voraus	10 vooruit	10 frem
11 astern	11 en arrière	11 zurück	11 achteruit	11 bak
12 mooring	12 amarre	12 Liegeplatz	12 afmeren	12 fortøjning
13 anchor	13 ancre	13 Anker	13 anker	13 anker
14 rope	14 cordage	14 Leine	14 touw	14 tovværk

ENGLISH	FRANÇAIS	DEUTSCH	NEDERLANDS	DANSK
Yachts and rigs	**Yachts et leur gréement**	**Yachten und Takelagen**	**Jachten en tuigage**	**Fartøjer og rigning**
1 masthead cutter	1 cotre en tête	1 Kutter mit Hochtakelung	1 kotter, masttoptuig	1 mastetop-rig
2 bermudan sloop	2 sloop bermudien	2 Slup	2 sloep, torentuig	2 bermudarig
3 gaff cutter	3 cotre franc, aurique	3 Gaffelkutter	3 kotter, gaffeltuig	3 gaffelrigget kutter
4 bermudan yawl	4 yawl bermudien	4 Yawl	4 yawl, torentuig	4 bermudarigget yawl
5 bermudan ketch	5 ketch bermudien	5 Ketsch	5 kits, torentuig	5 bermuda-ketch
6 staysail schooner	6 goélette à voile d'étai	6 Stagsegelschoner	6 stagzeilschoener	6 stagsejls skonnert
7 brig	7 brick	7 Brigg	7 brik	7 brig
8 barque	8 barque	8 Bark	8 bark	8 bark
9 cruiser	9 bateau de croisière	9 Fahrtenyacht	9 toerschip	9 tursejler
10 racer	10 bateau de course	10 Rennyacht	10 wedstrijdschip	10 kapsejler
11 ocean racer	11 bateau de course-croisière	11 Hochseerennyacht	11 zeegaand wedstrijdschip	11 havkapsejler
12 racing dinghy	12 dériveur de sport	12 Rennjolle	12 open wedstrijdboot	12 kapsejladsjolle

	ESPAÑOL	ITALIANO	PORTUGUÊS	TÜRKÇE	ΕΛΛΗΝΙΚΑ (GREEK)
	EL BARCO	**LA BARCA**	**DO BARCO**	**TEKNE**	**ΤΟ ΣΚΑΦΟΣ**

5

Vocabulario básico / Vocabolario basilare / Vocabulário básico / Ana lügatçe/sözlük / ΒΑΣΙΚΟ ΛΕΞΙΛΟΓΙΟ

	Vocabulario básico	Vocabolario basilare	Vocabulário básico	Ana lügatçe/sözlük	ΒΑΣΙΚΟ ΛΕΞΙΛΟΓΙΟ
1	casco	carena	casco	karina	ΚΥΤΟΣ/ΓΑΣΤΡΑ
2	cubierta	ponte	convés	güverte	ΚΑΤΑΣΤΡΩΜΑ
3	palo, mástil	albero	mastro	direk	ΚΑΤΑΡΤΙ
4	quilla	chiglia	quilha	omurga	ΚΑΡΙΝΑ
5	timón	timone	leme	dümen	ΠΗΔΑΛΙΟ
6	proa	prua, prora	proa	pruva, baş	ΠΛΩΡΗ
7	popa	poppa	popa	pupa, kıç	ΠΡΥΜΝΗ
8	babor	sinistra	bombordo	iskele	ΑΡΙΣΤΕΡΑ
9	estribor	dritta	estibordo	sancak	ΔΕΞΙΑ
10	por la proa	proravia, avanti	à proa	ileri	ΠΡΟΣΩ
11	por la popa	poppavia, indietro	à popa	geri, tornistan	ΑΝΑΠΟΔΑ
12	atraque	ormeggio	atracar	tekneyi bağlama, bağlama yeri	ΑΓΚΥΡΟΒΟΛΙΟ
13	ancla	àncora	ferro	demir, çipa	ΑΓΚΥΡΑ
14	cabo	cima	cabo	halat	ΣΧΟΙΝΙ

Yates y aparejos / Yachts e attrezzature / Iates e armação / Yatlar ve armalar / ΤΥΠΟΙ ΙΣΤΙΟΦΟΡΩΝ

	Yates y aparejos	Yachts e attrezzature	Iates e armação	Yatlar ve armalar	ΤΥΠΟΙ ΙΣΤΙΟΦΟΡΩΝ
1	balandra de mastelero, cúter	cutter con fiocco in testa d'albero	cuter	markoni cutter, kotra	ΚΟΤΤΕΡΟ (ΔΥΟ ΠΡΟΤΟΝΟΙ)
2	balandro (aparejo marconi)	sloop (Marconi)	sloop	markoni sloop	ΜΟΝΟΚΑΤΑΡΤΟ
3	balandra (aparejo cangrejo), quechemarín	cutter a vele auriche	cuter de Carangueja	randa armalı cutter, randa armalı kotra	ΚΟΤΤΕΡΟ ΜΕ ΠΙΚΙ
4	yol (aparejo marconi)	yawl o iolla (Marconi)	yawl Marconi	markoni yawl	ΓΙΟΛΑ
5	queche (aparejo marconi)	ketch (Marconi)	ketch Marconi	markoni ketch	ΚΕΤΣ
6	goleta con vela de estay	goletta a vele di taglio	palhabote	velena yelkenli uskuna	ΣΚΟΥΝΑ ΜΕ ΔΥΟ ΦΛΟΚΟΥΣ
7	bergantín	brigantino	brigue	brik	ΜΠΡΙΚΙ
8	bricbarca	brigantino a palo	barca	barka	ΜΠΑΡΚΟ
9	yate de crucero	barca da crociera	barco de cruzeiro	gezi yatı	ΚΡΟΥΖΕΡ
10	yate de regatas	barca da regata	barco de regata	yarış yatı	ΑΓΩΝΙΣΤΙΚΟ
11	yate de regatas de altura	barca da regata oceanica	barco de regatas oceânicas	okyanus/açıkdeniz yarış yatı	ΑΓΩΝΙΣΤΙΚΟ ΩΚΕΑΝΟΥ
12	derivador de regatas	deriva da regata	dinghy de regata	salma omurgalı yarış teknesi	ΑΓΩΝΙΣΤΙΚΟ ΜΙΚΡΟ ΣΚΑΦΟΣ

ENGLISH	FRANÇAIS	DEUTSCH	NEDERLANDS	DANSK
5 THE BOAT	**LE BATEAU**	**DAS BOOT**	**DE BOOT, HET SCHIP**	**BÅDEN**

Types of vessel / Types de bateau / Schiffstyp / Scheepstypen / Fartøjstyper

ENGLISH	FRANÇAIS	DEUTSCH	NEDERLANDS	DANSK
1 motorboat	1 bateau à moteur	1 Motoryacht	1 motorboot	1 motorbåd
2 motorsailer	2 bateau mixte, motor-sailer	2 Motorsegler	2 motorsailer	2 motorsejler
3 dinghy	3 annexe, dinghy, canot	3 Beiboot, Dingi	3 open bootje	3 jolle
4 launch	4 vedette	4 Barkasse	4 barkas	4 chalup
5 rescue launch	5 bateau de sauvetage	5 Bergungsfahrzeug	5 reddingboot	5 følgebåd
6 lifeboat	6 radeau de suivie, bib	6 Rettungsboot	6 reddingboot	6 redningsbåd
7 pilot cutter	7 bateau pilote	7 Lotsenfahrzeug	7 loodsboot	7 lodsbåd
8 ship	8 navire	8 Schiff	8 schip	8 skib, fregat
9 tug	9 remorqueur	9 Schlepper	9 sleepboot	9 bugserbåd
10 sailing yacht	10 voilier	10 Segelyacht	10 zeilboot	10 sejlbåd
11 barge	11 péniche	11 Schute	11 dekschuit, schuit	11 pram
12 fishing boat	12 bateau de pêche	12 Fischereifahrzeug	12 vissersschip	12 fiskerbåd
13 ferry	13 ferry/bac (rivière)	13 Fähre	13 veerboot	13 færge
14 warship	14 navire de guerre	14 Kriegsschiff	14 oorlogsschip	14 krigsskib
15 coastguard	15 garde-côtes	15 Küstenwache	15 kustwacht	15 kystvagt

Construction / Construction / Bauweise / Constructie / Konstruktion

ENGLISH	FRANÇAIS	DEUTSCH	NEDERLANDS	DANSK
Hull design and construction	***Plan de coque et construction***	***Rumpfkonstruktion und Bauweise***	***Rompontwerp en -constructie***	***Skrogkonstruktion***
1 naval architect	1 architecte naval	1 Schiffbauingenieur	1 scheepsarchitect	1 skibskonstruktør
2 designer	2 architecte naval	2 Konstrukteur	2 ontwerper	2 skibskonstruktør
3 surveyor	3 expert maritime	3 Gutachter	3 inspecteur	3 synsmand
4 builder	4 constructeur	4 Bootsbauer	4 bouwer	4 skibsbygmester
5 light displacement	5 déplacement léger	5 Leichtdeplacement	5 licht, met weing waterverplaatsing	5 let deplacement
6 heavy displacement	6 déplacement lourd	6 Schwerdeplacement	6 zwaar, veel waterver-plaatsing	6 deplacement
7 clinker	7 à clins	7 klinker	7 klinker, overnaadse bouw	7 klinkbygget
8 carvel	8 à franc-bord	8 karweel oder kraweel	8 karveel	8 kravelbygget
9 moulded plywood	9 bois moulé	9 formverleimtes Sperrholz	9 gevormd plakhout	9 limet finer
10 open	10 non ponté	10 offen	10 open	10 åben

ESPAÑOL	ITALIANO	PORTUGUÊS	TÜRKÇE	ΕΛΛΗΝΙΚΑ (GREEK)
EL BARCO	**LA BARCA**	**DO BARCO**	**TEKNE**	**ΤΟ ΣΚΑΦΟΣ**
Tipos de barco	**Tipi di natante**	**Tipos de embarcação**	**Tekne tipleri**	**ΤΥΠΟΙ ΣΚΑΦΩΝ**
1 motora	1 barca a motore	1 barco a motor	1 motorbot	1 ΜΗΧΑΝΟΚΙΝΗΤΟ
2 moto-velero	2 motor sailer	2 barco a motor e à vela	2 motorlu yelken teknesi	2 ΜΗΧΑΝΟΚΙΝΗΤΟ ΜΕ ΠΑΝΙΑ
3 bote, chinchorro	3 deriva	3 escaler	3 dingi, bot	3 ΒΑΡΚΑΚΙ
4 lancha	4 lancia	4 lancha	4 İşkampavya	4 ΛΑΝΤΖΑ
5 bote de salvamento	5 lancia di salvataggio	5 barco de socorro	5 can kurtarma işkampavyası	5 ΛΑΝΤΖΑ ΔΙΑΣΩΣΕΩΣ' ΝΑΥΑΓΟΣΩΣΤΙΚΟ
6 bote salvavidas	6 scialuppa	6 barco salva vidas	6 can filikası	6 ΣΩΣΙΒΙΑ ΛΕΜΒΟΣ
7 embarcación del práctico	7 pilotina	7 embarcação dos pilôtos	7 kılavuz teknesi	7 ΠΙΛΟΤΙΝΑ
8 barco	8 nave	8 navio	8 gemi	8 ΚΑΡΑΒΙ
9 remolcador	9 rimorchiatore	9 rebocador	9 römorkör	9 ΡΥΜΟΥΛΚΟ
10 velero	10 yacht a vela, veliero	10 iate à vela	10 yelkenli yat	10 ΙΣΤΙΟΦΟΡΟ
11 gabarra	11 chiatta	11 lancha	11 şalupa	11 ΜΑΟΥΝΑ
12 barco de pesca	12 peschereccio	12 barco de pesca	12 balıkçı teknesi	12 ΨΑΡΑΔΙΚΗ ΒΑΡΚΑ
13 ferry	13 traghetto	13 ferry	13 feribot	13 ΦΕΡΡΥ
14 buque de guerra	14 nave da guerra	14 navio de guerra	14 harpgemisi	14 ΠΟΛΕΜΙΚΟ
15 guardacosta	15 guardacoste	15 policia marítima	15 sahil güvenlik teknesi	15 ΛΙΜΕΝΙΚΟ

Construcción	**Costruzione**	**Construção**	**İnşaat**	**ΚΑΤΑΣΚΕΥΗ**
Diseño y construcción del casco	***Progetto e costruzione della carena***	***Desenho e construção do casco***	***Karina dizaynı ve inşaatı***	***ΣΧΕΔΙΟ ΓΑΣΤΡΑΣ ΚΑΙ ΚΑΤΑΣΚΕΥΗ***
1 ingeniero naval	1 architetto navale	1 engenheiro construtor naval	1 gemi inşa mühendisi	1 ΝΑΥΠΗΓΟΣ
2 proyectista	2 progettista	2 projectista	2 tasarımcı	2 ΣΧΕΔΙΑΣΤΗΣ
3 inspector	3 perito marittimo	3 inspector	3 sörveyci, eksper	3 ΕΠΙΘΕΩΡΗΤΗΣ
4 constructor	4 costruttore	4 construtor	4 yapımcı	4 ΚΑΤΑΣΚΕΥΑΣΤΗΣ
5 pequeño desplazamiento	5 piccola stazza	5 deslocamento pequeno	5 hafif deplasman	5 ΜΙΚΡΟΥ ΕΚΤΟΠΙΣΜΑΤΟΣ
6 gran desplazamiento	6 grande stazza	6 deslocamento grande	6 ağır deplasman	6 ΜΕΓΑΛΟΥ ΕΚΤΟΠΙΣΜΑΤΟΣ
7 tingladillo	7 clinker	7 tabuado trincado	7 bindirme ağaç kaplama	7 ΚΛΙΜΑΚΩΤΗ ΑΡΜΟΛΟΓΙΑ
8 unión a tope	8 a paro	8 tabuado liso	8 armuz kaplama	8 ΛΕΙΑΣ ΑΡΜΟΛΟΓΙΑΣ
9 contrachapado moldeado	9 compensato marino	9 contraplacado moldado	9 kalıplanmış kontraplak	9 ΦΟΡΜΑΡΙΣΜΕΝΟ ΚΟΝΤΡΑ-ΠΛΑΚΕ
10 abierto	10 aperto, spontato	10 aberto	10 açık güverteli	10 ΑΝΟΙΚΤΟ

ENGLISH	FRANÇAIS	DEUTSCH	NEDERLANDS	DANSK
5 THE BOAT	**LE BATEAU**	**DAS BOOT**	**DE BOOT, HET SCHIP**	**BÅDEN**
Construction	**Construction**	**Bauweise**	**Constructie**	**Konstruktion**
Hull design and construction	***Plan de coque et construction***	***Rumpfkonstruktion und Bauweise***	***Rompontwerp en -constructie***	***Skrogkonstruktion***
11 half-decked	11 semi-ponté	11 halbgedeckt	11 half open	11 halvdæk
12 cabin yacht	12 ponté	12 Kajütyacht	12 kajuitjacht	12 kahytsbåd
13 round bilged	13 en forme	13 Rundspant	13 met ronde kimmen, rondspant	13 rundbundet
14 hard chine	14 à bouchain vif	14 Knickspant	14 knikspant	14 knækspant
15 overhang	15 élancement	15 Überhang	15 overhangend	15 overhang
16 sheer	16 tonture	16 Sprung	16 zeeg	16 spring
17 transom stern	17 arrière à tableau	17 Plattgattheck, Spiegelheck	17 platte spiegel	17 agterspejl
18 canoe stern	18 arrière canoë	18 Kanuheck	18 kano-achtersteven	18 kanohæk
19 counter stern	19 arrière à voûte	19 Yachtheck	19 overhang met kleine spiegel	19 gilling
20 scoop transom	20 arrière à jupe	20 Heck moderner GFK-Yachten, Schaufelheck	20 tableauspiegel	20 negativ hæk
21 spoon bow	21 étrave	21 Löffelbug	21 lepelboeg	21 rund stævn
22 trim	22 assiette	22 Trimm, Trimmlage	22 trim, ligging	22 trim
23 mast rake	23 quâte de mât	23 Fall des Mastes	23 masttrim, valling	23 mastens hældning
24 sail area	24 surface de voilure	24 Segelfläche	24 zeiloppervlak	24 sejlareal
25 sail plan	25 plan de voilure	25 Segelriss	25 zeilplan	25 sejlplan
26 scantlings	26 échantillonnage	26 Materialstärke, Profil	26 afmeting van constructiedelen	26 scantlings
27 glass reinforced plastic/ GRP	27 polyester renforcé fibre de verre	27 glasfaserverstärkter Kunststoff/GFK	27 polyester	27 glasfiberarmeret plastic
28 moulding	28 moulage	28 Schale	28 mal, vormstuk	28 støbning
29 lay-up	29 couche	29 auflegen, Gewebelage	29 laag op laag	29 lag
30 rovings	30 roving	30 Gewebematten	30 roving mat	30 måtter
31 mat	31 mât	31 Matte	31 mat	31 måtter
32 chopped strand	32 fibre de verre	32 Spritzverfahren	32 korte vezels, mat	32 fibre

ESPAÑOL	ITALIANO	PORTUGUÊS	TÜRKÇE	ΕΛΛΗΝΙΚΑ (GREEK)
EL BARCO	LA BARCA	DO BARCO	TEKNE	ΤΟ ΣΚΑΦΟΣ
Construcción	**Costruzione**	**Construção**	**İnşaat**	**ΚΑΤΑΣΚΕΥΗ**
Diseño y construcción del casco	***Progetto e costruzione della carena***	***Desenho e construção do casco***	***Karina dizaynı ve inşaatı***	***ΣΧΕΔΙΟ ΓΑΣΤΡΑΣ ΚΑΙ ΚΑΤΑΣΚΕΥΗ***
11 semicubierto	11 semiappontato	11 meio convez	11 yarım güverteli	11 ΜΙΣΟ ΚΟΥΒΕΡΤΩΜΕΝΟ
12 yate cabinado	12 cabinato	12 iate de cabine	12 kamaralı yat	12 ΘΑΛΑΜΗΓΟ
13 pantoque redondo	13 a carena tonda	13 fundo redondo	13 yuvarlak karinalı yat	13 ΣΤΡΟΓΓΥΛΗ ΓΑΣΤΡΑ
14 pantoque vivo	14 a spigolo	14 hidrocónico	14 köşeli	14 ΓΩΝΙΑΣΜΕΝΗ ΓΑΣΤΡΑ
15 lanzamiento	15 slancio	15 lançamento	15 bodoslama, bodoslamanın su üzerindeki kısmının boyu	15 ΠΡΟΕΞΟΧΗ ΤΗΣ ΠΛΩΡΗΣ ΤΟΥ ΣΚΑΦΟΥΣ
16 arrufo	16 cavallino	16 tosado	16 borda veya güverte kavsi çalımı	16 ΚΑΜΠΥΛΟΤΗΣ ΔΙΑΜΗΚΟΥΣ
17 popa de espejo	17 poppa a specchio	17 pôpa arrasada	17 ayna kıç	17 ΠΡΥΜΝΗ ΜΕ ΚΑΘΡΕΠΤΗ
18 popa de canoa	18 poppa a canoa	18 pôpa de canoa	18 kano kıç, karpuz kıç	18 ΜΥΤΕΡΗ ΠΡΥΜΝΗ
19 bovedilla	19 poppa a fetta	19 pôpa de painel	19 ters ayna kıç	19 ΠΡΥΜΝΗ ΜΕ ΚΛΙΣΗ
20 popa de jupette o cuchara	20 poppa attrezzata	20 vertedouro	20 kepçe kıç	20 ΚΑΜΠΥΛΗ ΠΑΠΑΔΙΑ
21 proa de cuchara	21 prora a cucchiaio	21 proa de colher ou de iate	21 kaşık başlı	21 ΣΤΡΟΓΓΥΛΗ ΠΛΩΡΗ
22 asiento	22 assetto	22 caimento	22 trim, ayar	22 ΖΥΓΙΑΣΜΑ
23 inclinación del palo	23 inclinazione dell'albero	23 inclinação do mastro	23 direk meyli	23 ΚΛΙΣΗ ΚΑΤΑΡΤΙΟΥ
24 superficie vélica	24 superficie velica	24 área de vela	24 yelken alanı	24 ΕΠΙΦΑΝΕΙΑ ΠΑΝΙΩΝ
25 plano de velamen	25 piano velico	25 plano vélico	25 yelken planı	25 ΔΙΑΤΑΞΗ ΠΑΝΙΩΝ
26 escantillón	26 dimensioni	26 dimensões dos materiais	26 tekne eğrilerinin çizimi	26 ΤΕΜΑΧΙΑ ΞΥΛΟΥ
27 poliéster/plástico reforzado/con fibra/PRF	27 vetroresina	27 fibra de vidro	27 cam elyafıyla takviyeli plastik/GRP	27 ΟΠΛΙΣΜΕΝΟΣ ΠΟΛΥΕΣΤΕΡΑΣ
28 verduguillo, galón	28 formatura	28 moldagem	28 kalıplama	28 ΚΑΛΟΥΠΩΤΑ ΜΕΡΗ
29 forro, revestimiento	29 stratificazione	29 planos	29 polyester kaplama	29 ΕΠΙΣΤΡΩΣΗ
30 rovings	30 fibre	30 comissões	30 cam elyafı dokuma	30 ΥΦΑΣΜΕΝΟΣ ΠΟΛΥΕΣΤΕΡΑΣ
31 mat	31 stuoia	31 esteira	31 cam elyafı keçe	31 ΥΑΛΟΒΑΜΒΑΚΑΣ ΤΥΧΑΙΑΣ ΠΛΕΞΗΣ
32 fibra troceada	32 stoppini trinciati	32 filamento cortado	32 cam elyaf kırpığı, yünü	32 ΤΡΙΧΑ-ΚΟΜΜΕΝΟΣ ΥΑΛΟΒΑΜΒΑΞ

ENGLISH	FRANÇAIS	DEUTSCH	NEDERLANDS	DANSK
5 THE BOAT	**LE BATEAU**	**DAS BOOT**	**DE BOOT, HET SCHIP**	**BÅDEN**
Construction	**Construction**	**Bauweise**	**Constructie**	**Konstruktion**
Hull design and construction	***Plan de coque et construction***	***Rumpfkonstruktion und Bauweise***	***Rompontwerp en -constructie***	***Skrogkonstruktion***
33 balsa cored sandwich	33 sandwich balsa	33 Sandwichbauweise mit Balsakern	33 balsakern sandwich	33 sandwichkonstruktion, balsa
34 foam core	34 âme en mousse	34 Schaumkern	34 schuimkern	34 skumkerne
35 to laminate	35 laminer	35 laminieren	35 lamineren	35 laminere
36 to bond	36 coller	36 abbinden	36 lijmen, hechten	36 lime
37 carbon fibre	37 fibre de carbonne	37 Kohlefaser	37 koolstofvezel	37 kulfibre
38 Kevlar™	38 Kevlar™	38 Kevlar™	38 Kevlar™	38 Kevlar™
39 steel	39 acier	39 Stahl	39 staal	39 stål
40 aluminium	40 aluminium	40 Aluminium	40 aluminium	40 aluminium
41 ferro-cement	41 ferro-ciment	41 Ferrozement	41 ferrocement	41 ferro-cement
Longitudinal section	***Section longitudinale***	***Längsschnitt***	***Langsdoorsnede***	***Opstalt***
1 stem	1 étrave	1 Vorsteven	1 achtersteven	1 forstævn
2 breasthook	2 guirlande, renfort latéral	2 Bugband	2 boegband	2 bovbånd
3 apron	3 contre-étrave	3 Binnenvorsteven	3 binnenvoorsteven	3 inderstævn
4 wood keel	4 quille de bois	4 Holzkiel	4 houten kiel	4 trækøl
5 keelson	5 carlingue	5 Kielschwein	5 kielbalk	5 kølsvin
6 integral keel	6 quille intègrée	6 Integralkiel	6 s-spant	6 Indbygget køl
7 separate (bolted) keel	7 quille boulonnée	7 getrennter (angeschraubter) Kiel	7 vinkiel	7 Finnekøl
8 ballast keel	8 lest	8 Ballastkiel	8 ballastkiel	8 ballastkøl
9 keelbolts	9 boulons de quille	9 Kielbolzen	9 kielbouten	9 kølbolte
10 sternpost	10 étambot	10 Achtersteven	10 achterstevenbalk	10 agterstævn
11 horn timber	11 allonge de voûte	11 Heckbalken	11 hekbalk	11 hækbjælke

ESPAÑOL

EL BARCO

Construcción

Diseño y construcción del casco

33 sandwich de balsa

34 sandwich de espuma

35 laminar
36 ensamblar
37 fibra de carbon
38 Kevlar™
39 acero
40 aluminio
41 ferrocemento

Sección longitudinal

1 roda
2 buzarda

3 contrarroda
4 quilla de madera
5 sobrequilla

6 quilla integral

7 quilla enroscada

8 quilla lastrada

9 pernos de quilla
10 codaste
11 gambota

ITALIANO

LA BARCA

Costruzione

Progetto e costruzione della carena

33 sandwich con anima di balsa

34 anima di espanso

35 laminare
36 unire
37 fibra di carbonio
38 Kevlar™
39 acciaio
40 alluminio
41 ferro-cemento

Sezione longitudinale

1 dritto di prua
2 gola di prua

3 controdritto
4 chiglia di legno
5 paramezzale, controchiglia
6 Chiglia integrata, stampata conlo scafo
7 Chiglia, imbullonata allo scafo
8 chiglia zavorrata

9 bulloni di chiglia
10 dritto di poppa
11 volta di poppa, dragante

PORTUGUÊS

DO BARCO

Construção

Desenho e construção do casco

33 sanduiche de balsa

34 interior de espuma

35 laminar
36 amarrar
37 fibra de carbono
38 Kevlar™
39 ferro
40 aluminio
41 ferrocimento

Secção longitudinal

1 roda de proa
2 buçarda

3 contra-roda
4 quilha
5 sobreçame

6 Quilha integral

7 Patilhão

8 patilhão

9 cavilhas do patilhão
10 cadaste
11 cambota

TÜRKÇE

TEKNE

İnşaat

Karina dizaynı ve inşaatı

33 balsa ile sandviç

34 sert köpükle

35 lamine etmek
36 yapıştırmak
37 karbon elyaf
38 Kevlar™
39 çelik
40 alüminyum
41 betonarme

Boyuna (tülani) kesit

1 baş bodoslama
2 baş güverte/bodoslama praçolu
3 kontra bodoslama
4 ağaç omurga
5 kontra omurga/iç omurga

6 Bünyesel (Entegre) Salma

7 Saplamalı (monte edilmiş) salma
8 maden omurga

9 omurga cıvataları maden
10 kıç bodoslama
11 kepçe omurgası

ΕΛΛΗΝΙΚΑ (GREEK)

ΤΟ ΣΚΑΦΟΣ

ΚΑΤΑΣΚΕΥΗ

ΣΧΕΔΙΟ ΓΑΣΤΡΑΣ ΚΑΙ ΚΑΤΑΣΚΕΥΗ

33 ΚΑΤΑΣΚΕΥΗ ΣΑΝΤΟΥΙΤΣ ΜΕ ΞΥΛΟ ΜΠΑΛΣΑ
34 ΚΑΤΑΣΚΕΥΗ ΣΑΝΤΟΥΙΤΣ ΜΕ ΑΦΡΟ
35 ΕΠΙΣΤΡΩΝΩ
36 ΕΝΩΝΩ-ΚΟΛΛΩ
37 ΑΝΘΡΑΚΟΝΗΜΑ
38 ΚΕΒΛΑΡ
39 ΑΤΣΑΛΙ
40 ΑΛΟΥΜΙΝΙΟ
41 ΟΠΛΙΣΜΕΝΟ ΕΚΥΡΟΔΕΜΑ

ΚΑΤΑΜΗΚΟΣ ΤΟΜΗ

1 ΠΡΥΜΝΗ
2 ΚΟΡΑΚΙ

3 ΠΟΔΙΑ
4 ΞΥΛΙΝΗ ΚΑΡΙΝΑ
5 ΣΩΤΡΟΠΙ

6 ΕΝΙΑΙΑ ΚΑΡΙΝΑ

7 ΞΕΧΩΡΙΣΤÑ (ΒΙΔΩΤΗ) ΚΑΡΙΝΑ
8 ΣΑΒΟΥΡΩΜΕΝΗ ΚΑΡΙΝΑ
9 ΤΣΑΒΕΤΕΣ
10 ΠΟΔΟΣΤΑΜΟ
11 ΞΥΛΟ (ΚΑΡΙΝΑ) ΠΟΥ ΥΠΟΣΤΗΡΙΖΕΙ ΜΕΤΑ ΤΟ ΤΙΜΟΝΙ

ENGLISH	FRANÇAIS	DEUTSCH	NEDERLANDS	DANSK
5 THE BOAT	**LE BATEAU**	**DAS BOOT**	**DE BOOT, HET SCHIP**	**BÅDEN**
Construction	**Construction**	**Bauweise**	**Constructie**	**Konstruktion**
Longitudinal section	***Section longitudinale***	***Längsschnitt***	***Langsdoorsnede***	***Opstalt***
12 stern knee	12 marsouin, courbe de poupe	12 Achterstevenknie	12 stevenknie	12 hæk-knæ
13 deadwood	13 massif	13 Totholz	13 opvulhout, doodhout	13 dødtræ
14 rudder trunk	14 jaumière	14 Ruderkoker	14 hennegatskoker	14 rorbrønd
15 rudder	15 gouvernail, safran	15 Ruder	15 roer	15 ror
16 tiller	16 barre	16 Ruderpinne	16 helmstok	16 rorpind
17 deck	17 pont	17 Deck	17 dek	17 dæk
18 beam	18 barrot	18 Decksbalken	18 dekbalk	18 bjælke
19 shelf	19 bauquière	19 Balkweger	19 balkweger	19 bjælkevæger
20 rib	20 membrure, couple	20 Spant	20 spant	20 spanter
21 bilge stringer	21 serre de bouchain	21 Stringer, Kimmweger	21 kimweger	21 langskibsvæger
22 length overall/LOA	22 longueur hors-tout	22 Länge über Alles, LüA	22 lengte over alles, LOA	22 længde overalt/LOA
23 load waterline/LWL	23 ligne de flottaison	23 Konstruktionswasser-linie (KWL, CWL)	23 lengte waterlijn, LWL	23 vandlinielængde/LWL
24 bilges	24 bouchain, fonds	24 Bilge	24 kim	24 kimingen
25 hull	25 coque	25 Rumpf	25 romp	25 skrog
26 wing keel	26 quille à ailettes	26 Flügelkiel	26 vleugelkiel	26 vingekøl
27 fin keel	27 quille à aileron	27 Flossenkiel	27 vinkiel	27 finnekøl
28 bilge keel	28 biquilles	28 Kimmkiel	28 kimkiel	28 rundbundet
29 long keel	29 quille longue	29 Langkiel	29 langekiel	29 langkølet
30 skeg	30 talon de quille	30 Ruderhacke	30 scheg	30 skeg
31 rudder stock	31 mèche de safran	31 Ruderschaft	31 roerkoning	31 rorstamme
32 coachroof	32 roof/rouf	32 Kajütdach	32 kajuitdek	32 kahytstag
33 wheelhouse	33 timonerie abritée	33 Steuerhaus	33 stuurhuis	33 styrehus
34 stemhead	34 étrave	34 Vorstevenende, Bugbeschlag	34 voorluik	34 stærn
35 deckhead	35 tête de pont	35 Kajütdach	35 dekluik	35 hæk

ESPAÑOL	ITALIANO	PORTUGUÊS	TÜRKÇE	ΕΛΛΗΝΙΚΑ (GREEK)
EL BARCO	LA BARCA	DO BARCO	TEKNE	ΤΟ ΣΚΑΦΟΣ
Construcción	**Costruzione**	**Construção**	**İnşaat**	**ΚΑΤΑΣΚΕΥΗ**
Sección longitudinal	***Sezione longitudinale***	***Secção longitudinal***	***Boyuna (tülani) kesit***	***ΚΑΤΑΜΗΚΟΣ ΤΟΜΗ***
12 curva coral	12 bracciolo dello specchio di poppa	12 curva do painel	12 kıç ayna praçolu	12 ΓΩΝΙΑ (ΓΟΝΑΤΟ) ΠΡΥΜΝΗΣ
13 macizo	13 massiccio di poppa	13 coral	13 yığma, kıç yığma, praçol	13 ΠΡΟΣΤΑΤΕΥΤΙΚΗ ΚΟΝΤΡΑ ΚΑΡΙΝΑ
14 limera del timón	14 losca del timone	14 caixão do leme	14 dümen kovanı	14 ΚΟΡΜΟΣ ΤΙΜΟΝΙΟΥ
15 timón	15 timone	15 leme	15 dümen, dümen palası	15 ΠΗΔΑΛΙΟ
16 caña	16 barra (del timone)	16 cana de leme	16 dümen yekesi	16 ΛΑΓΟΥΔΕΡΑ
17 cubierta	17 ponte	17 convez	17 güverte	17 ΚΑΤΑΣΤΡΩΜΑ
18 bao	18 baglio	18 vau	18 kemere	18 ΟΛΙΚΟ ΠΛΑΤΟΣ
19 durmiente	19 dormiente	19 dormente	19 kemere/güverte ıstralyası, güverte kuşağı	19 ΓΩΝΙΑ ΓΑΣΤΡΑ' ΚΑΤΑΣΤΡΩΜΑ
20 cuaderna	20 ordinata	20 caverna	20 triz	20 ΣΤΡΑΒΟ
21 vagra	21 corrente di sentina	21 escôa	21 alt kuşak	21 ΝΕΥΡΟ ΣΕΝΤΙΝΑΣ
22 eslora total	22 lunghezza fuori tutto (LFT)	22 comprimento fora a fora	22 tam boy, LOA	22 ΟΛΙΚΟ ΜΗΚΟΣ
23 eslora de flotación	23 linea di galleggiamento	23 comprimento na linha de água	23 dolu iken su hattı	23 ΜΗΚΟΣ ΙΣΑΛΟΥ
24 sentina	24 sentina	24 entre fundo	24 sintine	24 ΣΕΝΤΙΝΕΣ
25 casco	25 scafo, carena	25 casco	25 karina	25 ΓΑΣΤΡΑ
26 quilla de aletas	26 chiglia ad alette	26 quilha com asa	26 kanatçıklı maden omurga	26 ΦΤΕΡΩΤΗ ΚΑΡΙΝΑ
27 quilla de alerón	27 chiglia a pinna, chiglia a bulbo	27 patilhão	27 fin keel	27 ΚΑΡΙΝΑ ΠΤΕΡΥΓΙΟ
28 doble quilla	28 chiglia di rollio	28 quilha dupla	28 çift tarafta omurga	28 ΔΙΠΛΗ, ΠΛΑΙΝΗ ΚΑΡΙΝΑ
29 quilla corrida	29 chiglia lunga	29 quilha corrida	29 uzun omurga	29 ΜΑΚΡΥΑ ΚΑΡΙΝΑ
30 talón de quilla	30 skeg	30 skeg	30 skeg/dumen iğnecikleri bağlantı parçası	30 ΠΤΕΡΥΓΙΟ ΣΤΗΡΙΞΕΩΣ ΤΙΜΟΝΙΟΥ
31 mecha del timón	31 asta del timone	31 madre do leme	31 dümen mili	31 ΑΞΩΝ ΠΗΔΑΛΙΟΥ
32 tambucho	32 tetto della tuga	32 tecto da cabine	32 kamara tavanı	32 ΟΡΟΦΗ ΚΑΜΠΙΝΑΣ
33 timonera, caseta del timón	33 timoniera	33 casa do leme	33 dümenevi	33 ΤΙΜΟΝΙΕΡΑ
34 roda	34 dritto di prua	34 roda de proa	34 bodoslama başı	34 ΑΝΩ ΑΚΡΟ ΚΟΡΑΚΙΟΥ
35 techo de cabina	35 cielo della tuga	35 cabeço do convés	35 güverte başı	35 ΥΠΟΚΑΤΩ ΜΕΡΟΣ ΚΑΤΑΣΤΡΩΜΑΤΟΣ

ENGLISH	FRANÇAIS	DEUTSCH	NEDERLANDS	DANSK
5 THE BOAT	**LE BATEAU**	**DAS BOOT**	**DE BOOT, HET SCHIP**	**BÅDEN**
Construction	**Construction**	**Bauweise**	**Constructie**	**Konstruktion**
Lateral section	***Section latérale***	***Generalplan***	***Dwarsdoorsnede***	***Halve sektioner***
1 rail	1 liston	1 Reling	1 reling	1 ræling
2 bulwark	2 pavois	2 Schanzkleid	2 verschansing	2 skanseklædning
3 scupper	3 dalot	3 Speigatt	3 spuigat	3 spygatter
4 rubbing strake	4 liston	4 Scheuerleiste	4 berghout	4 fenderliste
5 planking	5 bordage	5 Beplankung	5 huid, beplanking	5 rangene
6 skin	6 bordé	6 Außenhaut	6 huid	6 klædning
7 garboard strake	7 virure de quille	7 Kielgang	7 zandstrook	7 kølplanke
8 king plank	8 faux-étambrai, axe de pont	8 Fischplanke	8 vissingstuk, schaarstokplank	8 midterfisk
9 covering board	9 plat-bord	9 Schandeck	9 lijfhout, potdeksel	9 skandæk
10 carline	10 élongis	10 Schlinge	10 langsligger	10 kraveller
11 beam	11 barrot	11 Decksbalken	11 dekbalk	11 bjælke
12 tie-rod	12 tirant	12 Stehbolzen	12 trekstang	12 spændebånd
13 knee	13 courbe	13 Knie	13 knie	13 knæ
14 timber, frame	14 membrure	14 Spant	14 spant	14 svøb, fast spant
15 floor	15 varangue	15 Bodenwrange	15 wrang	15 bundstokke
16 cabin sole	16 plancher	16 Bodenbrett	16 vloer	16 dørk
17 limber holes	17 anguiller	17 Wasserlauflöcher	17 waterloopgaten	17 sandspor
18 coaming	18 hiloire	18 Süll	18 opstaande rand	18 lugekarm
19 coachroof	19 rouf	19 Kajütsdach	19 kajuitdek, opbouw	19 ruftag
20 depth	20 creux	20 Raumtiefe	20 holte	20 dybde indvendig

	ESPAÑOL	ITALIANO	PORTUGUÊS	TÜRKÇE	ΕΛΛΗΝΙΚΑ (GREEK)
	EL BARCO	LA BARCA	DO BARCO	TEKNE	ΤΟ ΣΚΑΦΟΣ
	Construcción	**Costruzione**	**Construção**	**İnşaat**	**ΚΑΤΑΣΚΕΥΗ**
	Sección lateral	***Sezione laterale***	***Secção lateral***	***Enine (arzani) kesit***	***ΚΑΘΕΤΟΣ ΤΟΜΗ***
1	tapa de regala	capodibanda	talabardão	parampet kapağı/ küpeştesi	ΚΟΥΠΑΣΤΗ
2	borda, regala	impavesata	borda falsa	parampet	ΥΠΕΡΥΨΩΜΑ ΓΑΣΤΡΑΣ ΠΑΝΩ ΑΠΟ ΚΑΤΑΣΤΡΩΜΑ
3	imbornal	ombrinale	embornais, portas de mar	frengi	ΜΠΟΥΝΙ
4	cintón	bottazzo	cinta, verdugo	yumra, borda yumrusu	ΠΛΑΙΝΟ ΜΡΟΣΤΑΤΕΥΤΙΚΟ
5	tablazón del casco	fasciame	tabuado	borda-karina kaplama tahtaları	ΠΕΤΣΩΜΑ ΜΕ ΣΑΝΙΔΕΣ
6	forro	rivestimento	querena	kaplama/borda ağacı	ΠΕΤΣΩΜΑ ΜΕ ΠΟΛΥΕΣΤΕΡΑ
7	aparadura	torello	tábua de resbôrdo	burma tahtası	ΔΙΑΚΟΣΜΗΤΙΚΗ ΓΡΑΜΜΗ
8	tabla de crujía	tavolato di coperta	tábua da mediania	güverte kaplaması	ΚΕΝΤΡΙΚΟ ΜΑΔΕΡΙ ΚΑΤΑΣΤΡΩΜΑΤΟΣ
9	trancanil	trincarino	tabica	küpeşte, anbar iç kapama tahtası	ΞΥΛΙΝΗ ΕΠΙΚΑΛΥΨΗ ΤΩΝ ΝΟΜΕΩΝ
10	entremiche	anguilla	longarina da cabine	kamara kovuşu	ΔΙΑΖΥΓΟ-ΜΠΙΜΠΕΚΙΑ
11	bao	baglio	vau	kemere	ΠΛΑΤΟΣ
12	tiranta	mezzobaglio	tirante de ligação	öksüz kemere takviye civatası	ΞΥΛΑ ΠΟΥ ΕΝΩΝΟΥΝ ΤΟ ΚΟΚΠΙΤ ΜΕ ΤΗΝ ΚΟΥΠΑΣΤΗ
13	curva, curvatón	bracciolo	curva de reforço	praçol, paracol	ΓΟΝΑΤΟ
14	cuaderna	ossatura, scheletro	caverna	kaburga (posta)	ΣΤΡΑΒΟ
15	varenga	madiere	reforços do pé caverna	dŏşek	ΠΑΤΩΜΑ
16	plan de la cámara	piano di calpestio	paneiros	kamara farşları	ΠΑΝΙΟΛΟ
17	imbornales de la varenga	ombrinali	boeiras	yığma frengi delikleri	ΔΙΑΚΕΝΑ ΣΤΗΝ ΚΟΥΠΑΣΤΗ ΓΙΑ ΝΑ ΦΕΥΓΟΥΝ ΤΑ ΝΕΡΑ
18	brazola	battente (di boccaporto)	braçola	kasara	ΚΑΣΑ ΚΟΥΒΟΥΣΙΟΥ - ΕΙΣΟΔΟΣ
19	tambucho	tetto della tuga	teto da cabine	kasara tavanı, kamara üstü	ΠΕΤΣΩΜΑ ΚΑΜΠΙΝΑΣ
20	puntal	altezza, puntale	pontal	iç derinlik (omurga üstü-kemere üstü derinliği)	ΒΑΘΟΣ

ENGLISH	FRANÇAIS	DEUTSCH	NEDERLANDS	DANSK
5 THE BOAT	**LE BATEAU**	**DAS BOOT**	**DE BOOT, HET SCHIP**	**BÅDEN**
Construction	**Construction**	**Bauweise**	**Constructie**	**Konstruktion**
Lateral section	***Section latérale***	***Generalplan***	***Dwarsdoorsnede***	***Halve sektioner***
21 headroom	21 hauteur sous barrots	21 Stehhöhe	21 stahoogte	21 højde i kahytten
22 draught	22 tirant d'eau	22 Tiefgang	22 diepgang	22 dybgående
23 waterline	23 ligne de flottaison	23 Wasserlinie	23 waterlijn	23 vandlinie
24 topsides	24 œuvres-mortes	24 Überwasserschiff	24 bovenschip	24 højde over vandlinien
25 bottom	25 œuvres-vives, carène	25 Schiffsboden	25 onderwaterschip, bodem, vlak	25 bund
26 freeboard	26 franc-bord	26 Freibord	26 vrijboord	26 fribord
Accommodation plan	***Plan d'aménagements***	***Einrichtungsplan***	***Accommodatieplan***	***Apteringsplan***
1 forepeak	1 pic avant	1 Vorpiek	1 voorpiek	1 forpeak
2 chain locker	2 puits à chaine	2 Kettenkasten	2 kettingbak	2 kædebrønd
3 cabin, saloon	3 carré, cabine	3 Kajüte, Messe	3 kajuit	3 kahyt, salon
4 berth	4 couchette	4 Koje	4 kooi, slaapplaats	4 køje
5 pipecot	5 cadre	5 Gasrohrkoje, Klappkoje	5 pijpkooi	5 klapkøje
6 quarter berth	6 couchette de quart	6 Hundekoje	6 hondekooi	6 hundekøje
7 galley	7 cuisine	7 Kombüse	7 kombuis	7 kabys
8 table	8 table	8 Tisch	8 tafel	8 bord
9 locker, stowage space	9 coffre, placard, surface de rangement	9 Schrank, Stauraum	9 bergruimte, kastje	9 kistebænk, stuverum
10 bosun's locker	10 coquerom	10 Hellegat	10 kabelgat	10 bådsmandsgrej
11 bulkhead	11 cloison	11 Schott	11 schot	11 skot
12 bridgedeck	12 bridge-deck	12 Brückendeck	12 brugdek	12 brokæk
13 companionway	13 descente	13 Niedergang	13 kajuittrap	13 kahytstrappe
14 engine compartment	14 chambre du moteur	14 Motorraum	14 motorruimte	14 maskinrum
15 freshwater tank	15 réservoir d'eau douce	15 Frischwassertank	15 drinkwatertank	15 ferskvandstank
16 hatch, sliding hatch	16 écoutille, capot coulissant	16 Luk, Schiebeluk	16 luik, schuifluik	16 skydekappe, luge
17 cockpit	17 cockpit	17 Plicht	17 kuip	17 cockpit
18 self-draining	18 auto-videur	18 selbstlenzend	18 zelflozend	18 selvlænsende

ESPAÑOL	ITALIANO	PORTUGUÊS	TÜRKÇE	ΕΛΛΗΝΙΚΑ (GREEK)
EL BARCO	**LA BARCA**	**DO BARCO**	**TEKNE**	**ΤΟ ΣΚΑΦΟΣ**
Construcción	**Costruzione**	**Construção**	**İnşaat**	**ΚΑΤΑΣΚΕΥΗ**
Sección lateral	***Sezione laterale***	***Secção lateral***	***Enine (arzani) kesit***	***ΚΑΘΕΤΟΣ ΤΟΜΗ***
21 altura libre	21 altezza in cabina	21 pé direito	21 baş yüksekliği (kamarada farş üstü-kemere altı yüksekliği)	21 ΕΣΩΤΕΡΙΚΟ ΥΨΟΣ
22 calado	22 pescaggio	22 calado	22 çektiği su	22 ΒΥΘΙΣΜΑ
23 línea de flotación	23 linea di galleggiamento	23 linha de água	23 su hattı	23 ΙΣΑΛΟΣ
24 obra muerta	24 opera morta	24 costado, obras mortas	24 su hattı üzerindeki tekne bordaları	24 ΕΞΑΛΑ
25 fondo, carena	25 opera viva	25 fundo, obras vivas	25 karina, teknenin sualtı kesimi	25 ΥΦΑΛΑ
26 franco bordo	26 bordo libero	26 altura do bordo livre	26 fribord, teknenin suüstü kesiminin yüksekliği	26 ΥΠΕΡΚΕΙΜΕΝΗ ΕΠΙΦΑΝΕΙΑ
Acondicionamiento interior	***Pianta degli alloggiamenti***	***Plano de acomodação***	***Yerleşim planı***	***ΣΧΕΔΙΟ ΕΝΔΙΑΙΤΗΣΗΣ***
1 tilla	1 gavone di prua	1 pique de vante	1 baş pik, başaltı	1 ΚΟΡΑΚΙ
2 pañol de cadenas	2 cala delle catene	2 paiol da amarra	2 zincirlik, zincir kuyusu	2 ΣΤΡΙΤΣΙΟ
3 cabina, salón	3 quadrato	3 cabine, salão	3 kamara, salon	3 ΚΑΜΠΙΝΑ
4 litera	4 cuccetta	4 beliche	4 ranza	4 ΚΟΥΚΕΤΑ
5 catre	5 brandina smontabile	5 beliche em tubo desmontável	5 boru çerçeveli ranza	5 ΜΙΚΡΗ ΚΟΥΚΕΤΑ
6 litera del tambucho	6 cuccetta di guardia	6 beliche de quarto	6 vardiye ranzası	6 ΠΛΑΙΝΗ ΚΟΥΚΕΤΑ
7 cocina	7 cambusa	7 cozinha	7 kuzina-galey	7 ΚΟΥΖΙΝΑ
8 mesa	8 tavolo	8 mesa	8 masa	8 ΤΡΑΠΕΖΙ
9 pañol, armario	9 gavone, stivaggio	9 paióis, armários, arrumação	9 dolap	9 ΝΤΟΥΛΑΠΙ
10 pañol contramaestre	10 cala del nostromo	10 paiol do mestre	10 porsun dolabı, alet dolabı	10 ΝΤΟΥΛΑΠΙ ΕΡΓΑΛΕΙΩΝ
11 mamparo	11 paratia	11 antepara	11 bölme	11 ΜΠΟΥΛΜΕΣ
12 puente	12 ponte de comando	12 pavimento da ponte	12 köprüüstü güvertesi	12 ΚΑΤΑΣΤΡΩΜΑ ΓΕΦΥΡΑΣ
13 escalera de la cámara	13 scaletta (di boccaporto)	13 escotilha de passagem	13 ana kaporta, giriş kaportası	13 ΔΙΑΔΡΟΜΟΣ
14 cuarto del motor	14 locale motore	14 casa do motor	14 motor dairesi	14 ΧΩΡΟΣ ΜΗΧΑΝΗΣ
15 depósito de agua potable	15 serbatoio d'acqua dolce	15 tanque de aguada	15 tatlısu tankı	15 ΔΕΞΑΜΕΝΗ ΝΕΡΟΥ
16 escotilla, escotilla de corredera	16 boccaporto, tambuccio scorrevol	16 alboi, tampa de escotilha de correr	16 kaporta, sürgülü kaporta	16 ΚΑΣΑΡΟ
17 bañera	17 pozzetto,	17 poço	17 havuzluk, kokpit	17 ΚΟΚΠΙΤ - ΧΑΒΟΥΖΑ
18 autovaciante	18 autosvuotante	18 com esgoto para o mar	18 frengili havuzluk	18 ΑΥΤΟΑΔΕΙΑΖΟΜΕΝΟ

ENGLISH	FRANÇAIS	DEUTSCH	NEDERLANDS	DANSK
5 THE BOAT	**LE BATEAU**	**DAS BOOT**	**DE BOOT, HET SCHIP**	**BÅDEN**
Construction	**Construction**	**Bauweise**	**Constructie**	**Konstruktion**
Accommodation plan	***Plan d'aménagements***	***Einrichtungsplan***	***Accommodatieplan***	***Apteringsplan***
19 watertight	19 étanche	19 wasserdicht	19 waterdicht	19 vandtæt
20 sail locker	20 soute à voiles	20 Segelkoje	20 zeilkooi	20 sejlkøje
21 bow, forward	21 étrave; avant	21 Bug; vorn	21 boeg, voorsteven	21 stævn, forude
22 stern, aft	22 poupe; arrière	22 Heck; achtern	22 hek, achtersteven	22 hæk, agter
23 beam	23 largeur, bau	23 Breite	23 breedte	23 bredde
24 port	24 bâbord	24 Backbord	24 bakboord	24 bagbord
25 starboard	25 tribord	25 Steuerbord	25 stuurboord	25 styrbord
26 heads	26 WC	26 Toilettenbecken	26 toilet, wc	26 toilet
27 chart table	27 table à cartes	27 Kartentisch	27 kaartentafel	27 kortbord
Joints and fastenings	***Joints et fixations***	***Verbindungselemente***	***Verbindingen en bevestigingen***	***Samlinger og befæstigelser***
1 scarf	1 assemblage, scarf	1 Laschung	1 las	1 lask
2 rabbet	2 râblure, rainure	2 Sponung	2 sponning	2 spunding
3 mortise and tenon	3 mortaise et tenon	3 Nut und Zapfen	3 pen en gat	3 notgang & tap af træ, taphul & sportap
4 butted	4 bout à bout	4 Stoß	4 gestuikt	4 stød-plankeender
5 dovetail	5 en queue d'aronde	5 verzahnen, Schwalbenschwanz	5 zwaluwstaart	5 sammensænkning
6 faired	6 caréné, poncé	6 geglättet	6 gestroomlijnd	6 slette efter med skarøkse
7 bolt	7 boulon	7 Bolzen	7 bout	7 bolt
8 nail	8 clou	8 Nagel	8 nagel	8 søm
9 screw	9 vis	9 Schraube	9 schroef	9 skrue
10 rivet	10 rivet	10 Niet	10 ringetje	10 nagle
11 metal dowel	11 goujon	11 Metalldübel	11 metalen pen	11 metal låseprop
12 weld	12 souder	12 schweißen	12 las	12 svejse
13 wooden dowel	13 cheville	13 Holzdübel, Holzpropfen	13 houten plug	13 trædyvel

ESPAÑOL

EL BARCO

Construcción

Acondicionamiento interior
19 estanca
20 pañol de velas
21 proa; a proa
22 popa; a popa
23 manga
24 babor
25 estribor
26 WC, retretes
27 mesa de cartas

Juntas y ensamblajes
1 empalme
2 rebajo
3 encaje y mecha
4 unido a tope
5 cola de milano
6 encastrado
7 perno
8 clavo
9 tornillo
10 remache
11 espiga de metal
12 soldar
13 espiga de madera

ITALIANO

LA BARCA

Costruzione

Pianta degli alloggiamenti
19 stagno
20 cala vele
21 prua; proravia
22 poppa; poppavia
23 larghezza
24 sinistra
25 dritta
26 WC, cesso
27 tavolo di carteggio

Giunti
1 ammorsatura
2 scanalatura
3 mortasa e tenone
4 di testa
5 coda di rondine
6 carenato
7 bullone
8 chiodo
9 vite
10 rivetto
11 spina metallica
12 saldatura
13 spina di legno, tassello

PORTUGUÊS

DO BARCO

Construção

Plano de acomodação
19 estanque
20 paiol das velas
21 proa; avante
22 pôpa; à ré
23 bocadura, bôca
24 bombordo
25 estibordo
26 cabeças/cabeçotes
27 mesa de cartas

Juntas e ferragem
1 escarva
2 rebaixo
3 fêmea e espiga
4 topado
5 emalhetado
6 desempolado
7 cavilha
8 prego
9 parafuso
10 rebite
11 rôlha metálica
12 soldar
13 rôlha

TÜRKÇE

TEKNE

İnşaat

Yerleşim planı
19 su geçirmez havuzluk
20 yelkenlik
21 pruva, baş
22 kıç, arka
23 en, tekne eni
24 iskele
25 sancak
26 tuvalet
27 harita masası

Ekler ve bağlantılar
1 geçme
2 bindirme
3 lamba ve zıvana
4 uç uca ekleme
5 güvercin kuyruğu geçmeli
6 zımparalanmış
7 civata
8 çivi
9 vida
10 perçin
11 metal düvel, metal takoz
12 kaynak
13 ağaç düvel, ağaç takoz

ΕΛΛΗΝΙΚΑ (GREEK)

ΤΟ ΣΚΑΦΟΣ

ΚΑΤΑΣΚΕΥΗ

ΣΧΕΔΙΟ ΕΝΔΙΑΙΤΗΣΗΣ
19 ΥΔΑΤΟΣΤΕΓΕΣ
20 ΑΜΠΑΡΙ ΠΑΝΙΩΝ
21 ΠΡΟΣ ΤΗΝ ΠΛΩΡΗ
22 ΠΡΥΜΗ, ΠΙΣΩ ΜΕΡΟΣ
23 ΠΛΑΤΟΣ
24 ΑΡΙΣΤΕΡΑ
25 ΔΕΞΙΑ
26 ΤΟΥΑΛΕΤΕΣ
27 ΤΡΑΠΕΖΙ ΧΑΡΤΩΝ

ΕΝΩΣΕΙΣ ΚΑΙ ΔΕΣΙΜΑΤΑ
1 ΜΑΤΙΣΜΑ (ΞΥΛΟ-ΞΥΛΟ)
2 ΓΚΙΝΙΣΙΑ
3 ΣΚΑΤΣΑ ΚΑΙ ΔΟΝΤΙ (ΤΟΡΜΟΣ)
4 ΤΕΤΡΑΓΩΝΙΣΜΕΝΟ
5 ΧΕΛΙΔΟΝΙ - ΨΑΛΙΔΩΤΟΣ ΑΡΜΟΣ
6 ΣΤΡΟΓΓΥΛΕΜΕΝΟ
7 ΜΠΟΥΛΟΝΙ
8 ΚΑΡΦΙ
9 ΒΙΔΑ
10 ΠΡΙΤΣΙΝΙ
11 ΑΚΕΦΑΛΟ ΚΑΡΦΙ
12 ΣΥΓΚΟΛΛΩ
13 ΞΥΛΙΝΗ ΣΦΗΝΑ

ENGLISH	FRANÇAIS	DEUTSCH	NEDERLANDS	DANSK
5 THE BOAT	**LE BATEAU**	**DAS BOOT**	**DE BOOT, HET SCHIP**	**BÅDEN**
Rigging and sails	**Gréement et voiles**	**Rigg und Segel**	**Tuigage en zeilen**	**Rigning og sejl**
Mast and boom	***Mât et bôme***	***Mast und Baum***	***Mast en giek***	***Mast og bom***
1 mast	1 mât	1 Mast	1 mast	1 mast
2 truck	2 pomme	2 Masttopp, Mastspitze	2 masttop	2 fløjknap
3 hounds	3 capelage de mât	3 Mastbacken	3 nommerstuk	3 kindbakker
4 partners	4 étambrai	4 Mastfischung	4 mastknie	4 mastefisk
5 step and heel	5 emplanture et pied	5 Mastspur und Mastfuß	5 mastspoor en mastvoet	5 mastespor & hæl
6 wedges	6 cales	6 Mastkeile	6 keggen	6 kiler
7 collar	7 jupe	7 Mastkragen	7 mastbroeking	7 masterkrave
8 crosstrees	8 barres de flèche	8 Saling	8 zaling	8 salingshorn
9 jumper struts	9 guignol	9 Jumpstagspreize	9 knikzaling	9 strutter
10 pinrail	10 râtelier	10 Nagelbank	10 nagelbank	10 naglebænk
11 crutch, gallows	11 support de bôme, portique	11 Baumbock, Baumstütze	11 schaar, vang	11 bomstol
12 boom	12 bôme	12 Baum	12 giek	12 bom
13 boom claw	13 croissant de bôme	13 Baumklaue	13 schootring	13 bomklo, lyre
14 boom brake	14 frein de bome	14 Baumbremse	14 giekremmer	14 boombrake
15 gooseneck	15 vit-de-mulet	15 Lümmelbeschlag des Baumes	15 lummel	15 svanehals
16 rod kicker	16 hale-bas rigide	16 starrer Baumniederholer, Rodkicker	16 giekophouder, neerhouder	16 kicking rod
17 spreaders	17 barres de flêche	17 Saling	17 zaling	17 salingshorn
18 keel-stepped	18 mât posé sur la quille	18 durchgehender Mast	18 op de kiel staand (van mast)	18 står på kølen
19 deck-stepped	19 mât posé sur le pont	19 an Deck stehender Mast	19 op het dek staand (van de mast)	19 står på dækket
20 tabernacle	20 jumelles de mât	20 Mastkoker	20 mastkoker	20 tabernakel
21 mast gaiter	21 jupe	21 Mastkragen	21 manchet	21 gamache
22 mast track	22 rail de mât	22 Mastschiene	22 mastrail	22 mastespor
23 slide	23 coulisseau	23 Rutscher, Reiter	23 slede, leuver	23 slæde
24 gate	24 verrou	24 Gatchen	24 wissel zeilinvoer	24 åbning
25 ratchet and pawl	25 cliquet	25 Pallkranz und Pall	25 palrad en pal	25 rebeapparat med skralle
26 worm gear	26 vis sans fin	26 Schneckenreff	26 worm en wormwiel	26 rebeapparat med snekke

	ESPAÑOL	ITALIANO	PORTUGUÊS	TÜRKÇE	ΕΛΛΗΝΙΚΑ (GREEK)
	EL BARCO	LA BARCA	DO BARCO	TEKNE	ΤΟ ΣΚΑΦΟΣ
	Jarcias y velas	**Attrezzatura e vele**	**Massame e velas**	**Arma ve yelkenler**	**ΑΡΜΑΤΩΣΙΑ ΚΑΙ ΠΑΝΙΑ**
	Palo y botavara	***Albero e boma***	***Mastro e retranca***	***Direk ve bumba***	***ΚΑΤΑΡΤΙ ΚΑΙ ΜΑΤΣΑ***
1	palo	albero	mastro	direk	ΚΑΤΑΡΤΙ
2	tope	formaggetta	galope, topo do mastro	direk başlığı, tepesi	ΣΙΔΗΡΟΔΡΟΜΟΣ
3	cacholas del palo	incappellaggio, maschette	calcês	direk çarmıh bağlantıları	ΣΚΥΛΑΚΙΑ
4	fogonadura	mastra	enora do mastro	güverte trosasında direk ayar siğilleri	ΣΤΗΡΙΓΜΑΓΑ (ΑΛΜΠΟΥΡΟΥ)
5	carlinga y coz	scassa e miccia	carlinga e pé	iskaça ve direk topuğu	ΒΑΣΗ ΚΑΤΑΡΤΙΟΥ
6	cuñas	cunei	cunhas	siğiller	ΣΦΗΝΕΣ
7	encapilladura	collare	colar	bilezik, direk bileziği	ΚΟΛΛΑΡΟ
8	crucetas	crocette basse	vaus	gurcatalar	ΣΤΑΥΡΟΣ
9	contrete	crocette alte	diamante	şeytan gurcataları, üst gurcatalar	ΞΑΡΤΟΡΙΖΕΣ
10	cabillero	cavigliera	mesa das malagetas	armadora	ΡΑΓΑ ΤΟΥ ΤΡΑΚ
11	horquilla de la botavara, posavergas	forchetta, capra	descanço da retranca	bumba çatalı, çatal yastık	ΣΤΗΡΙΓΜΑ ΜΑΤΣΑΣ
12	botavara	boma	retranca	bumba	ΜΑΤΣΑ
13	herraje de coz de botavara	trozza	colar de fixação da escota á retranca	bumba boğazı	ΔΑΓΚΑΝΑ ΜΑΤΣΑΣ
14	freno de botavara	Freno (fermo) del boma	Travão do burro	bumba Kavança Freni	ΦΡΎΝΟ ΜΑΤΣΑΣ
15	cuello de ganso	snodo del boma	mangual	kazboynu, bumba mafsalı	ΕΝΩΣΗ ΜΑΤΣΑΣ ΣΤΟ ΚΑΤΑΡΤΙ
16	contra rígida	vang rigido	rod kicker	bumba basma gubağu	ΣΤΡΟΦΕΙΟ ΡΟΝΤ
17	crucetas	crocette	vaus	gurcatalar	ΣΤΑΥΡΟΙ
18	mástil en quilla	posato in chiglia	mastro apoiado na quilha	omurgaya oturan	ΚΑΤΑΡΤΙ ΜΕ ΒΑΣΗ ΣΤΗΝ ΚΑΡΙΝΑ
19	mástil en cubierta	posato sul ponte	mastro apoiado no convés	güverteye oturan	ΚΑΤΑΡΤΙ ΜΕ ΒΑΣΗ ΣΤΟ ΚΑΤΑΣΤΡΩΜΑ
20	cajera de palo	scassa a perno	bitácula	aryalı direk ıskaçası tabernakl	ΣΚΑΝΤΖΑ
21	capa de la fogonadura	ghetta dell'albero	manga de protecção do mastro	direk fistanı	ΠΡΟΣΤΑΤΕΥΤΙΚΟ ΑΔΙΑΒΡΟΧΟ ΣΤΗ ΒΑΣΗ
22	carril del palo	rotaia	calha do mastro	direk, yelken rayı	ΣΙΔΗΡΟΔΡΟΜΟΣ ΚΑΤΑΡΤΙΟΥ
23	patín, garrucho	garroccio scorrevole	corrediça	yelken ray arabası	ΓΛΙΣΤΡΑ
24	boca del esnón	scambio	abertura da calha	ray arabası kapısı	ΕΙΣΟΔΟΣ
25	cabrestante y linguete	cricco e nottolino	roquete	dişli ve tırnak	ΚΑΣΤΑΝΙΑ
26	husillo, tornillo sin fin	ingranaggio a vite senza fine	sem-fim	sonsuz dişli	ΚΟΧΛΙΩΤΟ ΓΡΑΝΑΖΙ

	ENGLISH	FRANÇAIS	DEUTSCH	NEDERLANDS	DANSK
5	THE BOAT	LE BATEAU	DAS BOOT	DE BOOT, HET SCHIP	BÅDEN
	Rigging and sails	**Gréement et voiles**	**Rigg und Segel**	**Tuigage en zeilen**	**Rigning og sejl**
	Spars and bowsprit	***Espars et beaupré***	***Spieren und Bugspriet***	***Rondhouten en boegspriet***	***Rundholter og bovspryd***
1	solid	massif, plein	voll	massief	massiv
2	hollow	creux	hohl	hol	hul
3	bumpkin	queue-de-mallet	Heckausleger	papegaaistok	buttelur, udligger
4	jib boom	bôme de foc ou de trinquette	Fock-, Klüverbaum	kluiverboom	klyverbom
5	spinnaker boom	tangon de spi	Spinnakerbaum	spinnakerboom	spilerstage
6	jury mast	mât de fortune	Notmast	noodmast	nødmast
7	yard	vergue	Rah	ra	rå
8	gaff and jaws	corne et mâchoires	Gaffel und Gaffelklau	gaffel en klem	gaffel & klo
9	topmast	mât de flèche, mât principal	Toppstenge	steng, topmast	topmast
10	boom roller	enrouleur de bôme	Baumrollreff	giekrolrif	rullebom
11	in-mast roller furling	enrouleur de mât	Mastrollreff	mastrolrif	rulle-storsejl
12	mainsail stacking system	lazy jacks	lazy jack	lazy jack	lazy jack
13	roller-furling foresail	génois à enrouleur	Rollfock	voorstagrolrif	rullefok
14	drum	tambour, emmage sineur	Trommel	trommel	tromle
15	bowsprit	beaupré	Bugspriet	boegspriet	bovspryd
16	dolphin striker	martingale	Stampfstock	stampstok, spaanse ruiter	pyntenetstok
17	bobstay	sous-barbe	Wasserstag	waterstag	vaterstag
18	cranze iron	collier à pitons	Bugsprietnockband	boegspriet nokring	sprydring med øjer
19	gammon iron	liure	Bugsprietzurring	boegspriet stevenring	sprydring
20	traveller	rocambeau	Bugsprietausholring	traveller	udhalering

ESPAÑOL	ITALIANO	PORTUGUÊS	TÜRKÇE	ΕΛΛΗΝΙΚΑ (GREEK)
EL BARCO	**LA BARCA**	**DO BARCO**	**TEKNE**	**ΤΟ ΣΚΑΦΟΣ**
Jarcias y velas	**Attrezzatura e vele**	**Massame e velas**	**Arma ve yelkenler**	**ΑΡΜΑΤΩΣΙΑ ΚΑΙ ΠΑΝΙΑ**
Arboladura y botalón	***Antenne e bompresso***	***Mastreação e pau da bujarrona***	***Ahşap direkler ve civadra***	***ΚΑΤΑΡΤΙΑ - ΜΑΤΣΑ - ΜΠΑΣΤΟΥΝΙ***
1 macizo	1 piene	1 maciço	1 içi dolu, solid	1 ΠΛΗΡΕΣ - ΜΑΣΙΦ
2 hueco	2 cave	2 ôco	2 içiboş	2 ΚΕΝΟ - ΚΟΥΦΙΟ
3 arbotante, servioleta	3 buttafuori	3 pau da pôpa	3 kıç bastonu	3 ΜΟΥΡΑ ΤΟΥ ΤΡΙΓΚΟΥ
4 tangoncillo de foque	4 tangone del fiocco	4 retranca do estai	4 flok bumbası trinket bumbası	4 ΜΑΤΣΑ ΦΛΟΚΟΥ
5 tangón del spinnaker	5 tangone dello spi	5 pau de spinnaker	5 spinnaker bumbası, gönderi	5 ΣΠΙΝΑΚΟ ΞΥΛΟ
6 aparejo de fortuna	6 albero di fortuna	6 mastro de recurso	6 geçici direk	6 ΠΡΟΧΕΙΡΟ ΚΑΤΑΡΤΙ
7 verga	7 pennone	7 verga	7 çubuk	7 ΑΝΤΕΝΝΑ
8 pico y boca de cangrejo	8 picco e gola	8 carangueja e bôca	8 randa yelken piki, boğazı ve çatalı	8 ΠΙΚΙ ΚΑΙ ΔΑΓΚΑΝΑ
9 mastelero	9 alberetto	9 mastaréu	9 direk çubuğu	9 ΑΝΩ ΜΕΡΟΣ ΑΛΜΠΟΥΡΟΥ
10 enrollador de botavara	10 boma a rullino	10 enrolador na retranca	10 bumba sarma düzeneği	10 ΠΕΡΙΣΤΡΕΦΟΜΕΝΗ ΜΑΤΣΑ
11 mástil enrollable	11 avvolgi-randa nell'albero	11 enrolador no mastro	11 direk içine sarma düzeneği	11 ΤΥΛΙΓΜΑ ΜΕΓΙΣΤΗΣ ΜΕΣΑ ΣΤΟ ΚΑΤΑΡΤΙ
12 lazy jack	12 sistema di serraggio della randa	12 'Lazy Bag'	12 bumba üstü yelken toplama düzeneği	12 ΣΥΣΤΗΜΑ ΔΙΠΛΩΜΑΤΟΣ ΜΕΓΙΣΤΗΣ
13 enrollador de génova	13 avvolgi-fiocco	13 genoa de enrolar	13 önyelken sarma düzeneği	13 ΤΥΛΙΓΜΑ ΜΠΡΟΣΤΙΝΟΥ ΠΑΝΙΟΥ ΣΤΟΝ ΠΡΟΤΟΝΟ
14 tambor	14 tamburo	14 tambor	14 sarma tambura, makarası	14 ΤΥΜΠΑΝΟ
15 botalón bauprés	15 bompresso	15 pau da bujarrona	15 civadra	15 ΜΠΑΣΤΟΥΝΙ
16 moco del bauprés	16 pennaccino	16 pau de pica peixe	16 civadra bıyığı	16 ΔΕΛΦΙΝΙΕΡΑ
17 barbiquejo	17 briglia	17 cabresto	17 civadra kösteği	17 ΜΟΥΣΤΑΚΙ
18 raca	18 collare	18 braçadeira do pau	18 civadra cunda bileziği	18 ΣΤΕΦΑΝΙ ΣΤΕΡΕΩΣΗΣ ΜΟΥΣΤΑΚΙΟΥ
19 zuncho de botalón	19 trinca	19 braçadeira da prôa	19 civadra güverte bileziği	19 ΒΑΣΗ ΣΤΕΡΕΩΣΗΣ ΜΠΑΛΚΟΝΙΟΥ
20 racamento	20 cerchio (di mura del fiocco)	20 urraca	20 hareketli ve ayarlanabilen civadra bileziği	20 ΒΑΓΟΝΑΚΙ - ΔΙΑΔΡΟΜΕΑΣ

ENGLISH	FRANÇAIS	DEUTSCH	NEDERLANDS	DANSK
5 THE BOAT	LE BATEAU	DAS BOOT	DE BOOT, HET SCHIP	BÅDEN
Rigging and sails	**Gréement et voiles**	**Rigg und Segel**	**Tuigage en zeilen**	**Rigning og sejl**
Standing rigging	***Gréement dormant***	***Stehendes Gut***	***Staand want***	***Stående rig***
1 topmast, stay	1 étai principal	1 Toppstag	1 topstag	1 topstag
2 forestay, jib stay	2 étai de trinquette	2 Vorstag, Fockstag	2 voorstag, fokkestag	2 forstag
3 preventer backstay	3 pataras	3 Achterstag	3 achterstag	3 fast bagstag
4 runner and lever	4 bastaque et levier	4 Backstag und Strecker	4 bakstag en hefboom	4 løst bagstag
5 jumper stay	5 guignol	5 Jumpstag	5 knikstag	5 violinstag
6 shroud	6 hauban	6 Want	6 want	6 vant
7 chain plate	7 cadène	7 Rüsteisen, Pütting	7 putting	7 røstjern
8 bottlescrew, turnbuckle	8 ridoir	8 Wantenspanner	8 wantspanner, spanschroef	8 vantskrue
9 ratlines	9 enflèchures	9 Webeleinen	9 weeflijnen	9 vævlinger
10 diamonds	10 losanges	10 Diamantwanten	10 diamantverstaging	10 diamant-stag
11 baby stay	11 bas étai	11 Babystag	11 babystag	11 babystag
12 clevis pin	12 gouquille	12 Schäkelbolzen	12 borstbout	12 clevis-pind
Running rigging	***Gréement courant***	***Laufendes Gut***	***Lopend want***	***Løbende rig***
1 halyard	1 drisse	1 Fall	1 val	1 fald
2 sheet	2 écoute	2 Schot	2 schoot	2 skøde
3 topping lift	3 balancine	3 Dirk	3 kraanlijn, dirk	3 bomdirk
4 outhaul	4 étarqueur	4 Ausholer	4 uithaler	4 udhaler
5 downhaul	5 hale-bas	5 Halsstreckertalje	5 neerhaler	5 nedhaler
6 kicking strap, vang	6 hale-bas de bôme	6 Baumniederholer	6 neerhouder	6 kicking strap
7 gybe preventer	7 retenue de bôme	7 Bullentalje, Baumbremse	7 bulletalie	7 ledereb
8 spinnaker guy	8 écoute de tangon	8 Spinnakerachterholer	8 spinnakergei, ophouder buitenschoot	8 spiler guy

ESPAÑOL	ITALIANO	PORTUGUÊS	TÜRKÇE	ΕΛΛΗΝΙΚΑ (GREEK)
EL BARCO	**LA BARCA**	**DO BARCO**	**TEKNE**	**ΤΟ ΣΚΑΦΟΣ**
Jarcias y velas	**Attrezzatura e vele**	**Massame e velas**	**Arma ve yelkenler**	**ΑΡΜΑΤΩΣΙΑ ΚΑΙ ΠΑΝΙΑ**
Jarcia firme	***Manovre fisse (o dormienti)***	***Aparelho fixo***	***Sabit donanım***	***ΣΤΑΘΕΡΗ ΑΡΜΑΤΩΣΙΑ***
1 estay de tope, estay de galope	1 strallo d'alberetto	1 estai do galope	1 ana ıstralya, direkbaşı ıstralyası	1 ΠΑΤΑΡΑΤΣΟ
2 estay de trinquete	2 strallo	2 estai real	2 baş ıstralya, flok ıstralyası	2 ΠΡΟΤΟΝΟΣ
3 backstay, estay de popa	3 paterazzo	3 brandal fixo da pôpa	3 pupa ıstralyası, kıç ıstralya	3 ΕΠΙΤΟΝΟΣ - ΒΑΡΔΙΑ
4 burdavolante y palanca	4 sartia volante	4 brandal volante e alavanca	4 pupa çarmıhı ve levyesi	4 ΕΠΑΡΤΗΣ ΜΑΤΣΟΠΟΔΑΡΟ
5 contraestay	5 controstrallo	5 estai de diamante	5 şeytan çarmıhı	5 ΒΟΗΘΗΤΙΚΟΣ ΠΡΟΤΟΝΟΣ - ΣΤΑΝΤΖΟΣ
6 obenque	6 sartia	6 enxárcia	6 çarmıh	6 ΞΑΡΤΙΑ
7 cadenote	7 landa	7 chapa de fixação do olhal das enxárcias	7 güverte çarmıh landaları	7 ΞΑΡΤΟΡΙΖΕΣ
8 tensor	8 arridatoio	8 esticador	8 dönger, liftin uskur	8 ΕΝΤΑΤΗΡΑΣ
9 flechastes	9 griselle	9 enfrechates	9 iskalarya	9 ΑΝΕΜΟΣΚΑΛΕΣ
10 rombo	10 diamanti	10 diamante	10 şeytan çarmıhları, üst çarmıhlar	10 ΚΕΡΑΤΙΔΙΑ
11 babystay	11 stralletto	11 baby stay	11 iç ıstralya	11 ΕΣΩΤΕΡΙΚΟΣ ΠΡΟΤΟΝΟΣ
12 pasador de seguridad	12 perno di gancio d'attacco	12 perno com troço de argola	12 kopilya	12 ΠΕΙΡΟΣ ΚΛΕΙΔΙΟΥ ΣΧΗΜΑΤΟΣ ΠΕΤΑΛΟΥ
Jarcia de labor	***Manovre correnti***	***Aparelho móvel***	***Hareketli donanım***	***ΣΧΟΙΝΙΑ***
1 driza	1 drizza	1 adriça	1 mandar	1 ΜΑΝΤΑΡΙΑ
2 escota	2 scotta	2 escota	2 iskota	2 ΣΚΟΤΑ
3 amantillo	3 amantiglio	3 amantilho	3 balançina	3 ΜΑΝΤΑΡΙ ΣΠΙΝΑΚΟΞΥΛΟΥ
4 boza de puño de escota	4 tesabugna	4 talha do punho da escota	4 alt yaka gergisi	4 ΣΥΣΤΗΜΑ ΓΙΑ ΤΕΝΤΩΜΑ ΜΕΓΙΣΤΗΣ ΣΤΗ ΜΑΤΣΑ
5 contra, cargadera	5 caricabasso	5 teque do peão de retranca	5 baskı	5 ΣΥΣΤΗΜΑ ΓΙΑ ΤΕΝΤΩΜΑ ΜΕΓΙΣΤΗΣ ΣΤΟ ΚΑΤΑΡΤΙ
6 trapa	6 vang	6 kicking strap	6 bumba baskı düzeneği	6 ΜΠΟΥΜ ΒΑΝΓΚ
7 retenida	7 ritenuta del boma	7 contra-escota	7 kavança önleyici donanım	7 ΠΡΙΒΕΝΤΕΡ
8 braza del tangón	8 braccio dello spinnaker	8 gaio do pau do spinnaker	8 spinnaker bumba baskısı	8 ΓΚΑΗΣ

ENGLISH	FRANÇAIS	DEUTSCH	NEDERLANDS	DANSK
5 THE BOAT	**LE BATEAU**	**DAS BOOT**	**DE BOOT, HET SCHIP**	**BÅDEN**
Rigging and sails	**Gréement et voiles**	**Rigg und Segel**	**Tuigage en zeilen**	**Rigning og sejl**
Sails	***Voiles***	***Segel***	***Zeilen***	***Sejl***
1 mainsail	1 grand-voile	1 Großsegel	1 grootzeil	1 storsejl
2 topsail	2 flèche	2 Toppsegel	2 topzeil	2 topsejl
3 mizzen	3 artimon, tape-cul	3 Besan, Treiber	3 bezaan, druil	3 mesan
4 main staysail	4 grand-voile d'étai	4 Großstagsegel	4 schoenerzeil	4 store mellem stagsejl
5 fisherman staysail	5 voile d'étai de flèche	5 Fischermann-Stagsegel	5 grootstengestagzeil	5 top mellem stagsejl
6 mizzen staysail	6 voile d'étai d'artiman	6 Besanstagsegel	6 bezaansstagzeil, aap	6 mesan stagsejl
7 jib	7 foc	7 Fock	7 fok	7 fok
8 genoa	8 génois	8 Genua, Kreuzballon	8 genua	8 genua
9 staysail	9 trinquette	9 Stagsegel	9 stagzeil	9 stagsejl
10 genoa staysail	10 foc ballon	10 Raumballon	10 botterfok	10 genuafok
11 yankee	11 yankee	11 großer Klüver	11 grote kluiver	11 yankee
12 trysail	12 voile de cape	12 Trysegel	12 stormzeil, grootzeil	12 stormsejl
13 spitfire, storm jib	13 tourmentin	13 Sturmfock	13 stormfok	13 stormfok
14 spritsail	14 livarde	14 Sprietsegel	14 sprietzeil	14 sprydsejl
15 wishbone staysail	15 wishbone	15 Spreizgaffel-Stagsegel	15 wishbone-stagzeil	15 wishbone-sejl
16 headsail	16 voile d'avant	16 Vorsegel	16 voorzeil	16 forsejl
17 spinnakers: symmetrical, asymmetrical	17 spinnakers: symétrique/ asymétrique	17 Spinnaker; Asymmetrisch oder symmetrisch geschnitten	17 spinnaker: symmetrisch, asymmetrisch	17 spiler, symmetrisk, asymetrisk
18 gennaker	18 gennaker	18 Gennaker	18 gennaker	18 gennaker
19 lugsail	19 voile au tiers	19 Luggersegel	19 loggerzeil, emmerzeil	19 luggersejl
20 gunter	20 houari	20 Huari-, Steilgaffeltakelung	20 houari	20 gunterrig
21 fore-and-aft sail	21 voile longitudinale	21 Schratsegel	21 langsscheepstuig	21 for og agter sejl
22 square sail	22 voile carrée	22 Rahsegel	22 razeil	22 råsejl
23 working jib	23 foc	23 Arbeitsfock	23 werkfok	23 krydsfok
24 head	24 point de drisse	24 Kopf	24 top	24 top
25 luff	25 guindant	25 Vorliek	25 voorlijk	25 mastelig

ESPAÑOL	ITALIANO	PORTUGUÊS	TÜRKÇE	ΕΛΛΗΝΙΚΑ (GREEK)
EL BARCO	**LA BARCA**	**DO BARCO**	**TEKNE**	**ΤΟ ΣΚΑΦΟΣ**
Jarcias y velas	**Attrezzatura e vele**	**Massame e velas**	**Arma ve yelkenler**	**ΑΡΜΑΤΩΣΙΑ ΚΑΙ ΠΑΝΙΑ**
Velas	***Vele***	***Velas***	***Yelkenler***	***ΠΑΝΙΑ***
1 mayor	1 randa	1 vela grande	1 anayelken	1 ΜΕΓΙΣΤΗ
2 escandalosa	2 freccia, controranda	2 gaff-tope	2 kontra randa	2 ΦΛΙΤΣΙ
3 mesana	3 mezzana	3 mezena	3 mizana yelkeni	3 ΜΕΤΖΑΝΑ
4 vela de estay mayor o carbonera	4 fiocco	4 traquete	4 istralya anayelkeni, velenası	4 ΤΖΕΝΟΑ
5 vela alta de estay	5 fisherman	5 extênsola	5 balıkçı yelkeni	5 ΑΡΑΠΗΣ
6 entrepalos	6 carbonera	6 estai entre mastros	6 mizana velenası	6 ΣΤΡΑΛΙΕΡΑ
7 foque	7 fiocco	7 bujarrona	7 flok	7 ΦΛΟΚΟΣ
8 génova	8 genoa	8 genoa	8 genoa, cenova	8 ΤΖΕΝΟΑ
9 vela de estay	9 trinchettina	9 estai	9 trinket	9 ΠΑΝΙ ΣΕ ΠΡΟΤΟΝΟ (ΑΡΑΠΗΣ)
10 génova	10 trinchettina genoa	10 estai de genoa	10 balon flok	10 ΣΤΕΙΣΕΙΛ - ΔΕΥΤΕΡΟΣ ΦΛΟΚΟΣ
11 trinquetilla	11 yankee	11 giba	11 yankee yelkeni	11 ΕΣΩ ΦΛΟΚΟΣ - ΓΙΑΝΚΗ
12 vela de capa	12 vela di cappa	12 cachapana	12 fırtına şeytan yelkeni	12 ΜΑΙΣΤΡΑ ΘΥΕΛΛΗΣ
13 tormentin	13 tormentina, fiocco da burrasca	13 estai de tempo	13 fırtına floku	13 ΦΛΟΚΟΣ ΘΥΕΛΛΗΣ
14 vela tarquina, abanico	14 vela a tarchia	14 vela de espicha	14 açevela gönderli yelken	14 ΦΛΟΚΟΣ ΤΣΙΜΠΟΥΚΙΟΥ
15 vela de pico vacío	15 randa 'wishbone'	15 traquete especial 'wishbone'	15 wishbone yelkeni	15 ΣΤΡΑΛΙΕΡΑ ΜΕ ΜΑΤΣΑ
16 foque, vela de proa	16 vela di prora	16 pano de proa	16 ön yelken, pruva yelkeni	16 ΠΑΝΙΑ ΠΟΥ ΦΤΑΝΟΥΝ ΣΤΗΝ ΚΟΡΥΦΗ ΤΟΥ ΚΑΤΑΡΤΙΟΥ
17 spinnakers: simetrico/ asimetrico	17 spinnakers: simmetrico, asimmetrico	17 balão - simétrico, asimétrico	17 balon yelken simetrik/ asimetrik	17 ΜΠΑΛΟΝΙ: ΣΥΜΜΕΤΡΙΚΑ, ΑΣΥΜΜΕΤΡΑ
18 gennaker	18 gennaker	18 gennaker	18 cenaker yelken	18 ΤΖ'ΥΝΑΚΕΡ
19 vela cangreja, al tercio	19 vela al terzo	19 vela de pendão	19 çeyrek yelken	19 ΤΕΤΡΑΓΩΝΟ ΠΑΝΙ ΧΩΡΙΣ ΜΑΤΣΑ
20 vela guaira	20 alla portoghese	20 vela de baioneta	20 sürmeli randa arma	20 ΨΗΛΟ ΠΙΚΙ
21 vela de cuchillo	21 vela di taglio	21 vela latina	21 yan yelken	21 ΛΑΤΙΝΙ
22 vela cuadra, redonda	22 vela quadra	22 pano redondo	22 kare yelken, kabasorta, arma yelkeni	22 ΤΕΤΡΑΓΩΝΟ ΠΑΝΙ
23 foque	23 fiocco normale	23 estai	23 normal yelken	23 ΦΛΟΚΟΣ
24 puño de driza	24 penna	24 punho da pena	24 yelken başlığı, başlık köşesi	24 ΚΟΡΥΦΗ - ΤΖΟΥΝΤΑ
25 grátil	25 caduta prodiera, inferitura	25 testa	25 orsa kenarı	25 ΓΡΑΝΤΙ

ENGLISH	FRANÇAIS	DEUTSCH	NEDERLANDS	DANSK
5 THE BOAT	LE BATEAU	DAS BOOT	DE BOOT, HET SCHIP	BÅDEN
Rigging and sails	**Gréement et voiles**	**Rigg und Segel**	**Tuigage en zeilen**	**Rigning og sejl**
Sails	***Voiles***	***Segel***	***Zeilen***	***Sejl***
26 tack	26 point d'amure	26 Hals	26 hals	26 hals
27 foot	27 bordure	27 Unterliek	27 onderlijk, voetlijk	27 underlig
28 clew	28 point d'écoute	28 Schothorn	28 schoothoek, -hoorn	28 skødebarm
29 leech	29 chute	29 Achterliek	29 achterlijk	29 agterlig
30 leechline	30 ralingue de chute	30 Regulierleine	30 achterlijktrimlijn	30 trimline
31 roach	31 rond, arrondi	31 Rundung des Achterlieks	31 gilling	31 bugt på storsejlets agterlig
32 headboard	32 têtière	32 Kopfbrett	32 zeilplankje	32 flynder
33 bolt rope	33 ralingue	33 Liektau	33 lijketouw	33 liget
34 batten pocket	34 gousset de latte	34 Lattentasche	34 zeillatzak	34 sejllomme
35 slab reefing	35 ris à garcettes	35 Einhand-Reffsystem	35 bindrif	35 hurtigrebning
36 single line reefing	36 prise de ris rapide	36 Einleinen-Reffsystem	36 enkellijns reefsysteem	36 hurtigreb
37 reef point	37 garcette	37 Reffbändsel	37 knuttel	37 rebeline
38 cringle	38 anneau, patte	38 Legel	38 grommer, kousje	38 kovs
39 luff wire	39 ralingue d'acier	39 Drahtvorliek	39 staaldraad voorlijk	39 wire-forlig
40 peak	40 pic, empointure	40 Piek	40 piek	40 pikken (gaffelrig)
41 throat	41 gorge	41 Klau	41 klauw	41 kværken
42 mast hoop	42 cercle de mât	42 Mastring, Legel	42 hoepel	42 mastering
43 horse	43 barre d'écoute	43 Leitwagen	43 overloop	43 løjbom
44 fully battened	44 voile entièrement lattée	44 durchgelattet	44 met doorlopende zeillatten	44 gennemgående sejlpinde
45 lazyjacks	45 lazy jacks	45 Lazy Jacks	45 lazyjacks	45 lazy jacks
Sailmaker	***Voilier***	***Segelmacher***	***Zeilmaker***	***Sejlmager***
1 weight of canvas	1 grammage du tissu	1 Tuchstärke	1 gewicht van het doek	1 dugvægt
2 area	2 surface	2 Segelfläche	2 oppervlak	2 areal
3 flat	3 plate	3 flach geschnitten	3 vlak	3 flad

	ESPAÑOL	ITALIANO	PORTUGUÊS	TÜRKÇE	ΕΛΛΗΝΙΚΑ (GREEK)
	EL BARCO	**LA BARCA**	**DO BARCO**	**TEKNE**	**ΤΟ ΣΚΑΦΟΣ**
	Jarcias y velas	**Attrezzatura e vele**	**Massame e velas**	**Arma ve yelkenler**	**ΑΡΜΑΤΩΣΙΑ ΚΑΙ ΠΑΝΙΑ**
	Velas	***Vele***	***Velas***	***Yelkenler***	***ΠΑΝΙΑ***
26	puño de amura	angolo di mura	punho da amura	önköşe, karula köşesi	ΠΟΔΑΡΙ
27	pujamen	bordame	esteira	alt kenar, alt yaka	ΠΟΔΙΑ
28	puño de escota	bugna	punho da escota	iskota köşesi	ΠΟΡΤΟΥΖΙ
29	baluma	balumina	valuma	güngörmez kenarı	ΑΕΤΟΣ
30	ánima	tirante della balumina, meolo	linha da valuma	güngörmez salvosu	ΣΧΟΙΝΙ ΑΕΤΟΥ (ΚΡΥΦΟ)
31	alunamiento	allunamento	curvatura convexa da valuma	kelebek, sehim	ΚΑΜΠΥΛΗ ΑΕΤΟΥ
32	tabla de grátil	tavoletta	refôrço triangular do punho da pena	yelken başlığı takviye ağacı laması	ΕΝΙΣΧΥΣΗ ΚΟΡΥΦΗΣ
33	relinga	ralinga, gratile	tralha	gradin halatı	ΚΡΥΦΟ
34	funda del sable	guaina della stecca	bôlsa da régua	balena cebi	ΘΗΚΗΣ ΜΠΑΛΕΝΑΣ
35	rizos	terzarolo (randa vicino all'albero di maestra)	riz de bossa	ana yelken camadan	ΣΥΜΒΑΤΙΚΟ ΣΥΣΤΗΜΑ ΠΑΝΙΩΝ
36	rizo de un solo cabo	singola fune a terzarolo	riz contínuo	tek halatlı camadan	ΣΥΣΤΗΜΑ ΠΑΝΙΩΝ ΜΟΝΗΣ ΓΡΑΜΜΗΣ
37	rizos	mano di terzarolo	rizes	camadan kalçeti, kamçısı	ΣΗΜΕΙΑ ΜΟΥΔΑΣ
38	ollao	brancarella, bosa	olhal	kamçı matafyonu	ΜΠΟΥΝΤΟΥΖΙ
39	relinga de envergue	ralinga (o gratile)	cabo da testa	tel gradin	ΓΡΑΝΤΙ-ΣΥΡΜΑΤΟΣΧΟΙΝΙ ΤΟΥ
40	pico cangrejo	angolo di penna	pique	randa yelken giz köşesi	ΚΟΡΥΦΗ
41	boca del pico	gola	bôca	randa yelken karula köşesi	ΛΑΙΜΟΣ
42	zuncho	canestrello	aro	randa yelken direk halkası	ΚΟΛΛΙΕΣ
43	barraescota	trasto, barra di scotta	varão de escota	anayelken ıskotası güverte rayı	ΜΠΟΜΠΡΕΣΟ - ΜΠΑΛΚΟΝΙ
44	con sables forzados	interamente steccata	réguas até ao mastro	tam balenalı	ΜΕ ΜΕΓΑΛΕΣ ΜΠΑΛΕΝΕΣ
45	lazy jacks	lazy jacks	lazy jacks	lazy jaks	ΣΚΟΙΝΙΑ ΠΟΥ ΚΡΑΤΑΝΕ ΤΗΝ ΜΑΙΣΤΡΑ ΔΙΠΛΩΜΕΝΗ ΣΤΟ ΜΑΙΝΑ
	Velero	***Velaio***	***Veleiro***	***Yelken yapımcısı***	***ΙΣΤΙΟΡΡΑΠΤΗΣ***
1	peso del trapo	peso della tela	espessura da lona	bez ağırlığı	ΒΑΡΟΣ ΤΟΥ ΠΑΝΙΟΥ
2	superficie	superficie	área	alan, yüzey	ΕΠΙΦΑΝΕΙΑ
3	vela plana	piatta o magra	plana, sem saco	torsuz	ΣΤΕΓΝΟ

Rigging and sails | Gréement et voiles | Rigg und Segel | Tuigage en zeilen | Rigning og sejl

	ENGLISH	FRANÇAIS	DEUTSCH	NEDERLANDS	DANSK
	Sailmaker	***Voilier***	***Segelmacher***	***Zeilmaker***	***Sejlmager***
4	full, belly	creuse, le creux	bauchig geschnitten, Bauch	bol, buikig	stor bugt, pose
5	stretch a sail	roder, faire une voile	ein Segel ausstraken	een zeil rekken	strække et sejl
6	chafe	ragage, usure	schamfielen	schavielen	skamfiling
7	mildew	moisissure	Stockflecken	weer in het zeil	jordslået
8	seam	couture, lé	Naht	naad	søm
9	panel	panneau	gedoppeltes Segeltuch	stuk zeildoek	bane
10	patch	rapiécer	flicken	lap	lap
11	restitch	recoudre	Nähte nachnähen	overstikken	sy efter
12	mend	réparer	ausbessern, reparieren	repareren	reparere
13	baggywrinkle	fourrage, gaine de hauban	Tausendfuß	lus-platting	skamfilings-gods
14	sail tiers, gaskets	rabans	Zeisinge	zeilbanden	sejsinger
15	sailbag	sac à voile	Segelsack	zeilzak	sejlpose
16	ultraviolet	ultraviolet	ultraviolett	ultraviolet	ultraviolet
17	sacrificial strip/sunshade	bande anti UV	Sonnenschutzstreifen am Achterliek einer Rollfock	zonbeschermingsstrook	solskygge

	ENGLISH	FRANÇAIS	DEUTSCH	NEDERLANDS	DANSK
	Wire rope	***Fil, câble d'acier***	***Drahttauwerk***	***Staaldraadkabel***	***Stålwire***
1	strand	toron	Kardeel, Ducht	streng, kardeel	kordel
2	core	âme	Seele	hart, kern	hjerte
3	flexible	souple	biegsam	flexibel, soepel	bøjelig
4	stretch	élasticité	recken, Reck	rek	strække
5	shrink	rétrécissement	einlaufen	krimp	krympe
6	breaking strain	charge de rupture	Bruchlast	breekspanning	brudgrænse
7	the coil	glène	Tauwerksrolle	rol	kvejl
8	kink	coque	Kink	kink, slag	kinke
9	circumference	circonférence	Umfang	omtrek	omkreds
10	diameter	diamètre	Durchmesser	diameter	diameter
11	swaged fittings	embout serti	Endbeschlag	aangewalste kabel	endebeslag, presset på

ESPAÑOL

EL BARCO

Jarcias y velas

Velero

4 bolso, papo
5 estirar una vela
6 desgaste
7 moho
8 costura
9 panel
10 reforzar
11 recoser
12 reparar
13 pallete, forro de defensa
14 tomadores
15 saco de vela
16 ultravioleta
17 banda de protección contra rayos UV

Cable

1 cordón
2 alma
3 flexible
4 elástico
5 encoger
6 carga de rotura
7 aduja
8 coca
9 mena
10 diámetro
11 terminal engastado

ITALIANO

LA BARCA

Attrezzatura e vele

Velaio

4 grassa, pancia
5 stirare una vela
6 logoramento
7 muffa
8 cucire
9 ferzo
10 rattoppare
11 ricucire
12 rammendare
13 filacci
14 gerli
15 sacco da vela
16 ultravioletto
17 banda di protezione UV

Cavi metallici

1 trefolo
2 anima
3 flessibile
4 stiramento
5 restringimento
6 carico di rottura
7 matassa, rotolo
8 cocca
9 circonferenza
10 diametro
11 capicorda ricalcati

PORTUGUÊS

DO BARCO

Massame e velas

Veleiro

4 vela cheia, com saco
5 esticar uma vela
6 desgaste do velame
7 garruncho
8 baínha
9 pano
10 remendar
11 recoser
12 consertar
13 coxim de enxárcia
14 bichas
15 saco das velas
16 ultravioleta
17 faixa não recuperável

Cabo de aço

1 cordão
2 madre
3 flexível
4 alongamento, esticar
5 encolher
6 carga de rotura
7 pandeiro
8 coca
9 perímetro
10 diâmetro
11 ferragem especial para ligar os cabos de aço sem costura

TÜRKÇE

TEKNE

Arma ve yelkenler

Yelken yapımcısı

4 torlu, tor
5 yelken rodajı, yelken yapmak
6 sürtünmeden dolayı yıpranma
7 küf
8 yelken dikişi
9 yaprak
10 yama
11 tamir dikişi
12 tamir
13 kedi ayağı, kedí bıyığı
14 yelken sargı bağları
15 yelken torbası
16 morötesi/ultraviyole ışını
17 rüzgara dayanıklı güneşlik astari

Tel halat

1 tel halat kolu
2 tel halat göbeği
3 esnek tel halat
4 elastikiyet
5 büzülme, çekme
6 kopma yükü
7 halat rodası
8 volta
9 halatın çevresi
10 çap
11 terminal

ΕΛΛΗΝΙΚΑ (GREEK)

ΤΟ ΣΚΑΦΟΣ

ΑΡΜΑΤΩΣΙΑ ΚΑΙ ΠΑΝΙΑ

ΙΣΤΙΟΡΡΑΠΤΗΣ

4 ΓΕΜΑΤΟ
5 ΦΟΡΜΑΡΩ ΤΑ ΠΑΝΙΑ
6 ΤΡΙΜΜΕΝΟ - ΤΡΙΨΙΜΟ ΠΑΝΙΟΥ
7 ΜΟΥΦΛΑ
8 ΡΑΦΗ
9 ΦΥΛΛΟ ΠΑΝΙΟΥ
10 ΜΠΑΛΩΜΑ
11 ΞΑΝΑΡΑΒΩ
12 ΔΙΟΡΘΩΝΩ
13 ΖΑΡΩΜΕΝΟ - ΞΕΧΥΛΩΜΕΝΟ
14 ΕΝΙΣΧΥΣΕΙΣ
15 ΣΑΚΟΣ ΠΑΝΙΟΥ
16 ΥΠΕΡΙΩΔΕΙΣ
17 ΠΡΟΣΤΑΤΕΥΤΙΚΗ ΤΑΙΝΙΑ

ΣΥΡΜΑΤΟΣΧΟΙΝΟ

1 ΚΛΩΝΟΣ
2 ΚΑΡΔΙΑ
3 ΕΥΚΑΜΠΤΟ
4 ΤΕΝΤΩΝΩ
5 ΜΑΖΕΥΩ
6 ΑΝΤΟΧΗ ΣΤΟ ΣΠΑΣΙΜΟ
7 ΓΥΡΟΣ - ΝΤΟΥΚΑ
8 ΒΕΡΙΝΑ
9 ΠΕΡΙΦΕΡΕΙΑ
10 ΔΙΑΜΕΤΡΟΣ
11 ΣΤΡΑΒΩΜΕΝΕΣ ΑΚΡΕΣ

ENGLISH	FRANÇAIS	DEUTSCH	NEDERLANDS	DANSK
5 THE BOAT	**LE BATEAU**	**DAS BOOT**	**DE BOOT, HET SCHIP**	**BÅDEN**
Rigging and sails	**Gréement et voiles**	**Rigg und Segel**	**Tuigage en zeilen**	**Rigning og sejl**
Ropes and materials	***Cordages et matériaux***	***Leinen und ihr Material***	***Touwwerk en materialen***	***Tovværk og materialer***
1 pennant, pendant	1 bosse, pantoire	1 Schmeerreep	1 smeerreep	1 stander
2 lacing	2 transfilage	2 Reihleine	2 marllijn	2 lidseline
3 warp	3 amarre, grelin, aussière, haussière	3 Festmacher	3 landvast, meertouw, tros	3 varpetrosse
4 spring	4 garde montante	4 Spring	4 spring, scheertouw	4 spring
5 painter	5 amare d'annexe	5 Fangleine	5 vanglijn, werplijn	5 fangline
6 marline	6 cordage fin	6 Marlleine	6 marllijn	6 merling
7 cod line	7 ligne	7 Hüsing	7 dunne lijn	7 stikline
8 braided	8 coton tressé	8 geflochtenes Baumwolltauwerk	8 gevlochten	8 flettet line
9 whipping twine	9 fil à surlier	9 Takelgarn	9 takelgaren	9 taklegarn
10 yarn	10 fil	10 Garn	10 garen	10 garn
11 tarred	11 goudronné	11 geteert	11 geteerd	11 tjæret
12 3-strand laid	12 cordage à 3 torons	12 dreikardeelig	12 3-kardeels geslagen	12 treslået
13 nylon (polyamide)	13 nylon (polyamide)	13 Nylon (Polyamid)	13 nylon (polyamide)	13 nylon (polyamid)
14 Terylene™, Dacron™ (polyester)	14 Terylène™, Dacron™ (polyester)	14 Terylen™, Dacron™ (Polyester)	14 Terylene™, Dacron™ (polyester)	14 Terylene™, Dacron™ (polyester)
15 Propathene™ (polypropylene)	15 Propathène™ (polypropylène)	15 Propathene™ (Polypropylen)	15 Propatheen™ (polypropyleen)	15 Polyprolylen™
16 Kevlar™ (polyaramid)	16 Kevlar™ (aramide)	16 Kevlar™ (Polyaramid)	16 Kevlar™ (polyamide)	16 Kevlar™
17 cotton	17 coton	17 Baumwolle	17 katoen	17 bomuld
18 Italian hemp	18 chanvre d'Italie	18 Hanf	18 hennep	18 hamp
19 sisal	19 sisal	19 Sisal	19 sisal	19 sisal
20 coir	20 coco	20 Kokos	20 kokostouw	20 kokos
21 manilla	21 manille, en cordage	21 Manila	21 manillatouw	21 manilla
Splicing, knots, bends and hitches	***Epissures et nœuds***	***Spleiße, Knoten und Steke***	***Splitsen, knopen, bochten en steken***	***Splejsninger og knob***
1 eye splice	1 œil épissé	1 Augspleiß	1 oogsplits	1 øjesplejsning
2 long splice	2 épissure longue	2 Langspleiß	2 lange splits	2 langsplejsning
3 short splice	3 épissure carrée	3 Kurzspleiß	3 korte splits	3 kortsplejsning
4 parcel	4 limander	4 schmarten	4 smarten	4 smerting

ESPAÑOL	ITALIANO	PORTUGUÊS	TÜRKÇE	ΕΛΛΗΝΙΚΑ (GREEK)
EL BARCO	**LA BARCA**	**DO BARCO**	**TEKNE**	**ΤΟ ΣΚΑΦΟΣ**
Jarcias y velas	**Attrezzatura e vele**	**Massame e velas**	**Arma ve yelkenler**	**ΑΡΜΑΤΩΣΙΑ ΚΑΙ ΠΑΝΙΑ**
Cabullería y materiales	***Cordami***	***Cabos e materiais***	***Halatlar & malzemeler***	***ΣΧΟΙΝΙΑ ΚΑΙ ΥΛΙΚΑ***
1 osta	1 penzolo	1 chicote	1 camadan kalçeti	1 ΣΗΜΑΙΑ
2 amarradura	2 laccio	2 armarilho	2 çapraz kordon bağlantı	2 ΛΗΓΑΔΟΥΡΑ
3 estacha, amarra	3 cavo da tonneggio	3 espia	3 demir halatı	3 ΑΓΚΥΡΟΣΧΟΙΝΟ
4 esprín	4 spring	4 regeiras, espringues	4 çapraz halatı, açmaz, spring	4 ΣΠΡΙΝΓΚ
5 boza	5 barbetta	5 boça	5 filika halatı/pariması	5 ΣΧΟΙΝΙ ΓΙΑ ΤΟ ΒΑΡΚΑΚΙ
6 merlin	6 merlino	6 merlim	6 mornel	6 ΔΙΚΛΩΝΟ ΣΧΟΙΝΑΚΙ
7 piola	7 lezzino, commando	7 linha de pesca	7 savlo, ip	7 ΤΡΙΚΛΩΝΗ ΤΖΙΒΑ
8 algodón trenzado	8 intrecciato	8 trançado de algodão	8 örgü halat	8 ΠΛΕΚΤΟ
9 piolilla	9 spago da impalmatura	9 cordame de pequeña bitola	9 piyan gırcalası	9 ΣΠΑΓΓΟΣ ΜΑΤΙΣΜΑΤΟΣ
10 meollar	10 filo	10 fibra	10 halat lifi	10 ΚΑΩΝΟΣ
11 alquitranado	11 catramato	11 alcatroado	11 ziftli halat	11 ΠΙΣΟΜΕΝΟ
12 cabo de tres cordones	12 a 3 legnoli	12 cabo de massa cochado	12 üç kollu halat	12 ΤΡΙΚΛΩΝΟ
13 nilón (poliamida)	13 nailon, nylon (poliamide)	13 nylon	13 naylon (polyamid)	13 ΝΑΥΛΟΝ - ΠΟΛΥΑΜΙΔΙΟ
14 Terylene™, Dacron™ (poliéster)	14 Terital™ (poliestere)	14 Terylene™, Dacron™ (poliester)	14 Terilen™, Dacron™ (polyester)	14 ΝΤΑΚΡΟΝ - ΠΟΛΥΕΣΤΕΡΑΣ
15 Propatheno™ (polipropileno)	15 polipropilene	15 Propathene™ (polipropileno)	15 Polipropilen™	15 ΠΟΛΥΠΡΟΠΥΛΕΝΙΟ
16 Kevlar™ (poliamida)	16 Kevlar™ (poliaramide)	16 Kevlar™	16 Kevlar™	16 ΚΕΒΛΑΡ
17 algodón	17 cotone	17 algodão	17 pamuk	17 ΒΑΜΒΑΚΕΡΟ
18 cáñamo	18 canapa	18 linho italiano	18 İtalyan keteni halat	18 ΚΑΝΑΒΙΝΟ
19 sisal	19 sisal	19 sisal	19 sisal halat	19 ΣΙΖΑΛ
20 fibra de coco	20 fibra di cocco	20 cairo	20 hindistan cevizi lifi	20 ΤΖΙΒΑ
21 abacá, manila	21 manila	21 cabo de manila	21 kendir halat, manila halatı	21 ΜΑΝΙΛΑ
Costuras y nudos	***Impiombature, nodi e colli***	***Uniões, nós e voltas***	***Dikişler, düğümler, volta ve bağlar***	***ΜΑΤΙΣΙΕΣ ΚΟΜΠΟΙ, ΤΣΑΚΙΣΤΕΣ ΘΗΛΕΙΕΣ***
1 gaza	1 gassa impiombata	1 mãozinha, costura de mão	1 kasa dikişi	1 ΓΑΣΑ
2 costura larga	2 impiombatura lunga	2 costura de laborar	2 uzun dikiş, kolbastı dikişi	2 ΜΑΚΡΥΑ ΜΑΤΙΣΙΑ
3 costura redonda	3 impiombatura corta	3 costura redonda	3 kısa dikiş	3 ΜΙΚΡΗ ΜΑΤΙΣΙΑ
4 precintar	4 bendare	4 precintar	4 badarna etmek	4 ΦΑΣΙΝΑΡΩ ΣΚΟΙΝΙ

ENGLISH	FRANÇAIS	DEUTSCH	NEDERLANDS	DANSK
5 THE BOAT	**LE BATEAU**	**DAS BOOT**	**DE BOOT, HET SCHIP**	**BÅDEN**
Rigging and sails	**Gréement et voiles**	**Rigg und Segel**	**Tuigage en zeilen**	**Rigning og sejl**
Splicing, knots, bends and hitches	***Epissures et nœuds***	***Spleiße, Knoten und Steke***	***Splitsen, knopen, bochten en steken***	***Splejsninger og knob***
5 serve	5 fourrer	5 kleeden, bekleiden	5 kleden	5 klædning
6 whip	6 surlier	6 takeln	6 takelen	6 takling
7 lashing	7 saisine	7 Lasching	7 seizing, bindsel	7 bændsel
8 reef knot	8 nœud plat	8 Kreuzknoten	8 platte knoop	8 råbåndsknob
9 figure of eight	9 nœud en huit, en lacs	9 Achtknoten	9 achtknoop	9 flamsk knob
10 bowline	10 nœud de chaise	10 Palstek	10 paalsteek	10 pælestik
11 fisherman's bend	11 nœud de grappin	11 Roringstek	11 werpankersteek	11 baghånds knob
12 double sheet bend	12 nœud d'écoute double	12 doppelter Schotstek	12 dubbele schootsteek	12 dobbelt flagstik
13 clove hitch	13 demi-clés à capeler	13 Webleinstek	13 mastworp, weeflijnsteek	13 dobbelt halvstik
14 rolling hitch	14 nœud de bois, de fouet	14 Stopperstek	14 mastworp met voorslag	14 stopperstik
15 round turn and two half hitches	15 tour mort et deux demi-clés	15 Rundtörn mit zwei halben Schlägen	15 rondtorn met twee halve steken	15 rundtørn med to halvstik
On deck	**Sur le pont**	**An Deck**	**Aan dek**	**På dækket**
Deck gear	***Accastillage de pont***	***Decksausrüstung***	***Dekuitrusting***	***Udstyr på dækket***
1 pulpit	1 balcon avant	1 Bugkorb	1 preekstoel	1 prædikestol
2 stern pulpit, pushpit	2 balcon arrière	2 Heckkorb	2 hekstoel	2 agterpulpit
3 guardrail, lifeline	3 filière, garde-corps	3 Seereling	3 zeereling	3 rundliste, livline
4 stanchion	4 chandelier	4 Relingsstütze	4 scepter, relingsteun	4 scepter
5 samson post, bitts	5 bitte d'amarrage	5 Beting, Poller	5 voorbolder	5 samson post
6 ventilator	6 dorade, manche à air	6 Lüfter	6 ventilator	6 ventilator
7 porthole	7 hublot	7 Bullauge	7 patrijspoort	7 koøje
8 fender	8 défense, pare-battage	8 Fender	8 fender, stootkussen	8 fender
9 bowfender, noseband	9 défense d'étrave	9 Bugfender	9 neuswaring, boegfender	9 stævnbeslag
10 boathook	10 gaffe	10 Bootshaken	10 bootshaak, pikhaak	10 bådshage
11 davits	11 bossoir	11 Davits	11 davits	11 davider
12 ladder	12 échelle	12 Leiter	12 ladder, trap	12 leider
13 sail cover	13 taud de voile	13 Segelkleid	13 zeilkleed	13 sejlpresenning
14 awning	14 taud	14 Plane, Markise	14 zonnetent	14 solsejl

ESPAÑOL	ITALIANO	PORTUGUÊS	TÜRKÇE	ΕΛΛΗΝΙΚΑ (GREEK)
EL BARCO	**LA BARCA**	**DO BARCO**	**TEKNE**	**ΤΟ ΣΚΑΦΟΣ**

5

Jarcias y velas / Attrezzatu e vele / Massame e velas / Arma ve yelkenler / ΑΡΜΑΤΩΣΙΑ ΚΑΙ ΠΑΝΙΑ

	Español	Italiano	Português	Türkçe	Ελληνικά
	Costuras y nudos	*Impiombature, nodi e colli*	*Uniões, nós e voltas*	*Dikişler, düğümler, volta ve bağlar*	*ΜΑΤΙΣΙΕΣ ΚΟΜΠΟΙ, ΤΣΑΚΙΣΤΕΣ ΘΗΛΕΙΕΣ*
5	aforrar	fasciare	forrar	façuna	ΠΑΤΡΟΝΑΡΩ ΣΚΟΙΝΙ
6	falcacear	impalmare	falcassar	basit piyan	ΜΑΤΙΖΩ
7	ligada	rizza	amarrar	gırcala ile façuna	ΔΕΝΩ-ΣΧΟΙΝΑΚΙ ΔΕΣΙΜΑΤΟΣ
8	nudo llano o de rizo	nodo piano	nó direito	camadan bağı	ΣΤΑΥΡΟΚΟΜΠΟΣ
9	nudo de 8	nodo Savoia	nó de trempe	kropi bağı	ΟΚΤΑΡΙ
10	as de guía	gassa d'amante	lais de guia pelo chicote	izbarço bağı	ΚΑΝΤΗΛΙΤΣΑ
11	cote y ballestrinque	gruppo d'ancorotto	volta de anête	anele bağı, balıkçı bağı	ΨΑΛΙΔΙΑ
12	vuelta de escota doble	gruppo doppio di scotta	nó de escota dobrado	çifte ıskota bağı	ΔΙΠΛΗ ΨΑΛΙΔΙΑ
13	ballestrinque, cote doble	nodo parlato	volta de fiél	kazık bağı	ΚΑΝΤΗΛΙΑ
14	doble vuelta mordida	nodo parlato doppio	volta de tomadouro	beden bağı, mezevoltalı kazık bağı	ΟΥΡΟΔΕΣΜΟΣ
15	vuelta de rezón	un giro e due mezzi colli	volta redonda e cotes	kolona bağı, dülger bağı	ΤΣΑΚΙΣΤΗ

En cubierta / Sul ponte / No convés / Güvertede / ΣΤΟ ΚΑΤΑΣΤΡΩΜΑ

	Español	Italiano	Português	Türkçe	Ελληνικά
	Acastillaje de cubierta	*Attrezzature di coperta*	*Aparelhagem do convés*	*Güverte donanımı*	*ΕΞΟΠΛΙΣΜΟΣ ΚΑΤΑΣΤΡΩΜΑΤΟΣ*
1	púlpito	pulpito (di prua)	guarda proeiro	pulpit	ΔΕΛΦΙΝΙΕΡΑ
2	púlpito de popa	balcone	varandim	kıç pulpit, puşpit	ΠΡΥΜΝΙΟ ΚΑΓΚΕΛΛΟ
3	pasamano	battagliola, tientibene	balaustrada	vardavela punteli	ΡΕΛΙΑ
4	candelero	candeliere	balaústre	vardavela dikmesi	ΚΟΛΩΝΑΚΙ
5	bitón	monachetto, bitte	abita	bita	ΚΕΝΤΡΙΚΗ ΔΕΣΤΡΑ
6	ventilador	presa d'aria	ventilador	manika	ΑΕΡΑΓΩΓΟΣ
7	portillo	oblò	vigia	lumbuz	ΦΙΛΙΣΤΡΙΝΙ
8	defensa	parabordo	defensa, molhelha	usturmaça	ΜΠΑΛΟΝΙ
9	defensa de proa	parabordo di prua	barra da roda de proa	pruva usturmaçası	ΜΠΑΛΟΝΙ ΠΛΩΡΗΣ
10	bichero	gaffa (o mezzomarinaio)	croque	kanca, filika kancası	ΓΑΝΤΖΟΣ
11	pescante	gruette	turcos	mataforalar	ΚΑΠΟΝΙΑ
12	escala	scaletta	escada	iskele	ΣΚΑΛΑ
13	funda	copriranda, cagnaro	capa da vela	yelken kalepesi	ΚΑΛΥΜΑ ΠΑΝΙΟΥ
14	toldo	tenda parasole	toldo	güneş tentesi, tente	ΤΕΝΤΑ (ΜΠΑΛΝΤΑΝΙΚΟ)

ENGLISH	FRANÇAIS	DEUTSCH	NEDERLANDS	DANSK
5 THE BOAT	**LE BATEAU**	**DAS BOOT**	**DE BOOT, HET SCHIP**	**BÅDEN**
On deck	**Sur le pont**	**An Deck**	**Aan dek**	**På dækket**
Deck gear	***Accastillage de pont***	***Decksausrüstung***	***Dekuitrusting***	***Udstyr på dækket***
15 bimini top	15 bimini	15 Sonnensegel	15 boven kuip gespannen zonnescherm	15 presenning
16 windscoop	16 manche à air	16 Windhutze	16 zeildoek windhapper	16 udluftningspose
17 sprayhood	17 capote	17 Sprayhood, Niedergangs persenning	17 buiskap	17 sprayhood
18 dodger	18 capote de descente	18 Spritzpersenning, Kleedjes	18 spatscherm	18 læsejl
19 tarpaulin	19 bâche, taud	19 Persenning	19 presenning	19 presenning
20 bucket	20 seau	20 Pütz	20 emmer	20 pøs
21 mop	21 vadrouille, faubert	21 Dweil	21 dekzwabber	21 svaber
22 scrubbing brush	22 brosse à récurer	22 Schrubber	22 boender	22 skurebørste
23 wheel	23 roue	23 Steuerrad	23 stuurrad	23 rat
24 steering wires	24 drosses	24 Ruderleitung	24 stuurlijnen	24 styre-wire
25 oilskins	25 cirés	25 Ölzeug	25 oliegoed	25 olietøj
26 breathable clothing	26 vetement respirant	26 atmungsaktive Kleidung	26 ademende kleding	26 åndbart tøj
27 performance clothing	27 vetement performance	27 Aktivkleidung	27 zeilkleding	27 arbejdstøj
28 toerail	28 rail de fargue	28 Fußleiste	28 voetrail	28 skandæksliste
29 cleat	29 taquet	29 Klampe	29 klamp, klem, kikker	29 klampe
30 shroud cleat	30 taquet de hauban	30 Flaggenleinenklampe	30 klemkikker	30 skødeblok
31 fairlead	31 chaumard	31 Lippe, Leitöse	31 geleideblok	31 klys
32 bow-roller	32 roulette d'étrave	32 Bugrolle	32 boegrol	32 stævnrulle
33 hawse	33 écubier	33 Klüse	33 kluis	33 klys
34 dorade vent	34 manche à air	34 Dorade-Lüfter	34 dekventilator-dorade	34 doradeventil
35 solar vent	35 aérateur solaire	35 Solarlüfter	35 elektrische zonneventilator	35 soldrevet/solcelle ventilator
36 cove locker	36 coffre	36 kleine seitliche Ablage im Cockpit/Schwalbennest	36 ingebouwd open kastje in kuip	36 aflukke
37 lazarette	37 soute	37 kleiner Stauraum im Achterschiff	37 achterdekluik	37 sygelukaf
38 jackstay	38 ligne de vie	38 Jackstag	38 veiligheidslijn	38 jackstag

	ESPAÑOL	ITALIANO	PORTUGUÊS	TÜRKÇE	ΕΛΛΗΝΙΚΑ (GREEK)
	EL BARCO	LA BARCA	DO BARCO	TEKNE	ΤΟ ΣΚΑΦΟΣ
	En cubierta	**Sul ponte**	**No convés**	**Güvertede**	**ΣΤΟ ΚΑΤΑΣΤΡΩΜΑ**
	Acastillaje de cubierta	*Attrezzature di coperta*	*Aparelhagem do convés*	*Güverte donanımı*	*ΕΞΟΠΛΙΣΜΟΣ ΚΑΤΑΣΤΡΩΜΑΤΟΣ*
15	toldilla	tendalino	toldo	sabit havuzluk tentesi	ΤΕΝΤΑ ΚΟΚΠΙΤ
16	cono de aire	monaca	manga de ventilação	bez manika	ΟΥΙΝΤΣΚΟΥΠ
17	capota	capottina	guarda patrão	serpinti körüğü	ΣΠΡΕΥΧΟΥΝΤ
18	garita	paramare	sanefas	vardasilo	ΠΑΡΑΠΕΤΟ
19	encerado	telone	capa	branda örtü, branda	ΚΑΡΑΒΟΠΑΝΟ
20	balde	bugliolo	balde	kova	ΚΟΥΒΑΣ
21	lampazo	redazza	lambaz	mop	ΣΦΟΥΓΓΑΡΙΣΤΡΑ
22	cepillo de fregar	frettazzo	escôva	fırça	ΒΟΥΡΤΣΑ
23	rueda del timón	ruota (del timone)	roda do leme	dümen dolabı	ΡΟΔΑ
24	guardín	frenelli (del timone)	gualdropes	dümen telleri	ΣΥΡΜΑΤΟΣΧΟΙΝΑ ΠΗΔΑΛΙΟΥ
25	chubasquero, ropa de agua	cerata	oleados	muşambalar, yağmurluk	ΝΙΤΣΕΡΑΔΕΣ
26	ropa transpirable	vestiario in tessuto traspirante	roupa anti - transpiração	havageçirir giysi	ΔΙΑΠΝΕΟΝΤΑΣ ΡΟΥΧΙΣΜΟΣ
27	ropa de protección optima/ropa tecnica	vestiario in tessuto ad alte prestazioni	roupa de competição	ağır koşullar kıyafeti (giysisi)	ΡΟΥΧΙΣΜΟΣ ΕΡΓΑΣΙΑΣ
28	regala	falchetta	amurada inferior	küpeşte, toerail	ΤΟΡΕΛΙ
29	cornamusa	galloccia	mordedor	koç boynuzu	ΚΟΤΣΑΝΕΛΛΟ / ΔΕΣΤΡΑ
30	cornamusa de cable	galloggia	cunho do brandal	çarmık/rayüstü koç boynuzu	Δ'ΥΣΤΡΑ ΞΑΡΤΙΩΝ
31	pasacabos, escotero	passacavi, passascotte	entrada de antena	kurtağzı	ΜΑΤΙ
32	guiacabos de rodillo	musone	enrolador de retranca	pruva makarası	ΚΑΡΟΥΛΙ ΤΗΣ ΠΛΩΡΗΣ
33	escobén	cubía	escovém	loça	ΠΑΛΑΜΑΡΙ
34	toma de aire con caja dorada	presa d'aria	ventilador	dorade tipi (su girmez) manika	ΕΞΑΕΡΙΣΤΗΡΑΣ
35	aireador solar	ventilatore ad energia solare	ventilador solar	güneş enerjisi ile çalışan vantilatör	ΗΛΙΑΚΙΣ ΕΞΑΕΡΙΣΤΗΡΑΣ
36	cofre	bastingaggio	paiol embutido/armário	höcre	ΜΠΑΛΑΟΥΡΟ
37	lazareto	interponte	lazareto	kıç ambar, kıç erzak ambarı	ΛΑΖΑΡΕΤΤΟ
38	línea de vida	fighiera	linha de segurança	emniyet kemeri bağlantı halatı	ΜΠΑΛΑΝΤΣΙΝΙ

ENGLISH	FRANÇAIS	DEUTSCH	NEDERLANDS	DANSK
5 THE BOAT	**LE BATEAU**	**DAS BOOT**	**DE BOOT, HET SCHIP**	**BÅDEN**
On deck	**Sur le pont**	**An Deck**	**Aan dek**	**På dækket**
Deck gear	***Accastillage de pont***	***Decksausrüstung***	***Dekuitrusting***	***Udstyr på dækket***
39 deck eye	39 piton de pont	39 Decksauge	39 dekoog	39 øje
40 grab rail	40 main courante	40 Handläufer	40 handreling	40 håndliste
41 washboards	41 panneaux de descente	41 Waschbord	41 ventilerende kajuitafsluiting	41 skvætbord
42 sheet traveller	42 chariot d'écoute	42 Schotwagen, Schotrutscher	42 schoottraveller, overloop	42 slæde
43 hatch	43 panneau	43 Luke	43 luik	43 luge
44 vane, self-steering	44 régulateur d'allure	44 Windruder	44 windvaan, zelfsturend	44 fane, vinge på selvstyrer
45 boarding ladder	45 échelle d'embarquement	45 Jakobsleiter	45 zwemtrap	45 landgang
46 folding cockpit table	46 table de cockpit pliante	46 Einklappbarer Cockpittisch	46 Opvouwbare kuiptafel	46 folde cockpit bord
47 folding trolley	47 diable pliant	47 paltbarer bootswagen	47 Opvouwbare boodschappenkar	47 bagagevogn
Winches and windlass	***Treuils et guindeau***	***Winde, Ankerspill***	***Winches en lieren***	***Spil, ankerspil***
1 barrel	1 poupée	1 Trommel	1 trommel	1 spilkop
2 pawl	2 cliquet d'arrêt	2 Pall	2 pal	2 pal
3 winch handle	3 levier	3 Kurbel	3 zwengel	3 spilhåndtag
4 windlass, capstan	4 guindeau, cabestan	4 Ankerwinde, Ankerspill, Gangspill	4 kaapstander, ankerlier	4 spil
5 warping drum	5 poupée	5 Spillkopf	5 verhaalkop	5 ankerspil
6 gipsy	6 barbotin	6 Barbotin-Ring	6 kettingschijf	6 kædehjul
7 crank handle	7 manivelle	7 Kurbel	7 zwengel	7 spilhåndtag
8 spindle	8 mèche	8 Achse, Welle	8 spil	8 aksel
9 brake	9 frein	9 Bremse	9 rem	9 bremse
10 ratchet	10 ridoir à cliquet	10 Pallkranz, Sperrrad	10 ratelsleutel, -hefboom	10 palring
11 footswitch	11 interrupteur à pied	11 Fußschalter	11 voetschakelaar	11 fodkontakt

ESPAÑOL	ITALIANO	PORTUGUÊS	TÜRKÇE	ΕΛΛΗΝΙΚΑ (GREEK)
EL BARCO	**LA BARCA**	**DO BARCO**	**TEKNE**	**ΤΟ ΣΚΑΦΟΣ**
En cubierta	**Sul ponte**	**No convés**	**Güvertede**	**ΣΤΟ ΚΑΤΑΣΤΡΩΜΑ**
Acastillaje de cubierta	*Attrezzature di coperta*	*Aparelhagem do convés*	*Güverte donanımı*	*ΕΞΟΠΛΙΣΜΟΣ ΚΑΤΑΣΤΡΩΜΑΤΟΣ*
39 pasacabos	39 osteriggio, occhio di bue	39 alboi	39 güverte mapası	39 ΟΚΙΟ
40 pasamanos	40 mancorrente	40 corrimão	40 vardavela canhalatı	40 ΧΕΙΡΟΛΑΒΗ
41 cuarteles de escotilla	41 tambuccio	41 tampo de escotilha	41 tekne giriş kapısı	41 ΠΛΑΙΝΕΣ ΥΠΕΡΥΨΩΣΕΙΣ ΚΟΥΒΕΡΤΑΣ
42 carro de escota	42 carrello della scotta	42 calha de escota	42 iskota rayı arabası	42 ΒΑΓΟΝΕΤΤΑ ΣΚΟΤΑΣ
43 escotilla	43 boccaporto	43 escotilha	43 kaporta	43 ΧΑΤΣ - ΚΟΥΒΟΥΣΙ
44 veleta de piloto automático	44 timone a vento	44 girouette/piloto aut. de vento	44 rüzgar dümeni	44 ΑΥΤΟΜΑΤΟΣ ΠΙΛΟΤΟΣ (ΑΝΕΜΟΥ)
45 escala de baño	45 passerella	45 escada de embarque	45 borda iskelesi	45 ΣΚΑΛΑ ΕΠΙΒΙΒΑΣΕΕΩΣ - ΠΑΣΑΡΕΛΑ
46 mesa de bañera plegable	46 tavola pieghevole per il pozzetto	46 mesa dobrável para o poço	46 katlanabilir havuzluk masası	46 ΠΤΥΣΣΟΜΕΝΟ ΤΡΑΠΕΖΙ ΚΑΤΑΣΤΡΩΜΑΤΟΣ
47 carretilla plegable	47 carrello pieghevole	47 carrinho de mão dobrável	47 tekerlekli katlanabilir taşiyici	47 ΠΤΥΣΣΟΜΕΝΟ ΤΡΟΛΕΙ
Winche, chigre	*Verricelli e argano*	*Molinetes e guinchos*	*Vinçler ve demir ırgatı*	*ΒΙΝΤΖΙΡΕΛΛ ΚΑΙ ΕΡΓΑΤΗΣ*
1 tambor	1 tamburo	1 saia	1 vinç tamburu	1 ΤΥΜΠΑΝΟ
2 linguete, pal	2 nottolino	2 linguete	2 tırnak	2 ΚΑΣΤΑΝΙΑ
3 manivela del winche	3 maniglia del verricello	3 alavanca, manivela	3 vinç kolu	3 ΜΑΝΕΛΛΑ
4 molinete, chigre, cabrestante	4 argano	4 molinete do ferro, cabrestante	4 demir ırgatı	4 ΕΡΓΑΤΗΣ
5 tambor	5 tamburo per tonneggio	5 saia, tambor	5 ırgat fenerliği	5 ΤΥΜΠΑΝΟ ΕΡΓΑΤΗ
6 tamborete	6 barbotin	6 gola	6 ırgat kalavetası	6 ΣΚΡΟΦΑ
7 manivela	7 maniglia	7 manivela	7 manivela kolu	7 ΛΕΒΙΕΣ ΕΡΓΑΤΗ
8 mecha	8 fusto	8 eixo, peão	8 dingil	8 ΚΑΤΑΚΟΡΥΦΟΣ ΑΞΟΝΑΣ ΕΡΓΑΤΗ
9 freno	9 freno	9 travão	9 fren, ırgat freni	9 ΦΡΕΝΟ
10 molinete	10 cricco	10 roquete	10 dişli	10 ΚΑΣΤΑΝΙΑ
11 pulsador de pie	11 comando a pedale	11 interruptor de pé	11 ayak şalteri	11 ΠΟΔΟΔΙΑΚΟΠΤΗΣ

ENGLISH	FRANÇAIS	DEUTSCH	NEDERLANDS	DANSK
5 THE BOAT	**LE BATEAU**	**DAS BOOT**	**DE BOOT, HET SCHIP**	**BÅDEN**
On deck	**Sur le pont**	**An Deck**	**Aan dek**	**På dækket**
Anchor	***Ancre***	***Anker***	***Anker***	***Anker***
1 bower anchor	1 ancre de bossoir	1 Buganker	1 boeganker	1 sværdanker
2 kedge	2 ancre à jet	2 Warpanker, Reserveanker	2 werpanker, hulpanker	2 varpanker
3 chum (angel)	3 lest de mouillage	3 Anker-Reitgewicht	3 ankergewicht	3 Ankervægt
4 spade anchor	4 ancre spade	4 Spaten-/Pflugscharanker	4 spade-anker	4 Spadeanker
5 fisherman's anchor	5 ancre à jas	5 Stockanker	5 stokanker	5 stokanker
6 stock	6 jas	6 Stock	6 stok	6 ankerstok
7 shank	7 verge	7 Schaft	7 schacht	7 ankerlæg
8 flukes	8 pattes	8 Flunken	8 vloeien	8 flige
9 ring	9 organeau	9 Ring	9 roering	9 ring
10 CQR or plough anchor	10 CQR, ou ancre charrue	10 Pflugscharanker	10 CQR of ploegschaar-anker	10 plovanker, CQR
11 Danforth™	11 ancre à bascule	11 Danfortanker™	11 Danforth™ (anker)	11 Danforth™ anker
12 sea anchor	12 ancre flottante	12 Seeanker, Treibanker	12 drijfanker, zeeanker	12 drivanker
13 anchor warp	13 aussière, câblot	13 Ankertrosse	13 ankertros	13 ankertrosse
14 chain, cable	14 chaîne ou câble d'ancre	14 Ankerkette	14 ketting, kabel	14 kæde, trosse
15 link	15 maille, maillon	15 Kettenglied	15 schalm	15 kædeled
16 stud-link	16 maille à étai	16 Stegkette	16 damketting	16 stopkæde
17 navel pipe	17 écubier	17 Kettenklüse	17 kettingkoker	17 kædebrønd
18 anchor buoy	18 bouée de corps-mort	18 Ankerboje	18 ankerboei	18 ankerbøje
19 tripping line	19 orin	19 Bojenreep	19 neuringlijn	19 bøjereb
20 calibrated	20 calibre	20 kalibriert	20 gekalibreerd, geijkt	20 inddelt
21 chain grab hook	21 main de fer	21 Kettenfanghaken	21 kettinghaak	21 Kædekrog/Ankerkrog
22 roller bar	22 davier	22 Bügelanker	22 boegrol	22 vendebøjle
23 remote control	23 télécommande	23 Fernbedienung	23 afstandsbediening	23 Fjernbetjening
Bilge pump	***Pompe de cale***	***Lenzpumpe***	***Lenspomp***	***Lænsepumper***
1 centrifugal pump	1 pompe centrifuge	1 Zentrifugalpumpe, Kreiselpumpe	1 centrifugaalpomp	1 centrifugalpumpe
2 diaphragm pump	2 pompe à diaphragme	2 Membranpumpe	2 membraanpomp	2 membranpumpe
3 semi-rotary pump	3 pompe semi-rotative	3 Flügelpumpe	3 vleugelpomp	3 nikke-pumpe

ESPAÑOL	ITALIANO	PORTUGUÊS	TÜRKÇE	ΕΛΛΗΝΙΚΑ (GREEK)
EL BARCO	**LA BARCA**	**DO BARCO**	**TEKNE**	**ΤΟ ΣΚΑΦΟΣ**
En cubierta	**Sul ponte**	**No convés**	**Güvertede**	**ΣΤΟ ΚΑΤΑΣΤΡΩΜΑ**
Ancla	***Ancora***	***Ancora/ferro***	***Demir/çapa***	***ΑΓΚΥΡΑ***
1 ancla principal	1 àncora di prora	1 ferro de amura, de leva	1 baş/pruva demiri	1 ΚΥΡΙΑ ΑΓΚΥΡΑ
2 anclote	2 ancorotto	2 ancorote	2 tonoz demiri	2 ΣΑΛΠΑΦΟΥΝΤΑ
3 lastre de fondeo	3 peso compagno	3 Peso para corrente de fundear	3 zincir ağırlığı	3 ΒΑΡΙΔΗ
4 ancla spade	4 ancora a vanga	4 Âncora S.P.A.D.E.	4 spade - pulluk demir	4 ΑΓΚΥΡΑ S.P.A.D.E.
5 ancla de cepo	5 grappino	5 âncora com cêpo	5 balıkçı demiri	5 ΝΑΥΑΡΧΕΙΟ
6 cepo	6 ceppo	6 cêpo do ferro	6 demir çiposu	6 ΚΟΡΜΟΣ
7 caña	7 fuso	7 haste do ferro	7 demir bedeni	7 ΜΠΡΑΤΣΟ
8 uñas	8 marre	8 unhas do ferro	8 demir tırnakları	8 ΔΟΝΤΙΑ
9 arganeo	9 cicala	9 anete do ferro	9 demir anelesi	9 ΚΡΙΚΟΣ
10 CQR/arado	10 àncora CQR, àncora a vomere	10 tipo CQR, de charrua	10 CQR veya sapan demir	10 ΥΝΙ ΣΗΚΙΟΥΑΡ
11 Danforth™	11 àncora Danforth™	11 tipo Danforth™	11 Danforth™ demiri	11 ΝΤΑΝΦΟΡΘ
12 ancla flotante	12 àncora galleggiante	12 âncora flutuante	12 fırtına demiri	12 ΠΛΩΤΗ ΑΓΚΥΡΑ
13 amarra del ancla	13 cavo di tonneggio	13 espia do ferro	13 demir halatı (tel)	13 ΑΓΚΥΡΟΣΚΟΙΝΟ
14 cadena, cable del ancla	14 catena, cavo	14 amarra	14 demir zinciri, demir tel halatı	14 ΑΛΥΣΣΙΔΑ
15 eslabón	15 maglia	15 elo	15 zincir baklası	15 ΚΡΙΚΟΣ ΑΛΥΣΣΙΔΑΣ
16 eslabón de contrete	16 maglia con traversino	16 elo com estai	16 lokmalı zincir	16 ΚΑΔΕΝΑ ΜΕ Θ
17 escobén	17 pozzo della catena	17 gateira	17 güverte zincir loçası	17 ΑΦΑΛΟΣ
18 boyarin del orinque	18 gavitello	18 bóia do arinque	18 demir şamandırası	18 ΣΗΜΑΔΟΥΡΑ ΑΓΚΥΡΟΒΟΛΙΑΣ
19 orinque	19 grippia	19 arinque	19 demir kurtarma halatı	19 ΚΛΕΦΤΗΣ
20 calibrada	20 calibrato	20 calibrado	20 kalibre zincir	20 ΒΑΘΜΟΛΟΓΗΜΕΝΗ
21 seguro para la cadena de l'ancla	21 gancio di appoggio per catena	21 gancho com estropo para corrente de fundear	21 zincir bosa kancası	21 ΓΑΝΤΖΟΣ ΚΑΔ΄ΥΝΑΣ
22 puntera	22 barra anti rotalamento	22 ferragem de proa com rolete	22 demir takla çemberi	22 ΠΕΡΙΣΤΡΕΦΟΜΕΝΗ ΜΠΑΡΑ
23 mando a distancia	23 dispositivo di comando a distanza	23 controlo à distancia (remoto)	23 sayısal elektrik ölçer	23 ΤΗΛΕΧΕΙΡΙΣΤΗΡΙΟ
Bombas de achique	***Pompa di sentina***	***Bomba de esgoto***	***Sintine pompası***	***ΑΝΤΛΙΑ ΣΕΝΤΙΝΑΣ***
1 bomba centrífuga	1 pompa centrifuga	1 bomba centrífuga	1 santrifuj pompa	1 ΦΥΓΟΚΕΝΤΡΙΚΗ ΑΝΤΛΙΑ
2 bomba de diafragma	2 pompa a membrana	2 bomba de diafragma	2 diyaframlı pompa	2 ΑΝΤΛΙΑ ΔΙΑΦΡΑΓΜΑΤΟΣ
3 bomba de palanca	3 pompa semi-rotativa	3 bomba de relógio	3 kurbağa pompa	3 ΗΜΙΠΕΡΙΣΤΡΟΦΙΚΗ ΑΝΤΛΙΑ

ENGLISH	FRANÇAIS	DEUTSCH	NEDERLANDS	DANSK
5 THE BOAT	**LE BATEAU**	**DAS BOOT**	**DE BOOT, HET SCHIP**	**BÅDEN**
On deck	**Sur le pont**	**An Deck**	**Aan dek**	**På dækket**
Bilge pump	***Pompe de cale***	***Lenzpumpe***	***Lenspomp***	***Lænsepumper***
4 double-action pump	4 pompe à double effet	4 doppelt wirkende Pumpe	4 dubbelwerkende pomp	4 dobbeltvirkende pumpe
5 self-priming pump	5 pompe auto-amorçante	5 selbstansaugende Pumpe	5 zelfaanzuigende pomp	5 selvansugende pumpe
6 capacity	6 capacité, débit	6 Leistungsfähigkeit	6 capaciteit	6 kapacitet
7 plunger	7 piston, plongeur	7 Kolben	7 plunjer	7 pumpestempel
8 valve	8 soupape	8 Ventil	8 klep	8 ventil
9 washer	9 rondelle	9 Dichtungsscheibe	9 leertje	9 spændskive
10 impeller	10 rotor	10 Kreisel	10 impeller	10 impeller, vinge
11 suction pipe	11 tuyau d'aspiration	11 Ansaugrohr	11 zuigpijp	11 sugerør
12 strum box	12 crépine	12 Saugkorb	12 zuigkorf	12 sugekurv
Bosun's bag and chandlery stores	**Trousse du contremaître et articles de marine**	**Werkzeuge des Bootsmanns**	**Kabelgat**	**Bådsmandsgrej**
1 serving mallet	1 mailloche à fourrer	1 Kleedkeule	1 kleedkuil	1 klækølle
2 marline spike	2 épissoir	2 Marlspieker	2 marlspijker	2 merlespiger
3 caulking iron	3 fer ou ciseau de calfat	3 Kalfateisen	3 breeuw-, kalfaatijzer	3 kalfatrejern
4 bosun's chair	4 chaise de gabier	4 Bootsmannsstuhl	4 bootsmansstoel	4 bådsmandsstol
5 sailmaker's palm	5 paumelle	5 Segelmacherhandschuh	5 zeilplaat	5 sejlmagerhandske
6 needle and thread	6 aiguille et fil à voile	6 Nadel und Garn	6 zeilnaald en zeilgaren	6 nål & tråd
7 adhesive	7 colle	7 Leim, Klebstoff	7 lijm	7 klæbemiddel, tape
8 insulating tape	8 ruban adhésif isolant	8 Isolierband	8 isolatieband	8 isolerbånd
9 knife	9 couteau	9 Messer	9 mes	9 kniv
10 whipping twine	10 fil à surlier	10 Takelgarn	10 takelgaren	10 taklegarn
11 sail patch	11 assignat	11 Segelflicken	11 stukje reparatiezeildoek	11 lap
12 cleat	12 taquet	12 Klampe	12 klamp, kikker	12 klampe
13 jam cleat	13 taquet coinceur, coinceur d'écoute	13 Curryklemme, Schotklemme	13 schootklem	13 clamcleat, aflaster
14 mooring bitts	14 bitte d'amarrage	14 Poller	14 beting	14 fortøjningspullert
15 belaying pin	15 cabillot	15 Beleg-, Koffeynagel	15 korvijnagel	15 kofilnagle

	ESPAÑOL	ITALIANO	PORTUGUÊS	TÜRKÇE	ΕΛΛΗΝΙΚΑ (GREEK)
	EL BARCO	**LA BARCA**	**DO BARCO**	**TEKNE**	**ΤΟ ΣΚΑΦΟΣ**
	En cubierta	**Sul ponte**	**No convés**	**Güvertede**	**ΣΤΟ ΚΑΤΑΣΤΡΩΜΑ**
	Bombas de achique	***Pompa di sentina***	***Bomba de esgoto***	***Sintine pompası***	***ΑΝΤΛΙΑ ΣΕΝΤΙΝΑΣ***
4	bomba de doble efecto	pompa a doppio effetto	bomba de efeito duplo	emme-basma pompa	ΑΝΤΛΙΑ ΔΙΠΛΗΣ ΕΝΕΡΓΕΙΑΣ
5	bomba de cebado automático	pompa auto-innescante	bomba de ferrar automáticamente	kendi dolan pompa	ΑΥΤΟΠΛΗΡΟΥΜΕΝΗ ΑΝΤΛΙΑ
6	capacidad	portata	capacidade, débito	kapasite, debi	ΧΩΡΗΤΙΚΟΤΗΣ
7	émbolo	stantuffo	êmbolo	tulumba pistonu, çalpara	ΤΑΠΑ
8	válvula	valvola	válvula	supap	ΒΑΛΒΙΔΑ
9	arandela	rondella	anel	conta	ΡΟΔΕΛΛΑ
10	rotor	girante	impulsor	impeller/pompa pervanesi	ΙΜΠΕΛΛΕΡ
11	tubo de aspiración	tubo d'aspirazione	tubo de aspiração	emme borusu	ΣΩΛΗΝΑ ΑΝΑΡΟΦΗΣΗΣ
12	alcachofa	succhiarola	caixa de lôdo	süzgeç	ΠΟΤΗΡΙ - ΤΡΥΠΗΤΟ
	Bolsa de herramientas y pertrechos	**Borsa e provviste del nostromo**	**Paiol do mestre e ferragem de embarcações**	**Porsun çantası ve malzemesi**	**ΕΡΓΑΛΕΙΑ ΚΑΙ ΥΛΙΚΑ ΣΚΑΦΟΥΣ**
1	maceta de aforrar	mazzuolo per fasciature	macete de forrar	façuna maçunası/façuna tokmağı	ΜΑΤΣΟΛΑ
2	pasador	caviglia da impiombature	espicha	halat kavelası	ΚΑΒΙΛΛΙΑ
3	hierro de calafatear	presello per calafataggio	ferro de calafate	kalafatçı demiri/ tokmağı	ΕΡΓΑΛΕΙΟ ΚΑΛΑΦΑΤΙΣΜΑΤΟΣ
4	guindola	bansigo	balso de carpinteiro	porsun salıncağı/İskemlesi	ΚΑΝΤΗΛΙΤΣΑ
5	rempujo	guardamano	repucho	yelkenci yüksüğü	ΠΑΛΑΜΗ
6	aguja e hilo de velas, filástica	ago e spago	agulha e linha	iğne ve iplik	ΒΕΛΟΝΑ ΚΑΙ ΚΛΩΣΤΗ
7	adhesivo, pegamento	adesivo	adesivo	zamk	ΚΟΛΛΑ
8	cinta aislante	nastro isolante	fita isoladora	izole edici, bant	ΜΟΝΩΤΙΚΗ ΤΑΙΝΙΑ
9	cuchillo	coltello	faca/canivete	çakı	ΜΑΧΑΙΡΙ
10	filástica para falcacaer	spago da impalmature	cordel de chicote	piyan çakısı	ΣΠΑΓΓΟΣ ΜΑΤΙΣΜΑΤΟΣ
11	remiendo de vela	toppa della vela	remendo da vela	yelken yaması	ΜΠΑΛΩΜΑ ΓΙΑ ΠΑΝΙ
12	cornamusa	galloccia	cunho	koç boynuzu	ΚΟΤΣΑΝΕΛΛΟ
13	mordaza	strozzascotte	mordente para escota	kıstırmalı koç boynuzu/jam kilit	ΔΑΓΚΑΝΑΡΙ ΑΣΦΑΛΕΙΑΣ
14	bitas	bitte d'ormeggio	abita	bağlama babası	ΜΠΑΜΠΑΔΕΣ
15	cabilla	caviglia	malagueta	kavilya	ΔΕΣΤΡΑ ΝΤΟΥΚΑΡΙΣΜΑΤΟΣ ΣΧΟΙΝΙΩΝ

ENGLISH	FRANÇAIS	DEUTSCH	NEDERLANDS	DANSK
5 THE BOAT	**LE BATEAU**	**DAS BOOT**	**DE BOOT, HET SCHIP**	**BÅDEN**
Bosun's bag and chandlery stores	**Trousse du contremaître et articles de marine**	**Werkzeuge des Bootsmanns**	**Kabelgat**	**Bådsmandsgrej**
16 fairlead	16 chaumard	16 Lippe, Verholklüse	16 verhaalklem	16 klyds
17 roller fairlead	17 chaumard à réa	17 Rollenklampe	17 verhaalklem met rol	17 klyds med rulle
18 sheet lead	18 filoire d'écoute	18 Leitöse	18 leioog	18 skødeviser
19 adjustable sheet lead	19 filoire d'écoute réglable	19 verstellbare Leitöse	19 verstelbaar leioog	19 indstillelig skødeviser
20 swivelling sheet lead	20 filoire à émerillon	20 drehbare Leitöse	20 wartelleioog	20 skødeviser med svirvel
21 eye bolt	21 piton à l'œil	21 Augbolzen	21 oogbout	21 øjebolt
22 block	22 poulie	22 Block	22 blok	22 blok
23 sheave	23 réa	23 Scheibe	23 schijf	23 skive
24 single block	24 poulie simple	24 einscheibiger Block	24 eenschijfsblok	24 enkeltblok
25 double block	25 poulie double	25 zweischeibiger Block	25 tweeschijfsblok	25 dobbeltblok
26 with becket	26 à ringot, à l'œil	26 mit Hundsfott	26 met hondsvot	26 med hundsvot
27 fiddle block	27 poulie violon	27 Violinblock	27 vioolblok	27 violinblok
28 shackle and pin	28 manille et vis, manille et clavette	28 Schäkel und Bolzen	28 sluiting met bout	28 sjækkel og bolt
29 D shackle	29 manille droite	29 U-Schäkel	29 D-sluiting	29 'D'-sjækkel
30 harp shackle	30 manille violon	30 Bügelschäkel	30 harpsluiting	30 harpesjækkel
31 snap shackle	31 mousqueton à ressort	31 Schnapp-, Patentschäkel	31 patentsluiting	31 tryksjækkel
32 swivel	32 émerillon	32 Wirbel	32 wartel	32 svirvel
33 thimble	33 cosse	33 Kausch	33 kous	33 kovs
34 bulldog grip	34 serre-câble à étrier	34 Seilklemme	34 staaldraadklem	34 wirelås
35 hank	35 mousqueton	35 Stagreiter	35 musketonhaak, knipleuver	35 fokkehage
36 jubilee clip	36 collier de serrage	36 Schlauchklemme	36 slangklem	36 slangebinder
37 snatch block	37 poulie ourrante	37 Klappblock	37 voetblok, kinnebaksblok	37 snap-blok
38 sail slider	38 coulisseau	38 Rutscher	38 glijleuver	38 sejlslæde
39 carabineer clip	39 mousqueton	39 Karabinerhaken	39 karabijnsluiting	39 karabinhage
40 rope clutch	40 bloqueur/coinceur	40 Kammklemme	40 touwklem	40 frølår
41 split pin	41 goupille fendue	41 Splint	41 splitpen	41 split
42 captive pin	42 goupille ronde	42 Bolzen eines Schlüsselschäkels, Sicherheitsbolzen	42 borgpen	42 splitbolt
43 strop	43 erse	43 Stropp oder Schlinge, auch 'Auge' genannt	43 strop/voorloop	43 strop

ESPAÑOL	ITALIANO	PORTUGUÊS	TÜRKÇE	ΕΛΛΗΝΙΚΑ (GREEK)
EL BARCO	LA BARCA	DO BARCO	TEKNE	ΤΟ ΣΚΑΦΟΣ
Bolsa de herramientas y pertrechos	**Borsa e provviste del nostromo**	**Paiol do mestre e ferragem de embarcações**	**Porsun çantası ve malzemesi**	**ΕΡΓΑΛΕΙΑ ΚΑΙ ΥΛΙΚΑ ΣΚΑΦΟΥΣ**
16 galápago, guía	16 passacavi	16 castanha	16 kurtağzı	16 ΜΑΤΙ
17 galápago de rolete	17 passacavi a rulli	17 tamanca	17 bastikalı kurtağzı	17 ΟΔΗΓΟΣ ΜΕ ΚΑΡΟΥΛΙ (ΑΓΚΥΡΑΣ)
18 escotero	18 passascotte	18 guia de escota	18 iskota köprüsü	18 ΟΔΗΓΟΣ ΣΚΟΤΑΣ
19 escotero regulable	19 passascotte regolabile	19 guia de escota ajustável	19 ayarlı ıskota köprü arabası	19 ΡΥΘΜΙΖΟΜΕΝΟΣ ΟΔΗΓΟΣ ΣΚΟΤΑΣ
20 escotero giratorio	20 passascotte girevole	20 guia de escota de tornél	20 hareketli ıskota köprüsü	20 ΠΕΡΙΣΤΡΕΦΟΜΕΝΟΣ ΟΔΗΓΟΣ ΣΚΟΤΑΣ
21 cáncamo de argolla	21 golfare	21 olhal de trapas	21 sabit mapa	21 ΜΑΠΑ
22 motón	22 bozzello	22 moitão	22 makara	22 ΡΑΟΥΛΟ
23 roldana	23 puleggia	23 roldana	23 makara dili	23 ΣΤΡΙΦΤΑΡΙ
24 motón sencillo	24 bozzello semplice	24 moitão singelo, simples	24 tek dilli makara	24 ΜΟΝΟ ΡΑΟΥΛΟ
25 motón doble	25 bozzello doppio	25 cadernal	25 çift dilli makara	25 ΔΙΠΛΟ ΡΑΟΥΛΟ
26 motón con arraigado	26 con stroppo	26 moitão alçeado	26 kamçılı makara	26 ΜΕ ΣΧΟΙΝΑΚΙ
27 polea de violín	27 bozzello a violino	27 polé	27 makara rule/ikiz makara	27 ΡΑΟΥΛΟ ΜΕ ΔΑΓΚΑΝΑΡΙ
28 grillete y pasador o perno	28 grillo e perno	28 manilha e cavirão	28 kilit ve harbisi	28 ΝΑΥΤΙΚΟ ΚΛΕΙΔΙ
29 grillete recto	29 grillo a D	29 manilha direita	29 düz kilit	29 ΚΛΕΙΔΙ ΣΕ ΣΧΗΜΑ Δ
30 grillete de mucho ojo	30 grillo a omega	30 manilha de ferradura de borracha	30 yan kilit	30 ΚΛΕΙΔΙ ΩΜΕΓΑ
31 mosquetón	31 mosquetón	31 manilha de mola	31 yaylı kilit	31 ΚΛΕΙΔΙ ΜΕ ΚΟΥΜΠΙ
32 giratorio	32 girella, mulinello	32 tornél	32 fırdöndü	32 ΣΤΡΙΦΤΑΡΙ
33 guardacabo	33 redancia	33 sapatilho	33 radansa	33 ΔΑΧΤΥΛΗΘΡΑ
34 abrazadera	34 abrazadera	34 grampas	34 tel kıstırmacı	34 ΣΥΡΜΑΤΟΣΧΟΙΝΟ
35 garrucho, mosquetón	35 garroccio, canestrello	35 garruncho	35 yelken kancası	35 ΣΚΥΛΑΚΙ
36 abrazadera	36 fascetta a vite	36 abraçadeira ajustável	36 kelepçe	36 ΚΟΤΣΑΝΕΛΟ
37 pasteca	37 pastecca	37 moitão do conves	37 karnıyarık bastika	37 ΜΠΑΣΤΕΚΑ ΜΕ ΚΟΥΜΠΙ
38 patín	38 garroccio scorrevole	38 slider	38 yelken gradin arabası/ yelken arabası	38 ΓΚΛΙΣΙΕΡΑ
39 musquetón	39 moschettone a molla	39 grampo carabineiro	39 yaylı kanca	39 ΚΟΤΣΑΝΕΛΟ
40 bloqueador	40 serracavo	40 roldana do cabo	40 halat kıstırmaçı	40 ΔΑΓΚΑΝΑ - ΦΡΕΝΟ
41 chaveta de seguridad	41 coppiglia	41 troço de abrir	41 toplu iğne	41 ΤΣΙΒΙ
42 pasador imperdible o prisionero	42 perno prigioniero	42 pino captivo	42 çengelli iğne	42 ΠΕΙΡΟΣ
43 gaza corto	43 stroppo/stroppetto	43 estropo	43 sapan halatı	43 ΕΙΔΙΚΟ ΣΧΟΙΝΙ ΔΕΣΙΜΑΤΟΣ

ENGLISH	FRANÇAIS	DEUTSCH	NEDERLANDS	DANSK
5 THE BOAT	**LE BATEAU**	**DAS BOOT**	**DE BOOT, HET SCHIP**	**BÅDEN**
Carpenter's toolbag	**Trousse à outils de menuisier**	**Werkzeuge des Zimmermanns**	**Timmermansuitrusting**	**Værktøj**
1 saw	1 scie	1 Säge	1 zaag	1 sav
2 plane	2 rabot	2 Hobel	2 schaaf	2 høvl
3 chisel	3 ciseau à bois	3 Meißel	3 beitel	3 mejsel
4 brace and bits	4 vilebrequin et mèches	4 Brustleier mit Einsätzen	4 booromslag en boren	4 svingbor og sneglebor
5 vice	5 étau	5 Schraubstock	5 bankschroef	5 skruestik
6 hammer	6 marteau	6 Hammer	6 hamer	6 hammer
7 screwdriver	7 tournevis	7 Schraubendreher	7 schroevendraaier	7 skruetrækker
8 hand drill and bits	8 chignolle à main avec forets	8 Drillbohrer und Bohrer	8 handboor en boren	8 håndbor og drilbor
9 hacksaw	9 scie à métaux	9 Metallsäge	9 metaalzaag	9 nedstryger
10 file	10 lime	10 Feile	10 vijl	10 fil
11 wire cutters	11 pinces coupantes	11 Drahtschere	11 draadschaar	11 wiresaks
12 rule	12 règle	12 Lineal	12 meetlat	12 tommestok
13 square	13 équerre	13 Winkel	13 winkelhaak	13 vinkel
14 drill (cordless)	14 perceuse sans fil	14 Akkuschrauber	14 snoerloze boor	14 akku-boremaskine
15 pliers	15 pinces	15 Drahtzange	15 buig-, vouwtang	15 tang
16 bradawl	16 poinçon	16 Nagelbohrer	16 els, priem	16 platbor
17 gimlet	17 vrille	17 Frittbohrer	17 splitsboor	17 vridbor
18 punch	18 chasse-clou	18 Dorn	18 pons	18 dorn
19 carborundum stone	19 pierre à aiguiser, à afflûter	19 Karborund-Abziehstein	19 carborundumsteen	19 slibesten
20 crosshead screwdriver	20 tournevis cruciforme	20 Kreuzschlitz-schraubendreher	20 kruiskopschroevendraaier	20 kryds-skruetrækker
21 G clamp	21 serre-joint	21 Schraubzwinge	21 lijmtang	21 skruetvinge
Below deck	**Sous le pont**	**Unter Deck**	**Onderdeks**	**Under dæk**
Domestic items and plumbing	***Equipement d'intérieur et tuyauterie***	***Wohnraum und Rohrleitungen***	***Huishoudelijke zaken en sanitair***	***Kahytsudstyr, VVS***
1 mattress	1 matelas	1 Matratze	1 matras	1 madras
2 cushion	2 coussin	2 Sitzkissen, Polster	2 zitkussen(s)	2 pude(r)
3 pillow and case	3 oreiller et taie	3 Kopfkissen und Bezug	3 kussen en kussensloop	3 hovedpude, pudevår
4 sleeping bag	4 sac de couchage	4 Schlafsack	4 slaapzak	4 sovepose
5 sheet	5 drap	5 Bettlaken	5 laken	5 lagen
6 blanket	6 couverture	6 Decke	6 deken	6 tæppe

ESPAÑOL	ITALIANO	PORTUGUÊS	TÜRKÇE	ΕΛΛΗΝΙΚΑ (GREEK)
EL BARCO	LA BARCA	DO BARCO	TEKNE	ΤΟ ΣΚΑΦΟΣ
Herramientas de carpintero	**Utensili da falegname**	**Caixa de carpinteiro**	**Marangoz aletleri**	**ΕΡΓΑΛΕΙΑ ΞΥΛΟΥΡΓΟΥ**
1 sierra	1 sega	1 serra	1 bıçkı/testere	1 ΠΡΙΟΝΙ
2 cepillo	2 pialla	2 plaina	2 rende	2 ΠΛΑΝΗ
3 formón	3 scalpello	3 cinzel, escôpro	3 keski	3 ΣΚΑΡΠΕΛΟ
4 berbiquí y broca	4 menarola e punte	4 arco de pua e brocas	4 matkap ve uçları	4 ΤΡΥΠΑΝΙΑ
5 tornillo de banco	5 morsa	5 tôrno, prensa	5 mengene	5 ΣΦΙΚΤΗΡΑΣ
6 martillo	6 martello	6 martelo	6 çekiç	6 ΣΦΥΡΙ
7 destornillador	7 cacciavite	7 chave de parafuso	7 tornavida	7 ΚΑΤΣΑΒΙΔΙ
8 taladro y broca	8 trapano a mano e punte	8 berbequim manual e brocas	8 elmatkabı ve uçları	8 ΧΕΙΡΟΔΡΑΠΑΝΟ ΚΑΙ ΜΥΤΕΣ
9 serrucho	9 seghetto	9 serrote para metal	9 demir testeresi	9 ΣΙΔΗΡΟΠΡΙΟΝΟ
10 lima	10 lima	10 lima	10 eğe	10 ΛΙΜΑ
11 cortafríos	11 cesoie	11 alicate para cortar arame	11 tel kesici pense	11 ΚΟΦΤΗΣ ΣΥΡΜΑΤΟΣ
12 regla	12 righello	12 régua	12 cetvel	12 ΧΑΡΑΚΑΣ
13 escuadra	13 squadra	13 esquadro	13 gönye	13 ΟΡΘΟΓΩΝΙΟ
14 taladro de batería	14 trapano senza fili	14 berbequim sem fios	14 akülü matkap	14 ΦΟΡΗΤΟ ΤΡΥΠΑΝΙ
15 alicates	15 pinze	15 alicate	15 pens	15 ΤΑΝΑΛΙΑ
16 barrena	16 punteruolo	16 buril	16 zımba	16 ΤΡΥΠΑΝΙ -
17 barrenita	17 succhiello	17 verruma	17 burgu	17 ΤΡΥΠΑΝΙ
18 punzón	18 punzone	18 punção, furador	18 punta	18 ΤΡΥΠΗΤΗΡΙ
19 carborundo	19 pietra smeriglio	19 pedra de esmeril de carborundum	19 biley taşı	19 ΑΚΟΝΙ
20 destornillador para tornillos cruciformes	20 cacciavite a croce	20 chave philips	20 yıldız tornavida	20 ΣΤΑΥΡΟΚΑΤΣΑΒΙΔΟ
21 gato	21 morsetto a C	21 grampo G	21 işkence	21 ΜΙΚΡΟΣ ΣΦΙΚΤΗΡΑΣ
Bajo cubierta	**Sotto coperta**	**Abaixo do convés**	**Güverte altında**	**ΜΕΣΑ ΣΤΟ ΣΚΑΦΟΣ**
Menaje y fontanería	***Casalinghi e idraulica***	***Artigos domésticos e esgotos***	***İç donanım ve su tesisatı***	***ΟΙΚΟΣΚΕΥΗ & ΥΔΡΑΥΛΙΚΑ***
1 colchón	1 materasso	1 colchão	1 şilte	1 ΣΤΡΩΜΑ
2 cojínes	2 cuscino	2 almofadas	2 yastık	2 ΜΑΞΙΛΑΡΙ
3 almohada y funda	3 cuscino e federa	3 almofada e fronha	3 uyku yastığı ve kılıfı	3 ΜΑΞΙΛΑΡΙ & ΜΑΞΙΛΑΡΟΘΗΚΗ
4 saco de dormir	4 sacco a pelo	4 saco de dormir	4 uyku tulumu	4 ΥΠΝΟΣΑΚΟΣ
5 sábana	5 lenzuolo	5 lençol	5 yatak çarşafı	5 ΣΕΝΤΟΝΙ
6 manta, frazada	6 coperta	6 cobertor	6 battaniye	6 ΚΟΥΒΕΡΤΑ

ENGLISH	FRANÇAIS	DEUTSCH	NEDERLANDS	DANSK
5 THE BOAT	**LE BATEAU**	**DAS BOOT**	**DE BOOT, HET SCHIP**	**BÅDEN**
Below deck	**Sous le pont**	**Unter Deck**	**Onderdeks**	**Under dæk**
Domestic items and plumbing	***Equipement d'intérieur et tuyauterie***	***Wohnraum und Rohrleitungen***	***Huishoudelijke zaken en sanitair***	***Kahytsudstyr, VVS***
7 leeboard	7 planche ou toile de roulis	7 Kojenbrett, Kojensegel	7 kooiplank	7 køjebræt
8 WC, heads	8 WC, toilettes	8 Plumpsklosett, WC	8 wc, toilet	8 toilet
9 non-return, valve	9 clapet anti-retour	9 Rückschlagventil	9 terugslagklep	9 kontraventil
10 flap valve	10 soupape à clapet	10 Schwenkhahn	10 tuimelklep	10 klapventil
11 discharge piping	11 tuyau d'évacuation	11 Abflußrohr	11 afvoerpijp	11 afløbsrør
12 seacock	12 vanne	12 Seeventil	12 buitenboordkraan	12 søventil
13 skin fitting	13 passe coque	13 Borddurchführung	13 huiddoorvoer	13 Drænprop skrue
14 lavatory paper	14 papier toilette	14 Toilettenpapier	14 toiletpapier	14 toiletpapir
15 washbasin	15 lavabo	15 Waschbecken	15 wasbak, waskom	15 håndvask
16 towel	16 serviette	16 Handtuch	16 handdoek	16 håndklæde
17 soap	17 savon	17 Seife	17 zeep	17 sæbe
18 lock and key	18 serrure et clef	18 Schloss und Schlüssel	18 slot en sleutel	18 lås og nøgle
19 hinge	19 charnière	19 Scharnier	19 scharnier	19 hængsel
20 ashtray	20 cendrier	20 Aschenbecher	20 asbak	20 askebæger
21 knife and fork	21 couteau et fourchette	21 Messer und Gabel	21 mes en vork	21 kniv og gaffel
22 spoon	22 cuillère	22 Löffel	22 lepel	22 ske
23 cup and saucer	23 tasse et soucoupe	23 Tasse und Untertasse	23 kop en schotel	23 kop og underkop
24 plate	24 assiette	24 Teller	24 bord	24 tallerken
25 glass	25 verre	25 Glas	25 glas	25 glas
26 mug	26 quart	26 Becher	26 mok, kroes	26 krus
27 bowl	27 bol	27 Schale	27 schaal	27 skål
28 duvet	28 couette	28 Steppdecke, Bettbezug	28 dekbed	28 duvet
29 pump	29 pompe	29 Pumpe	29 pomp	29 pumpe
30 seal	30 joint étanche	30 Verschluss	30 afdichting	30 pakning
31 holding tank	31 réservoir d'eaux usées	31 Rückhaltetank	31 vuilwatertank	31 lagertank
32 shower	32 douche	32 Dusche	32 douche	32 bruser
33 shower tray	33 bac de douche	33 Duschwanne	33 douchebak	33 bruserbakke

ESPAÑOL

EL BARCO

Bajo cubierta

Menaje y fontanería

7 gualdera, balancera
8 WC, retretes
9 válvula de retención
10 válvula de charnela
11 tubería de salida
12 llave de paso
13 pasacasco
14 papel higiénico
15 lavabo
16 toalla
17 jabón
18 cerradura y llave
19 charnela, bisagra
20 cenicero
21 cuchilla y tenedor
22 cuchara
23 taza y platillo
24 plato
25 vaso
26 jarra
27 tazón
28 edredón
29 bomba
30 cierre hermético
31 depósito de aguas sucias
32 ducha
33 plato de ducha

ITALIANO

LA BARCA

Sotto coperta

Casalinghi e idraulica

7 tavola anti-rollio
8 WC, locale igienico, cesso
9 valvola di ritegno
10 valvola a cerniera
11 scarichi a mare
12 presa d'acqua dal mare
13 Passa scafo/boccola
14 carta igienica
15 lavandino
16 asciugamano
17 sapone
18 serratura e chiave
19 cerniera
20 posacenere
21 coltello e forchetta
22 cucchiaio
23 tazza e piattino
24 piatto
25 bicchiere
26 boccale
27 ciotola
28 piumino
29 pompa
30 guarnizione
31 serbatoio
32 doccia
33 piatto della doccia

PORTUGUÊS

DO BARCO

Abaixo do convés

Artigos domésticos e esgotos

7 resguardo do beliche
8 WC, retrete
9 válvula sem retôrno
10 válvula de portinhola
11 tubo de descarga
12 torneira de segurança
13 Macho de fundo
14 papél higiénico
15 lavatório
16 toalha
17 sabonete
18 fechadura e chave
19 dobradiça
20 cinzeiro
21 faca e garfo
22 colher
23 chávena e pires
24 prato
25 copo
26 caneca
27 tigela
28 edredon
29 bomba
30 selo
31 depósito de reserva de esgotos
32 duche
33 bacia do duche

TÜRKÇE

TEKNE

Güverte altında

İç donanım & su tesisatı

7 yalpalık
8 tuvalet
9 cek valf
10 klapeli valf
11 boşaltma borusu
12 deniz suyu valfı/kinistin
13 Borda giriş/çıkış vana kovanı
14 tuvalet kağıdı
15 lavabo
16 havlu
17 sabun
18 kilit ve anahtar
19 menteşe
20 küllük, kültablası
21 bıçak ve çatal
22 kaşık
23 kâse ve sosluk
24 tabak
25 bardak
26 maşrapa/kupa
27 kâse/çanak
28 kuştüyü
29 pompa/tulumba
30 conta
31 rezervuar
32 duş
33 duş tavası

ΕΛΛΗΝΙΚΑ (GREEK)

ΤΟ ΣΚΑΦΟΣ

ΜΕΣΑ ΣΤΟ ΣΚΑΦΟΣ

ΟΙΚΟΣΚΕΥΗ ΚΑΙ ΥΔΡΑΥΛΙΚΑ

7 ΠΛΑΤΝΗ ΣΑΝΙΔΑ ΚΟΥΚΕΤΤΑΣ
8 ΤΟΥΑΛΕΤΕΣ
9 ΒΑΛΒΙΔΑ ΜΗ ΕΠΙΣΤΡΟΦΗΣ
10 ΒΑΛΒΙΔΑ ΜΕ ΚΛΑΠΕΤΤΟ
11 ΣΩΛΗΝΩΣΕΙΣ ΕΚΕΝΩΣΕΩΣ
12 ΒΑΝΑ ΘΑΛΑΣΣΗΣ
13 ΜΠΑΛΩΜΑ
14 ΧΑΡΤΙ ΥΓΕΙΑΣ
15 ΝΙΠΤΗΡΑΣ
16 ΠΕΤΣΕΤΑ
17 ΣΑΠΟΥΝΙ
18 ΚΛΕΙΔΑΡΙΑ ΚΑΙ ΚΛΕΙΔΙ
19 ΜΕΝΤΕΣΕΣ
20 ΣΤΑΧΤΟΔΟΧΕΙΟ
21 ΜΑΧΑΙΡΙ ΚΑΙ ΠΗΡΟΥΝΙ
22 ΚΟΥΤΑΛΙ
23 ΦΛΥΤΖΑΝΙ ΚΑΙ ΠΙΑΤΑΚΙ
24 ΠΙΑΤΟ
25 ΠΟΤΗΡΙ
26 ΦΛΥΤΖΑΝΙ/ΚΟΥΠΑ
27 ΠΙΑΤΟ ΣΟΥΠΑΣ/ΜΠΩΛ
28 ΠΑΠΛΩΜΑ
29 ΑΝΤΛΙΑ
30 ΦΛΑΝΤΖΑ
31 ΤΑΝΚΙ ΑΠΟΒΛΗΤΩΝ
32 ΝΤΟΥΣ
33 ΝΤΟΥΣΙΕΡΑ

ENGLISH	FRANÇAIS	DEUTSCH	NEDERLANDS	DANSK
5 THE BOAT	**LE BATEAU**	**DAS BOOT**	**DE BOOT, HET SCHIP**	**BÅDEN**
Below deck	**Sous le pont**	**Unter Deck**	**Onderdeks**	**Under dæk**
Domestic items and plumbing	***Equipement d'intérieur et tuyauterie***	***Wohnraum und Rohrleitungen***	***Huishoudelijke zaken en sanitair***	***Kahytsudstyr, VVS***
34 leeboard/leecloth	34 planche/toile anti-roulis	34 Leebrett/Leesegel	34 slingerkleed/kooiplank	34 klæde
35 calorifier	35 échangeur de chaleur	35 Wärmespender	35 verwarming	35 varmeanlæg
36 cabin heater	36 appareil de chauffage de cabine	36 Kajütheizung	36 kajuitverwarming	36 varmeapparat
37 catalytic	37 catalytique	37 Katalytofen	37 katalytisch	37 katalytisk
38 flue/chimney	38 conduite/cheminée	38 Rauchrohr	38 rookkanaal, schoorsteen	38 skorsten
39 duct	39 gaine	39 Kanal	39 kanaal, buis, leiding	39 kanal, rør
40 dehumidifier	40 deshumidificateur	40 Luftentfeuchter	40 vochtvreter	40 Affugter
41 bilge access	41 accès aux cales	41 Bilgenzugang	41 toegang tot de bilge	41 luge til lænserum over køl
Galley	***Cuisine***	***Kombüse***	***Kombuis***	***Kabys***
1 pressure stove	1 réchaud à pétrole	1 Petroleumkocher	1 petroleumstel	1 tryk-komfur
2 pressure gauge	2 jauge de pression	2 Manometer	2 drukmeter	2 trykmåler
3 self-pricking	3 à déboucheur	3 automatische Düsenreinigung, selbst-reinigend	3 automatische doorsteekinrichting	3 selvrensende
4 pricker	4 déboucheur	4 Pricker	4 doorsteekdraadje	4 rensenål
5 methylated spirits	5 alcool à brûler	5 Brennspiritus	5 spiritus	5 kogesprit
6 gas stove	6 réchaud à gaz	6 Propangaskocher, Gasherd	6 gasstel	6 gasovn
7 gas cylinder	7 bouteille	7 Gasflasche	7 gasfles	7 gasflaske
8 gimbals	8 sur cardan	8 kardanische Aufhängung	8 cardanische ophanging	8 kardansk ophæng
9 sink	9 évier	9 Abwaschbecken	9 gootsteen	9 vask
10 plug	10 bouchon	10 Stöpsel	10 stop	10 prop
11 tap	11 robinet	11 Hahn	11 kraan	11 hane
12 washer	12 joint	12 Dichtungsring	12 leertje	12 pakning, skive
13 washing-up liquid	13 détergent	13 Geschirrspülmittel	13 afwasmiddel	13 opvaskemiddel
14 frying pan	14 poêle à frire	14 Bratpfanne	14 braadpan	14 stegepande
15 saucepan	15 casserole, poêlon	15 Kochtopf	15 steelpan	15 kasserolle
16 pressure cooker	16 casserole à pression, cocotte-minute	16 Schnellkochtopf	16 drukpan, snelkookpan	16 trykkoger
17 kettle	17 bouilloire	17 Kessel	17 ketel	17 kedel

ESPAÑOL	ITALIANO	PORTUGUÊS	TÜRKÇE	ΕΛΛΗΝΙΚΑ (GREEK)
EL BARCO	**LA BARCA**	**DO BARCO**	**TEKNE**	**ΤΟ ΣΚΑΦΟΣ**
Bajo cubierta	**Sotto coperta**	**Abaixo do convés**	**Güverte altında**	**ΜΕΣΑ ΣΤΟ ΣΚΑΦΟΣ**
Menaje y fontanería	*Casalinghi e idraulica*	*Artigos domésticos e esgotos*	*İç donanım ve su tesisatı*	*ΟΙΚΟΣΚΕΥΗ ΚΑΙ ΥΔΡΑΥΛΙΚΑ*
34 lona de escora, balancera	34 tavola antirollio/tela antirollio	34 orça	34 yalpalık	34 ΣΑΝΙΔΑ/ΥΦΑΣΜΑ ΑΣΦΑΛΕΙΑΣ ΣΤΗΝ ΚΟΥΚΕΤΑ
35 calentador	35 scalda-acqua	35 calorífico	35 kalorifer	35 ΚΑΛΟΡΙΦΕΡ
36 calentador de cabina	36 calorifero in cabina	36 aquecedor	36 kamara ısıtıcısı/soba	36 ΘΕΡΜΑΣΤΡΑ ΚΑΜΠΙΝΑΣ
37 catalítico	37 catalitico	37 catalítico	37 katalitik	37 ΚΑΤΑΛΥΤΙΚΟΣ
38 tubo/chimenea	38 canna fumaria	38 chaminé	38 baca	38 ΚΑΠΝΟΔΟΧΟΣ
39 conducto	39 condotto	39 canalização	39 boru/hava borusu	39 ΑΕΡΑΓΩΓΟΣ
40 deshumidificador	40 deumidificatore	40 desumidificador	40 nem giderici	40 ΑΦΥΓΡΑΝΤΗΡΑΣ
41 acceso a la sentina	41 accesso alla sentina	41 acesso ao porão	41 sintineye ulaşim kapağı	41 ΕΙΣΟΔΟΣ ΣΕΝΤΙΝΩΝ
Fogón	*Cambusa*	*Cozinha de bordo*	*Kuzine, galey*	*ΚΟΥΖΙΝΑ*
1 cocina de petróleo	1 fornello a pressione	1 fogão de pressão	1 petrol ocağı	1 ΓΚΑΖΙΕΡΑ - ΦΟΥΡΝΟΣ
2 manómetro	2 manometro	2 manómetro de pressão	2 basınç göstergesi	2 ΜΑΝΟΜΕΤΡΟ
3 auto-limpiador	3 autopulitore	3 espevitador automático	3 basınca kendiliğinden yanan, otomatik yanan, ateşleyici	3 ΚΛΕΙΝΕΙ ΜΕ ΚΑΒΙΛΙΑ ΜΟΝΟ ΤΟΥ
4 punzón del quemador	4 scovolatore	4 agulha	4 ateşleyici	4 ΚΑΒΙΛΙΑ - ΓΛΩΣΙΔΙ
5 alcohol desnaturalizado	5 alcool denaturato	5 alcool para queimar	5 ispirto/yakılacak ispirto	5 ΜΕΘΥΛΟΠΝΕΥΜΑ
6 cocina de gas	6 stufa a gas	6 fogão a gás	6 gaz ocağı (LPG vs)	6 ΚΟΥΖΙΝΑ ΥΓΡΑΕΡΙΟΥ
7 cilindro, carga de gas	7 bombola di gas	7 cilindro, bidão do gás	7 gaz tüpü	7 ΦΙΑΛΗ ΥΓΡΑΕΡΙΟΥ
8 balancera, cardan	8 càrdano	8 suspensão cardan	8 yalpa çemberleri/yalpalık	8 ΣΤΗΡΙΓΜΑΤΑ ΦΟΥΡΝΟΥ - ΑΝΤΙΖΥΓΙΑ
9 fregadero	9 lavello	9 lava-loiça	9 evye	9 ΝΕΡΟΧΥΤΗΣ
10 tapón	10 tappo	10 bujão, tampa	10 tıkaç, tıpa	10 ΤΑΠΑ ΝΕΡΟΧΥΤΗ
11 grifo	11 rubinetto	11 torneira	11 musluk	11 ΒΡΥΣΗ
12 arandela	12 guarnizione	12 anel, válvula da torneira	12 conta	12 ΠΛΥΝΤΗΡΙΟ
13 detergente	13 detersivo	13 detergente liquido para lavar a loiça	13 deterjan	13 ΥΓΡΟ ΠΛΥΣΙΜΑΤΟΣ
14 sartén	14 padella	14 frigideira	14 tava	14 ΤΗΓΑΝΙ
15 cacerola, cazo	15 tegame	15 panela	15 tencere	15 ΚΑΤΣΑΡΟΛΑ
16 olla de presión	16 pentola a pressione	16 panela de pressão	16 düdüklü tencere	16 ΧΥΤΡΑ ΤΑΧΥΤΗΤΟΣ
17 hervidor	17 bricco	17 chaleira	17 çaydanlık	17 ΤΣΑΓΙΕΡΑ

ENGLISH	FRANÇAIS	DEUTSCH	NEDERLANDS	DANSK
5 THE BOAT	**LE BATEAU**	**DAS BOOT**	**DE BOOT, HET SCHIP**	**BÅDEN**
Below deck	**Sous le pont**	**Unter Deck**	**Onderdeks**	**Under dæk**
Galley	***Cuisine***	***Kombüse***	***Kombuis***	***Kabys***
18 tin/can	18 boîte en fer	18 Dose	18 blik	18 dåse
19 tin opener	19 ouvre-boîtes	19 Dosenöffner	19 blikopener	19 dåseåbner
20 bottle	20 bouteille	20 Flasche	20 fles	20 flaske
21 corkscrew	21 tire-bouchon	21 Korkenzieher	21 kurketrekker	21 proptrækker
22 matches	22 allumettes	22 Streichhölzer	22 lucifers	22 tændstikker
23 salt	23 sel	23 Salz	23 zout	23 salt
24 pepper	24 poivre	24 Pfeffer	24 peper	24 peber
25 mustard	25 moutarde	25 Senf	25 mosterd	25 sennep
26 water	26 eau	26 Wasser	26 water	26 vand
27 jerrycan	27 jerrycan/bidon	27 Brennstoffkanister	27 jerrycan	27 dunk
28 seawater pump	28 pompe à eau de mer	28 Seewasserpumpe	28 buitenboordpomp	28 saltvandspumpe
29 gas alarm	29 alarme anti-gaz	29 Gasmelder	29 gasalarm	29 gasalarm
30 fire blanket	30 couverture anti-feu	30 Feuerlöschdecke	30 brand-afdekdeken	30 brandtæppe
31 grill pan	31 plat à grill	31 Bratpfanne	31 braadpan	31 grillpande
32 gas burner	32 brûleur à gaz	32 Gasbrenner	32 gasbrander	32 gasblus
33 oven	33 four	33 Backofen	33 oven	33 ovn
34 pressure	34 pression	34 Druck	34 druk	34 tryk
Interior lighting	***Eclairage intérieur***	***Innenbeleuchtung***	***Binnenverlichting***	***Belysning***
1 candle	1 bougie	1 Kerze	1 kaars	1 stearinlys
2 paraffin lamp	2 lampe à pétrole	2 Petroleumlampe	2 petroleumlamp	2 petroleumslampe
3 chimney	3 verre	3 Zylinder	3 lampenglas	3 lampeglas
4 vaporizing lamp, Tilley	4 lampe à pression	4 Petroleumdrucklampe Petromax	4 petroleumgaslamp	4 Optimus lampe
5 mantle	5 manchon	5 Glühstrumpf	5 kousje	5 glødenet
6 electric torch	6 torche électrique	6 Taschenlampe, Stablampe	6 zaklantaarn	6 lommelygte
7 dry battery	7 pile sèche	7 Trockenbatterie	7 batterij	7 tørbatteri
8 bulb	8 ampoule	8 Glühlampe	8 lamp	8 elektrisk pære
9 halogen lamp	9 lampe à halogène	9 Halogenlampe	9 halogeenlamp	9 halogenlampe
10 wick	10 mèche	10 Docht	10 kousje voor gaslamp	10 væge
11 nightlights	11 veilleuses	11 Nachtleuchten	11 nachtverlichting	11 natbelysning

ESPAÑOL	ITALIANO	PORTUGUÊS	TÜRKÇE	ΕΛΛΗΝΙΚΑ (GREEK)
EL BARCO	LA BARCA	DO BARCO	TEKNE	ΤΟ ΣΚΑΦΟΣ
Bajo cubierta	**Sotto coperta**	**Abaixo do convés**	**Güverte Altında**	**ΜΕΣΑ ΣΤΟ ΣΚΑΦΟΣ**
Fogón	***Cambusa***	***Cozinha de bordo***	***Kuzine, galey***	***ΚΟΥΖΙΝΑ***
18 lata/bote	18 lattina	18 lata	18 kutu, konserve	18 ΚΟΝΣΕΡΒΑ
19 abrelatas	19 apriscatole	19 abre-latas	19 kutu açacağı	19 ΑΝΟΙΚΤΗΡΙ ΚΟΝΣΕΡΒΑΣ
20 botella	20 bottiglia	20 garrafa	20 şişe	20 ΜΠΟΥΚΑΛΙ
21 sacacorchos	21 cavatappi	21 saca-rolhas	21 tirbuşon	21 ΤΙΡΜΠΟΥΣΟΝ
22 cerillas	22 fiammiferi	22 fósforos	22 kibrit	22 ΣΠΙΡΤΑ
23 sal	23 sale	23 sal	23 tuz	23 ΑΛΑΤΙ
24 pimienta	24 pepe	24 pimenta	24 karabiber	24 ΠΙΠΕΡΙ
25 mostaza	25 mostarda	25 mustarda	25 hardal	25 ΜΟΥΣΤΑΡΔΑ
26 agua	26 acqua	26 àgua	26 su	26 ΝΕΡΟ
27 bidón	27 tanica	27 depósito/jerrican	27 bidon	27 ΚΑΝΙΣΤΡΟ
28 bomba de agua de mar	28 pompa per acqua di mare	28 bomba de àgua salgada	28 deniz suyu pompası	28 ΑΝΤΛΙΑ ΘΑΛΑΣΣΗΣ
29 alarma de gas	29 allarme anti-gas	29 alarme de gás	29 gaz kaçağı alarmı	29 ΣΥΝΑΓΕΡΜΟΣ ΥΓΡΑΕΡΙΟΥ
30 manta ignífuga	30 coperta antincendio	30 pano incombustivel	30 yangın battaniyesi/alev battaniyesi	30 ΠΥΡΟΣΒΕΣΤΙΚΗ ΚΟΥΒΕΡΤΑ
31 parrilla	31 griglia	31 grelhadeira	31 izgara	31 ΠΛΑΚΑ ΨΗΣΙΜΑΤΟΣ
32 quemador de gas	32 bruciatore a gas	32 queimador	32 brülör/gaz beki	32 ΜΑΤΙ ΓΚΑΖΙΟΥ
33 horno	33 forno	33 forno	33 fırın	33 ΦΟΥΡΝΟΣ
34 presión	34 pressione	34 pressão	34 basınç	34 ΠΙΕΣΗ
Alumbrado interior	***Illuminazione interna***	***Iluminação interior***	***Işıklandırma***	***ΕΣΩΤΕΡΙΚΟΣ ΦΩΤΙΣΜΟΣ***
1 vela	1 candela	1 vela	1 mum	1 ΚΕΡΙ
2 lámpara de petróleo	2 lampada a petrolio	2 candieiro de petróleo	2 petrol lambası	2 ΛΑΜΠΑ ΠΕΤΡΕΛΑΙΟΥ
3 mambrú, tubo de chimenea	3 vetro (di lampada a petrolio)	3 vidro ou chaminé	3 lamba şişesi	3 ΚΑΠΝΟΔΟΧΟΣ / ΓΥΑΛΙ ΛΑΜΠΑΣ
4 lámpara de vapor	4 lampada a vapori di petrolio	4 candieiro de pressão	4 lüks lambası, tilley	4 ΛΟΥΞ
5 camisa	5 reticella	5 camisa	5 manşon, lüks lambası gömleği	5 ΑΜΙΑΝΤΟΣ
6 linterna	6 torcia elettrica	6 lanterna eléctrica portátil	6 pilli el feneri	6 ΦΑΚΟΣ
7 pila seca	7 batteria a secco	7 pilha sêca	7 kuru pil	7 ΜΠΑΤΑΡΙΑ
8 bombilla	8 lampadina	8 lâmpada	8 ampul	8 ΛΑΜΠΑΚΙ
9 luz halógena	9 lampada alogena	9 lampada de halogénio	9 halojen lamba – halojen fener	9 ΦΩΤΙΣΜΙΣ ΑΛΟΓΙΝΟΥ
10 mecha	10 stoppino	10 pavio	10 fitil	10 ΦΙΤΙΛΙ
11 lamparrilla	11 luci notturne	11 luzes nocturnas	11 gece ışıkları	11 ΦΩΤΑ ΝΥΧΤΟΣ

ENGLISH	FRANÇAIS	DEUTSCH	NEDERLANDS	DANSK
5 THE BOAT	**LE BATEAU**	**DAS BOOT**	**DE BOOT, HET SCHIP**	**BÅDEN**
Dinghy, tender	**Annexe, youyou**	**Beiboot**	**Bijboot**	**Jolle**
1 oar, scull, sweep	1 aviron, rame, godille	1 Riemen	1 roeiriem	1 åre, vrikkeåre, styreåre
2 rowlock	2 dame de nage	2 Dolle, Zepter, Rundsel	2 dol	2 åregaffel
3 painter	3 bosse	3 Fangleine	3 vanglijn	3 fangline
4 fender	4 défense, pare-battage	4 Wieling	4 fender, kabelaring	4 fender
5 bow or nose fender	5 défense d'étrave	5 Maus, Bugfender	5 leguaan, boegfender	5 stævnfender
6 bottom boards	6 plancher	6 Bodenbretter	6 buikdenning	6 bundbrædder
7 gunwale	7 plat-bord	7 Dollbord	7 dolboord	7 lønning
8 thwart	8 banc	8 Ducht	8 doft	8 tofte
9 to scull	9 godiller	9 wriggen	9 wrikken	9 at vrikke
10 to tow	10 remorquer	10 schleppen	10 slepen	10 at slæbe
11 to row	11 nager, ramer	11 pullen, rudern	11 roeien	11 at ro
12 outboard bracket	12 support de hors-bord	12 Außenborderhalterung	12 console voor buitenboordmotor	12 påhængsmotorbeslag
13 inflatable	13 pneumatique	13 aufblasbar	13 opblaasbaar	13 gummibåd, oppustelig
14 rigid	14 rigide	14 steif	14 hard, stijf	14 fast
15 pram	15 prame	15 Prahm	15 praam	15 pram
Flags	**Pavillons**	**Flaggen**	**Vlaggen**	**Flag**
1 ensign	1 pavillon	1 Nationalflagge	1 natievlag	1 nationalflag
2 burgee	2 guidon	2 Clubstander	2 clubstandaard	2 stander
3 pennant	3 flamme	3 Wimpel	3 wimpel	3 vimpel
4 racing flag	4 pavillon de course	4 Rennflagge	4 wedstrijdvlag	4 kapsejladsflag, ejerstander
5 courtesy ensign	5 pavillon de courtoisie	5 Gastflagge	5 gastvlag	5 høflighedsflag
6 flagstaff	6 mât de pavillon	6 Flaggenstock	6 vlaggenstok	6 flagspil
7 burgee stick	7 hampe de fanion	7 Standerstock	7 trommelstok	7 standerspil
8 to dress ship overall	8 envoyer le grand pavois	8 Flaggengala, über die Toppen flaggen	8 pavoiseren	8 flage over top
9 to dip the ensign	9 saluer	9 dippen	9 groeten met de vlag	9 kippe med flaget
10 half mast	10 en berne	10 halbstock	10 halfstok	10 flage på halv

ESPAÑOL	ITALIANO	PORTUGUÊS	TÜRKÇE	ΕΛΛΗΝΙΚΑ (GREEK)
EL BARCO	LA BARCA	DO BARCO	TEKNE	ΤΟ ΣΚΑΦΟΣ

Chinchorro, bote	**Battellino, tender**	**Côco, escaler**	**Dingi, bot**	**ΒΑΡΚΑΚΙ**
1 remo, remo de singar, espadilla	1 remo, bratto	1 remo	1 kürek, boyna küreği	1 ΚΟΥΠΙ
2 tolete, horquilla	2 scalmo	2 forqueta	2 ayıskarmoz	2 ΣΚΑΡΜΟΣ
3 boza	3 barbetta	3 boça	3 pruva halatı	3 ΣΧΟΙΝΙ
4 defensa	4 parabordo	4 defensa, molhelha	4 usturmaça	4 ΜΠΑΛΟΝΙ
5 defensa de proa	5 parabordo di prua	5 molhelha da prôa	5 pruva usturmaçası	5 ΜΠΑΛΟΝΙ ΠΛΩΡΗΣ
6 enjaretado	6 pagliolo	6 paneiros	6 farşlar	6 ΠΑΤΩΜΑ ΒΑΡΚΑΣ
7 borda, regala	7 capodibanda, parapetto	7 alcatrate, borda	7 küpeşte, filika küpeştesi	7 ΚΟΥΠΑΣΤΗ
8 bancada	8 banco	8 banco, bancada	8 oturak	8 ΕΓΚΑΡΣΙΟ ΚΑΘΙΣΜΑ
9 singar	9 brattare	9 remar á gingar	9 boyna küreğiyle yürütmek	9 ΚΩΠΗΛΑΤΩ
10 remolcar	10 rimorchiare	10 rebocar	10 yedek çekme	10 ΡΥΜΟΥΛΚΩ
11 bogar, remar	11 remare, vogare	11 remar	11 kürek çekmek	11 ΚΩΠΗΛΑΤΩ
12 soporte para motor fueraborda	12 staffa per fuoribordo	12 polé de borda fora	12 takma motor braketi	12 ΒΑΣΗ ΕΞΩΛΕΜΒΙΑΣ
13 bote neumático	13 gonfiabile	13 inflável	13 şişme	13 ΦΟΥΣΚΩΤΗ
14 rígido	14 rigido	14 rígido	14 sert	14 ΑΚΑΜΠΤΗ
15 bote de cuna	15 pram	15 carrinho	15 pram	15 ΒΑΡΚΙ

Banderas	**Bandiere**	**Bandeiras**	**Bayraklar**	**ΣΗΜΑΙΕΣ**
1 pabellón	1 bandiera	1 bandeira nacional	1 ulusal bayrak	1 ΣΗΜΑΙΑ ΕΘΝΙΚΗ
2 grímpola	2 guidone	2 galhardete	2 flama, üç köşeli	2 ΕΠΙΣΕΙΩΝ ΟΜΙΛΟΥ
3 gallardete	3 fiamma, pennello	3 flâmula	3 flama	3 ΕΠΙΣΕΙΩΝ ΙΔΙΟΚΤΗΤΗ
4 grimpolón	4 bandiera da regata	4 galhardete de regata	4 yarış bayrağı	4 ΕΠΙΣΕΙΩΝ ΑΓΩΝΩΝ
5 bandera de cortesía, pabellón extranjero	5 bandiera di cortesia	5 bandeira de cortesia	5 nezaket bayrağı, ziyaret olunan ülke bayrağı	5 ΣΗΜΑΙΑ ΕΠΙΣΚΕΠΤΟΜΕΝΗΣ ΧΩΡΑΣ
6 asta de bandera	6 asta della bandiera	6 pau de bandeira	6 bayrak gönderi	6 ΚΟΝΤΑΡΙ ΣΗΜΑΙΑΣ
7 asta de grímpola	7 asta del guidone	7 pau do galhardete	7 gidon çubuğu	7 ΚΟΝΤΑΡΙ ΕΠΙΣΕΙΟΝΤΟΣ
8 engalanar el buque	8 pavesare la nave	8 embandeirar em arco	8 bayrak donanması	8 ΣΗΜΑΙΟΣΤΟΛΙΣΜΟΣ
9 guindamaina, saludar con la bandera	9 ammainare la bandiera	9 arriar a bandeira nacional para cumprimentar	9 bayrakla selâmlama	9 ΑΝΕΒΟΚΑΤΕΒΑΖΩ ΤΗΝ ΣΗΜΑΙΑ
10 a media asta	10 a mezz'asta	10 meia-haste	10 mezestre	10 ΜΕΣΙΣΤΙΑ

ENGLISH	FRANÇAIS	DEUTSCH	NEDERLANDS	DANSK
6 THE ENGINE	**LE MOTEUR**	**MASCHINE**	**DE MOTOR**	**MOTOREN**

Engine type and description / Type de moteur et description / Maschinentyp und Beschreibung / Motortype en beschrijving / Motortype og beskrivelse

	ENGLISH	FRANÇAIS	DEUTSCH	NEDERLANDS	DANSK
1	two-stroke	à deux temps	Zweitakt	tweetakt	totakt
2	four-stroke	à quatre temps	Viertakt	viertakt	firetakt
3	petrol engine	moteur à essence	Benzinmotor	benzinemotor	benzinmotor
4	diesel engine	moteur diesel	Dieselmotor	dieselmotor	dieselmotor
5	engine serial number	numéro de série du moteur	Motorseriennummer	motor-serienummer	serienummer
6	engine model number	numéro de modèle du moteur	Maschinentypnummer	motor-typenummer	modelnummer
7	number of cylinders	nombre de cylindres	Zylinderzahl	cilinderaantal	cylinderantal
8	cubic capacity	cylindrée	Zylinderhubraum	cilinderinhoud	slagvolumen
9	horsepower	cheval-vapeur	Pferdestärke	paardenkracht	hestekræfter

Diesel engines / Moteurs diesel / Dieselmotoren / Dieselmotoren / Dieselmotorer

	Parts	*Eléments de moteur diesel*	*Dieselmotorbauteile*	*Onderdelen*	*Maskininstallationen*
1	engine bed, seating	chaise, base du moteur	Motorlager	fundatie	maskinfundament
2	mounting	support	Aufhängungskonsole	motorsteun	beslag
3	shims	entretoise	Unterlegscheibe	vulring	mellemlæg
4	throttle	accélérateur	Gashebel	brandstofregelaar	gashåndtag
5	control cable	câble de contrôle	Bedienungsseil	morsekabel	kontrolkabel
6	gearbox	boîte de vitesses	Getriebekasten	tandwielkast	gearkasse
7	clutch	embrayage	Kupplung	koppeling	kobling
8	centrifugal clutch	embrayage centrifuge	Fliehkraftkupplung, Wellenkupplung	centrifugaalkoppeling	centrifugalkobling
9	cylinder head	culasse	Zylinderkopf	cilinderkop	topstykke
10	cylinder block	bloc-cylindres	Zylinderblock	cilinderblok	cylinderblok
11	cylinder	cylindre	Zylinder	cilinder	cylinder
12	piston	piston	Kolben	zuiger	stempel
13	camshaft	arbre à came	Nockenwelle	nokkenas	knastaksel
14	pushrod	tige du culbuteur	Stoßstange	klepstoterstang	ventilløfter
15	rocker arm	culbuteur	Kipphebel	tuimelaar	vippearm
16	inlet valve	soupape d'admission	Einlassventil	inlaatklep	indsugningsventil
17	exhaust valve	soupape d'échappement	Auslassventil	uitlaatklep	udblæsningsventil

ESPAÑOL	ITALIANO	PORTUGUÊS	TÜRKÇE	ΕΛΛΗΝΙΚΑ (GREEK)
EL MOTOR	**IL MOTORE**	**DO MOTOR**	**MOTOR**	**ΜΗΧΑΝΗ**
Tipo de motor y descripción	**Tipo e descrizione del motore**	**Tipo do motor e descrição**	**Motor tipi ve tanımı**	**ΤΥΠΟΣ ΚΑΙ ΠΕΡΙΓΡΑΦΗ**
1 dos tiempos	1 due tempi	1 de dois tempos	1 iki zamanlı	1 ΔΙΧΡΟΝΗ
2 cuatro tiempos	2 quattro tempi	2 de quatro tempos	2 dört zamanlı	2 ΤΕΤΡΑΧΡΟΝΗ
3 motor de gasolina	3 motore a benzina	3 motor a gasolina	3 benzinli motor	3 ΒΕΝΖΙΝΟΜΗΧΑΝΗ
4 motor diesel	4 motore diesel	4 motor diesel	4 dizel motor	4 ΠΕΤΡΕΛΑΙΟΜΗΧΑΝΗ
5 número de serie del motor	5 numero di matricola del motore	5 número do motor	5 motor seri numarası	5 ΑΡΙΘΜΟΣ ΠΛΑΙΣΙΟΥ ΜΗΧΑΝΗΣ
6 número de modelo del motor	6 numero di modello del motore	6 número do modelo do motor	6 motor model numarası	6 ΑΡΙΘΜΟΣ ΜΟΝΤΕΛΟΥ ΜΗΧΑΝΗΣ
7 número de cilindros	7 numero di cilindri	7 número de cilindros	7 silindir adedi	7 ΑΡΙΘΜΟΣ ΚΥΛΙΝΔΡΩΝ
8 cilindrada	8 cilindrata	8 cilindrada	8 silindir hacmi	8 ΚΥΒΙΣΜΟΣ
9 caballos de vapor CV	9 potenza	9 cavalos força	9 beygir gücü	9 ΙΠΠΟΔΥΝΑΜΗ
Motores diésel	**Motori diesel**	**Motores diesel**	**Dizel motorlar**	**ΠΕΤΡΕΛΑΙΟΜΗΧΑΝΕΣ**
Partes de motores diésel	***Parti del motore diesel***	***Peças dos motores diesel***	***Dizel motor parçaları***	***ΜΕΡΗ***
1 bancada, polin	1 basamento del motore	1 fixe do motor	1 motor yatağı	1 ΒΑΣΗ ΜΗΧΑΝΗΣ
2 soporte	2 supporto	2 suporte dos mancals	2 motor kulağı	2 ΕΔΡΑΝΑ
3 calzos	3 spessori	3 calços	3 motor kulak pulları	3 ΣΦΗΝΕΣ ΖΥΓΟΣΤΑΘΜΙΣΗΣ
4 acelerador	4 acceleratore	4 acelarador	4 gaz	4 ΓΚΑΖΙΑ
5 cable de control	5 cavetto di comando	5 cabo de control	5 Kumanda teli	5 ΝΤΙΖΑ ΧΕΙΡΙΣΜΟΥ
6 caja de cambios	6 cambio	6 caixa de velocidades	6 Şanzıman, vites kutusu	6 ΚΙΒΩΤΙΟ ΤΑΧΥΤΗΤΩΝ
7 embrague	7 frizione	7 embraiagem	7 kavrama	7 ΣΥΜΠΛΕΚΤΗΣ
8 embrague centrifugo	8 Frizione centrifuga	8 Embraiagem centrifuga	8 Santrifüjlü Kavrama/Kaplin	8 ΦΥΓΟΚΕΝΤΡΙΚΙΣ ΕΜΠΛΟΚ΄ΥΑΣ
9 culata	9 testata	9 cabeça do motor	9 silindir kapağı	9 ΚΑΠΑΚΙ ΚΥΛΙΝΔΡΩΝ (ΜΗΧΑΝΗΣ)
10 bloque de cilindros	10 blocco cilindri	10 bloco do motor	10 silindir bloku	10 ΣΩΜΑ ΜΗΧΑΝΗΣ
11 cilindro	11 cilindro	11 cilindro	11 silindir	11 ΚΥΛΙΝΔΡΟΣ
12 émbolo	12 pistone	12 pistão, êmbolo	12 piston	12 ΠΙΣΤΟΝΙ
13 árbol de levas	13 alberino a camme	13 árvore de cames	13 eksantrik mili	13 ΕΚΚΕΝΤΡΟΦΟΡΟΣ
14 vástago de empuje	14 asta di comando del bilanciere	14 haste de comando do balancim	14 itme çubuğu	14 ΒΑΛΒΙΔΑ
15 balancín	15 bilanciere	15 balancim	15 sallanma düzeni kolu	15 ΠΙΑΝΟΛΑ
16 válvula de admisión	16 valvola d'aspirazione	16 válvula de admissão	16 giriş supapı	16 ΒΑΛΒΙΔΑ ΕΙΣΑΓΩΓΗΣ
17 válvula de escape	17 valvola di scarico	17 válvula de escape	17 egzost supapı	17 ΒΑΛΒΙΔΑ ΕΞΑΓΩΓΗΣ

	ENGLISH	FRANÇAIS	DEUTSCH	NEDERLANDS	DANSK
6	**THE ENGINE**	**LE MOTEUR**	**MASCHINE**	**DE MOTOR**	**MOTOREN**
	Diesel engines	**Moteurs diesel**	**Dieselmotoren**	**Dieselmotoren**	**Dieselmotorer**
	Parts	***Eléments de moteur diesel***	***Dieselmotorbauteile***	***Onderdelen***	***Maskininstallationen***
18	valve spring	ressort de soupape	Ventilfeder	klepveer	ventilfjeder
19	valve seat	siège de soupape	Ventilsitz	klepzitting	ventilsæde
20	valve guide	guide de soupape	Ventilführung	klepgeleider	ventilstyr
21	injection pump	pompe à injection	Einspritzpumpe	injectiepomp	insprøjtningspumpe
22	decompressor	décompresseur	Dekompressions-einrichtung	decompressor	dekompressor
23	crankcase	carter	Kurbelgehäuse	carter	krumtaphus
24	crankshaft	vilebrequin	Kurbelwelle	krukas	krumtapaksel
25	flywheel	volant	Schwungrad	vliegwiel	svinghjul
26	sump	carter à huile	Ölwanne	oliecarter	bundkar
27	dipstick	jauge d'huile	Ölmessstab	oliepeilstok	målepind-olie
28	oil-filler cap	bouchon	Öleinfülldeckel, Öleinfüllverschluß	olievuldop	hætte til oliepåfyldning
29	oil filter	filtre à huile	Ölfilter	oliefilter	oliefilter
30	oil drain	vidange d'huile	Ölablass	olieaftap	olieprop
31	oil pump	pompe à huile	Ölpumpe	oliepomp	oliepumpe
32	air intake	prise d'air	Lufteinlass	luchtinlaat	luftindtag
33	air filter	filtre à air	Luftfilter	luchtfilter	luftfilter
34	seacock	vanne	Seeventil	buitenboordkraan	søventil
35	water strainer	filtre à eau	Wasserfilter	waterfilter	vandfilter
36	raw water	eau brute	Seewasser	hard water	søvand
37	fresh water	eau douce	Süßwasser	zoet water	ferskvand
38	water pump	pompe à eau	Wasserpumpe	waterpomp	vandpumpe
39	header tank	collecteur de réservoir	Ausgleichstank	koelwaterdruktank	fødetank
40	water filler cap	bouchon de prise d'eau	Wasserfüllstutzen	watervuldop	vandpåfyldning
41	waterjacket	chemise d'eau	Wassermantel	koelmantel	kølekapper
42	heat exchanger	échangeur thermique	Wärmetauscher	warmtewisselaar	varmeveksler
43	exhaust	tuyau d'échappement	Auspuffrohr	uitlaat	udblæsningsrør
44	silencer	silencieux	Schalldämpfer	geluiddemper, knalpot	lydpotte
45	starter motor	démarreur	Anlasser	startmotor	startmotor
46	solenoid	solénoide	Magnetspule	spoel	solenoide
47	starting handle	manivelle	Anlasskurbel	startknop	starthåndtag
48	alternator	alternateur	Wechselstromgenerator	wisselstroomdynamo	omskifter

ESPAÑOL

EL MOTOR

Motores diésel

Partes de motores diésel
18 muelle de válvula
19 asiento
20 guía
21 bomba de inyección
22 descompresor
23 cárter
24 cigüeñal
25 volante
26 cárter de aceite
27 varilla de sondar
28 tapón del depósito de aceite
29 filtro de aceite
30 grifo de purga de aceite
31 bomba de aceite
32 admisión de aire
33 filtro de aire
34 llave de fondo
35 filtro de agua
36 agua de mar
37 agua dulce
38 bomba de agua
39 depósito de expansión
40 tapón para rellenar agua
41 camisa
42 intercambiador de calor
43 tubo de escape
44 silencioso
45 motor de arranque
46 solenoide
47 manivela de arranque
48 alternador

ITALIANO

IL MOTORE

Motori diesel

Parti del motore diesel
18 molla di valvola
19 sede di valvola
20 guida di valvola
21 pompa d'iniezione
22 decompressore
23 carter
24 albero a gomiti
25 volano
26 coppa (dell'olio)
27 astina del livello
28 tappo del bocchettone dell'olio
29 filtro dell'olio
30 drenaggio dell'olio
31 pompa dell'olio
32 presa d'aria
33 filtro aria
34 presa d'acqua a mare
35 filtro dell'acqua
36 acqua sporca
37 acqua dolce
38 pompa dell'acqua
39 serbatoio collettore
40 tappo bocchettone dell'acqua
41 camicia d'acqua
42 scambiatore di calore
43 scappamento
44 silenziatore
45 motorino d'avviamento
46 solenoide
47 manopola d'avviamento
48 alternatore

PORTUGUÊS

DO MOTOR

Motores diesel

Peças dos motores diesel
18 mola de válvula
19 sede de válvula
20 guia de válvula
21 bomba de injecção
22 descompressor
23 carter
24 cambota
25 volante
26 carter do óleo
27 vareta
28 tampa de entrada de óleo
29 filtro de óleo
30 dreno do óleo
31 bomba de óleo
32 tomada de ar
33 filtro de água
34 válvula de fundo
35 filtro
36 água natural
37 água doce
38 bomba de água
39 depósito superior
40 tampão de enchimento de água
41 camisa de água
42 permutador de calor
43 tubo de escape
44 silencioso
45 motor de arranque
46 bobine
47 manivela de arranque
48 alternador

TÜRKÇE

MOTOR

Dizel motorlar

Dizel motor parçaları
18 supap yayı
19 supap yedeği
20 supap kılavuzu
21 enjeksiyon pompası
22 dekompresyon vanası
23 karter
24 krank mili, şaftı
25 volan
26 yağ karteri
27 yağ seviye çubuğu
28 yağ doldurma kapağı
29 yağ filtresi
30 yağ boşaltma tapası
31 yağ pompası
32 hava girişi
33 hava filtresi
34 deniz suyu vanası/Kinistin valfı
35 su süzgeci
36 deniz (göl) suyu
37 tatlı su
38 su pompası
39 makina su deposu
40 su doldurma tapası
41 suceketi
42 ısı eşanjörü
43 egzost
44 susturucu
45 marş motoru
46 sarmal bobin
47 çalıştırma kolu
48 alternatör

ΕΛΛΗΝΙΚΑ (GREEK)

ΜΗΧΑΝΗ

ΠΕΤΡΕΛΑΙΟΜΗΧΑΝΕΣ

ΜΕΡΗ
18 ΕΛΑΤΗΡΙΑ ΒΑΛΒΙΔΑΣ
19 ΕΔΡΑΝΟ ΒΑΛΒΙΔΑΣ
20 ΟΔΗΓΟΣ ΒΑΛΒΙΔΑΣ
21 ΑΝΤΛΙΑ ΨΕΚΑΣΜΟΥ
22 ΑΠΟΣΥΜΠΙΕΣΤΗΣ
23 ΚΑΡΤΕΡ
24 ΜΑΝΙΒΕΛΑ
25 ΦΤΕΡΩΤΗ
26 ΚΑΡΤΕΡ
27 ΔΕΙΚΤΗΣ ΛΑΔΙΟΥ
28 ΚΑΠΑΚΙ ΦΙΛΤΡΟΥ ΛΑΔΙΩΝ
29 ΦΙΛΤΡΟ ΛΑΔΙΟΥ
30 ΕΞΑΓΩΓΗ ΛΑΔΙΟΥ
31 ΑΝΤΛΙΑ ΛΑΔΙΟΥ
32 ΕΙΣΑΓΩΓΗ ΑΕΡΑ
33 ΦΙΛΤΡΟ ΑΕΡΑ
34 ΒΑΝΑ ΘΑΛΑΣΣΗΣ
35 ΦΙΛΤΡΟ (ΠΛΕΓΜΑ) ΝΕΡΟΥ ΘΑΛΑΣΣΗΣ
36 ΘΑΛΑΣΣΙΝΟ ΝΕΡΟ
37 ΦΡΕΣΚΟ ΝΕΡΟ
38 ΑΝΤΛΙΑ ΝΕΡΟΥ
39 ΔΟΧΕΙΟ ΣΤΑΘΜΗΣ
40 ΚΑΠΑΚΙ ΓΙΑ ΣΥΜΠΛΗΡΩΜΑ ΝΕΡΟΥ
41 ΥΔΡΟΧΙΤΩΝΙΟ
42 ΕΝΑΛΛΑΚΤΗΣ ΘΕΡΜΟΤΗΤΟΣ
43 ΕΞΑΤΜΗΣΗ
44 ΣΙΓΑΣΤΗΡΑΣ
45 ΜΙΖΑ
46 ΣΩΛΗΝΟΕΙΔΕΣ
47 ΜΑΝΙΒΕΛΑ
48 ΕΝΑΛΛΑΚΤΗΣ

ENGLISH	FRANÇAIS	DEUTSCH	NEDERLANDS	DANSK
6 THE ENGINE	**LE MOTEUR**	**MASCHINE**	**DE MOTOR**	**MOTOREN**
Diesel engines	**Moteurs diesel**	**Dieselmotoren**	**Dieselmotoren**	**Dieselmotorer**
Parts	***Eléments de moteur diesel***	***Dieselmotorbauteile***	***Onderdelen***	***Maskininstallationen***
49 fuel filter	49 filtre à carburant	49 Brennstofffilter	49 brandstoffilter	49 brændstoffilter
50 glow plug	50 bougie de préchauffage	50 Glühkerze	50 gloeispiraal	50 glødestift
51 turbocharger	51 turbocompresseur	51 Turbolader	51 turbolader	51 turbocharger
Fuel supply	***Alimentation de carburant***	***Brennstoffversorgung***	***Brandstoftoevoer***	***Brændstofsystemet***
1 lift pump	1 pompe d'alimentation	1 Förderpumpe	1 opvoerpomp	1 fødepumpe
2 fuel filter	2 filtre à carburant	2 Brennstofffilter	2 brandstoffilter	2 brændstoffilter
3 water-separating filter	3 séparateur d'eau	3 Wasserabscheider	3 waterseparatiefilter	3 vandudskillelsesfilter
4 injector	4 injecteur	4 Einspritzer	4 verstuiver, inspuiter	4 injector
5 nozzle	5 gicleur	5 Düse	5 verstuiver, sproeier	5 strålerør
6 to bleed	6 purger	6 entlüften	6 ontluchten	6 at udlufte
7 fuel tank	7 réservoir de carburant	7 Brennstofftank	7 brandstoftank	7 brændstoftank
8 jerrycan	8 jerrycan/bidon	8 Brennstoffkanister	8 jerrycan	8 dunk
9 funnel	9 entonnoir	9 Trichter	9 schoorsteen	9 tragt
Gearbox	***Boîte de vitesses/inverseur-réducteur***	***Getriebe***	***Tandwielkast***	***Gearkasse***
1 reverse and reduction	1 marche arrière et réduction	1 Umkehr- und Reduktionsgetriebe	1 achteruit en reductie	1 bak- & reduktionsgear
2 output shaft	2 arbre secondaire	2 Abtriebswelle	2 uitgaande aandrijfas	2 udgående aksel
3 input shaft	3 arbre primaire	3 Antriebswelle	3 inkomende aandrijfas	3 indgående aksel
4 dipstick	4 jauge d'huile	4 Messstab	4 peilstok	4 målepind
5 control cable	5 cable de contrôle	5 Bedienungsseil	5 bedieningskabel	5 kontrolkabel

ESPAÑOL

EL MOTOR

Motores diésel

Partes de motores diésel
49 filtro de combustible
50 bujía de precalentamiento
51 turbocompresor

Suministro de combustible
1 bomba aspirante
2 filtro de combustible
3 separador
4 inyector
5 pulverizador
6 purgar
7 depósito de combustible
8 lata, bidón
9 embudo

Caja de cambio
1 inversor-reductor
2 árbol motor
3 árbol primario
4 varilla del nivel de aceite
5 cable de mando

ITALIANO

IL MOTORE

Motori diesel

Parti del motore diesel
49 filtro carburante
50 candeletta
51 turbocompressore

Rifornimento carburante
1 pompa a spostamento diretto
2 filtro del carburante
3 filtro separatore dell'acqua
4 iniettore
5 ugello
6 spurgare
7 serbatoio del carburante
8 tanica
9 imbuto

Scatola del cambio
1 inversione e riduzione
2 albero d'uscita
3 albero d'entrata
4 astina del livello
5 cavetto di comando

PORTUGUÊS

DO MOTOR

Motores diesel

Peças dos motores diesel
49 filtro de gasóleo
50 bujão incandescente
51 compressor turbo

Fornecimento de gasóleo
1 bomba de elevação
2 filtro de óleo
3 filtro de separação da àgua
4 injector
5 bocal
6 pingar
7 tanque de combustível
8 deposito/jerrican
9 funil

Caixa de velocidades
1 inverter e reduzir
2 veio
3 veio
4 vareta
5 cabo de controle

TÜRKÇE

MOTOR

Dizel motorlar

Dizel motor parçaları
49 yakıt filtresi
50 ısıtma bujisi
51 türbo kompresör

Yakıt ikmali
1 yakıt pompası
2 yakıt filtresi
3 su ayırıcı filtre
4 enjektör
5 nozül
6 havasını almak
7 yakıt tankı
8 bidon
9 baca

Şanjman/dişli kutusu
1 geri ve hız düşürücü/geri ve redüksiyon
2 çıkış şaftı
3 giriş şaftı
4 yağ seviye çubuğu
5 kumanda

ΕΛΛΗΝΙΚΑ (GREEK)

ΜΗΧΑΝΗ

ΠΕΤΡΕΛΑΙΟΜΗΧΑΝΕΣ

ΜΕΡΗ
49 ΦΙΛΤΡΟ ΚΑΥΣΙΜΟΥ
50 ΠΡΟΘΕΡΜΑΝΤΗΡΑΣ
51 ΤΟΥΡΜΠΟ

ΤΡΟΦΟΔΟΣΙΑ ΚΑΥΣΙΜΟΥ
1 ΑΝΤΛΙΑ ΑΝΥΨΩΣΕΩΣ
2 ΦΙΛΤΡΟ ΚΑΥΣΙΜΟΥ
3 ΝΕΡΟΠΑΓΙΔΑ
4 ΨΕΚΑΣΤΗΣ
5 ΜΠΕΚ
6 ΕΞΑΕΡΩΝΩ
7 ΤΑΝΚΙ ΚΑΥΣΙΜΟΥ
8 ΚΑΝΙΣΤΡΟ
9 ΧΩΝΙ

ΚΙΒΩΤΙΟ ΤΑΧΥΤΗΤΩΝ
1 ΡΕΒΕΡΣΑ & ΜΕΙΩΤΗΡΑΣ
2 ΑΞΟΝΑΣ ΜΕΤΑΔΟΣΗΣ
3 ΑΞΟΝΑΣ ΜΗΧΑΝΗΣ
4 ΔΕΙΚΤΗΣ ΛΙΠΑΝΤΙΚΟΥ
5 ΝΤΙΖΑ ΧΕΙΡΙΣΜΟΥ

ENGLISH	FRANÇAIS	DEUTSCH	NEDERLANDS	DANSK
6 THE ENGINE	**LE MOTEUR**	**MASCHINE**	**DE MOTOR**	**MOTOREN**
Diesel engines	**Moteurs diesel**	**Dieselmotoren**	**Dieselmotoren**	**Dieselmotorer**
Instruments and controls	***Instruments et contrôles***	***Instrumente & Bedienungen***	***Instrumenten en besturingen***	***Instrumenter***
1 temperature gauge	1 thermomètre	1 Thermometer	1 temperatuurmeter	1 kølevandstermometer
2 oil-pressure gauge	2 manomètre d'huile	2 Öldruckmesser	2 oliedrukmeter	2 olietryksmåler
3 ammeter	3 ampèremètre	3 Amperemeter	3 ampèremeter	3 amperemeter
4 fuel gauge	4 jauge à carburant	4 Tankanzeige	4 brandstofmeter	4 brændstofmåler
5 tachometer	5 compte-tours	5 Drehzahlmesser	5 toerenteller	5 tachometer
6 water gauge	6 jauge d'eau	6 Wasserstandsanzeiger	6 watermeter	6 måleinstrument, vand
7 manifold pressure gauge	7 indicateur de pression d'admission	7 Mehrfachdruckmesser, Manometer	7 spruitstukdrukmeter	7 måleinstrument, manifold-tryk
8 warning light	8 lampe-témoin	8 Warnlicht	8 waarschuwingslampje	8 advarselslys
9 audible alarm	9 alarme sonore	9 akustischer Alarm	9 geluidsalarm	9 lydalarm
10 battery state indicator	10 indicateur de niveau de batterie	10 Batteriezustandsanzeiger	10 accuconditiemeter	10 batterimåler
11 starter switch	11 bouton de démarrage	11 Startschalter	11 startschakelaar	11 startkontakt
12 decompressor (stop)	12 décompresseur (arrêt)	12 Dekompressions-einrichtung	12 stopkabel, decompressor	12 stopknap
13 throttle	13 accélérateur, commande des gaz	13 Drosselventil	13 gashandel	13 gashåndtag
14 clutch	14 embrayage	14 Kupplung	14 koppeling	14 kobling
15 gear shift	15 levier de vitesse	15 Schalthebel	15 versnellingshendel	15 gearskift
16 control cable (Morse type)	16 câble de contrôle (type Morse)	16 Bedienungsseil (Typ Morse)	16 bedieningskabel (Morse)	16 kontrolkabel (Morse)

	ESPAÑOL	ITALIANO	PORTUGUÊS	TÜRKÇE	ΕΛΛΗΝΙΚΑ (GREEK)
	EL MOTOR	**IL MOTORE**	**DO MOTOR**	**MOTOR**	**ΜΗΧΑΝΗ**
	Motores diésel	**Motori diesel**	**Motores diesel**	**Dizel motorlar**	**ΠΕΤΡΕΛΑΙΟΜΗΧΑΝΕΣ**
	Instrumentos y mandos	***Strumenti e comandi***	***Instrumentos e controles***	***Aygıtlar ve göstergeler***	***ΟΡΓΑΝΑ ΚΑΙ ΕΛΕΓΧΟΙ***
1	termómetro	termometro	termómetro	termometre, Isı göstergesi	ΔΕΙΚΤΗΣ ΘΕΡΜΟΚΡΑΣΙΑΣ
2	manómetro de aceite	indicatore di pressione olio	manómetro de óleo	yağ basinç göstergesi	ΔΕΙΚΤΗΣ ΠΙΕΣΕΘΣ ΛΑΛΙΟΥ
3	amperímetro	amperometro	amperimetro	ampermetre	ΑΜΠΕΙΡΟΜΕΤΡΟ
4	manómetro de combustible	indicatore del carburante	indicador de combustivel	yakıt göstergesi	ΔΕΙΚΤΗΣ ΚΑΥΣΙΜΩΝ
5	tacómetro	tachimetro	conta rotações	takometre/devir göstergesi	ΤΑΧΥΜΕΤΡΟ
6	indicador de nivel de agua	indicatore di livello acqua	medidor de água	su göstergesi/termometre	ΔΕΙΚΤΗΣ ΝΕΡΟΥ
7	indicador de presión del colector de escape	manometro del collettore	manómetro de pressão do colector	manifold basınç göstergesi	ΔΕΙΚΤΗΣ ΠΙΕΣΗΣ ΚΑΥΣΙΜΟΥ
8	luz piloto de alarme	lampadina spia	luz de alarme	ikaz ışığı	ΠΡΟΕΙΔΟΠΟΙΗΤΙΚΗ ΛΥΧΝΙΑ
9	señal sonora de alarme	allarme sonoro	alarme sonoro	sesli alarm	ΗΧΗΤΙΚΟΣ ΣΥΝΑΓΕΡΜΟΣ
10	indicador de carga de batería	indicatore di carica batteria	indicador do estado da bateria	akü durumu göstergesi	ΔΕΙΚΤΗΣ ΚΑΤΑΣΤΑΣΗΣ ΜΠΑΤΑΡΙΑΣ
11	interruptor de arranque	comando d'avviamento	botão de arranque	marş düğmesi	ΔΙΑΚΟΠΤΗΣ ΕΚΚΙΝΗΣΕΩΣ
12	descompresor (stop)	decompressore	descompressor (parar)	dekompresyon (stop)	ΑΠΟΣΥΜΠΙΕΣΤΗΣ (ΣΤΟΠ)
13	acelerador	acceleratore	acelerador	gaz kolu	ΓΚΑΖΙΑ
14	embrague	frizione	embraiagem	kavrama	ΣΥΜΠΛΕΚΤΗΣ
15	palanca de cambios	cambio	alavanca de mudanças	vites değiştirme	ΑΛΛΑΓΗ ΤΑΧΥΤΗΤΩΝ (ΛΕΒΙΕΣ)
16	cable tipo Morse	cavetto di comando (tipo Morse)	cabo de controle (tipo morse)	kumanda teli (Morse tipi)	ΝΤΙΖΑ ΕΛΕΓΧΟΥ ΤΥΠΟΥ ΜΟΡΣ

ENGLISH	FRANÇAIS	DEUTSCH	NEDERLANDS	DANSK
6 THE ENGINE	**LE MOTEUR**	**MASCHINE**	**DE MOTOR**	**MOTOREN**
Petrol engines/outboards	**Moteurs à essence/hors-bord**	**Benzinmotoren/ Außenbordmotoren**	**Benzinemotoren/ buitenboordmotoren**	**Benzinmotorer/ påhængsmotorer**
1 fuel tank	1 réservoir de carburant	1 Brennstofftank	1 brandstoftank	1 brændstoftank
2 fuel pump	2 pompe à carburant	2 Brennstoffpumpe	2 brandstofpomp	2 brændstofpumpe
3 air filter	3 filtre à air	3 Luftfilter	3 luchtfilter	3 luftfilter
4 carburettor	4 carburateur	4 Vergaser	4 carburateur	4 karburator
5 float chamber	5 cuve du flotteur	5 Schwimmerkammer	5 vlotterkamer	5 svømmehus
6 needle valve	6 pointeau	6 Nadelventil	6 vlotternaald	6 nåleventil
7 main jet	7 gicleur principal	7 Hauptdüse	7 hoofdsproeier	7 hovedstrålespids
8 slow-running jet	8 gicleur de ralenti	8 Leerlaufdüse	8 stationaire sproeier	8 tomgangsdyse
9 throttle, butterfly	9 papillon des gaz	9 Drosselklappe	9 smoorklep	9 gasspjæld, gashåndtag
10 mixture rich/lean	10 mélange, riche/pauvre	10 Gemisch, reich/mager	10 mengsel rijk/arm	10 blanding fed/mager
11 to adjust	11 régler	11 einstellen	11 afstellen	11 justere, indstille
12 sparking plug	12 bougie	12 Zündkerze	12 bougie	12 tændrør
13 to spark	13 faire une étincelle	13 Funken geben	13 vonken	13 gnistre
14 to fire	14 s'allumer	14 zünden	14 starten, aanslaan	14 tænde
15 ignition	15 allumage	15 Zündung	15 contact	15 tænding
16 points	16 vis platinées	16 Unterbrecherkontakt	16 contactpuntjes	16 spidser
17 magneto	17 magnéto	17 Magnetzünder	17 magneet	17 magneto
18 2-stroke	18 deux temps	18 zweitakt	18 tweetakt	18 totakts
19 4-stroke	19 quatre temps	19 viertakt	19 viertakt	19 firetakts
20 choke	20 starter	20 Choke, Anlasshilfe	20 choke	20 choke
21 pull rope	21 corde de lanceur	21 Zugseil	21 trekkoord	21 startsnor
22 twist-grip throttle	22 poignée des gas	22 Drehgriffgashebel	22 gasgever op handvat	22 gashåndtag, vridbart
23 fuel tap	23 robinet d'alimentation	23 Brennstoffhahn	23 brandstofkraan	23 brændstofhane
24 kill chord/switch	24 cordon coupe-circuit sécurité	24 Stoppknopf	24 dodemanskoord	24 dødmandskontakt (til udenbordsmotor)
25 gap	25 écartement des électrodes	25 Elektrodenabstand	25 opening	25 åbning
26 condenser	26 condensateur	26 Kondensator	26 condensator	26 kondensator
27 distributor	27 delco	27 Verteiler	27 verdeler	27 fordeler
28 coil	28 bobine	28 Spule	28 spoel	28 tændspole

	ESPAÑOL	ITALIANO	PORTUGUÊS	TÜRKÇE	ΕΛΛΗΝΙΚΑ (GREEK)
	EL MOTOR	**IL MOTORE**	**DO MOTOR**	**MOTOR**	**ΜΗΧΑΝΗ**
	Motores de gasolina/ fuerabordas	**Motori a benzina/fuoribordo**	**Motores a gasolina/fora de borda**	**Benzinli, motorlar/takma motorlar**	**ΒΕΝΖΙΝΟΜΗΧΑΝΕΣ/ ΕΞΩΛΕΜΒΙΕΣ**
1	tanque de combustible	serbatoio del carburante	depósito de combustivel	yakıt tankı	ΔΟΧΕΙΟ ΒΕΝΖΙΝΗΣ
2	bomba de alimentación	pompa del carburante	bomba de combustivel	yakıt pompası	ΑΝΤΛΙΑ ΒΕΝΖΙΝΗΣ
3	filtro de aire	filtro dell'aria	filtro de ar	hava filtresi	ΦΙΛΤΡΟ ΑΕΡΟΣ
4	carburador	carburatore	carburador	karbüratör	ΚΑΡΜΠΥΡΑΤΕΡ
5	cámara del flotador	vaschetta	câmara do flutador	şamandıra kabı	ΦΛΟΤΤΕΡ
6	válvula de aguja	valvola a spillo	válvula de nivel	karbüratör iğneciği	ΒΕΛΟΝΟΕΙΔΗΣ ΒΑΛΒΙΔΑ
7	surtidor principal	ugello principale	gicleur do máximo	ana meme	ΨΕΚΑΣΜΟΣ ΥΨΗΛΗΣ
8	surtidor de ralentí	ugello del minimo	gicleur do relantie	rölanti memesi	ΨΕΚΑΣΜΟΣ ΧΑΜΗΛΗΣ
9	mariposa	acceleratore	borboleta	gaz kelebeği	ΠΕΤΑΛΟΥΔΑ
10	mezcla, rica/pobre	miscela ricca, magra	mistura, rica/pobre	karışım, zengin/fakir	ΜΙΓΜΑ ΠΛΟΥΣΙΟ/ΦΤΩΧΟ
11	ajustar, reglar	regolare	para ajustar	ayar etmek	ΡΥΘΜΙΖΩ
12	bujía	candela	vela	buji	ΜΠΟΥΖΙ
13	echar chispas	far la scintilla	faiscar	çakmak, kıvılcım oluşturmak	ΣΠΙΝΘΗΡΙΖΩ
14	encender	accendersi	acender	ateşlemek	ΑΡΠΑΖΩ
15	encendido	accensione	ignição	yakmak, yakış	ΑΝΑΦΛΕΞΗ
16	contactos	puntine	pontos	platin	ΣΗΜΕΙΑ
17	magneto	magneto	magneto	manyeto	ΜΑΝΙΑΤΟ
18	dos tiempos	2 tempi	2 tempos	iki zamanlı	ΔΙΧΡΟΝΟ
19	cuatro tiempos	4 tempi	4 tempos	dört zamanlı	ΤΕΤΡΑΧΡΟΝΟ
20	starter	valvola dell'aria	fechar o ar	jigle	ΑΕΡΑΣ
21	cabo de arranque	cavetto d'avviamento	puxar o cabo	çekme halatları/çalıştırma halatı	ΣΧΟΙΝΑΚΙ ΕΚΚΙΝΗΣΗΣ
22	acelerador de puño	acceleratore a manopola	acelarador de punho	gaz kumandası kolda	ΓΚΑΖΙΑ ΣΤΗ ΛΑΓΟΥΔΕΡΑ
23	grifo del depósito de combustible	rubinetto del carburante	tampa de depósito	yakıt musluğu	ΤΑΠΑ ΒΕΝΖΙΝΗΣ
24	cordón del de corta-circuito de seguridad	interruttore	interruptor de segurança	bileğe bağlanan takma motor durdurma kordonu	ΔΙΑΚΟΠΤΗΣ ΑΥΤΟΜΑΤΟΥ ΣΒΗΣΙΜΑΤΟΣ
25	juego	distanza tra gli elettrodi	abertura	açıklık	ΑΠΟΣΤΑΣΗ
26	condensador	condensatore	condensador	kondansatör	ΣΥΜΠΥΚΝΩΤΗΣ
27	delco	distributore	distribuidor	distribütör	ΝΤΙΣΤΡΙΜΠΥΤΕΡ
28	bobina	bobina	bobina	bobin	ΠΕΡΙΕΛΙΞΗ

ENGLISH	FRANÇAIS	DEUTSCH	NEDERLANDS	DANSK
6 THE ENGINE	**LE MOTEUR**	**MASCHINE**	**DE MOTOR**	**MOTOREN**
Engineering components	**Pièces mécaniques**	**Maschinenelemente**	**Technische onderdelen**	**Tilbehør**
1 screw	1 vis	1 Schraube	1 schroef	1 skrue
2 bolt	2 boulon	2 Bolzen	2 bout	2 bolt
3 nut	3 écrou	3 Mutter	3 moer	3 møtrik
4 locknut	4 contre-écrou	4 Gegen-, Sicherungsmutter	4 borgmoer	4 kontramøtrik
5 wing nut	5 vis papillon	5 Flügelmutter	5 vleugelmoer	5 fløjmøtrik
6 washer	6 rondelle	6 Unterlegscheibe	6 ring	6 spændeskive
7 spring washer	7 rondelle à ressort	7 Federring	7 veerring	7 fjederskive
8 spindle	8 axe	8 Spindel, Achse	8 spil	8 spindel
9 shaft	9 arbre	9 Welle	9 as	9 aksel
10 spring	10 ressort	10 Feder	10 veer	10 fjeder
11 lever	11 levier	11 Hebel	11 hefboom	11 vægtstang
12 bush	12 bague, buselure	12 Buchse	12 bus	12 bøsning
13 bearing	13 palier	13 Lager	13 lager	13 leje
14 ball bearing	14 roulement à billes	14 Kugellager	14 kogellager	14 kugleleje
15 split pin	15 goupille fendue	15 Splint	15 splitpen	15 split
16 gasket	16 joint d'étanchéité, joint	16 Dichtung	16 pakking	16 pakning
17 spacer	17 anneau d'écartement	17 Abstandsring	17 afstandsring	17 afstandsstykke
18 gear wheel	18 pignon	18 Zahnrad	18 tandwiel	18 tandhjul
19 belt	19 courroie	19 Riemen	19 riem	19 drivrem
20 pulley	20 poulie	20 Riemenscheibe	20 riemschijf	20 remskive
21 drain tap	21 robinet de vidange	21 Ablasshahn	21 aftapkraan	21 tappehane
22 grease cup	22 pot de graissage	22 Schmierkopf	22 vetpot	22 fedtkop
23 self-tapping	23 vis Parker	23 selbstschneidend	23 zelftappend	23 selvtappende
24 V-belt	24 courroie trapézoidale	24 Keilriemen	24 V-snaar	24 kilerem
25 stainless steel	25 acier inoxidable	25 Edelstahl	25 roestvrij staal (RVS)	25 rustfrit stål
26 mild steel	26 acier doux	26 Baustahl	26 vloeistaal, smeltijzer	26 stål
27 copper	27 cuivre rouge	27 Kupfer	27 koper	27 kobber
28 brass	28 cuivre jaune	28 Messing	28 brons, messing	28 messing
29 nylon	29 nylon	29 Nylon	29 nylon	29 nylon
30 grub screw	30 vis sans tête	30 Madenschraube	30 stifttap	30 grub skrue
31 O ring	31 joint torique	31 O-Ring	31 O-ring	31 O ring

ESPAÑOL	ITALIANO	PORTUGUÊS	TÜRKÇE	ΕΛΛΗΝΙΚΑ (GREEK)
EL MOTOR	**IL MOTORE**	**DO MOTOR**	**MOTOR**	**ΜΗΧΑΝΗ**
Piezas de maquinaria	**Parti meccaniche**	**Componentes**	**Motor parçaları**	**ΜΗΧΑΝΟΛΟΓΙΚΑ ΕΞΑΡΤΗΜΑΤΑ**
1 tornillo	1 vite	1 parafuso	1 vida	1 ΒΙΔΑ
2 perno	2 bullone	2 parafuso de porca	2 cıvata	2 ΜΠΟΥΛΟΝΙ
3 tuerca	3 dado	3 porca	3 somun	3 ΠΑΞΙΜΑΔΙ
4 contratuerca	4 controdado	4 contraporca	4 kontra somun	4 ΠΑΞΙΜΑΔΙ ΑΣΦΑΛΕΙΑΣ
5 tuerca de aletas	5 galletto	5 porca de orelhas	5 kelebek somun	5 ΠΕΤΑΛΟΥΔΑ
6 arandela	6 rondella, rosetta	6 anilha	6 roleda, pul	6 ΡΟΔΕΛΛΑ
7 arandela de muelle	7 rondella elastica	7 anilha de mola	7 yaylı roleda	7 ΓΚΡΟΒΕΡ
8 vástago, pivote	8 fuso, alberino	8 fuso	8 yatak, spindel	8 ΑΤΡΑΚΤΟΣ
9 eje, árbol	9 asse, albero	9 veio	9 şaft	9 ΑΞΟΝΑΣ
10 resorte, muelle	10 molla	10 mola	10 yay	10 ΕΛΑΤΗΡΙΟ
11 palanca	11 leva	11 alavanca	11 levye	11 ΛΕΒΙΕΣ
12 buje, casquillo	12 boccola	12 casquilho	12 yüksük	12 ΑΝΤΙΤΡΙΒΙΚΟΣ ΔΑΚΤΥΛΙΟΣ
13 cojinete	13 cuscinetto	13 chumaceira	13 yatak	13 ΚΟΥΖΙΝΕΤΟ
14 cojinete de bolas	14 cuscinetto a sfere	14 rolamento de esferas	14 bilyalı rulman	14 ΡΟΥΛΕΜΑΝ
15 pasador abierto, chaveta	15 coppiglia	15 troço	15 catal pin, kopilya	15 ΤΣΙΒΙ
16 junta	16 guarnizione	16 junta	16 conta	16 ΦΛΑΝΤΖΑ
17 anillo de separación distanciador	17 distanziale	17 espaçador	17 arama halkası	17 ΔΙΑΧΩΡΙΣΤΗΣ
18 piñón, rueda dentada	18 ingranaggio	18 engrenagem	18 Pinyon, dişli	18 ΟΔΟΝΤΟΤΟΣ ΤΡΟΧΟΣ
19 correa	19 cinghia	19 correia	19 kayış	19 ΙΜΑΝΤΑΣ
20 polea	20 puleggia	20 roldana	20 makara, kasnak	20 ΤΡΟΧΑΛΙΑ
21 válvula de drenage	21 rubinetto di drenaggio	21 torneira de drenagem	21 boşaltma musluğu	21 ΕΞΑΓΩΓΗ
22 engrasador	22 ingrassatore	22 copo de lubrificação	22 gresörluk	22 ΛΙΠΑΝΤΗΡ
23 tornillo de rosca metal	23 autofilettante	23 autocolante	23 sac vidası	23 ΒΙΔΑ ΠΟΥ ΠΙΑΝΕΙ ΧΩΡΙΣ ΠΑΞΙΜΑΔΙ
24 correa de transmission en V	24 cinghia trapezoidale	24 correia em V	24 V-kayışı	24 ΙΜΑΝΤΑΣ ΤΡΙΓΩΝΙΚΟΣ
25 acero inoxidable	25 acciaio inossidabile	25 aço inoxidável	25 paslanmaz çelik	25 ΑΝΟΞΕΙΔΩΤΟ ΑΤΣΑΛΙ
26 acero dulce	26 acciaio dolce	26 aço maneável/ferro maneável	26 yumuşak çelik, yumuşak sac	26 ΑΠΛΟ ΑΤΣΑΛΙ
27 cobre	27 rame	27 cobre	27 bakır	27 ΧΑΛΚΙΝΟ
28 latón	28 ottone	28 bronze	28 sarı	28 ΜΠΡΟΥΤΖΙΝΟ
29 nilón	29 nylon, nailon	29 nylon	29 nylon	29 ΝΑΥΛΟΝ
30 tornillo sin cabeza	30 brugola	30 parafuso sem cabeça	30 sabitleme vidası	30 ΒΙΔΑ ΑΣΦΑΛΕΙΑΣ
31 arandela de goma	31 O ring	31 O ring	31 O ring	31 ΔΑΚΤΥΛΙΔΙ ΛΑΣΤΙΧΕΝΙΟ

6 THE ENGINE

ENGLISH	FRANÇAIS	DEUTSCH	NEDERLANDS	DANSK
THE ENGINE	**LE MOTEUR**	**MASCHINE**	**DE MOTOR**	**MOTOREN**
Engineering checks and repairs	**Vérifications et réparations mécaniques**	**Motorwartung und Reparatur**	**Technische controle en reparaties**	**Check og reparationer**
1 broken	1 cassé	1 gebrochen	1 gebroken	1 knækket
2 damaged	2 endommagé	2 beschädigt	2 beschadigd	2 beskadiget
3 worn	3 usé	3 abgenutzt	3 versleten	3 slidt
4 pitted	4 piqué	4 angefressen	4 ingevreten	4 tilsodet
5 blocked	5 bouché, bloqué	5 verstopft	5 geblokkeerd	5 blokeret
6 loose	6 desserré	6 lose	6 los	6 løs
7 to stall	7 caler	7 abwürgen	7 afslaan, vastlopen	7 at gå i stå
8 to leak	8 fuir, s'échapper	8 lecken	8 lekken	8 at lække
9 to oil	9 huiler, lubrifier	9 ölen	9 oliën, smeren	9 at smøre
10 to grease	10 graisser	10 schmieren	10 invetten	10 at smøre med fedt
11 to change the oil	11 faire la vidange d'huile	11 das Öl wechseln	11 de olie verversen	11 at skifte olie
12 to charge the battery	12 charger la batterie	12 Batterie aufladen	12 de accu laden	12 oplade batteri
13 to top up the battery	13 remplir la batterie	13 Batterie auffüllen	13 de accu bijvullen	13 fylde batteriet op
14 to overhaul	14 réviser, remettre à neuf	14 überholen	14 reviseren, overhalen	14 at efterse
15 to test	15 vérifier	15 prüfen	15 testen	15 at prøve
16 to adjust	16 régler	16 einstellen	16 afstellen	16 indstille
17 to clean	17 nettoyer	17 reinigen	17 schoonmaken	17 at rense
18 to tighten	18 serrer, bloquer	18 anziehen	18 aandraaien	18 at stramme
19 to loosen	19 desserrer, libérer	19 nachlassen, lockern	19 losmaken, losdraaien	19 at løsne
20 to decarbonize	20 décalaminer	20 entkohlen	20 ontkolen	20 afkokse
21 to grind in valves	21 roder ou rectifier les soupapes	21 Ventile einschleifen	21 klep inslijpen	21 slibe ventiler
22 to bleed	22 purger d'air	22 entlüften	22 ontluchten	22 udlufte
23 to reline	23 regarnir	23 nachschleifen, instandsetzen	23 uitlijnen	23 rette/line op
24 burnt	24 brûlé	24 verbrannt	24 verbrand	24 brændt
25 to check	25 vérifier	25 prüfen	25 controleren	25 kontrollere
26 to drain	26 vidanger	26 ablassen	26 aftappen	26 at tømme
27 temperature	27 température	27 Temperatur	27 temperatuur	27 temperatur
28 revolutions	28 tours	28 Umdrehungen	28 omwentelingen	28 omdrejninger
29 low	29 bas/basse	29 niedrig	29 laag	29 lav
30 high	30 élevé/élevée	30 hoch	30 hoog	30 høj
31 torque	31 couple	31 Drehmoment	31 koppel	31 drejningsmoment
32 friction	32 friction	32 Reibung	32 wrijving/frictie	32 friktion

	ESPAÑOL	ITALIANO	PORTUGUÊS	TÜRKÇE	ΕΛΛΗΝΙΚΑ (GREEK)
	EL MOTOR	**IL MOTORE**	**DO MOTOR**	**MOTOR**	**ΜΗΧΑΝΗ**
	Revisiones y reparaciones mecánicas	**Controlli e riparazioni del motorista**	**Testes e reparações**	**Motor kontrolleri ve tamirler**	**ΜΗΧΑΝΟΛΟΓΙΚΟΙ ΕΛΕΓΧΟΙ ΚΑΙ ΕΠΙΣΚΕΥΕΣ**
1	roto	rotto	partido	kırık	ΣΠΑΣΜΕΝΟ
2	averiado	danneggiato	danificado	hasarlı	ΧΑΛΑΣΜΕΝΟ
3	gastado	usurato, consumato	gasto	eskimiş	ΦΘΑΡΜΕΝΟ
4	picado	vaiolato	picado	karıncalanmış	ΟΞΕΙΔΩΜΕΝΗ
5	obstruido	bloccato	obstruído	bloke/tıkalı	ΒΟΥΛΩΜΕΝΟ
6	flojo	lento	solto	gevşek	ΧΑΛΑΡΟ
7	detenerse	fermarsi	afogar, parar	sıkışmak/stop etmek	ΧΑΝΕΙ
8	gotear	perdere	perder líquido, verter	sızma	ΤΡΕΧΕΙ
9	lubricar	lubrificare	meter óleo	yağlamak	ΛΑΔΩΝΩ
10	engrasar	ingrassare	lubrificar	greslemek	ΓΡΑΣΑΡΩ
11	cambiar el aceite	cambiare l'olio	mudar o óleo	yağ değiştirmek	ΑΛΛΑΖΩ ΛΑΔΙΑ
12	cargar la batería	caricare la batteria	carregar bateria	bataryayı şarj etmek	ΦΟΡΤΙΖΩ ΤΗΝ ΜΠΑΤΑΡΙΑ
13	rellenar la batería	rabboccare la batteria	atestar bateria	bataryayı tam doldurmak	ΣΥΜΠΛΗΡΩΝΩ ΤΗΝ ΜΠΑΤΑΡΙΑ
14	revisión	revisionare	fazer revisão	revizyon, yenilemek	ΕΠΙΣΚΕΥΑΖΩ
15	probar	controllare	ensaiar	kontrol etmek	ΔΟΚΙΜΑΖΩ
16	ajustar, regular	regolare	regular	ayar etmek	ΡΥΘΜΙΖΩ
17	limpiar	pulire	limpar	temizlemek	ΚΑΘΑΡΙΖΩ
18	apretar	stringere	apertar	sıkmak	ΣΦΙΞΙΜΟ
19	aflojar	allentare	desapertar	gevşetmek, boşaltmak	ΛΑΣΚΑΡΙΣΜΑ
20	descarbonizar	disincrostare	descarbonisar	karbonu gidermek	ΞΕΚΑΠΝΙΣΜΑ
21	esmerilar las válvulas	smerigliare le valvole	rodar ou rectificar válvulas	supapları rektifiye etmek	ΤΡΙΨΙΜΟ ΒΑΛΒΙΔΩΝ
22	purgar	spurgare	sangrar	havasını almek	ΕΞΑΕΡΩΣΗ
23	renovar los forros	sostituire i ferodi	calçar de novo	balata yenilemek	ΕΥΘΥΓΡΑΜΜΙΣΗ
24	quemado	bruciato	queimado	yanmış	ΚΑΜΜΕΝΟΣ
25	revisar	verificare	verificar	kontrol etmek	ΕΛΕΓΧΟΣ
26	purgar	svuotare	drenagem	boşaltmak, suyunu boşaltmak	ΑΔΕΙΑΣΜΑ
27	temperatura	temperatura	temperatura	ısı	ΘΕΡΜΟΚΡΑΣΙΑ
28	revoluciones	giri	rotações	torna, devir, tur	ΣΤΡΟΦΕΣ
29	baja	basso	baixo	al çak	ΧΑΜΗΛΟ
30	alta	alto	alto	yüksek	ΥΨΗΛΟ
31	fuerza de torsión	coppia	aperto	burkulma emsali	ΡΟΠΗ
32	fricción	attrito	fricção	sürtünme	ΤΡΙΒΗ

ENGLISH	FRANÇAIS	DEUTSCH	NEDERLANDS	DANSK
6 THE ENGINE	**LE MOTEUR**	**MASCHINE**	**DE MOTOR**	**MOTOREN**

Engineering checks and repairs / Vérifications et réparations mécaniques / Motorwartung und Reparatur / Technische controle en reparaties / Check og reparationer

ENGLISH	FRANÇAIS	DEUTSCH	NEDERLANDS	DANSK
Engineering checks and repairs	**Vérifications et réparations mécaniques**	**Motorwartung und Reparatur**	**Technische controle en reparaties**	**Check og reparationer**
33 suction	33 aspiration	33 Ansaugung	33 zuiging	33 sug
34 pressure	34 pression	34 Druck	34 druk	34 tryk
35 combustion	35 combustion	35 Verbrennung	35 verbranding	35 forbrænding
36 compression	36 compression	36 Verdichtung	36 compressie	36 kompression

Engine problems / Problèmes de moteur / Maschinenprobleme / Motorproblemen / Motorproblemer

ENGLISH	FRANÇAIS	DEUTSCH	NEDERLANDS	DANSK
Engine problems	**Problèmes de moteur**	**Maschinenprobleme**	**Motorproblemen**	**Motorproblemer**
1 will not start	1 ne démarre pas	1 startet nicht	1 start niet	1 vil ikke starte
2 flat battery	2 batterie à plat	2 erschöpfte Batterie	2 lege accu	2 batteriet er fladt
3 smoke	3 fumée	3 Rauch	3 rook	3 røg
4 black	4 noire	4 schwarz	4 zwart	4 sort
5 white	5 blanche	5 weiß	5 wit	5 hvid
6 blue	6 bleue	6 blau	6 blauw	6 blå
7 misfire	7 avoir des ratés d'allumage	7 Fehlzündung	7 niet aanslaan	7 tænder ikke
8 to idle unevenly	8 avoir un ralenti irrégulier	8 unregelmäßig laufen	8 stationair onregelmatig draaien	8 går ujævnt
9 to knock	9 cliqueter	9 klopfen	9 kloppen, tikken	9 banke
10 to overheat	10 surchauffer	10 überhitzen	10 te warm worden	10 overophedet
11 to lose power	11 perdre de la puissance	11 Leistung verlieren	11 vermogen verliezen	11 taber kraft
12 low oil pressure	12 pression d'huile basse	12 niedriger Öldruck	12 lage oliedruk	12 lavt olietryk
13 rising oil level	13 niveau d'huile en hausse	13 steigender Ölstand	13 oplopend oliepeil	13 stigende oliestand
14 to burn oil	14 consommer de l'huile	14 Öl verbrennen	14 olie gebruiken, olie verbranden	14 brænder olie
15 no fuel	15 manque de carburant	15 kein Brennstoff	15 geen brandstof	15 ingen brændstof
16 dirty fuel	16 carburant sale	16 verunreinigter Brennstoff	16 vuile brandstof	16 skidt i brændstoffet
17 air in fuel	17 air dans le carburant	17 Luft im Brennstoff	17 lucht in de brandstofleiding	17 luft i brændstoffet
18 water in fuel	18 eau dans le carburant	18 Wasser im Brennstoff	18 water in de brandstof	18 vand i brændstoffet
19 bacteria in fuel	19 bactéries dans le carburant	19 Bakterien im Brennstoff	19 bacteriën in de brandstof	19 bakterier i brændstoffet

ESPAÑOL	ITALIANO	PORTUGUÊS	TÜRKÇE	ΕΛΛΗΝΙΚΑ (GREEK)
EL MOTOR	**IL MOTORE**	**DO MOTOR**	**MOTOR**	**ΜΗΧΑΝΗ**
Revisiones y reparaciones mecánicas	**Controlli e riparazioni del motorista**	**Testes e reparações**	**Motor kontrolleri ve tamirler**	**ΜΗΧΑΝΟΛΟΓΙΚΟΙ ΕΛΕΓΧΟΙ & ΕΠΙΣΚΕΥΕΣ**
33 aspiración	33 aspirazione	33 aspiração	33 emme	33 ΑΝΑΡΡΟΦΗΣΗ
34 presión	34 pressione	34 pressão	34 basınç	34 ΠΙΕΣΗ
35 combustión	35 combustione	35 combustão	35 patlama	35 ΚΑΥΣΗ
36 compresión	36 compressione	36 compressão	36 sıkıştırma, kompresyon	36 ΣΥΜΠΙΕΣΗ
Problemas de motor	**Problemi al motore**	**Problemas do motor**	**Motor sorunları**	**ΠΡΟΒΛΗΜΑΤΑ ΜΗΧΑΝΗΣ**
1 fallo de arranque	1 non parte	1 não pega	1 çalışmıyor	1 ΔΕΝ ΞΕΚΙΝΑΕΙ
2 batería a cero	2 batteria scarica	2 bateria em baixo	2 batarya boş	2 ΑΔΕΙΑ ΜΠΑΤΑΡΙΑ
3 humo	3 fumo	3 fumo	3 duman	3 ΚΑΠΝΟΣ
4 negro	4 nero	4 preto	4 kara, siyah	4 ΜΑΥΡΟΣ
5 blanco	5 bianco	5 branco	5 beyaz	5 ΑΣΠΡΟΣ
6 azul	6 blu, azzurro	6 azul	6 mavi	6 ΜΠΛΕ
7 fallo de encendido	7 perdere colpi	7 ignição dificiente	7 çalışmıyor, ateşlemiyor	7 ΡΑΤΑΡΕΙ
8 ralentí irregular	8 essere irregolare al minimo	8 funcionando de maneira irregular	8 rölantisi bozuk	8 ΑΝΩΜΑΛΟ ΡΑΛΑΝΤΙ
9 hacer explosiones	9 battere in testa	9 bater	9 vuruntu, darbelemek	9 ΚΤΥΠΑΕΙ
10 sobrecalentar	10 surriscaldare	10 sobreaquecer	10 fazla ısınma	10 ΥΠΕΡΘΕΡΜΑΙΝΕΤΑΙ
11 perder fuerza	11 perdere potenza	11 perder a potência	11 güç kaybetmek	11 ΧΑΝΕΙ ΙΣΧΥ
12 presión de aceite baja	12 bassa pressione dell'olio	12 baixa pressão de óleo	12 düşük yağ basıncı	12 ΧΑΜΗΛΗ ΠΙΕΣΗ ΛΑΔΙΟΥ
13 aumento de nivel de aceite	13 livello olio in aumento	13 subida do nível do óleo	13 yağ seviyesi yükseliyor	13 ΑΝΕΒΑΙΝΕΙ Η ΣΤΑΘΜΗ ΛΑΔΙΟΥ
14 quemar aceite	14 bruciare olio	14 a queimar, óleo	14 yağ yakmak	14 ΚΑΙΕΙ ΛΑΔΙ
15 falta de combustible	15 a secco di carburante	15 sem combustivel	15 yakıt yok, yakıt gelmiyor	15 ΟΧΙ ΚΑΥΣΙΜΑ
16 combustible sucio	16 carburante sporco	16 gasóleo sujo	16 pis yakıt	16 ΒΡΩΜΙΚΑ ΚΑΥΣΙΜΑ
17 aire en el combustible	17 aria nel carburante	17 ar no gasóleo	17 yakıtta hava	17 ΑΕΡΑΣ ΣΤΑ ΚΑΥΣΙΜΑ
18 agua en el combustible	18 acqua nel carburante	18 àgua no gasóleo	18 yakıtta su bulunması	18 ΝΕΡΟ ΣΤΑ ΚΑΥΣΙΜΑ
19 bacterias en el combustible	19 batteri nel carburante	19 bacterias no gasóleo	19 yakıtta bakteri	19 ΜΙΚΡΟΒΙΑ ΣΤΑ ΚΑΥΣΙΜΑ

ENGLISH	FRANÇAIS	DEUTSCH	NEDERLANDS	DANSK
6 THE ENGINE	**LE MOTEUR**	**MASCHINE**	**DE MOTOR**	**MOTOREN**
Engineer's stores	**Provisions de mécanicien**	**Vorräte des Maschinisten**	**Technisch magazijn**	**Reservedele**
1 petrol	1 essence	1 Benzin	1 benzine	1 benzin
2 paraffin/kerosene	2 kérosène, pétrole	2 Petroleum	2 petroleum/kerosine	2 petroleum
3 diesel oil	3 gazole, diesel	3 Dieselöl	3 dieselolie	3 dieselolie
4 engine oil	4 huile	4 Schmieröl	4 motorolie	4 motorolie
5 grease	5 graisse	5 Fett	5 vet	5 fedt
6 distilled water	6 eau distillée	6 destilliertes Wasser	6 gedestilleerd water	6 destilleret vand
7 hydraulic fluid	7 liquide hydraulique	7 Hydrauliköl	7 hydraulische vloeistof	7 hydraulikvædske
8 antifreeze	8 antigel	8 Frostschutzmittel	8 antivries	8 frostvædske
9 methylated spirits	9 alcool à brûler	9 Brennspiritus	9 methylalcohol	9 denatureret sprit
10 filter element	10 éléments de filtre	10 Filter	10 filterelement	10 filterindsats
11 gasket	11 joint	11 Packung, Dichtung	11 pakking	11 pakning
12 anode	12 anode	12 Anode	12 anode	12 anode
13 jubilee clip	13 collier BC	13 Schlauchklemme	13 slangklem	13 slangebinder
14 adhesive tape	14 ruban adhésif/ chatterton	14 Klebestreifen	14 plakband	14 tape
15 hose	15 tuyau	15 Schlauch	15 slang	15 slange
16 drive belt	16 courroie d'entrainement	16 Treibriemen	16 aandrijfriem	16 drivrem
17 impeller	17 roue à ailettes	17 Impeller	17 impeller, waaier	17 impeller
18 diaphragm	18 diaphragme	18 Membrane	18 membraan	18 membran
19 thermostat	19 thermostat	19 Thermostat	19 thermostaat	19 termostat
20 sensor	20 détecteur	20 Fühler	20 voeler, sensor	20 føler
21 O ring	21 joint torique	21 O-Ring	21 O-ring	21 O-ring

	ESPAÑOL	ITALIANO	PORTUGUÊS	TÜRKÇE	ΕΛΛΗΝΙΚΑ (GREEK)
	EL MOTOR	**IL MOTORE**	**DO MOTOR**	**MOTOR**	**ΜΗΧΑΝΗ**
	Suministros del motor	**Scorte del motorista**	**Lojas de motores/oficinas**	**Motorcu malzemesi**	**ΑΝΤΑΛΛΑΚΤΙΚΑ ΜΗΧΑΝΗΣ**
1	gasolina	benzina	gasolina	benzin	ΒΕΝΖΙΝΗ
2	petróleo/keroseno	petrolio/kerosene	petróleo	gazyağı/kerosen	ΚΗΡΟΖΙΝΗ
3	gasoil	gasolio	gasóleo	motorin	ΠΕΤΡΕΛΑΙΟ
4	aceite de motor	olio lubrificante	óleo de motor	motor yağı	ΛΑΔΙ ΜΗΧΑΝΗΣ
5	grasa	grasso	massa	gres yağı	ΓΡΑΣΣΟ
6	agua destilada	acqua distillata	água destilada	damıtık su	ΑΠΕΣΤΑΓΜΕΝΟ ΝΕΡΟ
7	aceite hidráulico	olio idraulico	óleo para sistema hidráulico	hidrolik yağı	ΥΓΡΟ ΥΔΡΑΥΛΙΚΩΝ
8	anticongelante	antigelo	anti-congelante	antifriz	ΑΝΤΙΨΥΚΤΙΚΟ
9	alcohol desnaturalizado	alcool denaturato	alcool metílico	alkol, ispirto	ΑΛΚΟΟΛΕΣ
10	elemento de filtro	elemento del filtro	filtro	filtre elemanı	ΦΙΛΤΡΟ
11	junta, empaquetadura	guarnizione	anilha	conta	ΠΑΡΕΜΒΥΣΜΑ
12	ánodo	anodo	ânodo	tutya	ΑΝΟΔΙΟ
13	abrazadera	fascetta a vite	abraçadeira ajustàvel	kelepçe	ΑΓΚΙΣΤΡΟ
14	cinta aislante	nastro adesivo	fitá adesiva	yapışkan bant	ΑΥΤΟΚΟΛΛΗΤΗ ΤΑΙΝΙΑ
15	manguera	tubo flessibile	tubo	hortum	ΣΩΛΗΝΑΣ
16	correa de transmisión	cinghia di trasmissione	correia	transmisyon kayışı	ΙΜΑΝΤΑΣ ΚΙΝΗΣΗΣ
17	rotor	girante	impeler	impeller/tulumba pervanesi	ΙΜΠΕΛΕΡ
18	diafragma	membrana	diafragma	diyafram	ΔΙΑΦΡΑΓΜΑ
19	termostato	termostato	termostato	termostat	ΘΕΡΜΟΣΤΑΤΗΣ
20	sensor	sensore	sensor	müşir	ΑΙΣΘΗΤΗΡΑΣ (ΣΕΝΣΟΡΑΣ)
21	arandela de goma	O ring	O ring	O ring	ΔΑΚΤΥΛΙΟΣ-ΚΟΥΛΟΥΡΙ

ENGLISH	FRANÇAIS	DEUTSCH	NEDERLANDS	DANSK
THE ENGINE	LE MOTEUR	MASCHINE	DE MOTOR	MOTOREN
Engineer's toolbox	**Boîte à outils de mécanicien**	**Werkzeuge des Maschinisten**	**Monteursgereedschappen**	**Værktøjskasse**
1 grease gun	1 pompe de graissage	1 Fettpresse	1 vetpomp	1 fedtsprøjte
2 oil can	2 burette à huile	2 Ölkanne	2 oliekan	2 smørekande
3 feeler gauge	3 calibre à lames (d'epaisseur)	3 Messfühler	3 voelermaat	3 føler
4 wrench	4 clef à molettes	4 Schraubenschlüssel	4 schroefsleutel	4 skruenøgle
5 mole wrench	5 pince-étau	5 verstellbarer Maulschlüssel	5 Engelse sleutel	5 skiftenøgle
6 stilson wrench	6 clef à pipes	6 Rohrzange	6 verstelbare (stilson)sleutel	6 stilsonnøgle
7 pliers	7 pinces	7 Zange	7 buigtang	7 tang
8 bolt cutters	8 coupe-boulon	8 Bolzenschneider	8 staaldraadkniptang	8 boltsaks
9 open spanner	9 clef	9 Maulschlüssel	9 steeksleutel	9 gaffelnøgle
10 ring spanner	10 clef fermée	10 Ringschlüssel	10 ringsleutel	10 ringnøgle
11 box spanner	11 clef à douille	11 Steckschlüssel	11 dopsleutel	11 topnøgle
12 adjustable spanner	12 clef anglaise	12 verstellbarer Schraubenschlüssel	12 Engelse sleutel of bahco	12 skiftenøgle or svensknøgle
13 Allen key	13 clef Allen	13 Innensechskantschlüssel Imbusschlüssel	13 imbussleutel	13 Allen-nøgle
14 screwdriver	14 tournevis	14 Schraubendreher	14 schroevendraaier	14 skruetrækker
15 crosshead screwdriver	15 tournevis cruciforme	15 Kreuzschlitz-schraubendreher	15 kruiskopschroevendraaier	15 stjerneskruetrækker
16 hammer	16 marteau	16 Hammer	16 hamer	16 hammer
17 vice	17 étau	17 Schraubstock	17 bankschroef	17 skruestik
18 soldering iron	18 fer à souder	18 Lötkolben	18 soldeerbout	18 loddekolbe
19 funnel with filter	19 entonnoir à filtre	19 Trichter mit Filter	19 schoorsteen met filter	19 tragt med filter

ESPAÑOL

EL MOTOR

Herramientas del mecánico

1 engrasador a presión
2 aceitera
3 galga
4 llave inglesa
5 alicates de presión
6 llave stilson
7 alicates
8 cizalla de pernos
9 llave plana fija de boca
10 llave de estrella
11 llave de tubo
12 llave inglesa
13 llave Allen
14 destornillador
15 destornillador para tornillos cruciformes
16 martillo
17 mordaza
18 soldador
19 embudo con filtro

ITALIANO

IL MOTORE

Attrezzi del motorista

1 ingrassatore
2 oliatore
3 spessimetro
4 chiave
5 pinza autobloccante
6 chiave stringitubi
7 pinze
8 tagliabulloni
9 chiave a forchetta
10 chiave poligonale
11 chiave a tubo
12 chiave rollino/Inglese
13 chiave Allen, chiave per viti a sede esagonale
14 cacciavite
15 cacciavite con testa a croce
16 martello
17 morsa
18 saldatore
19 imbuto con filtro

PORTUGUÊS

DO MOTOR

Caixa de ferramentas

1 pistola de lubrificação
2 lata de óleo
3 canivete de folgas
4 chave inglesa
5 chave inglesa de garras ajustáveis
6 chave de tubos de garras ajustáveis
7 alicate
8 corta-cavilhas
9 chave inglesa de bocas abertas
10 chave de anel
11 chave de caixa
12 chave Inglesa
13 chave de Allen
14 chave de fendas
15 chave philips
16 martelo
17 tôrno, prensa
18 ferro de soldar
19 funil com filtro

TÜRKÇE

MOTOR

Motorcu alet kutusu

1 gres tabancası
2 yağ tenekesi
3 platin ayar çakısı
4 somun
5 iki ağızlı anahtar
6 ayarlı anahtar
7 pense
8 cıvata keskisi, çapraz keski
9 açık anahtar
10 yıldız anahtar
11 boru anahtar
12 ayarlı pens
13 allen anahtar
14 tornavida
15 yıldız tornavida
16 çekiç
17 mengene
18 havya
19 filtreli huni

ΕΛΛΗΝΙΚΑ (GREEK)

ΜΗΧΑΝΗ

ΕΡΓΑΛΕΙΑ ΜΗΧΑΝΙΚΟΥ

1 ΓΡΑΣΣΑΔΟΡΟΣ
2 ΚΟΥΤΙ ΛΑΔΙ
3 ΦΙΛΕΡΑΚΙ (ΒΑΛΒΙΔΩΝ ΡΥΘΜΙΣΗ)
4 ΓΑΛΛΙΚΟ ΚΛΕΙΔΙ
5 ΑΥΞΟΜΕΙΟΥΜΕΝΟ-ΓΕΡΜΑΝΙΚΟ
6 ΣΩΛΗΝΟΚΑΒΟΥΡΑΣ
7 ΠΕΝΣΑ
8 ΚΟΦΤΗΣ
9 ΑΝΟΙΧΤΟ ΚΛΕΙΔΙ
10 ΔΑΚΤΥΛΙΟΕΙΔΕΣ ΚΛΕΙΔΙ
11 ΓΟΥΒΩΤΟ ΚΛΕΙΔΙ
12 ΡΥΘΜΙΖìΜΕΝΟ ΓΕΦΥΡΩΜΑ
13 ΑΛΕΝ ΚΛΕΙΔΙ
14 ΚΑΤΣΑΒΙΔΙ
15 ΣΤΑΥΡΟΚΑΤΣΑΒΙΔΟ
16 ΣΦΥΡΙ
17 ΜΕΓΓΕΝΗ
18 ΚΟΛΛΗΤΗΡΙ
19 ΧΩΝΙ ΜΕ ΦΙΛΤΡΟ

ENGLISH	FRANÇAIS	DEUTSCH	NEDERLANDS	DANSK
7 DRIVE SYSTEM	**SYSTEME DE PROPULSION**	**ANTRIEBSSYSTEM**	**AANDRIJFSYSTEEM**	**SKRUEINSTALLATION**
1 propeller, screw	1 hélice	1 Propeller, Schraube	1 schroef	1 propel/skrue
2 blade	2 pale	2 Flügel	2 schroefblad	2 blad
3 pitch	3 pas	3 Steigung	3 spoed	3 stigning
4 feathering propeller	4 hélice bec de canard	4 Faltpropeller	4 klapschroef	4 sammenklappelig skrue
5 variable-pitch propeller	5 hélice à pas variable	5 Verstellpropeller	5 verstelbare schroef	5 vridbar skrue
6 folding prop	6 hélice pliante	6 Faltpropeller	6 klapschroef	6 Foldepropel
7 right-handed	7 pas à droite	7 rechtsdrehend	7 rechtsdraaiend	7 højregang
8 left-handed	8 pas à gauche	8 linksdrehend	8 linksdraaiend	8 venstregang
9 stern tube	9 tube d'étambot	9 Stevenrohr	9 schroefaskoker	9 stævnrør
10 stern gland	10 presse-étoupe de tube d'étambot	10 Stevenrohrverschluss	10 schroefasgland	10 fedtkop
11 stuffing box	11 presse-étoupe	11 Stopfbuchse	11 pakkingbus	11 opbevaringskasse
12 propeller shaft	12 arbre d'hélice	12 Propellerwelle	12 schroefas	12 skrueaksel
13 flexible coupling	13 accouplement flexible	13 flexible Kupplung	13 flexibele koppeling	13 flexkobling
14 driven shaft	14 arbre entrainé	14 angetriebene Welle	14 doorboorde aandrijfas	14 drivaksel
15 P bracket	15 support d'hélice	15 Wellenlagerbock	15 schroefassteunlager	15 P bracket
16 cutless bearing	16 bague hydrolube	16 ungeteiltes Lager	16 buslager	16 leje
17 rope cutter	17 coupe-câbles	17 Leinenschneider	17 draadsnijder bij de schroef	17 kniv
18 key	18 clavette	18 Passfeder für Wellennut	18 sleutel	18 nøgle
19 shaft brake	19 frein d árbre porte-hélice	19 Wellenbremse	19 breekpen (bij buitenboordmotoren)	19 Akselbremse

ESPAÑOL	ITALIANO	PORTUGUÊS	TÜRKÇE	ΕΛΛΗΝΙΚΑ (GREEK)
SISTEMA PROPULSOR	**SISTEMA DI PROPULSIONE**	**SISTEMA DE CONDUÇÃO**	**YÜRÜTME SİSTEMİ**	**ΣΥΣΤΗΜΑ ΠΡΟΩΘΗΣΗΣ**
1 hélice	1 elica	1 hélice	1 pervane	1 ΠΡΟΠΕΛΛΑ
2 pala	2 pala	2 lámina	2 kanat, pervane kanadı	2 ΦΤΕΡΟ
3 paso de la hélice	3 passo	3 passo	3 pitch	3 ΒΗΜΑ
4 hélice de palas movibles	4 elica con pale in bandiera	4 hélice com passo egulável	4 katlanan pervane	4 ΠΤΥΣΣΟΜΕΝΗ ΠΡΟΠΕΛΛΑ
5 hélice de paso variable	5 elica a passo variabile	5 hélice com passo variável	5 pitch kontrollü pervane	5 ΠΡΟΠΕΛΛΑ ΜΕΤΑΒΛΗΤΟΥ ΒΗΜΑΤΟΣ
6 helice pliegable	6 Elica a pale ripiegate	6 Hélice dobrável/bico de pato	6 Katlanır Pervane	6 ΠΤΥΣΣìΜΕΝΗ ΠΡΟΠΎΛΑ
7 paso a la derecha	7 destro	7 direito	7 sağa devirli	7 ΔΕΞΙΟΣΤΡΟΦΗ
8 paso a la izquierda	8 sinistro	8 esquerdo	8 şola devirli	8 ΑΡΙΣΤΕΡΟΣΤΡΟΦΗ
7 bocina	9 astuccio (dell'albero portaelica)	9 manga do veio	9 şaft kovanı	9 ΧΩΝΙ
10 prensa-estopa de la bocina	10 premistoppa	10 bucim	10 şaft kovanı, salmastra gleni	10 ΜΠΟΥΣΑ
11 prensa-estopa	11 premibaderna	11 calxa do bucim, empanque	11 salmastra kutusu	11 ΣΤΥΠΙΟΘΑΙΠΤΗΣ
12 eje/árbol de la hélice	12 albero dell'elica	12 veio do hélice	12 pervane şaftı, şaft	12 ΑΞΟΝΑΣ ΠΡΟΠΕΛΛΑΣ
13 acoplamiento flexible	13 giunto flessibile	13 acopulamento flexível	13 elastiki kaplin	13 ΕΥΛΥΓΙΣΤΗ ΕΝΩΣΗ
14 el árbol motor	14 albero condotto	14 velo motor	14 makina şaft kaplini	14 ΑΞΟΝΑΣ
15 soporte del eje de la hélice	15 staffa dell'elica	15 poleé em P	15 braket, şaft kaplini	15 Π-ΜΠΡΑΤΣΟ
16 casquillo	16 cuscinetto premistoppa	16 mancal do cutelo	16 yatak, şaft yatağı	16 ΤΟΞΟΕΙΔΕΣ ΡΟΥΛΕΜΑΝ
17 cortacables de la hélice	17 lama taglialenze	17 corta-cabos	17 halat kesme mahmuzu	17 ΚΟΦΤΗΣ ΣΚΟΙΝΙΟΥ
18 chaveta	18 chiavetta	18 chave	18 anahtar, kilit anahtarı	18 ΚΛΕΙΔΙ
19 freno de eje de helice	19 freno dell'albero dell'elica	19 travão de veio	19 şaft freni	19 ΦΡΎΝΟ ΑΞΟΝΑ

ENGLISH	FRANÇAIS	DEUTSCH	NEDERLANDS	DANSK
8 STEERING SYSTEM	**APPAREILS A GOUVERNER**	**STEUERUNGSANLAGE**	**STUURSYSTEEM**	**STYRESYSTEM**
1 wheel	1 barre à roue	1 Steuerrad	1 stuurwiel	1 rat
2 tiller	2 barre franche	2 Pinne	2 helmstok	2 rorpind
3 tiller extension	3 extension de barre franche	3 Pinnenausleger	3 helmstokverlenger	3 Rorpindsforlænger
4 rudder	4 gouvernail/safran	4 Ruder	4 roer	4 ror
5 balanced rudder	5 safran compensé	5 Balanceruder	5 balansroer	5 balanceror
6 spade rudder	6 safran à pelle	6 Spatenruder	6 plaatroer	6 spaderor
7 gudgeon	7 fémelot	7 Lagerzapfen	7 penborg	7 rorløkke
8 pintle	8 aiguillot	8 Fingerling	8 vingerling	8 tap
9 rudderstock	9 mèche	9 Ruderschaft	9 roerkoning	9 rorstamme
10 stuffing box	10 presse-étoupe	10 Stopfbuchse	10 pakkingbus	10 kasse
11 quadrant	11 quadrant	11 Quadrant	11 kwadrant	11 kvadrant
12 rod steering	12 tingle de drosses	12 Gestängesteuerung	12 stuurgerei d.m.v. stuurstangen	12 styrestænger
13 rack-and-pinion	13 crémaillère et pignon	13 Zahnstange mit Ritzel	13 tandwielaandrijving	13 drev
14 worm-drive	14 transmission par vis sans fin	14 Schneckenantrieb	14 wormaandrijving	14 snekkedrev
15 ball bearing	15 roulement à billes	15 Kugellager	15 kogellager	15 kugleleje
16 bevel	16 biseau	16 Kegelrad, Schmiege	16 conisch, afgeschuind	16 spidshjul
17 chain-drive	17 transmission par chaîne	17 Kettenantrieb	17 kettingaandrijving	17 kædedrev
18 sprocket	18 pignon de chaîne	18 Zahnrad	18 tand van tandwiel	18 kædehjul
19 cable steering	19 direction par câbles	19 Seilzugsteuerung	19 kabelbesturing	19 styreliner
20 hydraulic	20 hydraulique	20 Hydraulik	20 hydraulisch	20 hydraulisk
21 hydraulic ram/piston	21 piston hydraulique	21 Hydraulikkolben	21 hydraulische cilinder/zuiger	21 hydraulisk stempel
22 universal joint	22 cardan	22 Kreuzgelenk	22 universele aansluiting	22 universalled
23 self-steering	23 pilote automatique	23 Selbststeuer	23 zelfsturend	23 selvstyrende
24 windvane	24 girouette	24 Windfahne	24 windvaan	24 vindfane/sejl
25 trim-tab	25 flaps	25 Trimmklappe, Trimmruderblatt	25 trimvlak	25 trimanordning
26 ratchet	26 roue à cliquet	26 Sperrkranz, Sperrklinke	26 pal	26 pal

	ESPAÑOL	ITALIANO	PORTUGUÊS	TÜRKÇE	ΕΛΛΗΝΙΚΑ (GREEK)
	SISTEMA DE GOBIERNO	**SISTEMA DI GOVERNO**	**SISTEMA DE GOVERNO DO BARCO**	**DÜMEN SİSTEMİ**	**ΣΥΣΤΗΜΑ ΔΙΕΥΘΥΝΣΗΣ**
1	rueda del timón	ruota	roda do leme	dümen dolabı	ΡΟΔΑ
2	caña del timón	barra (del timone)	cana do leme	yeke	ΛΑΓΟΥΔΕΡΑ
3	prolongación de caña del timon/stick	Prolunga della barra del timone	Extensão para cana de leme	Yeke Uzatması	ΠΡΟΎΚΤΑΣΗ ΛΑΓΟΥΔΎΡΑΣ
4	pala del timón	timone	leme	dümen	ΤΙΜΟΝΙ
5	timón compensado	timone bilanciato	leme compensado	mütevazin/balanslı dümen	ΙΣΟΡΡΟΠΟ ΠΗΔΑΛΙΟ
6	timón suspendido	timone a pala	leme em pá	pala dümen	ΡΕΣΠΕΤΟ ΠΗΔΑΛΙΟ
7	hembra	femminella	cavilha/perno	dümen dişi iğneciği	ΠΕΙΡΟΣ-ΓΟΜΦΟΣ ΠΗΔΑΛΙΟΥ
8	macho	agugliotto	macaho do leme	dümen erkek iğneciği	ΒΕΛΟΝΙ
9	mecha del timón	asta del timone	cabo do leme	dümen anası, dümen mili	ΑΞΟΝΑΣ ΠΗΔΑΛΙΟΥ
10	prensa-estopa	premibaderna	calxa do bucim, empanque	dümen kovanı, salmastra gleni	ΣΤΥΠΙΟΘΛΙΠΤΗΣ
11	sector del timón	quadrante	quadrante dos gualdropes	dümen kadranı	ΤΟΞΟ ΤΟΥ ΠΗΔΑΛΙΟΥ
12	sistema de gobierno por varillas	trasmissione a biella	transmissão de barra	rotlu dümen takımı	ΜΟΧΛΟΤΙΜΟΝΟ
13	piñón y cremallera	pignone e cremagliera	cremalheira e seu carreto	dişlikol ve fener dişli	ΚΡΕΜΑΓΕΡΑ
14	transmisión por tornillo sin fin	trasmissione a vite senza fine	transmissão por sem fim e coroa	sonsuz dişlili dümen takımı	ΚΙΝΗΣΗ ΜΕ ΑΤΕΡΜΟΝΑ
15	rodamiento a bolas	cuscinetto a sfere	rolamento de resferras	rulman	ΡΟΥΛΕΜΑΝ (ΕΝΣΦΑΙΡΟ)
16	bisel	bisello	chanfro	eğim	ΚΩΝΙΚΗ ΕΜΠΛΟΚΗ
17	transmisión por cadena	trasmissione a catena	transmissão percurrente	zincir aktarmalı dümen sistemi	ΚΙΝΗΣΗ ΜΕ ΑΛΥΣΙΔΑ
18	rueda dentada	rocchetto	dente de roda	zincir dişlisi, sproket	ΟΔΟΝΤΩΤΟΣ ΤΡΟΧΟΣ ΑΛΥΣΣΙΔΑΣ
19	sistema de gobierno por cables	timone a catena	gualdrope	telli dümen aktarma sistemi	ΤΙΜΟΝΙ ΜΕ ΣΥΡΜΑΤΟΣΧΟΙΝΑ
20	hidráulico	idraulica	hidraulico	hidrolik	ΥΔΡΑΥΛΙΚΟ (ΤΙΜΟΝΙ)
21	pistón hidráulico	pistone idraulico	macaco hidraulico	hidrolik ram/piston	ΥΔΡΑΥΛΙΚΟ ΩΣΤΗΡΙΟ/ΠΙΣΤΟΝΙ
22	junta cardan	cardano	junta universal	istavroz kaplin	ΕΛΕΥΘΕΡΗ ΑΡΘΡΩΣΗ
23	piloto automático	ad autogoverno	leme automático	otomatik pilot	ΑΥΤΟΟΔΗΓΟΥΜΕΝΟ
24	veleta	pala a vento	leme automático de vento	rüzgar dümenı	ΑΝΕΜΟΤΙΜΟΝΟ
25	lengüeta	trimmer	compensador	trım-tab	ΦΛΑΠΣ
26	rueda de trinquete	cricco	linguete	cırcır dişli	ΚΑΣΤΑΝΙΑ

ENGLISH	FRANÇAIS	DEUTSCH	NEDERLANDS	DANSK
8 STEERING SYSTEM	**APPAREILS A GOUVERNER**	**STEUERUNGSANLAGE**	**STUURSYSTEEM**	**STYRESYSTEM**
27 autopilot	27 pilote automatique	27 Autopilot	27 automatische piloot	27 autopilot
28 belt drive	28 transmission par courroie	28 Riemenantrieb	28 riemaandrijving	28 remtræk
29 rotary drive	29 transmission rotative	29 Rotationsantrieb	29 roterende aandrijving	29 drejetræk
30 linear drive	30 transmission linéaire	30 Linearantrieb	30 lineaire aandrijving	30 linetræk
31 remote control	31 télécommande	31 Fernbedienung	31 afstandsbediening	31 Fjernbetjening

ESPAÑOL

SISTEMA DE GOBIERNO

27 piloto automático

28 transmisión por correa
29 transmisión giratoria

30 transmisión lineal
31 mando a distancia

ITALIANO

SISTEMA DI GOVERNO

27 autopilota

28 trasmissione a cinghia
29 trasmissione rotativa

30 trasmissione lineare
31 dispositivo di comando a distanza

PORTUGUÊS

SISTEMA DE GOVERNO DO BARCO

27 piloto automático

28 correia de transmissão
29 transmissão rotativa

30 transmissão linear
31 controlo à distancia (remoto)

TÜRKÇE

DÜMEN SİSTEMİ

27 otopilot

28 kayışlı aktarma
29 döner aktarma

30 doğrusal aktarma
31 sayısal elektrik ölçer

ΕΛΛΗΝΙΚΑ (GREEK)

ΣΥΣΤΗΜΑ ΔΙΕΥΘΥΝΣΗΣ

27 ΑΥΤΟΜΑΤΟΣ ΠΙΛΟΤΟΣ (ΠΥΞΙΔΑΣ)
28 ΚΙΝΗΣΗ ΜΕ ΙΜΑΝΤΑ
29 ΠΕΡΙΣΤΡΟΦΙΚΗ ΜΕΤΑΔΟΣΗ
30 ΓΡΑΜΜΙΚΗ ΜΕΤΑΔΟΣΗ
31 ΤΗΛΕΧΕΙΡΙΣΤΗΡΙΟ

	ENGLISH	FRANÇAIS	DEUTSCH	NEDERLANDS	DANSK
9	REFRIGERATION	REFRIGERATION	KÜHLSYSTEM	KOELING	KØLEANLÆG
1	compressor	compresseur	Kompressor	compressor	kompressor
2	magnetic clutch	embrayage magnétique	Magnetkupplung	magneetkoppeling	magnetisk kobling
3	condenser	condensateur	Kondensator	condensator	kondensator
4	heat exchanger	échangeur thermique	Wärmetauscher	warmtewisselaar	varmeveksler
5	receiver/filter/drier	récepteur filtre/sècheur	Sammler/Filter/ Trockner	filter/droger	modtager/filter/ tørreanordning
6	accumulator	accumulateur	Druckspeicher	verzamelaar	akkumulator
7	liquid line	tuyau à liquide	Kondensatleitung	vloeistofleiding	vædskestand
8	expansion valve	soupape d'expansion	Verdampferventil	expansieventiel	ekspansionsventil
9	evaporator/holding plate	évaporateur	Verdampferplatte	verdamper	fordamper
10	thermostat	thermostat	Thermostat	thermostaat	termostat
11	capillary tube	tube capillaire	Kapillarrohr	haarbuisje	kapillarrør
12	sensing bulb	ampoule-témoin	Messfühler	voeler	følerør
13	suction line	tuyau d'évacuation	Saugleitung	zuigleiding	føderør
14	discharge line	tuyau de débit	Ausflussleitung	aftapleiding	afløbsrør
15	high pressure cut-out	interrupteur de haute pression	Hochdruckabschaltung	hogedrukstop	højtryksafbryder
16	low pressure cut-out	interrupteur de basse pression	Niederdruckabschaltung	lagedrukstop	lavtryksafbryder
17	hose	tuyau	Schlauch	slang	slange
18	sight glass	verre de débit visible	Schauglas	kijkglas	kighul
19	air	air	Luft	lucht	luft
20	refrigerant	réfrigérant	Kühlmittel	koelmiddel	kølevædske
21	to purge	purger	durchspülen, reinigen	zuiveren, leegmaken	at rense
22	to charge	charger	auffüllen	opladen, laden	at lade
23	to crack open a valve	entrouvir une vanne r	ein Ventil aufreißen	ventiel open laten springen	at sprænge en ventil
24	to leak	fuir	lecken	lekken	at lække
25	to seal	rendre étanche	abdichten	afdichten	at tætne

	ESPAÑOL	ITALIANO	PORTUGUÊS	TÜRKÇE	ΕΛΛΗΝΙΚΑ (GREEK)
	REFRIGERACIÓN	**REFRIGERAZIONE**	**REFRIGERAÇÃO**	**SOĞUTMA**	**ΨΥΚΤΙΚΟ ΣΥΣΤΗΜΑ**
1	compresor	compressore	compressor	kompresör	ΣΥΜΠΙΕΣΤΗΣ
2	embrague magnético	frizione magnetica	válvula magnética	manyetik kavrama	ΜΑΓΝΗΤΙΚΟΣ ΣΥΜΠΛΕΚΤΗΣ
3	condensador	condensatore	condensador	kondensatör	ΣΥΜΠΥΚΝΩΤΗΣ
4	intercambiador de calor	scambiatore di calore	permutador de calor	ısı eşanjörö	ΕΝΑΛΛΑΚΤΗΣ ΘΕΡΜΟΤΗΤΑΣ
5	receptora/filtro/secadora	serbatoio/filtro/essiccatore	filtro/secador	sıvı kabı/filtre/kurutucu	ΔΕΚΤΗΣΦΙΛΤΡΟ' ΞΗΡΑΝΤΗΡΑΣ
6	acumulador	accumulatore	acumulador	toplayıcı	ΣΥΣΣΩΡΕΥΤΗΣ
7	tubo de alimentación	tubo del liquido	circuito de líquidos	sıvı borusu	ΣΩΛΗΝΑΣ ΥΓΡΟΥ
8	válvula de expansion	valvola d'espansione	válvula de expansão	genleşme valfı	ΒΑΛΒΙΔΑ ΕΚΤΟΝΩΣΕΩΣ
9	evaporador/placa acumuladora	evaporatore/piastra d'appoggio	evaporador	evaporatör	ΕΞΑΕΡΩΤΗΣ (ΠΙΑΣΤΡΑ)
10	termostato	termostato	termostato	termostat	ΘΕΡΜΟΣΤΑΤΗΣ
11	tubo capiliar	tubo capillare	tubo capilar	kılcal boru	ΤΡΙΧΟΕΙΔΗΣ ΣΩΛΗΝΑΣ
12	sensor de termostato	sonda a bulbo	sensor	müşir	ΑΙΣΘΗΤΗΡΑΣ
13	tubo de aspiración	tubo d'aspirazione	tubo de aspiração	emme borusu	ΓΡΑΜΜΗ ΑΝΑΡΡΟΦΗΣΕΩΣ
14	tubo de descarga	tubo di scarico	tubo de descarga	atma (deşarj) borusu	ΓΡΑΜΜΗ ΕΚΤΟΝΩΣΕΩΣ
15	interruptor de alta presión	interruttore di pressione massima	corte da alta pressão	yüksek basınç kesicisi	ΔΙΑΚΟΠΗ ΥΨΗΛΗΣ ΠΙΕΣΕΩΣ
16	interruptor de baja presión	interruttore di pressione minima	corte da baixa pressão	alçak basınç kesicisi	ΔΙΑΚΟΠΗ ΧΑΜΗΛΗΣ ΠΙΕΣΕΩΣ
17	manguera	tubo flessibile	tubo de borracha	hortum	ΣΩΛΗΝΑΣ (ΚΟΛΛΑΡΟ)
18	tubo de vidrio de nivel	spia di condensa	vizor	gözetleme camı	ΠΑΡΑΘΥΡΑΚΙ
19	aire	aria	ar	hava	ΑΕΡΑΣ
20	refrigerante	refrigerante	refrigerante	soğutucu	ΨΥΚΤΙΚΟ
21	purgar	spurgare	purgar	temizleme, boşaltma	ΚΑΘΑΡΙΖΩ
22	cargar	caricare	carregar	doldurmak	ΦΟΡΤΙΖΩ
23	abrir una válvula muy poco	socchiudere una valvola	abrir uma válvula por rachas	vanayı biraz açmak	ΛΑΣΚΑΡΩ ΛΙΓΟ ΒΑΛΒΙΔΑ
24	perder	perdere	pingar	sızmak, sızdırmak	ΔΙΑΡΡΟΗ
25	sellar, hacer estanco	sigillare	vedar	sızıntıyı kesmek	ΣΤΕΓΑΝΟΠΟΙΗΣΗ

ENGLISH	FRANÇAIS	DEUTSCH	NEDERLANDS	DANSK
10 ELECTRICS AND ELECTRONICS	**APPAREILS ELECTRIQUES ET ELECTRONIQUES**	**ELEKTROTECHNIK UND ELEKTRONIK**	**ELEKTRICITEIT EN ELEKTRONICA**	**ELEKTRICITET OG ELEKTRONIK**
Electricity supply and distribution	**Alimentation et distribution d'électricité**	**Elektrische Versorgung und Verteilung**	**Elektriciteitsvoorziening en -verdeling**	**Forsyning og fordeling af elektricitet**
1 shore power	1 alimentation depuis la terre	1 Stromversorgung von Land	1 walstroom	1 elforsyning fra land
2 shore power lead	2 cable de prise de terre	2 Landanschlusskabel	2 walstroomaansluiting	2 kabel til el fra land
3 alternating current/AC	3 courant alternatif	3 Wechselstrom	3 wisselstroom, wisselspanning, AC	3 vekselstrøm
4 direct current/DC	4 courant continu	4 Gleichstrom	4 gelijkstroom, gelijkspanning, DC	4 jævnstrøm
5 voltage	5 tension	5 Spannung	5 spanning	5 spænding
6 line	6 ligne	6 Leitung	6 leiding	6 ledning
7 neutral	7 neutre	7 Nullleiter	7 neutraal	7 nul
8 earth	8 terre	8 Erde	8 aarde	8 jord
9 battery	9 batterie	9 Batterie	9 accu, batterij	9 batteri
10 amp/hours capacity	10 capacité ampères/heures	10 Ampere/Stunden Kapazität	10 ampèreuur-capaciteit	10 kapacitet i amp-timer
11 lead-acid	11 électrolyte	11 Bleiakkumulator	11 accuzuur	11 batterisyre
12 nickel cadmium	12 nickel cadmium	12 Nickel-Kadmium-Akkumulator	12 nikkel-cadmium	12 nikkel-kadmium
13 dry battery	13 pile sèche	13 Trockenbatterie	13 droge batterij, droge accu	13 tørbatteri
14 alkaline	14 alcaline	14 Nickel-Eisen-Akkumulator	14 alkaline	14 alkaline
15 zinc carbon	15 zinc carbone	15 Zink-Kohlenstoff-Batterie	15 zinkkoolstof, zinkcarbon	15 zink-karbonat
16 mercury	16 mercure	16 Quecksilber	16 kwik	16 kviksølv
17 lithium	17 lithium	17 Lithium	17 lithium	17 lithium
18 silver oxide	18 oxyde d'argent	18 Silberoxyd	18 zilveroxyde	18 sølvoxid
19 positive terminal	19 borne positive	19 Plus-Pol	19 positieve poolklem	19 positiv pol
20 negative terminal	20 borne négative	20 Minus-Pol	20 negatieve poolklem	20 negativ pol
21 alternator	21 alternateur	21 Wechselstromgenerator	21 generator	21 vekselstrømsgenerator
22 carbon brush	22 collecteur	22 Kohlebürsten	22 koolborstel	22 kulbørste
23 dynamo	23 dynamo	23 Gleichstromgenerator	23 dynamo	23 dynamo
24 commutator	24 commutateur	24 Polumwandler	24 collector, stroomwisselaar	24 omskifter
25 generator	25 génératrice	25 Stromerzeuger	25 generator	25 generator
26 wind generator	26 éolienne	26 Windgenerator	26 windgenerator	26 vindmotor
27 solar panel/cell	27 paneau solaire/pile	27 Solarzellen	27 zonnepaneel/-cel	27 solpanel/solcelle

	ESPAÑOL	ITALIANO	PORTUGUÊS	TÜRKÇE	ΕΛΛΗΝΙΚΑ (GREEK)
	SISTEMAS ELÉCTRICOS Y ELECTRÓNICOS	**ELETTRICITA E ELETTRONICA**	**SISTEMAS ELECTRICO E ELECTRÓNICO**	**ELEKTRİK VE ELEKTRONİKLER**	**HΛEKTRIKA KAI HΛEKTRONIKA**
	Suministro de electricidad y distribución	**Alimentazione e distribuzione d'elettricità**	**Fonte de energia e distribuição**	**Elektrik ikmal ve dağılımı**	**ΗΛΕΚΤΡΙΚΗ ΤΡΟΦΟΔΟΣΙΑ ΚΑΙ ΔΙΑΝΟΜΗ**
1	corriente de tierra	energia da terra	alimentação de terra	kıyı ceryanı	ΡΕΥΜΑ ΑΠΟ ΣΤΕΡΙΑ
2	cable para conexión a tierra	presa elettrica per banchina	extensão eléctrica para exterior	güneş enerjisi ile çalışan vantilatör	ΚΑΛΩΔΙΟ ΡΕΥΜΑΤΟΣ ΣΤΕΡΙΑΣ
3	corriente alterna	corrente alternata/c.a.	corrente alterna	alternatif akım/AC	ΕΝΑΛΛΑΣΣΟΜΕΝΟ ΡΕΥΜΑ
4	corriente continua	corrente continua/c.c.	corrente contínua	doğru akım	ΣΥΝΕΧΕΣ ΡΕΥΜΑ
5	voltaje	tensione	voltagem	voltaj	ΤΑΣΙΣ (ΒΟΛΤ)
6	conductor, cable	linea	cabo electrico	hat, elektrik hattı	ΓΡΑΜΜΗ
7	conductor neutro	neutro	neutro	nötr	ΟΥΔΕΤΕΡΟ
8	masa, tierra	terra	terra	toprak	ΓΕΙΩΣΗ
9	batería	batteria	bateria	batarya, akümülator	ΜΠΑΤΑΡΙΑ
10	capacidad en amperios/hora	capacità in amperore	amperes hora/capacidade	amper/saat kapasitesi	ΙΣΧΥΣ ΣΕ ΑΜΠΕΡΩΡΙΑ
11	plomo-ácido	al piombo	acido-chumbo	kurşun-asit batarya	ΜΟΛΥΒΔΟΥ ΟΞΕΟΣ
12	níquel-cadmio	al nichel-cadmio	niquel-cadmio	nikel-kadmiyum	ΝΙΚΕΛΙΟΥ ΚΑΔΜΙΟΥ
13	pila seca	batteria a secco	bateria seca	kuru akü	ΜΠΑΤΑΡΙΑ ΧΩΡΙΣ ΥΓΡΑ
14	alcalino	alcalina	alcalino	alkali	ΑΛΚΑΛΙΚΗ
15	carbono-cinc	allo zinco-carbonio	zinco carbono	çinko-karbon	ΨΕΥΔΑΡΓΥΡΟΥ ΑΝΘΡΑΚΑ
16	mercurio	al mercurio	mercurio	cıva	ΥΔΡΑΡΓΥΡΟΥ
17	litio	al litio	lítio	lityum	ΛΙΘΙΟΥ
18	óxido de plata	all'ossido d'argento	oxido de prata	gümüş oksit	ΟΞΕΙΔΙΟΥ ΤΟΥ ΑΡΓΥΡΟΥ
19	borna positivo	terminale positivo	polo positivo	artı uç	ΘΕΤΙΚΟΣ ΑΚΡΟΔΕΚΤΗΣ
20	borna negativo	terminale negativo	polo negativo	eksi uç	ΑΡΝΗΤΙΚΟΣ ΑΚΡΟΔΕΚΤΗΣ
21	alternador	alternatore	alternador	alternatör	ΑΛΤΕΡΝΕΙΤΟΡ
22	escobilla	spazzola di carbonio	escova de carvão	karbon fırça	ΨΗΚΤΡΑ ΑΝΘΡΑΚΑ
23	dinamo	dinamo	dinâmo	dinamo	ΔΥΝΑΜΟ
24	conmutador	commutatore	comutador	komütatör, cereyan anahtarı	ΣΥΛΛΕΚΤΗΣ
25	dinamo, generador	generatore	gerador	jeneratör	ΓΕΝΝΗΤΡΙΑ
26	generador de viento	generatore a vento	gerador de vento	rüzgar jeneratörö	ΓΕΝΝΗΤΡΙΑ ΑΝΕΜΟΥ
27	placa solar	pannello/cella solare	painel solar	güneş enerjisi panosu	ΓΕΝΝΗΤΡΙΑ ΗΛΙΑΚΗ

ENGLISH	FRANÇAIS	DEUTSCH	NEDERLANDS	DANSK
10 ELECTRICS AND ELECTRONICS	**APPAREILS ELECTRIQUES ET ELECTRONIQUES**	**ELEKTROTECHNIK UND ELEKTRONIK**	**ELEKTRICITEIT EN ELEKTRONICA**	**ELEKTRICITET OG ELEKTRONIK**
Electricity supply and distribution	**Alimentation et distribution d'électricité**	**Elektrische Versorgung und Verteilung**	**Elektriciteitsvoorziening en -verdeling**	**Forsyning og fordeling af elektricitet**
28 battery charger	28 chargeur de batterie	28 Batterieladegerät	28 acculader, gelijkrichter	28 ladeapparat
29 towed generator	29 hydrogénérateur	29 Schleppgenerator	29 sleepgenerator	29 vandgenerator (på slæb)
30 voltage regulator	30 régulateur de tension	30 Spannungsregler	30 spanningsregelaar	30 spændingsregulator
31 current controller/battery manager	31 régulateur de courant	31 Stromregler	31 laadautomaat	31 strømregulator
32 isolating diode	32 diode d'isolement	32 Trenndiode	32 sperdiode	32 isolationsdiode
33 relay	33 relai	33 Relais	33 relais	33 relæ
34 coil	34 bobine	34 Spule	34 spoel	34 induktionsspole
35 solenoid	35 solénoide	35 Magnetspule	35 draadspoel	35 solenoide
36 power lead	36 câble de courant	36 Hauptstromleitung	36 vermogensaansluiting	36 strømkabel
37 live	37 sous tension	37 stromführend	37 onder spanning	37 strømførende
38 switch	38 interrupteur	38 Schalter	38 schakelaar	38 kontakt
39 insulation	39 isolement	39 Isolierung	39 isolatie	39 isolation
40 cable	40 câble	40 Kabel	40 kabel	40 ledning
41 flexible	41 souple	41 flexibel	41 flexibel	41 bøjelig
42 coaxial	42 coaxial	42 koaxial	42 coax	42 koaxial
43 load	43 charge	43 Last, Stromverbrauch	43 belasting	43 lade
44 resistance	44 résistance	44 Widerstand	44 weerstand	44 modstand
45 impedance	45 impédance	45 Scheinwiderstand	45 impedantie	45 impedans
46 junction box	46 boîte de raccordement	46 Klemmkasten	46 lasdoos, aansluitkast	46 samlekasse
47 fuse	47 fusible	47 Sicherung	47 zekering	47 sikring
48 fuse box	48 boîtier à fusible	48 Sicherungskasten	48 zekeringkast	48 sikringskasse
49 circuit breaker	49 disjoncteur	49 Ausschalter	49 hoofdzekering	49 strømafbryder
50 distribution panel	50 tableau de distribution	50 Verteilertafel	50 verdelerpaneel	50 fordelertavle
51 transformer	51 transformateur	51 Transformator	51 transformator	51 transformator
52 inverter	52 onduleur	52 Wechselrichter	52 inverter	52 omformer
53 ammeter	53 ampèremètre	53 Amperemeter	53 ampèremeter	53 amperemeter
54 voltmeter	54 voltmètre	54 Voltmeter	54 voltmeter	54 voltmeter
55 bus or busbar	55 bus	55 Bus	55 bus (voor NMEA-aansluitingen)	55 bus

ESPAÑOL

SISTEMAS ELÉCTRICOS Y ELECTRÓNICOS

Suministro de electricidad y distribución

28 cargador de batería
29 hidrogenerador
30 regulador de tensión
31 regulador de corriente
32 diodo aislante
33 relé
34 bobina
35 solenoide
36 cable de fuerza
37 activo
38 interruptor
39 aislamiento
40 cable
41 flexible
42 coaxial
43 carga
44 resistencia
45 impedancia
46 caja de distribución
47 fusible
48 caja de fusibles
49 disyuntor, cortacircuitos
50 cuadro de sección
51 transformador
52 inversor
53 amperímetro
54 voltímetro
55 bus

ITALIANO

ELETTRICITA E ELETTRONICA

Alimentazione e distribuzione d'elettricità

28 caricabatteria
29 generatore trainato
30 regolatore di tensione
31 regolatore di corrente/ salvabatteria
32 diodo di disaccoppiamento
33 relé
34 bobina
35 solenoide
36 cavo di potenza
37 sotto tensione
38 interruttore
39 isolamento
40 cavo
41 flessibile
42 coassiale
43 carico
44 resistenza
45 impedenza
46 scatola di giunzione
47 fusibile
48 scatola dei fusibili
49 interruttore
50 quadro di distribuzione
51 trasformatore
52 invertitore
53 amperometro
54 voltmetro
55 mamut

PORTUGUÊS

SISTEMAS ELECTRICO E ELECTRÓNICO

Fonte de energia e distribuição

28 carregador de bateria
29 hydro-gerador de reboque
30 regulador de voltagem
31 controlador de corrente/ interruptor de baterias
32 díodo
33 relé
34 bobine
35 solenoide
36 fio da energia
37 positivo
38 interruptor
39 isolamento
40 cabo
41 flexível
42 coaxial
43 carregar
44 resistência
45 impedância
46 caixa de ligação
47 fusível
48 caixa de fusíveis
49 interruptor
50 painél de distribuição
51 transformador
52 inversor
53 amperímetro
54 voltímetro
55 bus

TÜRKÇE

ELEKTRİK VE ELEKTRONİKLER

Elektrik ikmal ve dağılımı

28 akü şarj aygıtı, redresör
29 suda çekme jeneratör
30 voltaj regülatörü
31 akım düzenleyicisi/akü ayarlayıcısı, konjektör
32 yalıtım/izolasyon diyotu
33 röle
34 bobin
35 solenoid
36 faz hattı
37 faz
38 akım anahtarı
39 yalıtım
40 kablo
41 elastiki
42 koaxial
43 yük
44 rezistans/mukavemet
45 empedans
46 kofra, kofra kutusu
47 sigorta
48 sigorta kutusu
49 akım kesici
50 dağıtım tablosu
51 transformatör
52 inverter
53 ampermetre
54 voltmetre
55 (elektronik üniteler) veri yolu

ΕΛΛΗΝΙΚΑ (GREEK)

ΗΛΕΚΤΡΙΚΑ ΚΑΙ ΗΛΕΚΤΡΟΝΙΚΑ

ΗΛΕΚΤΡΙΚΗ ΤΡΟΦΟΔΟΣΙΑ ΚΑΙ ΔΙΑΝΟΜΗ

28 ΦΟΡΤΩΤΗΣ ΜΠΑΤΑΡΙΑΣ
29 ΔΥΝΑΜΟ
30 ΡΥΘΜΙΣΤΗΣ ΤΑΣΕΩΣ
31 ΕΛΕΓΚΤΗΣ ΡΕΥΜΑΤΟΣ/ΑΥΤΟΜΑΤΟ Σ ΜΠΑΤΑΡΙΑ
32 ΔΙΟΔΟΣ ΑΠΟΜΟΝΩΣΗΣ
33 ΑΣΦΑΛΕΙΑ
34 ΠΗΝΙΟ
35 ΣΩΛΗΝΟΕΙΔΗΣ
36 ΓΡΑΜΜΗ ΡΕΥΜΑΤΟΣ
37 ΖΩΝΤΑΝΟ - ΕΝΕΡΓΟΠΟΙΗΜΕΝΟ
38 ΔΙΑΚΟΠΤΗΣ
39 ΜΟΝΩΣΗ
40 ΚΑΛΩΔΙΟ
41 ΕΥΚΑΜΠΤΟ
42 ΟΜΟΑΞΟΝΙΚΟΣ
43 ΦΟΡΤΙΟ
44 ΑΝΤΙΣΤΑΣΗ
45 ΔΙΑΚΟΠΗ
46 ΚΙΒΩΤΙΟ ΕΝΩΣΕΩΝ ΔΙΚΤΥΟΥ
47 ΑΣΦΑΛΕΙΑ
48 ΑΣΦΑΛΕΙΟΘΗΚΗ
49 ΑΣΦΑΛΕΙΑ
50 ΔΙΑΝΟΜΕΑΣ
51 ΜΕΤΑΣΧΗΜΑΤΙΣΤΗΣ
52 ΜΕΤΑΤΡΟΠΕΑΣ
53 ΑΜΠΕΡΟΜΕΤΡΟ
54 ΒΟΛΤΟΜΕΤΡΟ
55 ΖΥΓΟΣ ΔΙΑΝΟΜΗΣ

ENGLISH	FRANÇAIS	DEUTSCH	NEDERLANDS	DANSK
10 ELECTRICS AND ELECTRONICS	**APPAREILS ELECTRIQUES ET ELECTRONIQUES**	**ELEKTROTECHNIK UND ELEKTRONIK**	**ELEKTRICITEIT EN ELEKTRONICA**	**ELEKTRICITET OG ELEKTRONIK**
Electrical and electronic equipment	**Appareils électriques et électroniques**	**Elektrische und elektronische Ausrüstung**	**Elektrische en elektronische installaties**	**Elektrisk og elektronisk udstyr**
Lights	***Feux***	***Lichter***	***Verlichting***	***Lys/lanterner***
1 navigation lights	1 feux de navigation/de route/de position	1 Positionslichter	1 navigatieverlichting	1 navigationslys
2 bi-colour	2 bicolore	2 zweifarbig	2 tweekleuren	2 tofarvet
3 tri-colour	3 tricolore	3 dreifarbig	3 driekleuren	3 trefarvet
4 green	4 vert	4 grün	4 groen	4 grøn
5 red	5 rouge	5 rot	5 rood	5 rød
6 white	6 blanc	6 weiß	6 wit	6 hvid
7 masthead light	7 feu de tête de mât	7 Topplicht	7 toplicht	7 toplys
8 steaming light	8 feu de route	8 Dampferlicht	8 stoomlicht	8 sidelanterner
9 stern light	9 feu arrière/de poupe	9 Hecklicht	9 heklicht	9 agterlanterne
10 anchor light/riding light	10 feu de mouillage	10 Ankerlicht	10 ankerlicht	10 ankerlanterne
11 searchlight/spotlight	11 projecteur/spot	11 Scheinwerfer	11 zoeklicht	11 søgelys/spotlight
12 bulb	12 ampoule	12 Glühbirne	12 lamp	12 pære
Radio	***Radio***	***Funkanlage, Radio***	***Radio***	***Radio***
1 aerial/antenna	1 antenne	1 Antenne	1 antenne	1 antenne
2 stub aerial	2 antenne courte	2 Stabantenne	2 staafantenne	2 kort antenne
3 whip aerial	3 antenne fouet	3 Peitschenantenne	3 sprietantenne	3 piskeantenne
4 live aerial	4 antenne sous tension	4 Betriebsantenne	4 actieve antenne	4 aktiv antenne
5 insulated backstay	5 pataras isolé	5 isoliertes Achterstag	5 geïsoleerd achterstag	5 isoleret agterstag
6 ferrite rod	6 barreau de ferrite	6 Ferritstab	6 ferriet-staafantenne	6 ferrit-antenne
7 loop aerial	7 antenne-cadre	7 Rahmenantenne	7 raamantenne	7 pejleantenne
8 emergency aerial	8 antenne de secours	8 Hilfsantenne	8 noodantenne	8 nødantenne
9 VHF	9 VHF	9 UKW, Ultrakurzwelle	9 VHF, marifoon	9 VHF
10 medium frequency/MF	10 ondes moyennes	10 Mittelwelle	10 middengolf	10 mellembølge/MF
11 short wave	11 ondes courtes	11 Kurzwelle	11 kortegolf	11 kortbølge
12 single sideband/SSB	12 BLU	12 Einseitenband	12 enkelzijdsband, SSB	12 single sideband/SSB
13 lower sideband/LSB	13 BLU inférieure	13 unteres Seitenband	13 onderzijdsband	13 lower sideband/LSB
14 upper sideband/USB	14 BLU supérieure	14 oberes Seitenband	14 bovenzijdsband	14 upper sideband/USB
15 to receive	15 recevoir	15 empfangen	15 ontvangen	15 at modtage
16 to transmit	16 émettre	16 senden	16 zenden	16 at sende

ESPAÑOL	ITALIANO	PORTUGUÊS	TÜRKÇE	ΕΛΛΗΝΙΚΑ (GREEK)
SISTEMAS ELÉCTRICOS Y ELECTRÓNICOS	**ELETTRICITA E ELETTRONICA**	**SISTEMAS ELECTRICO E ELECTRÓNICO**	**ELEKTRİK VE ELEKTRONİKLER**	**ΗΛΕΚΤRIKA ΚΑΙ ΗΛΕΚΤRONIKA**
Equipamiento eléctrico y electrónico	**Apparecchi elettrici e elettronici**	**Equipamentos electrico e electrónico**	**Elektrik ve elektronik ekipman**	**ΗΛΕΚΤΡΙΚΟΣ ΚΑΙ ΗΛΕΚΤ-ΡΟΝΙΚΟΣ ΕΞΟΠΛΙΣΜΟΣ**
Luces	***Fanali, luci***	***Luzes***	***Işıklar/fenerler***	***ΦΩΤΑ***
1 luces de navegación	1 luci di navigazione	1 luzes de navegação	1 seyir fenerleri	1 ΦΩΤΑ ΝΑΥΣΙΠΛΟΙΑΣ
2 bicolor	2 bicolore	2 bicolor	2 iki renkli	2 ΔΙΧΡΩΜΟ
3 tricolor	3 tricolore	3 tricolor	3 üç renkli	3 ΤΡΙΧΡΩΜΟ
4 verde	4 verde	4 verde	4 yeşil	4 ΠΡΑΣΙΝΟ
5 rojo	5 rosso	5 encarnado	5 kırmızı	5 ΚΟΚΚΙΝΟ
6 blanco	6 bianco	6 branco	6 beyaz	6 ΑΣΠΡΟ
7 luz de tope todo horizonte	7 luce in testa d'albero	7 luz do mastro	7 direkbaşı feneri	7 ΦΩΣ ΑΓΚΥΡΟΒΟΛΙΑΣ
8 luz de tope	8 luce di navigazione a motore	8 luz de navegação a motor	8 silyon feneri	8 ΦΩΣ ΜΗΧΑΝΟΚΙΝΗΣΗΣ
9 luz de alcance, de popa	9 luce di poppa	9 farol de caça ou popa	9 pupa feneri	9 ΦΩΣ ΚΟΡΩΝΗΣ (ΠΡΥΜΝΗΣ)
10 luz de fondeo	10 luce di fonda	10 luz de barco fundeado	10 demir feneri	10 ΦΩΣ ΑΓΚΥΡΟΒΟΛΙΑΣ
11 proyector	11 proiettore/spot	11 projector	11 projektör	11 ΠΡΟΒΟΛΕΑΣ
12 bombilla	12 lampadina	12 lâmpada	12 ampul	12 ΛΑΜΠΑ
Radio	***Radio***	***Rádio***	***Radyo/telsiz***	***ΠΟΜΠΟΙ***
1 antena	1 antenna	1 antena aerea no rádio	1 anten	1 ΚΕΡΑΙΑ
2 antena corta	2 antenna corta a tronco	2 antena curta	2 kısa anten	2 ΣΚΛΗΡΗ ΚΕΡΑΙΑ
3 antena de látigo	3 antenna flessibile	3 antena em chicote	3 kamçı anten	3 ΜΑΣΤΙΓΙΟ ΚΕΡΑΙΑ
4 antena en emisión	4 antenna sotto tensione	4 antena ligada á corrente	4 cereyanlı anten	4 ΕΝΕΡΓΟΣ ΚΕΡΑΙΑ
5 backstay aislado	5 paterazzo isolato	5 backstay isolado	5 yalıtımlı kıçıstralya	5 ΜΟΝΩΜΕΝΟΣ ΕΠΙΤΟΝΟΣ
6 varilla de ferrito	6 antenna di ferrite	6 antena de ferrite	6 ferrit çubuk	6 ΚΕΡΑΙΑ ΦΕΡΙΤΗ
7 antena de cuadro	7 antenna a telaio	7 quadro	7 çember anten	7 ΣΤΡΟΓΓΥΛΗ ΚΕΡΑΙΑ
8 antena de emergencia	8 antenna d'emergenza	8 antena de emergência	8 yedek anten	8 ΚΕΡΑΙΑ
9 VHF	9 VHF	9 VHF	9 VHF/çok yüksek frekans	9 ΒΙ-ΕΙΤΣ-ΕΦ
10 onda media	10 frequenze medie	10 MF	10 MF/orta frekans	10 ΜΕΣΑΙΑ ΣΥΧΝΟΤΗΤΑ
11 onda corta	11 onde corte	11 ondas curtas	11 kısa dalga	11 ΒΡΑΧΕΑ ΚΥΜΑΤΑ
12 banda lateral única/BLU	12 banda singola/SSB	12 SSB	12 SSB dalga	12 ΕΣ-ΕΣ-ΜΠΙ
13 banda lateral inferior	13 banda inferiore/LSB	13 LSB	13 LSB dalga	13 ΕΛ-ΕΣ-ΜΠΙ
14 banda lateral superior	14 banda superiore/USB	14 USB	14 USB dalga	14 ΓΙΟΥ-ΕΣ-ΜΠΙ
15 recibir	15 ricevere	15 receber	15 almak	15 ΛΗΨΗ
16 transmitir	16 trasmettere	16 transmitir	16 yayınlamak/telsizle mesaj geçmek	16 ΕΚΠΟΜΠΗ

ENGLISH	FRANÇAIS	DEUTSCH	NEDERLANDS	DANSK
ELECTRICS AND ELECTRONICS	**APPAREILS ELECTRIQUES ET ELECTRONIQUES**	**ELEKTROTECHNIK UND ELEKTRONIK**	**ELEKTRICITEIT EN ELEKTRONICA**	**ELEKTRICITET OG ELEKTRONIK**
Electrical and electronic equipment	**Appareils électriques et électroniques**	**Elektrische und elektronische Ausrüstung**	**Elektrische en elektronische installaties**	**Elektrisk og elektronisk udstyr**
Radio	***Radio***	***Funkanlage, Radio***	***Radio***	***Radio***
17 transceiver	17 émetteur-récepteur	17 Sende-Empfänger	17 zendontvanger	17 modtager
18 microphone	18 microphone	18 Mikrofon	18 microfoon	18 mikrofon
19 loudspeaker	19 haut-parleur	19 Lautsprecher	19 luidspreker	19 højttaler
20 headphones	20 écouteurs	20 Kopfhörer	20 koptelefoon	20 høretelefoner
21 amplifier	21 amplificateur	21 Verstärker	21 versterker	21 forstærker
22 radiotelephone	22 radiotéléphone	22 Sprechfunk	22 radiotelefoon	22 radiotelefon
23 single channel	23 monocanal	23 Einkanal	23 simplex	23 enkelttale
24 dual channel	24 double canal	24 Zweikanal	24 duplex	24 modtale
25 call sign	25 indicatif	25 Rufzeichen	25 roepnaam	25 kaldesignel
26 channel	26 canal	26 Kanal, Sprechweg	26 kanaal	26 kanal
27 'over'	27 'à vous'	27 'over'	27 'over'	27 'over'
28 gain	28 gain	28 Verstärkungsgrad	28 gain	28 styrke
29 squelch	29 réglage silencieux	29 Rauschsperre	29 squelch	29 squelch
30 Navtex	30 Navtex	30 nautische Warnung über Telex, Navtex	30 Navtex	30 Navtex
31 Weatherfax	31 Fax Météo	31 Wetterfax	31 Weerkaartenschrijver	31 Vejrfax
32 VHF/am-fm splitter	32 duplexeur VHF AM-FM	32 VHF/AM-FM Weiche	32 VHF/am-fm-verdeler	32 delefilter til VHF/AM/FM signaler (radioteknik)
33 satellite phone	33 téléphone satellite	33 Satellitentelefon	33 satelliettelefoon	33 sattelittelefon
Computer	***Ordinateur***	***Computer***	***Computer***	***Computer***
1 laptop	1 ordinateur portable	1 Laptop	1 laptop	1 bærbar computer
2 desktop	2 ordinateur bureautique	2 desktop	2 desktop	2 desktop computer
3 marinised	3 usage marine	3 seetauglich	3 gemariniseerd	3 Mariniseret, f.eks. om motorer
4 USB socket	4 porte/prise USB	4 USB-Anschluss	4 USB-poort	4 USB-stik
5 monitor	5 moniteur	5 Monitor; Bildschirm	5 beeldscherm	5 skærm
6 modem	6 modem	6 Modem	6 modem	6 modem

ESPAÑOL	ITALIANO	PORTUGUÊS	TÜRKÇE	ΕΛΛΗΝΙΚΑ (GREEK)
SISTEMAS ELÉCTRICOS Y ELECTRÓNICOS	**ELETTRICITA E ELETTRONICA**	**SISTEMAS ELECTRICO E ELECTRÓNICO**	**ELEKTRİK VE ELEKTRONİKLER**	**ΗΛΕΚΤRIKA ΚΑΙ ΗΛΕΚΤRONIKA**
Equipamiento eléctrico y electrónico	**Apparecchi elettrici e elettronici**	**Equipamentos electrico e electrónico**	**Elektrik ve elektronik ekipman**	**ΗΛΕΚΤΡΙΚΟΣ ΚΑΙ ΗΛΕΚΤ-ΡΟΝΙΚΟΣ ΕΞΟΠΛΙΣΜΟΣ**
Radio	***Radio***	***Rádio***	***Radyo/telsiz***	***ΠΟΜΠΟΙ***
17 transmisor-receptor	17 ricetrasmettitore	17 transreceptor	17 verici/transmitör	17 ΠΟΜΠΟΔΕΚΤΗΣ
18 micrófono	18 microfono	18 microfone	18 mikrofon	18 ΜΙΚΡΟΦΩΝΟ
19 altavoz	19 altoparlante	19 autofalante	19 hoparlör	19 ΜΕΤΑΦΩΝΟ
20 auricular	20 cuffia	20 auscultadores	20 kulaklık	20 ΑΚΟΥΣΤΙΚΑ
21 amplificador	21 amplificatore	21 amplificador	21 amplifikatör/yükseltici	21 ΕΝΙΣΧΥΤΗΣ
22 radioteléfono	22 radiotelefono	22 rádiotelefone	22 radyotelefon cihazı	22 ΡΑΔΙΟΤΗΛΕΦΩΝΟ
23 canal sencillo	23 canale singolo	23 canal único	23 tek kanal	23 ΜΟΝΟΥ ΚΑΝΑΛΙΟΥ
24 canal doble	24 canale doppio	24 dois canais	24 çift kanal	24 ΔΙΠΛΟΥ ΚΑΝΑΛΙΟΥ
25 indicativo de llamada	25 nominativo	25 indicativo de chamada	25 telsiz çağırı işareti	25 ΔΙΑΚΡΙΤΙΚΑ (ΣΤΑΘΜΟΥ)
26 canal	26 canale	26 canal	26 kanal	26 ΚΑΝΑΛΙ
27 'cambio'	27 'cambio'	27 escuto	27 tamam, bitti	27 ΟΒΕΡ
28 ganancia	28 guadagno	28 ganho	28 ses ayarı	28 ΙΣΧΥΣ
29 sintonía fina	29 squelch	29 squelch	29 bastırıcı	29 ΣΚΟΥΕΛΤΣ
30 Navtex	30 Navtex	30 Navtex	30 Navtex	30 ΝΑΒΤΕΞ
31 Receptor de cartas meteorológicas (Weatherfax)	31 Fax Meteo	31 Weatherfax	31 Weatherfax	31 ΦΑΞ ΔΕΛΤΙΟ ΚΑΙΡΟΥ (ΟΥΕΔΕΡΦΑΞ)
32 desviador am/fm	32 splitter VHF/am -fm	32 comutador VHF/am-fm	32 frekans yönlendirici – ayırıcı	32 ΔΙΑΧΩΡΙΣΤΗΣ VHF-FM
33 telefono via satelite	33 telefono satellitare	33 telefone via satelite	33 uydu telefonu	33 ΔΟΡΥΦΟΡΙΚΟ ΤΗΛΕΦΩΝΟ
Computadora	***Computer***	***Computador***	***Bilgisayer***	***ΚΟΜΠΙΟΥΤΕΡ***
1 ordenador portatil	1 computer portatile	1 pc portátil	1 dizüstü	1 ΦΟΡΗΤΟΣ ΥΠΟΛΟΓΙΣΤΗΣ
2 ordenador de sobremesa	2 desktop	2 computador de secretária	2 masaüstü	2 ΕΠΙΤΡΑΠΕΖΙΟΣ ΥΠΟΛΟΓΙΣΤΗΣ
3 amarinado	3 protezione da ambiente marino	3 marinisado, à prove de àgua salgada	3 marinize edilmiş (marin tip)	3 ΔΙΑΜΟΡΦΩΜΕΝΟΣ ΓΙΑ ΝΑΥΤΙΚΗ ΧΡΗΣΗ
4 puerto USB	4 porta USB	4 tomada USB	4 USB giriş	4 ΠΡΙΖΑ USB
5 monitor	5 monitor	5 monitor	5 ekran	5 ΟΘΟΝΗ
6 modem	6 modem	6 modem	6 modem	6 ΜΟΝΤΕΜ

ENGLISH	FRANÇAIS	DEUTSCH	NEDERLANDS	DANSK
ELECTRICS AND ELECTRONICS	**APPAREILS ELECTRIQUES ET ELECTRONIQUES**	**ELEKTROTECHNIK UND ELEKTRONIK**	**ELEKTRICITEIT EN ELEKTRONICA**	**ELEKTRICITET OG ELEKTRONIK**
Electrical and electronic equipment	**Appareils électriques et électroniques**	**Elektrische und elektronische Ausrüstung**	**Elektrische en elektronische installaties**	**Elektrisk og elektronisk udstyr**
Navigation instruments	***Instruments de navigation***	***Navigationsinstrumente***	***Navigatie-instrumenten***	***Instrumenter***
1 binnacle compass	1 compas sur fût	1 Gehäusekompass	1 kompas in kompashuis	1 kompas med nathus
2 fluxgate compass	2 compas électronique	2 Fluxgatekompass	2 fluxgatekompas	2 kompas
3 handbearing compass	3 compas de relèvement	3 Handpeilkompass	3 handpeilkompas	3 håndpejlekompas
4 autopilot	4 pilote automatique	4 Selbststeueranlage	4 autopiloot	4 autopilot/selvstyrer
5 boat heading	5 cap	5 Kursrichtung	5 scheepskoers	5 kurs
6 Loran C	6 Loran	6 Loran C	6 Loran-C	6 Loran C
7 transit satellite	7 satellite de transit	7 umlaufender Satellit	7 transit-satelliet	7 transmissionssatellit
8 Global Positioning System/GPS	8 GPS	8 erdgebundenes Positionierungssystem/ GPS-System	8 Global Positioning System/gps	8 Global Positioning System/GPS
9 printer	9 imprimante	9 Drucker	9 printer	9 printer
10 electronic plotter	10 marqueur électronique	10 Plotter	10 plotter	10 elektronisk plotter
11 chart plotter	11 traceur/lecteur de cartes	11 Kartenplotter	11 kaartplotter	11 kortplotter
12 waypoint	12 waypoint	12 Wegepunkt	12 waypoint	12 waypoint
13 radio direction finder/RDF	13 gonio	13 Funkpeiler	13 radiorichtingzoeker	13 radiopejler
14 null	14 secteur d'extinction	14 Null, nicht vorhanden	14 ongeldig, nulwaarde	14 nul
15 depth/echo sounder	15 sondeur	15 Echolot	15 echolood	15 ekkolod
16 forward looking sonar	16 sondeur faisceau vers l'avant	16 Vorwärts-Sonar	16 vooruitziend echolood	16 Fremadrettet sonar
17 fishfinder	17 sondeur à poissons	17 Fischsucher	17 viszoeker	17 fiskelod
18 sonar fish finder (portable)	18 sondeur de peche (portable)	18 Sonar Fishfinder (tragbar)	18 fishfinder (draagbaar)	18 sonar fish finder (transportabel)
19 log	19 loch	19 Log	19 log	19 log
20 boatspeed	20 vitesse du bateau	20 Bootsgeschwindigkeit	20 scheepssnelheid, vaart	20 fart gennem vandet
21 distance	21 distance	21 Distanz, Abstand	21 afstand	21 distance
22 impeller	22 roue à ailettes	22 Impeller	22 waaier, impeller	22 impeller/rotor
23 propeller	23 hélice	23 Propeller	23 propeller, schroef	23 skrue/propel
24 paddle wheel	24 roue à aubes	24 Schaufelrad	24 scheprad	24 skovlhjul
25 wind speed	25 vitesse du vent	25 Windgeschwindigkeit	25 windsnelheid	25 vindhastighed
26 wind direction	26 direction du vent	26 Windrichtung	26 windrichting	26 vindretning
27 radar scanner	27 antenne radar	27 Radar-Antenne	27 radarscanner	27 radarscanner

ESPAÑOL	ITALIANO	PORTUGUÊS	TÜRKÇE	ΕΛΛΗΝΙΚΑ (GREEK)
SISTEMAS ELÉCTRICOS Y ELECTRÓNICOS	**ELETTRICITA E ELETTRONICA**	**SISTEMAS ELECTRICO E ELECTRÓNICO**	**ELEKTRİK VE ELEKTRONİKLER**	**ΗΛΕΚΤRIKA ΚΑΙ ΗΛΕΚΤRONIKA**
Equipamiento eléctrico y electrónico	**Apparecchi elettrici e elettronici**	**Equipamentos electrico e electrónico**	**Elektrik ve elektronik ekipman**	**ΗΛΕΚΤΡΙΚΟΣ ΚΑΙ ΗΛΕΚΤ-ΡΟΝΙΚΟΣ ΕΞΟΠΛΙΣΜΟΣ**
Instrumentos de navegación	***Strumenti di navigazione***	***Instrumentos***	***Seyir göstergeleri***	***ΟΡΓΑΝΑ ΝΑΥΣΙΠΛΟΙΑΣ***
1 compás de bitacora	1 bussola a chiesuola	1 agulha de bitácula	1 kürsülü pusla/miyar pusla	1 ΣΤΑΘΕΡΗ ΠΥΞΙΔΑ
2 fluxgate, compás electrónico	2 bussola fluxgate	2 fluxgate	2 fluxgate puslu	2 ΗΛΕΚΤΡΟΝΙΚΗ ΠΥΞΙΔΑ
3 compás de marcaciones	3 bussola da rilevamento	3 agulha de marcar	3 elkerteriz puslası	3 ΠΥΞΙΔΑ ΧΕΙΡΟΣ
4 piloto automático	4 autopilota	4 piloto automático	4 otopilot, otomatik dümen	4 ΑΥΤΟΜΑΤΟΣ ΠΙΛΟΤΟΣ
5 rumbo a …	5 prora della barca	5 proa	5 tekne pruvasının yönü	5 ΚΑΤΕΥΘΥΝΣΗ ΠΛΟΙΟΥ
6 Loran C	6 Loran C	6 Loran C	6 Loran C	6 ΛΟΡΑΝ
7 satélite de tránsito	7 satellite in transito	7 passagem de satélite	7 transit uydu	7 ΣΑΤΕΛΙΤΗΣ
8 GPS	8 Global Positioning System/GPS	8 GPS	8 GPS	8 ΤΖΙ-ΠΙ-ΕΣ
9 impresora	9 stampante	9 impressora	9 printer	9 ΠΡΙΝΤΕΡ (ΕΚΤΥΠΩΤΗΣ)
10 plotter	10 plotter elettronico	10 plotter	10 elektronik plotlama aygıtı	10 ΗΛΕΚΤΡΟΝΙΚΟ ΠΛΟΤΕΡ ΑΠΟΤΥΠΩΣΗΣ
11 lector de cartas/plotter	11 plotter di carte nautiche	11 plotter	11 haritalı mevki koyucu	11 ΗΛΕΚΤΡΟΝΙΚΟΣ ΧΑΡΤΗΣ
12 waypoint	12 waypoint	12 waypoint	12 rota değiştirme yeri	12 ΠΡΟΟΡΙΣΜΟΣ
13 gonio	13 radiogoniometro	13 rádio goniómetro	13 telsiz kerteriz/RDF	13 ΡΑΔΙΟΓΩΝΙΟΜΕΤΡΟ
14 nulo	14 zero	14 nulo	14 sıfır	14 ΜΗΔΕΝ
15 sondador acústico	15 ecoscandaglio	15 sonda	15 iskandil/ekolu iskandil	15 ΒΥΘΟΜΕΤΡΟ
16 sonda forward looking	16 sonar di prua	16 sonda tri-dimensional	16 önebakar derinlik ölçer	16 ΒΥΘΟΜΕΤΡΟ ΕΜΠΡΟΣΘΙΑΣ ΣΑΡΩΣΗΣ
17 sonda de peces	17 ecoscandaglio da pesca	17 sonda para peixe	17 balık bulucu	17 ΑΝΙΧΝΕΥΤΗΣ ΨΑΡΙΩΝ
18 sonda de pesca portatil	18 sonar portatile per banchi di pesce	18 sonda para pesca portátil	18 sonar balıkbulur (taşınabilir)	18 ΑΝΙΧΝΕΥΤΗΣ ΨΑΡΙΩΝ (ΦΟΡΗΤΟΣ)
19 corredera	19 log, solcometro	19 odómetro	19 parakete/hız ölçücü	19 ΔΡΟΜΟΜΕΤΡΟ
20 velocidad del barco	20 velocità della barca	20 velocidade do barco	20 tekne hızı	20 ΤΑΧΥΤΗΤΑ ΣΚΑΦΟΥΣ
21 distancia	21 distanza	21 distância	21 mesafe/uzaklık	21 ΑΠΟΣΤΑΣΗ
22 rotor	22 girante	22 roda de pás do odómetro	22 parakete pervanesi	22 ΙΜΠΕΛΕΡ
23 hélice	23 elica	23 hélice do odómetro	23 pervane	23 ΠΡΟΠΕΛΛΑΚΙ
24 rueda de paletas	24 ruota a pale	24 roda de pás	24 çark	24 ΤΡΟΧΟΣ
25 velocidad del viento	25 velocità del vento	25 velocidade do vento	25 rüzgar hızı	25 ΤΑΧΥΤΗΤΑ ΑΝΕΜΟΥ
26 dirección del viento	26 direzione del vento	26 direcção do vento	26 rüzgar yönü	26 ΔΙΕΥΘΥΝΣΗ ΑΝΕΜΟΥ
27 antena del radar	27 radar a scansione	27 scanner	27 radar anteni	27 ΣΑΡΩΤΗΣ ΡΑΝΤΑΡ - ΚΕΡΑΙΑ

ENGLISH	FRANÇAIS	DEUTSCH	NEDERLANDS	DANSK
10 ELECTRICS AND ELECTRONICS	**APPAREILS ELECTRIQUES ET ELECTRONIQUES**	**ELEKTROTECHNIK UND ELEKTRONIK**	**ELEKTRICITEIT EN ELEKTRONICA**	**ELEKTRICITET OG ELEKTRONIK**
Electrical and electronic equipment	**Appareils électriques et électroniques**	**Elektrische und elektronische Ausrüstung**	**Elektrische en elektronische installaties**	**Elektrisk og elektronisk udstyr**
Navigation instruments	***Instruments de navigation***	***Navigationsinstrumente***	***Navigatie-instrumenten***	***Instrumenter***
28 radar screen	28 écran de radar	28 Radar-Schirm	28 radarscherm	28 radarskærm
29 radar detector	29 détecteur de radar	29 Radar-Warner	29 radardetector	29 plotter
30 radar reflector	30 réflecteur radar	30 Radar-Reflektor	30 radarreflector	30 radarreflekter
31 emergency position indicating radio beacon/EPIRB	31 EPIRB/balise de détresse	31 Seenotfunkboje/EPIRB	31 EPIRB	31 emergency position indicating radio beacon/ EPIRB
32 search and rescue (SAR) transponder	32 transpondeur radar SAR	32 Seenotfunkboje	32 search and rescue baken	32 eftersøgningsapperatur/ SAR
33 multi-display	33 'ecran multifonctions	33 Mehrfachanzeige	33 multi-display	33 Multi display
34 Automatic Identification System (AIS)	34 système d'identification automatique	34 Automatisches Identifikationssystem (AIS)	34 Automatisch Identificatie Systeem (AIS)	34 AIS
35 Variable Range Marker (VRM)	35 cercle de distance variable	35 Variabler Entfernungsmessring (Radar)	35 variabele afstandsring	35 variabel afstandsring
36 Mini Automatic Radar Plotting Aid (MARPA)	36 MARPA	36 Automatische Radarplotthilfe	36 MARPA	36 Mini automatisk plottesystem/MARPA
37 active radar enhancer	37 reflecteur de radar actif	37 Aktiver Radarverstärker	37 actieve radarreflector	37 aktiv ekkoforstærker (radar)/ARE
Terms	***Termes***	***Fachausdrücke***	***Uitdrukkingen***	***Benævnelser***
1 interface	1 interface	1 Interface	1 interface	1 interface
2 sender	2 transmetteur	2 Sender, Geber	2 zender	2 sender
3 transducer	3 transducteur	3 Wandler	3 overdrager/transducer	3 transducer
4 repeater	4 répétiteur	4 Verstärker	4 repeater	4 repeater
5 microprocessor	5 microprocesseur	5 Mikroprozessor	5 microprocessor	5 mikroprocessor
6 printed circuit board	6 plaque de circuit imprimé	6 Platine	6 printplaat	6 printplade
7 analogue	7 analogue	7 analog	7 analoog	7 analog
8 digital	8 digital	8 digital	8 digitaal	8 digital
9 to calibrate	9 calibrer	9 kalibrieren	9 kalibreren	9 at indstille
10 keyboard/keypad	10 clavier	10 Tastatur	10 toetsenbord	10 tastatur

ESPAÑOL	ITALIANO	PORTUGUÊS	TÜRKÇE	ΕΛΛΗΝΙΚΑ (GREEK)
SISTEMAS ELÉCTRICOS Y ELECTRÓNICOS	**ELETTRICITA E ELETTRONICA**	**SISTEMAS ELECTRICO E ELECTRÓNICO**	**ELEKTRİK VE ELEKTRONİKLER**	**HΛEKTRIKA KAI HΛEKTRONIKA**
Equipamiento eléctrico y electrónico	**Apparecchi elettrici e elettronici**	**Equipamentos electrico e electrónico**	**Elektrik ve elektronik ekipman**	**ΗΛΕΚΤΡΙΚΟΣ ΚΑΙ ΗΛΕΚΤΡΟΝΙΚΟΣ ΕΞΟΠΛΙΣΜΟΣ**
Instrumentos de navegación	***Strumenti di navigazione***	***Instrumentos***	***Seyir göstergeleri***	***ΟΡΓΑΝΑ ΝΑΥΣΙΠΛΟΙΑΣ***
28 pantalla del radar	28 schermo radar	28 PPI	28 radar ekranı	28 ΟΘΟΝΗ ΡΑΝΤΑΡ
29 detector del radar	29 radar detector	29 detector de radar	29 radar bulucu	29 ΑΝΙΧΝΕΥΤΗΣ ΡΑΝΤΑΡ
30 reflector de radar	30 riflettore radar	30 reflector de radar	30 radar yansıtıcısı/radar reflektörü	30 ΑΝΑΚΛΑΣΤΗΡΑΣ ΡΑΝΤΑΡ
31 baliza de socorro/EPIRB	31 EPIRB/radiomeda indicatrice di posizione d'emergenza	31 EPIRB	31 acil durumda konum belirleyici radyo bıkın/EPIRB	31 ΕΠΙΡΜΠ
32 radiobaliza de localización de siniestros	32 trasponditore di ricerca e salvataggio (SAR)	32 EPIRB com communicação	32 SAR aygıtı arama ve kurtarma transponderi	32 ΠΟΜΠΟΔΕΚΤΗΣ ΔΙΑΣΩΣΗΣ
33 pantala multifunción	33 multi display	33 'display' multifunções	33 çok göstergeli ekran	33 ΌΡΓΑΝΟ ΠΟΛΛΑΠΛΩΝ ΕΝΔΕΙΞΕΩΝ
34 sistema de identificación de distancia AIS	34 sistema automatico di identificazione	34 Sistema de Identificação Automática	34 otomatik tanımlama Sistemi	34 ΑΥΤΟΜΑΤΟ ΣΥΣΤΗΜΑ ΑΝΑΓΝΩΡΙΣΗΣ
35 aro de medición de distancia	35 indicatore elettronico di distanze	35 VRM	35 uzaklık markalama seçeri	35 ΣΗΜΑΝΤΗΡΑΣ ΠΟΛΛΑΠΛΗΣ ΕΜΒΕΛΕΙΑΣ
36 MARPA	36 mini tracciatore automatico Radar	36 MARPA	36 mini otomatik radar haritalama	36 ΜΙΚΡΟ ΑΥΤΟΜΑΤΟ ΡΑΝΤΑΡ ΒΟΗΘΗΤΙΚΟ ΠΛΟΗΓΗΣΗΣ (ΜΑΡΠΑ)
37 reflector de radar activo	37 amplifacatore del segnale radar	37 'transponder' de radar	37 aktiv sinyal güçlendirici	37 ΚΑΘΑΡΙΣΜΟΣ ΠΑΡΑΣΙΤΩΝ ΡΑΝΤΑΡ
Términos	***Termini***	***Termos***	***Terimler***	***ΟΡΟΛΟΓΙΑ***
1 interface	1 interfaccia	1 interface	1 interface/birleştirici	1 ΣΥΝΔΕΣΗ - ΙΝΤΕΡΦΕΗΣ
2 transmisor	2 trasmettitore	2 emissora	2 gönderici/sender	2 ΠΟΜΠΟΣ
3 transductor	3 trasduttore	3 transdutor	3 enerji iletme sistemi	3 ΠΟΜΠΟΔΕΚΤΗΣ
4 repetidor	4 ripetitore	4 repetidor	4 tekrarlayıcı	4 ΕΠΑΝΑΛΗΠΤΗΣ
5 microprocesador	5 microprocessore	5 microprocessador	5 mikro işlemci/ mikroprosesör	5 ΜΙΚΡΟΕΠΕΞΕΡΓΑΣΤΗΣ
6 placa circuito impreso	6 scheda a circuito stampato	6 circuito impresso	6 baskılı devre	6 ΚΑΡΤΑ ΤΥΠΩΜΕΝΟΥ ΚΥΚΛΩΜΑΤΟΣ
7 analógico	7 analogico	7 análogo	7 analog	7 ΑΝΑΛΟΓΙΚΟ
8 digital	8 digitale	8 digital	8 dijital	8 ΨΗΦΙΑΚΟ
9 calibrar	9 tarare	9 calibrar	9 ayarlamak/kalibre etmek	9 ΡΥΘΜΙΣΗ
10 teclado	10 tastiera/tastierino	10 teclado	10 klavye	10 ΠΛΗΚΤΡΟΛΟΓΙΟ

ENGLISH	FRANÇAIS	DEUTSCH	NEDERLANDS	DANSK
10 ELECTRICS AND ELECTRONICS	**APPAREILS ELECTRIQUES ET ELECTRONIQUES**	**ELEKTROTECHNIK UND ELEKTRONIK**	**ELEKTRICITEIT EN ELEKTRONICA**	**ELEKTRICITET OG ELEKTRONIK**
Electrical and electronic equipment	**Appareils électriques et électroniques**	**Elektrische und elektronische Ausrüstung**	**Elektrische en elektronische installaties**	**Elektrisk og elektronisk udstyr**
Terms	***Termes***	***Fachausdrücke***	***Uitdrukkingen***	***Benævnelser***
11 heat sink	11 dissipateur thermique	11 Kühlkörper	11 koelplaat	11 køleanordning
12 cathode ray tube	12 tube à rayons cathodiques	12 Braun'sche Röhre	12 kathodestraalbuis	12 katoderør
13 light emitting diode/LED	13 diode électronumiscente DEL	13 Leuchtdiode/LED	13 lichtgevende diode/led	13 lysdiode
14 discharge tube (neon/xenon)	14 tube à décharge (néon/xénon)	14 Gasentladungsröhre	14 gasontladingsbuis	14 udgangsrør (neon/xenon)
15 liquid crystal display/LCD	15 afficheur à cristaux liquides	15 Flüssigkristallanzeige/ LCD	15 lcd-scherm	15 skærmbillede i flydende krystal
Electrician's toolbag	**Trousse à outils d'électricien**	**Werkzeuge des Elektrikers**	**Elektriciensgereedschap**	**Elektrikerværktøj**
1 soldering iron	1 fer à souder	1 Lötkolben	1 soldeerbout	1 loddekolbe
2 multimeter (digital)	2 multimètre (digital)	2 Multimeter (digital)	2 multimeter (digitale)	2 måleinstrument (digitalt)
3 mains tester	3 vérificateur de secteur	3 Netzprüfer, Polprüfer	3 spanningzoeker	3 polsøger
4 cable cutter	4 coupe-câbles	4 Kabelschneider	4 draadtang, kniptang	4 skævbider
5 cable stripper	5 pince à dénuder	5 Abisolierzange	5 striptang	5 afisolertang
6 crimping pliers	6 pince à sertir	6 Kerbzange	6 krimptang	6 kabelskotang
7 insulating tape	7 chatterton	7 Isolierband	7 isolatieband	7 isolerbånd
Electrician's stores	**Provisions d'électricien**	**Elektrolager**	**Elektriciensvoorraad**	**Elektriske reservedele**
1 light bulb	1 ampoule	1 Glühbirne	1 lamp	1 pære/lampe
2 fluorescent tube	2 tube fluorescent	2 Leuchtstoffröhre	2 tl-buis	2 lysstofrør
3 cable clip	3 lyre	3 Kabelschelle	3 kabelklem	3 kabelclips
4 crimp connector	4 cosse	4 Kabelschuh	4 krimpconnector, kabelschoen	4 samlemuffe
5 fuse	5 fusible	5 Sicherung	5 zekering	5 sikring
6 plug	6 prise de courant	6 Stecker	6 plug, stekker	6 prop
7 socket	7 prise de courant murale	7 Steckdose	7 stopcontact, fitting	7 fatning
8 knob	8 bouton	8 Knopf	8 knop	8 dup
9 grommet	9 passe-fil	9 Kabeldurchführung	9 doorvoer	9 ring/øje

ESPAÑOL	ITALIANO	PORTUGUÊS	TÜRKÇE	ΕΛΛΗΝΙΚΑ (GREEK)
SISTEMAS ELÉCTRICOS Y ELECTRÓNICOS	**ELETTRICITA E ELETTRONICA**	**SISTEMAS ELECTRICO E ELECTRÓNICO**	**ELEKTRİK VE ELEKTRONİKLER**	**HΛEKTRIKA KAI HΛEKTRONIKA**
Equipamiento eléctrico y electrónico	**Apparecchi elettrici e elettronici**	**Equipamentos electrico e electrónico**	**Elektrik ve elektronik ekipman**	**ΗΛΕΚΤΡΙΚΟΣ ΚΑΙ ΗΛΕΚΤ-ΡΟΝΙΚΟΣ ΕΞΟΠΛΙΣΜΟΣ**
Términos	***Termini***	***Termos***	***Terimler***	***ΟΡΟΛΟΓΙΑ***
11 tiristor	11 dissipatore di calore	11 dissipador de calor	11 ısı dağıtıcı	11 ΛΕΚΑΝΗ ΘΕΡΜΟΤΗΤΑΣ
12 tubo de rayos catódicos	12 tubo a raggi catodici	12 tubo de raio catódicos	12 katot lambası	12 ΚΑΘΟΔΙΚΟΣ ΣΩΛΗΝΑΣ
13 diodo emisor de luz	13 diodo fotoemettitore/ LED	13 LED	13 ışık neşredici diyot/LED	13 ΔΙΟΔΟΣ ΕΚΠΟΜΠΗΣ ΦΩΤΟΣ
14 lámpara xenon	14 tubo a scarica (neon/ xenon)	14 tubo de neon	14 neon lambası	14 ΣΩΛΗΝΑΣ ΕΚΦΟΡΤΙΣΗΣ (ΝΕΟΝΞΕΝΟΝ)
15 pantalla de cristal líquido	15 display a cristalli liquidi/LCD	15 cristal liquido	15 likit kristal gösterge/LCD	15 ΕΝΔΕΙΞΗ ΜΕ ΥΓΡΟΥΣ ΚΡΥΣΤΑΛΛΟΥΣ
Herramientas de electricista	**Borsa dell'elettricista**	**Caixa de electricista**	**Elektrikçinin alet kutusu**	**ΕΡΓΑΛΕΙΑ ΗΛΕΚΤΡΟΛΟΓΟΥ**
1 soldador eléctrico	1 saldatore	1 ferro de soldar	1 havya	1 ΚΟΛΛΗΤΗΡΙ
2 multímetro (digital)	2 multimetro (digitale)	2 multímetro (digital)	2 multimetre sayısal electrik ölçer	2 ΠΟΛΥΜΕΤΡΟ (ΨΗΨΙΑΚΟ)
3 comprobador de tensión	3 voltmetro di rete	3 aparelho de testes	3 faz kalemi	3 ΕΛΕΓΧΟΣ ΚΥΡΙΑΣ ΠΑΡΟΧΗΣ
4 alicates para cortar	4 pinza tagliacavi	4 corta arame	4 kablo kesici	4 ΚΟΦΤΗΣ ΚΑΛΩΔΙΩΝ
5 alicates pelacables	5 pinza spelafili	5 descarnador	5 kablo sıyırıcı	5 ΓΥΜΝΩΤΗΣ ΚΑΛΩΔΙΩΝ
6 tenazas conectoras	6 pinza a crimpare	6 alicate de terminais	6 pense	6 ΠΕΝΣΑ
7 cinta aislante	7 nastro isolante	7 fita isoladora	7 izole bant/yalıtıcı bant	7 ΜΟΝΩΤΙΚΗ ΤΑΙΝΙΑ
Suministros de electricista	**Scorte dell'elettricista**	**Loja de artigos electricos**	**Elektrikçı malzemesi**	**ΥΛΙΚΑ ΗΛΕΚΤΡΟΛΟΓΟΥ**
1 bombilla	1 lampadina	1 lâmpada	1 ampul	1 ΛΑΜΠΑ – ΛΑΜΠΤΗΡΑΣ
2 tubo fluorescente	2 lampada fluorescente	2 tubo fluorescente	2 floresan lamba	2 ΛΑΜΠΑ ΦΘΟΡΙΟΥ
3 abrazadera	3 fermacavo	3 terminal	3 kablo tesbit klipi	3 ΑΚΡΟΔΕΚΤΗΣ
4 terminal	4 connettore a crimpare, connettore rapido	4 terminal	4 kablo başı, klemens	4 ΕΝΩΣΗ
5 fusible	5 fusibile	5 fusível	5 sigorta	5 ΑΣΦΑΛΕΙΑ
6 enchufe macho	6 spina	6 ficha	6 elektrik fişi	6 ΑΡΣΕΝΙΚΗ ΠΡΙΖΑ
7 enchufe hembra	7 presa	7 tomada	7 priz	7 ΘΗΛΥΚΗ ΠΡΙΖΑ
8 botón	8 manopola	8 botão	8 elektrik düğmesi	8 ΚΟΥΜΠΙ
9 ollao metálico	9 occhiello metallico	9 olhal	9 lastik kablo koruyucusu	9 ΔΑΚΤΥΛΙΟΣ

ENGLISH	FRANÇAIS	DEUTSCH	NEDERLANDS	DANSK
10 ELECTRICS AND ELECTRONICS	**APPAREILS ELECTRIQUESET ELECTRONIQUES**	**ELEKTROTECHNIK UND ELEKTRONIK**	**ELEKTRICITEIT EN ELEKTRONICA**	**ELEKTRICITET OG ELEKTRONIK**
Electrician's stores	**Provisions d'électricien**	**Elektrolager**	**Elektriciensvoorraad**	**Elektriske reservedele**
10 multicore solder	10 soudure à noyau multiple	10 Lötdraht	10 soldeer	10 loddetin
11 digital multimeter	11 instrument multifonctions digital	11 Digitalmultimeter	11 digitale multimeter	11 digitalt multimeter
Electrical and electronic problems	**Problèmes électriques et électroniques**	**Elektrische und elektronische Problemen**	**Elektrische en elektronische problemen**	**Elektriske og elektroniske problemer**
1 broken	1 ne fonctionne pas	1 unterbrochen	1 gebroken	1 gået i stykker
2 burnt out	2 grillé	2 ausgebrannt	2 verbrand	2 brændt af
3 corroded	3 corrodé	3 korrodiert	3 gecorrodeerd	3 irret
4 discharged	4 à plat	4 entladen	4 ontladen, leeg	4 afladet
5 erratic	5 irrégulier	5 fehlerhaft	5 ontregeld, grillig	5 fejlagtig
6 to explode	6 exploser	6 explodieren	6 exploderen, ontploffen	6 at eksplodere
7 intermittent fault	7 défaut intermittent	7 zeitweiliger Fehler	7 intermitterende fout	7 periodisk fejl
8 leak	8 fuite	8 Fehlerstrom	8 lek	8 læk
9 loose connection	9 connection lâche	9 lose Verbindung	9 losse verbinding	9 løs forbindelse
10 no display	10 manque d'image	10 keine Anzeige	10 geen beeld	10 ingen visning
11 no power	11 panne d'énergie	11 kein Strom	11 geen spanning, geen voeding	11 ingen strøm
12 no response	12 pas de réaction	12 keine Reaktion	12 geen reactie	12 ingen reaktion
13 weak response	13 réaction faible	13 schwache Reaktion	13 zwakke reactie	13 svag reaktion
14 to overheat	14 surchauffer	14 überhitzen	14 oververhitten	14 overophedet
15 short circuit	15 court-circuit	15 Kurzschluss	15 kortsluiting	15 kortsluttet
16 to smell bad	16 sentir mauvais	16 schlecht riechen	16 stinken	16 lugter brændt

ESPAÑOL	ITALIANO	PORTUGUÊS	TÜRKÇE	ΕΛΛΗΝΙΚΑ (GREEK)
SISTEMAS ELÉCTRICOS Y ELECTRÓNICOS	**ELETTRICITA E ELETTRONICA**	**SISTEMAS ELECTRICO E ELECTRÓNICO**	**ELEKTRİK VE ELEKTRONİKLER**	**ΗΛΕΚΤRΙΚΑ ΚΑΙ ΗΛΕΚΤRΟΝΙΚΑ**
Suministros de electricista	**Scorte dell'elettricista**	**Loja de artigos electricos**	**Elektrikçı/malzemesi**	**ΥΛΙΚΑ ΗΛΕΚΤΡΟΛΟΓΟΥ**
10 soldadura	10 lega per saldare con fondente	10 solda de várias cores	10 pastalı lehim	10 ΠΟΛΥΠΗΡΥΝΟ ΚΟΛΛΗΤΗΡΙ
11 multimetro digital	11 multimetro digitale	11 multímetro digital	11 sayısal elektrik ölçer	11 ΨΗΨΙΑΚΟ ΠΟΛΥΜΕΤΡΟ
Problemas eléctricos y electrónicos	**Problemi elettrici e elettronici**	**Problemas electricos e electrónicos**	**Elektrik ve elektronik problemler**	**ΗΛΕΚΤRΙΚΑ ΚΑΙ ΗΛΕΚΤ-ΡΟΝΙΚΑ ΠΡΟΒΛΗΜΑΤΑ**
1 roto	1 rotto	1 partido	1 bozuk	1 ΣΠΑΣΜΕΝΑ
2 quemado	2 bruciato	2 queimado	2 yanmış, yanık	2 ΚΑΜΜΕΝΟ
3 corroído	3 corroso	3 corroído	3 paslanmış	3 ΔΙΑΒΡΩΜΕΝΟ
4 descargado	4 scarico	4 descarregado	4 boşalmış	4 ΑΔΕΙΑΣΜΕΝΟΣ
5 irregular	5 erratico	5 errático	5 yanıltıcı, tutarsız	5 ΔΙΑΚΟΠΤΟΜΕΝΟΣ
6 estallar	6 esplodere	6 prestes a explodir	6 patlamak	6 ΕΚΡΗΞΗ
7 fallo intermitente	7 guasto intermittente	7 falhas intermitentes	7 fasılalı hata	7 ΔΙΑΚΟΠΤΟΜΕΝΟ ΠΡΟΒΛΗΜΑ (ΖΗΜΙΑ)
8 pérdida a masa	8 perdita	8 pingar	8 sızıntı	8 ΔΙΑΡΡΟΗ
9 conexión floja	9 collegamento allentato	9 perde contacto	9 gevşek bağlantı	9 ΛΑΣΚΑ ΕΠΑΦΗ
10 no indica	10 non c'è display	10 sem mostrador	10 göstergede bir şey yok	10 ΟΧΙ ΕΝΔΕΙΞΗ
11 sin fuerza	11 non c'è potenza	11 sem corrente	11 akım yok/güç (cereyan) yok	11 ΟΧΙ ΙΣΧΥΣ
12 sin respuesta	12 non c'è risposta	12 sem resposta	12 cevap yok	12 ΟΧΙ ΑΝΤΑΠΟΚΡΙΣΗ
13 respuesta débil	13 risposta debole	13 resposta muito fraca	13 cevap zayıf	13 ΑΔΥΝΑΤΗ ΑΝΤΑΠΟΚΡΙΣΗ
14 sobrecalentar	14 surriscaldarsi	14 aquecimento	14 ısınma/fazla ısınma	14 ΥΠΕΡΘΕΡΜΑΝΣΗ
15 cortocircuito	15 cortocircuito	15 curtocircuito	15 kısa devre	15 ΒΡΑΧΥΚΥΚΛΩΜΑ
16 oler mal	16 aver cattivo odore	16 mau cheiro	16 kötü kokmak	16 ΑΣΧΗΜΗ ΜΥΡΩΔΙΑ

ENGLISH	FRANÇAIS	DEUTSCH	NEDERLANDS	DANSK
11 IN THE BOATYARD	**AU CHANTIER**	**AUF DER SCHIFFSWERFT**	**OP DE SCHEEPSWERF**	**PÅ VÆRFT**
Maintenance	**Entretien**	**Instandhaltung**	**Onderhoud**	**Vedligeholdelse**
1 scrub the bottom	1 caréner	1 das Unterwasserschiff reinigen	1 onderwaterschip schoonmaken	1 at skrubbe bunden
2 draw the keelbolts	2 enlever les boulons de quille	2 die Kielbolzen heraus-schlagen	2 kielbouten trekken	2 at trække kølboltene
3 caulk the seams	3 calfater	3 die Nähte kalfatern	3 de naden breeuwen	3 at kalfatre nåderne
4 overhaul	4 révision	4 überholen	4 overhalen, reviseren	4 at efterse
5 strengthen	5 renforcer	5 verstärken	5 versterken	5 forstærke
6 replace	6 remplacer	6 erneuern	6 vervangen	6 forny
7 make watertight	7 étancher, rendre étanche	7 wasserdicht machen	7 waterdicht maken	7 gøre vandtæt
8 stop a leak	8 aveugler une voie d'eau	8 Leck abdichten	8 een lek dichten	8 stoppe en lækage
9 check	9 contrôler	9 kontrollieren, nachsehen	9 controleren	9 at efterse
10 pressure wash	10 lavage-pression	10 Hochdruckreinigung	10 hogedrukreiniging	10 trykspuling
11 osmosis	11 osmose	11 Osmose	11 osmose	11 osmose
12 wicking	12 effet de mèche, délaminage	12 Eindringen von Wasser in das Laminat	12 vochtdoorgevend	12 polstring
13 polish	13 lustrer	13 Politur	13 poetsmiddel	13 polere
14 blister	14 cloque	14 Blasen	14 blaar	14 blærer
Painting	**Peinture**	**Anstrich**	**Schilderwerk**	**Malerarbejde**
1 burn off	1 brûler	1 abbrennen	1 afbranden	1 brænde af
2 rub down	2 poncer	2 schleifen	2 schuren	2 slibe ned
3 stop	3 enduire	3 spachteln	3 plamuren	3 spartle
4 primer	4 couche d'impression	4 Grundanstrich	4 primer, grondverf	4 grundmaling
5 undercoat	5 sous-couche	5 Vorstreichfarbe	5 grondlaag	5 understrygning
6 enamel paint	6 émail	6 Glanzanstrich	6 glansverf	6 emaljemaling
7 varnish	7 vernis	7 Lack	7 vernis, lak	7 lak
8 antifouling paint	8 peinture antisalissante ou antifouling	8 Antifoulingfarbe	8 aangroeiwerende verf	8 bundmaling
9 hard	9 dur	9 hart	9 hard	9 hård
10 self-polishing	10 auto-lustrant	10 selbstglättend	10 zelfslijpend	10 selv-polerende
11 eroding	11 qui s'écaille	11 anfressen	11 wegvretend	11 tæring/slid
12 copper	12 cuivre	12 Kupfer	12 koper (rood)	12 kobber
13 copolymer	13 copolymer	13 Copolymerfarbe	13 copolymeer	13 copolymer
14 boot-topping	14 bande de flottaison	14 Wasserpass-Farbe	14 waterlijnverf	14 vandliniemaling

ESPAÑOL	ITALIANO	PORTUGUÊS	TÜRKÇE	ΕΛΛΗΝΙΚΑ (GREEK)
EN EL ASTILLERO	**IN CANTIERE**	**NO ESTALEIRO**	**TERSANEDE**	**ΣΤΟ ΚΑΡΝΑΓΙΟ**
Astillero, mantenimiento	**Manutenzione**	**Manutenção**	**Bakım**	**ΣΥΝΤΗΡΗΣΗ**
1 limpiar fondos	1 pulire la carena	1 escovar, limpar o fundo	1 karinayı fırçalamak	1 ΤΡΙΨΙΜΟ ΥΦΑΛΩΝ
2 sacar los pernos de la quilla	2 levare i bulloni di chiglia	2 retirar cavilhas do patilhão	2 omurga cıvatalarını sökmek	2 ΒΓΑΖΩ ΤΙΣ ΤΖΑΒΕΤΕΣ
3 calafatear las costuras	3 calafatare i comenti	3 calafetar as baínhas	3 armuzları kalafat etmek	3 ΚΑΛΑΦΑΤΙΖΩ ΕΝΩΣΕΙΣ
4 revisar	4 revisionare	4 fazer revisão, rever	4 revizyon, genel bakım	4 ΓΕΝΙΚΗ ΕΠΙΣΚΕΥΗ
5 reforzar	5 rinforzare	5 reforçar	5 takviye, sağlamlaştırma	5 ΕΝΙΣΧΥΣΗ
6 reemplazar, cambiar	6 sostituire	6 substituir, repôr	6 değiştirme	6 ΑΝΤΙΚΑΤΑΣΤΑΣΗ
7 hacer estanco	7 rendere stagno	7 tornar estanque	7 sızdırmaz hale getirmaek	7 ΣΤΕΓΑΝΟΠΟΙΗΣΗ
8 taponar	8 chiudere una falla	8 tapar uma entrada de água	8 suyunu kesmek, su yerini tamir etmek	8 ΣΤΑΜΑΤΑΩ ΔΙΑΡΡΟΗ
9 comprobar	9 controllare	9 verificar	9 kontrol etmek	9 ΕΛΕΓΧΟΣ
10 limpieza a presión	10 lavaggio a pressione	10 lavagem à pressão	10 tazyikli suyla yıkamak	10 ΥΔΡΟΒΟΛΗ
11 ósmosis	11 osmosi	11 osmose	11 ozmos	11 ΟΣΜΩΣΗ
12 wicking	12 verniciatura a stoppino	12 colocar mechas	12 fitillenme	12 ΦΥΤΙΛΙΑΖΩ
13 pulir	13 lucidare	13 polir	13 parlatma	13 ΓΥΑΛΙΣΜΑ
14 ampolla	14 bolla	14 com bolhas	14 kabarcık	14 ΦΟΥΣΚΑΛΑ

ESPAÑOL	ITALIANO	PORTUGUÊS	TÜRKÇE	ΕΛΛΗΝΙΚΑ (GREEK)
Pintura	**Pittura**	**Pintura**	**Boya**	**ΒΑΨΙΜΟ**
1 quemar con soplete	1 bruciare via (la pittura)	1 queimar	1 boyayı yakmak	1 ΚΑΙΩ
2 lijar	2 raschiare	2 passar à lixa	2 zımparalamak	2 ΤΡΙΒΩ
3 calafatear	3 stuccare	3 encher	3 durdurmak	3 ΣΤΑΜΑΤΩ
4 imprimación	4 prima mano	4 primário	4 primer, astar katı	4 ΑΣΤΑΡΙ
5 primera mano de pintura	5 mano di fondo	5 aparelho	5 astar boya	5 ΚΑΤΩ ΣΤΡΩΜΑ
6 pintura de esmalte	6 smalto	6 tinta de esmalte	6 yağlı boya, parlak boya	6 ΣΜΑΛΤΟΧΡΩΜΑ
7 barniz	7 vernice	7 verniz	7 vernik	7 ΒΕΡΝΙΚΙ
8 pintura de patente, anti-incrustante	8 vernice antivegetativa	8 tinta anti-vegetativa	8 zehirli boya, antifouling	8 ΜΟΡΑΒΙΑ
9 duro	9 dura	9 forte	9 sert	9 ΣΚΛΗΡΟΣ
10 auto-pulimentado	10 autolucidante	10 auto-polimento	10 kendi kendini parlatan	10 ΑΥΤΟΓΥΑΛΙΖΟΜΕΝΟ
11 corroído	11 erosione	11 erodido	11 erozyonlu	11 ΔΙΑΒΡΩΤΙΚΟ
12 cobre	12 rame	12 cobre	12 bakır	12 ΧΑΛΚΟΣ
13 copolimer	13 copolimero	13 copolimer	13 kopolimer	13 ΣΥΜΠΟΛΥΜΕΡΕΣ
14 pintura de la flotación	14 anticorrosiva	14 boot-topping, tinta para faixa da linha de água	14 faça boyası	14 ΒΑΨΙΜΟ ΙΣΑΛΟΥ

ENGLISH	FRANÇAIS	DEUTSCH	NEDERLANDS	DANSK
11 IN THE BOATYARD	**AU CHANTIER**	**AUF DER SCHIFFSWERFT**	**OP DE SCHEEPSWERF**	**PÅ VÆRFT**
Painting	**Peinture**	**Anstrich**	**Schilderwerk**	**Malerarbejde**
15 non-slip deck paint	15 peinture anti-dérapante	15 rutsch- und trittfester Decksanstrich	15 antislipverf	15 skridsikker dæksmaling
16 stripper, paint remover	16 décapant	16 Abbeizer	16 afbijtmiddel	16 farvefjerner
17 blow lamp	17 lampe à souder	17 Lötlampe	17 afbrander, stripper	17 blæselampe
18 paintbrush	18 pinceau	18 Pinsel	18 verfkwast	18 pensel
19 scraper	19 grattoir	19 Schraper	19 schraper	19 skrabejern
20 sandpaper	20 papier de verre	20 Sandpapier	20 schuurpapier	20 sandpapir
21 sandblast	21 sabler	21 sandgestrahlt	21 zandstralen	21 sandblæse
22 peel	22 peler	22 abblättern	22 afschillen	22 skalle
23 gel coat	23 gel-coat	23 Gelcoat	23 gelcoat	23 gelcoat
24 polish	24 lustrer	24 Politur	24 poetsmiddel	24 voks/polish
25 epoxy	25 époxy	25 Epoxyd	25 epoxy, kunsthars	25 epoxy
26 paint roller	26 rouleau à peinture	26 Farbrolle	26 verfroller	26 malerulle
27 spray	27 peindre au pistolet	27 Spritzen	27 verfspuiter	27 spray
28 white spirit	28 white-spirit	28 Spiritus	28 verdunner	28 denatureret sprit
Laying up	**Désarmement**	**Auflegen**	**Opleggen**	**Lægge op**
1 haul out	1 tirer à terre, au sec	1 an Land holen	1 uit het water halen, droogzetten	1 tage på land
2 winter storage	2 hivernage	2 Winterlager	2 winterberging	2 vinteropbevaring
3 under cover	3 sous abri	3 abgedeckt, in einer Halle	3 afgedekt, onderdak	3 under tag
4 mud berth	4 en vasière	4 im Schlick liegen	4 ligplaats in het slik	4 vinterplads i mudder
5 unstep the mast	5 démâter	5 den Mast ziehen	5 de mast afnemen	5 tage masten ud
6 cradle	6 ber, berceau	6 Slippwagen, Verladebock	6 wieg	6 vugge
7 to fit out	7 armer	7 ausrüsten, instandsetzen	7 uitrusten	7 udruste/klargøre
8 step the mast	8 mâter	8 den Mast setzen	8 mast plaatsen	8 rejse masten
9 to launch	9 mettre à l'eau	9 zu Wasser lassen	9 te water laten	9 at søsætte
10 legs	10 béquilles	10 seitliche Stützen für ein Boot beim Trockenfallen	10 poten	10 ben
11 slip	11 cale	11 Slipanlage	11 helling	11 bedding
12 crane	12 grue	12 Kran	12 kraan	12 kran
13 hoist	13 grue	13 Hebevorrichtung	13 kraan	13 at hejse
14 lift	14 grue	14 Lift	14 botenlift	14 at løfte
15 hard standing	15 cale d'échouage	15 fester Untergrund	15 op een harde ondergrond	15 stå hårdt

ESPAÑOL	ITALIANO	PORTUGUÊS	TÜRKÇE	ΕΛΛΗΝΙΚΑ (GREEK)
EN EL ASTILLERO	**IN CANTIERE**	**NO ESTALEIRO**	**TERSANEDE**	**ΣΤΟ ΚΑΡΝΑΓΙΟ**
Pintura	**Pittura**	**Pintura**	**Boya**	**ΒΑΨΙΜΟ**
15 pintura antideslizante	15 vernice antisdrucciolevole per ponte	15 tinta anti escorregante para convez	15 kaymaz güverte boyası	15 ΑΝΤΙΓΛΥΣΤΡΙΚΟ ΧΡΩΜΑ
16 decapante	16 sverniciatore	16 decapante	16 boya sökücü	16 ΡΙΜΟΥΒΕΡ
17 soplete	17 lampada a saldare	17 maçarico	17 kaynaklama lambası	17 ΚΑΜΙΝΕΤΟ
18 brocha	18 pennello	18 pincel, brocha	18 boya fırçası	18 ΠΙΝΕΛΟ
19 rasqueta	19 raschietto	19 raspa	19 raspa	19 ΞΥΣΤΡΑ
20 papel de lija	20 cartavetro	20 lixa	20 zımpara kâğıdı	20 ΓΥΑΛΟΧΑΡΤΟ
21 chorro de arena	21 sabbiatura	21 lixa de àgua	21 kum raspası	21 ΑΜΜΟΒΟΛΗ
22 pelar	22 spelatura	22 decapar	22 soymak, kazımak	22 ΞΕΦΛΟΥΔΙΖΩ
23 gel coat	23 gelcoat	23 gelcoat	23 jelkot	23 ΤΖΕΛ ΚΟΤ
24 pulir	24 polish	24 pulir	24 parlatıcı, poliş	24 ΓΥΑΛΙΣΜΑ
25 epoxy	25 epossi	25 epoxi	25 epoksi	25 ΕΠΟΞΙΚΟΣ
26 rodillo de pintar	26 rullo per pittura	26 rolo	26 boya rulosu	26 ΡΟΛΛΟ
27 pintar con pistola	27 spruzzo	27 pintura à pistola	27 sprey boya	27 ΣΠΡΕΥ
28 aguarrás	28 acquaragia	28 diluente	28 alkol	28 ΛΕΥΚΟ ΟΙΝΟΠΝΕΥΜΑ

Desarmar	**Disarmo**	**Colocar em seco**	**Tekneyi kapatma**	**ΑΠΟΘΕΣΗ ΣΚΑΦΟΥΣ**
1 varar	1 tirare in secco	1 alar, encalhar	1 karaya çekmek	1 ΑΝΕΛΚΥΣΗ
2 invernada	2 rimessaggio invernale	2 encalhar para o inverno	2 kışlama	2 ΧΕΙΜΕΡΙΝΗ ΠΑΡΑΜΟΝΗ
3 bajo cubierto	3 al coperto	3 pôr em barracão	3 kapalı yerde	3 ΣΚΕΠΑΣΜΕΝΟ
4 lecho de fango	4 posto in secco (di barca)	4 encalhar no lôdo	4 çamura yatırmak	4 ΑΓΚΥΡΟΒΟΛΙΟ ΣΕ ΛΑΣΠΗ
5 desarbolar	5 disalberare	5 desmontar o mastro	5 direği sökmek	5 ΞΑΛΜΠΟΥΡΩΜΑ
6 cuna, calzo	6 vaso, invasatura	6 berço	6 beşik, kızak	6 ΚΑΒΑΛΕΤΟ
7 armar	7 armare	7 armar	7 donatma	7 ΑΡΜΑΤΩΝΩ
8 arbolar el palo	8 alberare	8 montar, armar o mastro	8 direği dikmek	8 ΑΛΜΠΟΥΡΩΜΑ
9 botar, lanzar al agua	9 varare	9 desencalhar, pôr na água	9 denize indirmek	9 ΚΑΘΕΛΚΥΣΗ
10 escoras	10 puntelli, trampoli	10 escovas	10 dikmeleri	10 ΥΠΟΣΤΗΡΙΓΜΑΤΑ
11 grada	11 scivolo	11 rampa de cais/deslize	11 kızak rampası	11 ΓΛΥΣΤΡΑ
12 grúa	12 gru	12 guindaste	12 kreyn, vinç	12 ΓΕΡΑΝΟΣ
13 montacargas	13 issare	13 içar	13 kaldırmak	13 ΑΝΥΨΩΝΩ
14 travelift	14 sollevare	14 içar	14 kaldırmak	14 ΣΗΚΩΝΩ
15 varadero	15 suolo duro	15 estaleiro permanente	15 çekek alanı	15 ΣΤΕΡΕΩΜΕΝΟ

ENGLISH	FRANÇAIS	DEUTSCH	NEDERLANDS	DANSK
11 IN THE BOATYARD	**AU CHANTIER**	**AUF DER SCHIFFSWERFT**	**OP DE SCHEEPSWERF**	**PÅ VÆRFT**
Laying up	**Désarmement**	**Auflegen**	**Opleggen**	**Lægge op**
16 sling	16 élingue	16 Gurt	16 hijsband	16 strop
17 ladder	17 échelle	17 Leiter	17 ladder, trap	17 stige

ESPAÑOL	ITALIANO	PORTUGUÊS	TÜRKÇE	ΕΛΛΗΝΙΚΑ (GREEK)
EN EL ASTILLERO	IN CANTIERE	NO ESTALEIRO	TERSANEDE	ΣΤΟ ΚΑΡΝΑΓΙΟ
Desarmar	**Disarmo**	**Colocar em seco**	**Tekneyi kapatma**	**ΑΠΟΘΕΣΗ ΣΚΑΦΟΥΣ**
16 eslinga	16 braga	16 fundas	16 kayış	16 ΣΑΜΠΑΝΙ
17 escala	17 scala	17 escada	17 merdiven, iskele	17 ΣΚΑΛΑ

	ENGLISH	FRANÇAIS	DEUTSCH	NEDERLANDS	DANSK
	Sailing terms	**Termes de navigation à voile**	**Seemännische Ausdrücke**	**Scheepvaartuitdrukkingen**	**Sejlsportsudtryk**
	Points of sailing	***Les allures***	***Kurse zum Wind***	***Koersen***	***Sejlads***
1	head wind	vent debout	Gegenwind	wind tegen	modvind
2	head-to-wind	face au vent	in den Wind	recht in de wind	vindret
3	the tack	bord	Schlag, Überstaggehen	slag	stagvending
4	port tack	bâbord amures	Steuerbordbug	slag over bakboord	bagbords halse
5	starboard tack	tribord amures	Backbordbug	slag over stuurboord	styrbords halse
6	to beat	tirer des bords, louvoyer	kreuzen	laveren, kruisen	at krydse
7	to go about	virer au vent	über Stag gehen, wenden	overstag gaan	at vende
8	'ready about'	'paré à virer'	'klar zum Wenden'	'klaar om te wenden'	'klar at vende'
9	'lee-oh'	'envoyez'	'Ree'	'ree'	'læ'
10	close-hauled	au plus près	hoch am Wind	hoog aan de wind	kloshalet
11	on the wind	au près	am Wind, beim Wind	bij de wind	bidevind
12	full and by	au près bon plein	voll und bei	vol en bij, onder vol zeil	rumskøds
13	wind abeam	vent de travers	halber Wind	wind dwars, halve wind	vinden tværs
14	reaching	largue	raumschots	ruimschoots zeilen	slør
15	wind free	portant	raumer Wind	ruime wind	fri vind
16	wind on the quarter	vent trois-quarts arrière, grand largue	Backstagsbrise	bakstagswind	vinden agten for tværs
17	running	vent arrière	vor dem Wind	voor de wind zeilen	lænse
18	dead before the wind	plein vent arrière	platt vor dem Wind	pal voor de wind zeilen	med vinden ret agterind
19	run by the lee	sous le vent, sur la panne	vor dem Wind nach Lee segeln	binnen de wind zeilen	lige før man bommer
20	to gybe	empanner, gambeyer	halsen	gijpen, halzen	at bomme
21	accidental gybe	empannage involontaire	unfreiwilliges Halsen, Patenthalse	onvrijwillige gijp	utilsigtet bomning
22	heading wind	vent refusant	schralender Wind	schralende wind	vinden spidser
23	freeing wind	vent adounant	raumender Wind	ruimer inkomende wind	vinden rummer
24	windward/leeward	au vent/sous le vent	luvwärts/leewärts	loefwaarts/lijwaarts	luv/læ

ESPAÑOL	ITALIANO	PORTUGUÊS	TÜRKÇE	ΕΛΛΗΝΙΚΑ (GREEK)
EN EL MAR	IN MARE	NO MAR	DENİZDE	ΣΤΗΝ ΘΑΛΑΣΣΑ
Terminología de navegación a vela	**Termini nautici**	**Termos vélicos**	**Denizcilik terimleri**	**ΝΑΥΤΙΚΟΙ ΟΡΟΙ**
Rumbos	***Andature***	***Pontos onde velejar***	***Seyir yönleri***	***ΣΤΟΙΧΕΙΑ/ΤΡΟΠΟΙ ΙΣΤΙΟΠΛΟΙΑΣ***
1 viento de proa	1 vento di prua	1 vento de prôa	1 pruva rüzgârı, baş rüzgârı	1 ΑΝΕΜΟΣ ΚΑΤΑΠΛΩΡΑ
2 proa al viento	2 prua al vento	2 aproado ao vento	2 rüzgâr pruvada, rüzgâr yakada	2 ΠΛΩΡΗ ΠΑΝΩ ΣΤΟΝ ΕΝΑΜΟ
3 bordada, bordo	3 il bordo	3 o bordo	3 kontra-tramola	3 ΤΟ ΜΠΡΑΤΣΟ
4 amurado a babor	4 bordo con mure a sinistra	4 amuras a bombordo	4 iskele kontra - iskele tramola	4 ΑΡΙΣΤΕΡΗΝΕΜΟΣ
5 amurado a estribor	5 bordo con mure a dritta	5 amuras a estibordo	5 sancak kontra - sancak tramola	5 ΔΕΞΗΝΕΜΟΣ
6 barloventear, ceñir	6 bolinare	6 bolinar	6 volta seyri	6 ΤΑΞΙΔΕΥΩ ΜΕ ΤΑΚ
7 virar	7 virare di bordo	7 virar por de vante	7 tramola etmek	7 ΑΝΑΣΤΡΕΦΩ-ΚΑΝΩ ΤΑΚ
8 'listo para virar'	8 'pronti a virare'	8 'claro a virar'	8 'tramolaya hazır ol'	8 ΕΤΟΙΜΟΙ ΓΙΑ ΤΑΚ
9 'vira'	9 'vira'	9 'vira'	9 'tramola' yekeyi rüzgâr altına almak	9 ΕΤΟΙΜΟΣ ΓΙΑ ΤΑΚ ΑΠΟ ΤΙΜΟΝΙΕΡΑ
10 en ceñida a rabiar	10 di bolina stretta	10 bolina cerrada	10 borina, toka prasya seyir	10 ΟΡΤΣΑΡΙΣΤΟΣ
11 de bolina, en ceñida	11 al vento, controventro	11 bolinando	11 orsa seyri	11 ΠΑΝΩ ΣΤΟΝ ΑΝΕΜΟ
12 a un descuartelar	12 a gonfie vele	12 de bolina	12 tam orsa, geniş orsa	12 ΠΛΕΩ ΟΡΤΣΑ ΧΩΡΙΣ ΕΚΠΕΣΜΟ
13 viento de través	13 col vento al traverso (o a mezza nave)	13 vento pelo través	13 kemere rŭzgarı	13 ΑΝΕΜΟΣ ΣΤΟ ΠΛΑΙ
14 a un largo	14 di lasco	14 a um largo	14 apazlama, laşkasına	14 ΠΛΑΓΙΟΔΡΟΜΩ
15 viento de popa o portante	15 a vento largo	15 vento aberto, largo	15 yürütücü rüzgâr	15 ΑΝΕΜΟΣ ΛΑΣΚΑΔΑ
16 viento por la aleta	16 vento al giardinetto	16 vento pela alhêta	16 geniş apaz	16 ΑΝΕΜΟΣ ΔΕΥΤΕΡΟΠΡΥΜΑ
17 viento de popa	17 col vento in poppa	17 navegar com vento à pôpa	17 pupa	17 ΚΑΤΑΠΡΥΜΑ ΠΛΕΥΣΗ
18 en popa redonda o cerrada	18 col vento in fil di ruota	18 à pôpa razada	18 rüzgârı iğnecikten alarak	18 ΑΝΕΜΟΣ ΚΑΤΑΠΡΥΜΑ
19 tomar por la lúa	19 col vento al giardinetto	19 correr à pôpa com vento iá por sotavento	19 rüzgâr altına	19 ΤΑΞΙΔΕΥΩ ΥΠΗΝΕΜΑ - ΣΤΑΒΕΝΤΩΜΕΝΟΣ
20 trasluchar	20 strambare	20 cambar	20 kavança	20 ΥΠΟΣΤΡΕΦΩ (ΤΣΙΜΑ)
21 trasluchada involuntaria	21 strambata accidentale	21 cambar involuntáriamente	21 istenmeden kavança, arızı kavança	21 ΜΗ ΕΛΕΓΧΟΜΕΝΗ ΥΠΟΣΤΡΟΦΗ
22 escasear el viento	22 vento che rifiuta, scarseggia	22 vento que casseia	22 rüzgâr yakadan esiyor, borinanın üzerinden esiyor	22 ΦΑΤΣΑΡΕΙ Ο ΑΝΕΜΟΣ
23 alargar el viento	23 vento che ridonda	23 vento que alarga	23 rüzgâr açtı, yürütücü oldu	23 ΣΙΓΟΝΤΑΡΕΙ Ο ΑΝΕΜΟΣ
24 barlovento/sotavento	24 sopravvento/ sottovento	24 barlavento/sotavento	24 rüzgâr üstü/rüzgâr altı	24 ΠΡΟΣΗΝΕΜ/ΥΠΗΝΕΜΟ

ENGLISH	FRANÇAIS	DEUTSCH	NEDERLANDS	DANSK
12 AT SEA	**EN MER**	**AUF SEE**	**OP ZEE**	**TIL SØS**
Sailing terms	**Termes de navigation à voile**	**Seemännische Ausdrücke**	**Scheepvaartuitdrukkingen**	**Sejlsportsudtryk**

ENGLISH	FRANÇAIS	DEUTSCH	NEDERLANDS	DANSK
Setting sails	***Etablir les voiles***	***Segel setzen***	***Zeil zetten***	***At sætte sejl***
1 bend on the sails	1 enverguer les voiles	1 die Segel anschlagen	1 aanslaan van de zeilen	1 at slå sejl under
2 hank on the jib	2 endrailler le foc	2 die Stagreiter einpicken	2 het inpikken van de fok	2 at slå fokken under
3 put in the battens	3 enfiler les lattes	3 Segellatten einsetzen	3 zeillatten inzetten	3 at sætte sejlpinde i lommerne
4 pull out the foot	4 border	4 das Unterliek ausholen	4 voetlijk strekken	4 strække underliget
5 reeve the sheets	5 passer les écoutes dans les margouillets	5 die Schoten einscheren	5 de schoten inscheren	5 skære skøderne i
6 tighten the topping lift	6 border le balancine	6 andirken	6 kraanlijn doorzetten	6 totte bomdirken
7 hoist the sail	7 hisser, établir la voile	7 Segel vorheißen	7 zeil hijsen	7 hejse sejl
8 sweat up the halyard	8 étarquer la drisse	8 das Fall durchsetzen	8 de vallen doorzetten	8 at strække faldet
9 change a sail	9 changer une voile	9 ein Segel auswechseln	9 een zeil verwisselen	9 skifte sejl
10 to shackle on	10 emmailler, maniller	10 einschäkeln	10 met sluiting vastzetten	10 sjækle fast
11 lower, hand a sail	11 amener une voile	11 ein Segel bergen	11 een zeil strijken, innemen	11 at bjærge et sejl
12 to furl	12 ferler	12 auftuchen, bändseln	12 opdoeken	12 rulle sammen
13 in stops	13 à envergures-cassantes ou bosses-cassantes	13 aufgetucht	13 opgestopt	13 i knæk
14 to set a preventer	14 mettre une retenue	14 ein Backstag setzen	14 borgen	14 at sætte et stop
Sail trimming	***Régler, tendre les voiles***	***Segel trimmen***	***Zeiltrim***	**Sejltrim**
1 to sheet a sail	1 border les voiles	1 ein Segel schoten	1 de schoot van een zeil vastzetten	1 at skøde et sejl
2 to make fast, belay	2 amarrer; tourner ou frapper une amarre	2 festmachen, belegen	2 beleggen, vastmaken	2 at sætte fast
3 to ease out, pay out	3 choquer, filer, mollir	3 fieren, schricken, auffieren	3 vieren, uitvieren	3 at slække ud
4 to coil a rope	4 lover	4 ein Tau aufschießen	4 een touw opschieten	4 at kvejle op
5 to take a turn	5 frapper un tour, donner un tour	5 einen Rundtörn machen	5 een torn nemen	5 tage rundtørn
6 to haul in, harden	6 embraquer, haler, souquer, border	6 dichtholen	6 schoot doorzetten	6 hale hjem/totte

ESPAÑOL	ITALIANO	PORTUGUÊS	TÜRKÇE	ΕΛΛΗΝΙΚΑ (GREEK)
EN EL MAR	**IN MARE**	**NO MAR**	**DENİZDE**	**ΣΤΗΝ ΘΑΛΑΣΣΑ**
Terminología de navegación a vela	**Termini nautici**	**Termos vélicos**	**Denizcilik terimleri**	**ΝΑΥΤΙΚΟΙ ΟΡΟΙ**
Orientar las velas	***Alzare le vele***	***Preparação das velas***	***Yelken basmak***	***ΣΗΚΩΜΑ ΠΑΝΙΩΝ***
1 envergar las velas	1 inferire le vele	1 envergar os panos	1 yelkenleri donatmak	1 ΚΟΤΣΑΡΩ ΠΑΝΙΑ
2 engarruchar el foque	2 ingarrocciare il fiocco	2 envergar o estai	2 floku ıstralyaya kancalamak, floku donatmak	2 ΚΟΤΣΑΡΩ ΤΟΝ ΦΛΟΚΟ
3 colocar los sables	3 mettere le stecche	3 meter as réguas	3 batenleri yerleştirmek	3 ΒΑΖΩ ΜΠΑΝΕΛΛΕΣ
4 tesar el pujamen	4 tesare la bugna	4 esticar o punho da escota	4 alt yakayı germek	4 ΦΕΡΜΑΡΩ ΤΟ ΠΟΔΑΡΙ
5 guarnir las escotas	5 incocciare le scotte	5 gornir o cabo da escota	5 iskotaları donatmak	5 ΔΕΝΩ ΣΚΟΤΕΣ ΣΤΑ ΠΟΡΤΟΥΖΙΑ
6 tesar el amantillo	6 tesare l'amantiglio	6 esticar o amantilho	6 balançinayı doldurmak boşunu almak	6 ΦΕΡΜΑΡΩ ΤΟ ΤΟΠΙΝ ΛΙΦΤ
7 izar la vela	7 issare la vela	7 içar a vela	7 yelken basmak	7 ΣΗΚΩΝΩ ΤΟ ΠΑΝΙ
8 tesar bien la driza	8 mettere in forza la drizza	8 entesar a adriça	8 mandarın boşunu almak, mandarı kasmak	8 ΦΕΡΜΑΡΩ ΤΟ ΜΑΝΤΑΡΙ
9 cambiar una vela	9 cambiare una vela	9 mudar uma vela	9 bir yelkeni değiştirmek	9 ΑΛΛΑΓΗ ΠΑΝΙΟΥ
10 engrilletar	10 ammanigliare	10 emanilhar	10 kilit vurmak	10 ΒΑΖΩ ΚΛΕΙΔΙ
11 arriar una vela	11 ammainare una vela	11 arriar a vela	11 yelkeni mayna etmek	11 ΜΑΙΝΑΡΩ ΤΟ ΠΑΝΙ
12 aferrar	12 serrare	12 ferrar	12 sarmak	12 ΤΥΛΙΓΩ
13 enjuncar, enchorizar	13 giuncato	13 rafiar	13 yelken sarma kalçeteleri	13 ΜΕ ΚΟΝΤΡΟΛ
14 aparejar una retenida	14 montare una ritenuta	14 instalar um preventer	14 kıç ıstralyayı donatmak	14 ΒΑΖΩ ΠΡΙΒΕΝΤΕΡ
Reglar las velas	***Regolare le vele***	***Afinação das velas***	***Yelken trimi/ayarı***	***ΤΡΙΜΑΡΙΣΜΑ ΠΑΝΙΩΝ***
1 cazar una vela	1 mettere le scotte a una vela	1 caçar a vela	1 yelken ıskotasını doldurmak	1 ΠΑΙΡΝΩ ΣΚΟΤΑ ΜΕΣΑ
2 amarrar, hacer firme	2 dar volta (a una cima), rizzare	2 amarrar, passar volta a um cunho	2 koçboynuzuna volta etmek	2 ΣΤΕΡΕΩΝΩ
3 amollar, filar, largar	3 lascare (una vela), filare (una cima)	3 folgar a vela	3 iskotayı (halatı) kaçırmak	3 ΛΑΣΚΑΡΩ-ΑΦΗΝΩ
4 adujar un cabo	4 adugliare una cima	4 colher um cabo	4 bir halatı roda etmek	4 ΝΤΟΥΚΙΑΖΩ ΣΚΟΙΝΙ
5 tomar una vuelta	5 prendere una volta	5 passar uma volta	5 bir volta almak	5 ΠΑΙΡΝΩ ΒΟΛΤΑ
6 cazar, tesar	6 cazzare, cazzare a ferro	6 caçar	6 boşunu almak, doldurmak	6 ΦΕΡΜΑΡΩ

ENGLISH	FRANÇAIS	DEUTSCH	NEDERLANDS	DANSK
AT SEA	**EN MER**	**AUF SEE**	**OP ZEE**	**TIL SØS**
Sailing terms	**Termes de navigation à voile**	**Seemännische Ausdrücke**	**Scheepvaartuitdrukkingen**	**Sejlsportsudtryk**
Sail trimming	***Régler, tendre les voiles***	***Segel trimmen***	***Zeiltrim***	***Sejltrim***
7 to cast off/let go	7 larguer, appareiller	7 loswerfen	7 loswerpen, losgooien	7 kaste los/lade gå
8 reef down	8 prendre un ris	8 reffen	8 een rif steken	8 rebe ned
9 to move the sheet traveller	9 déplacer le charriot d'écoute	9 den Schottraveller verschieben	9 de traveller verzetten	9 flytte en skødeviser
10 to flake out a rope	10 choquer un bout	10 eine Leine an Deck flach auslegen	10 opschieten	10 flade et reb ud
Under sail	***Sous voiles***	***Unter Segel***	***Onder zeil***	***Under sejl***
1 full, drawing	1 pleine, portante	1 vollstehend, ziehend	1 vol	1 sejlet står fuldt og trækker
2 lifting	2 faseyer	2 killen	2 killen	2 sejlet lever
3 aback	3 à contre	3 backstehen	3 bak	3 bakker
4 slatting	4 battante	4 schlagen	4 klapperen	4 blafrer
5 to let fly	5 larguer	5 fliegen lassen	5 laten vieren	5 lade gå/flyve
6 to back the jib	6 contrebrasser, porter le foc au vent	6 Fock backhalten	6 fok bak houden	6 bakke fokken
7 wing-on-wing	7 en papillon	7 beidseits ausgefahrene Segel	7 met dubbele voorzeilen	7 spile forsejlene

ESPAÑOL

EN EL MAR

Terminologia de navegacion a vela

Reglar las velas
7 largar
8 tomar rizos
9 mover el carro de escota
10 aclarer un cabo, cabo listo para largar

Navegando a vela
1 llena, portando
2 flameando
3 en facha
4 gualdrapeando
5 arriar en banda
6 acuartelar el foque
7 orejas de burro

ITALIANO

IN MARE

Termini nautici

Regolare le vele
7 mollare
8 terzarolare
9 spostare il punto di scotta
10 abbisciare (mettere in chiaro) una cima

Sotto vela
1 piena, che porta
2 che si alza
3 a collo
4 che sbatte, che fileggia
5 lasciar fileggiare
6 mettere il fiocco a collo
7 a farfalla, a forbice

PORTUGUÊS

NO MAR

Termos vélicos

Afinação das velas
7 largar
8 rizar
9 mover o carrinho da escota
10 desfiar/escarçar cabos

Velejando
1 cheia, cheio, a puxar
2 encher por sotavento
3 aquartelado
4 bater pano
5 largar o pano
6 aquartelar o estai
7 armar em borboleta

TÜRKÇE

DENİZDE

Denizcilik terimleri

Yelken trimi/ayarı
7 laşka etmek, boş koymak
8 camadana vurmak
9 iskota güverte arabasının yerini değiştirmek
10 halat rodasını açmak

Yelkenle seyir
1 yelken dolu, tam çekiyor
2 yelken yapraklıyor
3 terslemek
4 yapraklanma
5 laşka etmek, yelkeni boşaltmak
6 floku rüzgara tersten göstermek
7 ayı bacağı

ΕΛΛΗΝΙΚΑ (GREEK)

ΣΤΗΝ ΘΑΛΑΣΣΑ

ΝΑΥΤΙΚΟΙ ΟΡΟΙ

ΤΡΙΜΑΡΙΣΜΑ ΠΑΝΙΩΝ
7 ΑΦΗΝΩ
8 ΠΑΙΡΝΩ ΜΟΥΔΑ
9 ΜΕΤΑΚΙΝΩ ΤΟ ΒΑΓΟΝΑΚΙ ΣΚΟΤΑΣ
10 ΝΤΟΥΚΙΑΖΩ ΣΚΟΙΝΙ

ΙΣΤΙΟΠΛΕΟΝΤΑΣ
1 ΓΕΜΑΤΑ-ΤΡΑΒΑΝΕ
2 ΕΛΞΗ
3 ΑΝΤΙΝΕΜΩΜΑ
4 ΠΑΙΞΙΜΟ-ΧΤΥΠΗΜΑ
5 ΑΦΗΝΩ ΤΕΛΕΙΩΣ ΤΟ ΠΑΝΙ
6 ΣΙΑΡΩ ΤΟ ΦΛΟΚΟ
7 ΠΕΤΑΛΟΥΔΑ

ENGLISH	FRANÇAIS	DEUTSCH	NEDERLANDS	DANSK
AT SEA	**EN MER**	**AUF SEE**	**OP ZEE**	**TIL SØS**
Seamanship	**Sens marin**	**Seemannschaft**	**Zeemanschap**	**Sømandsskab**
Boat characteristics	***Caractéristiques du bateau***	***Schiffseigenschaften***	***Booteigenschappen***	***Bådens egenskaber***
1 seaworthy	1 marin, qui tient bien la mer	1 seetüchtig	1 zeewaardig	1 sødygtig
2 stability	2 stabilité	2 Stabilität	2 stabiliteit	2 stabilitet
3 to heel	3 gîter	3 krängen, überliegen	3 hellen, overhellen	3 at krænge/smide til
4 stiff	4 raide à la toile	4 steif	4 stijf	4 rank
5 tender	5 gîtard	5 rank	5 slap	5 kilden
6 to point well	6 tenir bon cap	6 hoch am Wind segeln	6 hoog aan de wind zeilen	6 at holde højt
7 weather helm	7 être ardent	7 luvgierig	7 loefgierig	7 luvgerrig
8 lee helm	8 être mou	8 leegierig	8 lijgierig	8 lægerrig
9 to pitch	9 tanguer	9 einsetzen, stampfen	9 stampen	9 at stampe
10 to roll	10 rouler	10 rollen	10 rollen	10 at rulle
11 to yaw	11 faire des embardées	11 gieren	11 gieren	11 at gire
Helming	***A la barre***	***Rudergehen***	***Sturen***	***At styre***
1 helm	1 barre, gouvernail	1 Ruder	1 roer	1 ror
2 put up the helm	2 tirer la barre	2 Ruder nach Luv	2 afhouden	2 styre højere
3 bear away	3 abattre,laisser arriver	3 abfallen	3 afhouden, afvallen	3 sejle afsted
4 sail fuller	4 abattre, venir sous le vent	4 voller segeln	4 voller zeilen	4 holde fulde sejl
5 put down the helm	5 pousser la barre	5 Ruder nach Lee	5 oploeven	5 styre lavere
6 luff up	6 lofer	6 anluven	6 oploeven	6 luffe
7 to point higher	7 venir au vent, remonter	7 höher anliegen	7 hoger sturen	7 holde højere
8 pinching	8 piper, faire trop bon cap	8 kneifen	8 knijpen	8 at knibe

ESPAÑOL	ITALIANO	PORTUGUÊS	TÜRKÇE	ΕΛΛΗΝΙΚΑ (GREEK)
EN EL MAR	**IN MARE**	**NO MAR**	**DENİZDE**	**ΣΤΗΝ ΘΑΛΑΣΣΑ**
Arte marinero	**Arte della navigazione**	**Arte de marinheiro**	**Denizcilik**	**ΝΑΥΤΟΣΥΝΗ**
Características del barco	***Qualità della barca***	***Caracteristicas do barco***	***Tekne nitelikleri***	***ΧΑΡΑΚΤΗΡΙΣΤΙΚΑ ΣΚΑΦΟΥΣ***
1 navegabilidad	1 marina, che tiene il mare	1 qualidades de mar	1 denizci tekne	1 ΑΞΙΟΠΛΟΟ
2 estabilidad	2 stabilità	2 estabilidade	2 denge	2 ΕΥΣΤΑΘΕΙΑ
3 escorar	3 sbandare	3 inclinar	3 yana yatma, bayılma	3 ΚΟΥΠΑΣΤΑΡΩ
4 duro	4 dura	4 com muita estabilidade	4 rüzgara bayılmıyor	4 ΚΟΥΠΑΣΤΑΡΕΙ ΔΥΣΚΟΛΑ
5 blando	5 cedevole	5 com pouca estabilidade	5 kolay bayılmak	5 ΚΟΥΠΑΣΤΑΡΕΙ ΕΥΚΟΛΑ
6 bolinero	6 boliniera	6 bolinar bem	6 iyi yol tutmak, rotadan kaçmamak	6 ΠΑΕΙ ΣΤΗΝ ΠΟΡΕΙΑ
7 ardiente	7 orziera	7 leme com tendência para orçar	7 orsaya kaçan, rüzgâr üstüne kaçan	7 ΠΟΔΙΖΕΙ ΤΟ ΤΙΜΟΝΙ
8 propenso a la arribada	8 puggiera	8 leme com tendência para arribar	8 bociye kaçan, rüzgâr altına kaçan	8 ΟΡΤΣΑΡΕΙ ΤΟ ΤΙΜΟΝΙ
9 cabecear, arfar	9 beccheggiare	9 balanço longitudinal	9 baş-kıç yapmak	9 ΣΚΑΜΠΑΝΕΥΑΣΜΑ
10 balancear	10 rollare	10 balanço transversal	10 yalpalamak, yalpaya düşmek	10 ΜΠΟΤΖΙ
11 guiñar	11 straorzare	11 guinar	11 rotadan âni sapmak	11 ΦΕΥΓΩ ΑΠΟ ΤΗΝ ΠΟΡΕΙΑ-ΕΚΤΡΕΠΟΜΑΙ
Gobernar	***Governare***	***Governar***	***Dümen tutmak***	***ΤΙΜΟΝΕΥΟΝΤΑΣ***
1 caña	1 timone	1 o lomo	1 dümen	1 ΤΙΜΟΝΙ
2 levantar la caña	2 mettere il timone alla puggia	2 lomo de oncontro	2 dümeni kırmak, dumeni üzerine tutmak	2 ΠΟΔΙΖΩ ΜΕ ΤΟ ΤΙΜΟΝΙ
3 arribar	3 poggiare	3 arribar	3 teknenin başını açmak, boci kaçmak	3 ΠΟΔΙΖΩ
4 arribar, caer	4 abbattere	4 navegar mais arribado	4 rüzgâr altına kaçmak, bociye kaçmak	4 ΓΕΜΑΤΟ ΠΑΝΙ
5 meter la caña	5 mettere il timone all'orza	5 leme de ló	5 yekeyi rüzgâr altına basmak	5 ΟΡΤΣΑΡΩ ΜΕ ΤΟ ΤΙΜΟΝΙ
6 orzar	6 orzare	6 orçar	6 orsalamak	6 ΛΟΦΑΡΩ - ΑΝΕΒΑΙΝΩ ΣΤΗΝ ΕΓΓΥΤΑΤΗ
7 ceñir más	7 stringere di più	7 orçar mais	7 daha yüksek seyretmek	7 ΑΝΕΒΑΙΝΩ ΚΙ ΑΛΛΟ ΣΤΟΝ ΚΑΙΡΟ
8 orzar a fil de roda	8 stringere al limite	8 à trinca	8 orsada çok kasmak	8 ΜΠΙΤΖΑΡΩ

ENGLISH	FRANÇAIS	DEUTSCH	NEDERLANDS	DANSK
12 AT SEA	**EN MER**	**AUF SEE**	**OP ZEE**	**TIL SØS**
Seamanship	**Sens marin**	**Seemannschaft**	**Zeemanschap**	**Sømandsskab**
Helming	***A la barre***	***Rudergehen***	***Sturen***	***At styre***
9 to meet her	9 mettre la barre à contre	9 aufkommen	9 opvangen (wind)	9 støtte båden
10 on course	10 maintenir le cap	10 auf Kurs	10 op koers	10 på kursen
11 off course	11 ne pas suivre la route	11 vom Kurs abgewichen	11 van koers	11 ude af kurs
12 alter course	12 changer de cap	12 Kurs ändern	12 koers veranderen	12 ændre kurs
13 to answer the helm	13 obéir à la barre	13 dem Ruder gehorchen	13 naar het roer luisteren	13 lystre roret
Under way	***En route***	***In Fahrt***	***Onderweg***	***Sejlads***
1 to have way	1 avoir de l'erre, lancée	1 Fahrt voraus machen	1 vaart hebben	1 at have styrefart
2 to make headway	2 avancer, filer	2 Fahrt über Grund machen	2 vooruit vaart lopen	2 at gå fremover
3 to stem the tide	3 remonter la marée	3 den Strom aussegeln	3 het tij doodzeilen	3 at stævne strømmen
4 becalmed	4 encalminé	4 bekalmt	4 door windstilte geplaagd	4 ligge i vindstille
5 to drift	5 dériver	5 treiben, abtreiben	5 afdrijven	5 at drive
6 sternway	6 culer	6 Achterausfahrt	6 achteruitvaren, deinzen	6 at sakke
7 bow wave	7 vague d'étrave	7 Bugwelle	7 boeggolf	7 bovbølge
8 stern wave, wake, wash	8 lame de sillage, sillage	8 Heckwelle, Kielwasser	8 hekgolf, kielzog	8 hækbølge/kølvand
9 way enough	9 erre suffisante	9 genug Fahrt	9 genoeg vaart	9 fart nok
10 full ahead	10 en avant toute	10 volle Fahrt voraus	10 volle kracht vooruit	10 fuld kraft frem
11 slow astern	11 arrière lentement	11 langsame Fahrt zurück	11 langzaam achteruit	11 langsomt bak
12 lose way	12 perdre de l'erre, casser son erre	12 Fahrt verlieren	12 vaart verliezen	12 tabe fart
13 leeway	13 dérive	13 Abdrift	13 afdrijven	13 afdrift
Heavy weather	***Gros temps***	***Schweres Wetter***	***Zwaar weer***	***Hårdt vejr***
1 shorten sail	1 réduire la voile	1 Segel verkleinern	1 zeil minderen	1 mindske sejl
2 to reef down	2 prendre un ris	2 reffen	2 reven	2 at rebe
3 close reefed	3 arisé	3 dicht gerefft	3 dichtgereefd	3 klosrebet
4 shake out a reef	4 larguer un ris	4 ausreffen	4 een rif uitnemen, uitreven	4 stikke et reb ud
5 under bare poles	5 à sec de toile	5 vor Topp und Takel	5 voor top en takel	5 for riggen alene
6 stream a sea anchor	6 mouiller une ancre flottante	6 einen Treibanker ausbringen	6 een zeeanker uitbrengen	6 benytte et drivanker

ESPAÑOL

EN EL MAR

Arte marinero

Gobernar
9 gobernar al encuentro
10 a rumbo
11 fuera de rumbo
12 cambiar el rumbo
13 responder bien al timón

Navegando
1 llevar camino, ir avante
2 hacer camino
3 remontar la marea

4 encalmado
5 derivar
6 navegar hacia atrás, ciar

7 ola de proa, bigotes
8 ola de propa, estela
9 arrancada suficiente

10 avante toda
11 atrás despacio
12 perder marcha

13 abatimiento

Mal tiempo
1 reducir trapo
2 tomar rizos
3 llevar todos los rizos
4 largar los rizos

5 a pálo seco
6 largar un ancla flotante

ITALIANO

IN MARE

Arte della navigazione

Governare
9 governare con anticipo
10 in rotta
11 fuori rotta
12 cambiare la rotta
13 rispondere al timone

In navigazione
1 avere abbrivio
2 avanzare
3 risalire la marea

4 abbonacciato
5 derivare
6 abbrivio indietro

7 onda di prora
8 onda di poppa, scia
9 abbrivio sufficiente

10 avanti tutta
11 indietro adagio
12 perdere abbrivio

13 scarroccio

Cattivo tempo
1 ridurre le vele
2 terzarolare
3 terzarolato al massimo
4 togliere una mano di terzaroli
5 ad albero secco
6 filare un'ancora galleggiante

PORTUGUÊS

NO MAR

Arte de marinheiro

Governar
9 levar ao encontro
10 estar no rumo
11 estar fora do rumo
12 alterar o rumo
13 obedecer ao leme

A caminho
1 ter andamento
2 ganhar andamento
3 vencer a corrente

4 encalmado
5 andar à deriva
6 andamento a ré

7 onda da prôa
8 onda da pôpa, esteira
9 andamento suficiente

10 tôdo avante
11 a ré devagar
12 perder andamento

13 sotavento

Mau tempo
1 reduzir o pano
2 rizar
3 muito rizado
4 desrizar

5 em árvore sêca
6 deitar a âncora flutuante

TÜRKÇE

DENİZDE

Denizcilik

Dümen tutmak
9 karşılamak
10 rotada seyretmek
11 rota dışına çıkmak
12 rota değiştirmek
13 dümen dinlemek

Yolda
1 bulunmak
2 ilerlemek, yol bulunmak
3 akıntıda yükselmek

4 rüzgârsız kalmak
5 akıntıya kapılmak
6 geri gitmek, kaymak

7 pruva dalgası
8 kıç dalgası, dümen suyu
9 üzerinde yeterli yol bulunmak
10 tam yol ileri
11 ağıryol ileri
12 yoldan düşmek, yavaşlamak
13 rüzgâr altına düşmek

Kötü hava
1 yelken azaltmak
2 camadana vurmak
3 alt sıra camadanı vurmak
4 bir camadanı sökmek

5 kuru direkle seyir
6 bir deniz demiri salmak

ΕΛΛΗΝΙΚΑ (GREEK)

ΣΤΗΝ ΘΑΛΑΣΣΑ

ΝΑΥΤΟΣΥΝΗ

ΤΙΜΟΝΕΥΟΝΤΑΣ
9 ΑΝΑΠΟΔΟ ΤΙΜΟΝΙ
10 ΣΤΗΝ ΠΟΡΕΙΑ
11 ΕΚΤΟΣ ΠΟΡΕΙΑΣ
12 ΑΛΛΑΓΗ ΠΟΡΕΙΑΣ
13 ΤΟ ΠΛΟΙΟ ΑΚΟΥΕΙ ΣΤΟ ΤΙΜΟΝΙ

ΤΑΞΙΔΕΥΟΝΤΑΣ
1 ΕΧΩ ΔΡΟΜΟ
2 ΚΙΝΟΥΜΑΙ ΜΠΡΟΣ
3 ΚΟΝΤΡΑΡΩ - ΤΟ ΡΕΥΜΑ ΚΑΙ ΠΡΟΧΩΡΩ
4 ΚΑΡΑΝΤΙΑΣΜΕΝΟΣ
5 ΠΑΡΑΣΥΡΟΜΑΙ
6 ΕΚΠΙΠΤΩ ΠΡΟΣ ΤΑ ΠΙΣΩ
7 ΚΥΜΑ ΠΛΩΡΗΣ
8 ΑΠΟΝΕΡΟ
9 ΑΡΚΕΤΟΣ ΔΡΟΜΟΣ

10 ΠΡΟΣΩ ΟΛΟΤΑΧΩΣ
11 ΑΡΓΑ ΑΝΑΠΟΔΑ
12 ΧΑΝΩ ΔΡΟΜΟ

13 ΣΤΑΒΕΝΤΟ ΕΚΠΕΣΜΟΣ

ΚΑΚΟΚΑΙΡΙΑ
1 ΜΕΙΩΝΩ ΙΣΤΙΟΦΟΡΙΑ
2 ΜΟΥΔΑΡΩ
3 ΑΜΠΑΣΟ ΜΟΥΔΑ
4 ΞΕΜΟΥΔΑΡΩ

5 ΞΥΛΑΡΜΕΝΟΣ
6 ΣΥΡΩ ΠΛΩΤΗ ΑΓΚΥΡΑ

ENGLISH	FRANÇAIS	DEUTSCH	NEDERLANDS	DANSK
12 AT SEA	**EN MER**	**AUF SEE**	**OP ZEE**	**TIL SØS**
Seamanship	**Sens marin**	**Seemannschaft**	**Zeemanschap**	**Sømandsskab**

ENGLISH	FRANÇAIS	DEUTSCH	NEDERLANDS	DANSK
Heavy weather	***Gros temps***	***Schweres Wetter***	***Zwaar weer***	***Hårdt vejr***
7 stream a warp	7 filer une aussière en remorque	7 eine Trosse nachschleppen	7 een tros achteruit brengen	7 stikke et varp ud
8 strike the topmast	8 saluer un grain, rentrer le flèche	8 die Toppstenge streichen	8 de topmast strijken	8 stryge topmasten
9 heave-to	9 capeyer, mettre à la cape, prendre la cape	9 beiliegen, beidrehen	9 bijdraaien	9 ligge underdrejet
10 to lie a'hull	10 mettre à sec de voiles	10 das Boot dwars in der See treiben lassen, beiliegen	10 plat liggen	10 ligge uden sejl
11 ride out a storm	11 étaler une tempête	11 Sturm abreiten	11 een storm afrijden	11 ride en storm ud
12 blow out a sail	12 déchirer, perdre une voile	12 ein Segel fliegt aus den Lieken	12 een zeil uit het lijk waaien	12 skøre et sejl
13 ship a green sea	13 embarquer un paquet de mer	13 grünes Wasser übernehmen	13 een zee overnemen	13 tage en grøn sø ombord
14 weather bound	14 bloqué par le mauvais temps	14 eingeweht	14 door het weer opgehouden	14 indeblæst
15 to secure	15 arrimer	15 sichern	15 zeeklaar maken, sjorren	15 at sikre
16 to stow	16 ranger	16 stauen	16 stuwen	16 at stuve
17 to lash down	17 attacher	17 festlaschen	17 sjorren	17 at surre
Aground	***Echoué***	***Auf Grund sitzen***	***Aan de grond***	***Grundstødning***
1 high and dry	1 au sec	1 hoch und trocken	1 hoog en droog, droog vallen	1 gået på grund
2 to heel the boat	2 faire gîter le bateau	2 das Boot krängen	2 de boot krengen	2 at krænge båden
3 to refloat	3 dégager, deséchouer	3 wieder flottmachen	3 vlot brengen	3 at få båden let

ESPAÑOL	ITALIANO	PORTUGUÊS	TÜRKÇE	ΕΛΛΗΝΙΚΑ (GREEK)
EN EL MAR	**IN MARE**	**NO MAR**	**DENİZDE**	**ΣΤΗΝ ΘΑΛΑΣΣΑ**
Arte marinero	**Arte della navigazione**	**Arte de marinheiro**	**Denizcilik**	**ΝΑΥΤΟΣΥΝΗ**
Mal tiempo	***Cattivo tempo***	***Mau tempo***	***Kötü hava***	***ΚΑΚΟΚΑΙΡΙΑ***
7 largar una estacha por popa	7 filare un cavo di tonneggio	7 deitar ao mar um cabo a servir de âncora flutuante	7 yedekleme tel halatını göndermek	7 ΣΥΡΩ ΣΚΟΙΝΙ
8 calar el mastelero	8 sghindare l'alberetto	8 arriar o mastaréu	8 direkbaşı yelkenini mayna etmekle fırtınayı karşılamak	8 ΜΑΙΝΑΡΩ ΤΟ ΕΠΙΣΤΗΛΙΟ
9 fachear, capear	9 mettersi alla cappa	9 meter de capa	9 tekneyi fırtınada eylendirmek	9 ΤΡΑΒΕΡΣΩΝΩ
10 al pairo, a la capa cerrada	10 stare in cappa secca	10 pairar	10 fırtınayı kuru direkle karşılamak	10 ΑΝΑΚΩΧΗ - ΑΛΑ ΚΑΠΑ ΞΥΛΑΡΜΕΝΟΣ
11 aguantar un temporal	11 sostenere una burrasca	11 aguentar um temporal	11 fırtınayı göğüslemek	11 ΑΝΤΙΜΕΤΩΠΙΖΩ ΘΥΕΛΛΑ
12 rifar una vela	12 strappare una vela	12 desfazer uma vela	12 yelkeni yırtmak	12 ΣΚΙΖΕΤΑΙ ΠΑΝΙ
13 embarcar un golpe de mar	13 prendere un'incappellata	13 embarcar grande massa de água	13 dalganın güverteyi yalaması	13 ΚΑΤΑΚΛΥΖΟΜΑΙ ΑΠΟ ΜΕΓΑΛΟ ΚΥΜΑ
14 detenido por mal tiempo	14 trattenuto dal maltempo	14 abrigado, aguardando melhoria de tempo	14 hava nedeniyle limanı terk edememek	14 ΠΟΔΙΣΜΕΝΟΣ ΛΟΓΩ ΚΑΚΟΚΑΙΡΙΑΣ
15 amarrar, trincar	15 fissare	15 fixar em segurança	15 emniyete almak	15 ΣΙΓΟΥΡΕΥΩ
16 estibar	16 stivare	16 estivar	16 yerine yerleştirmek	16 ΑΠΟΘΗΚΕΥΩ
17 trincar, amarrar	17 rizzare	17 amarrar	17 denizbağı vurmak, bağlamak	17 ΔΕΝΩ
Varado, encallado	***In secca***	***Encalhar***	***Karaya oturmak***	***ΠΡΟΣΑΡΑΞΗ***
1 estar en seco	1 completamente in secca	1 ficar em sêco	1 tekneyi yatırmak	1 ΠΡΟΣΑΡΑΓΜΕΝΟ ΕΞΩ ΑΠΟ ΤΟ ΝΕΡΟ
2 tumbar, dar a la banda	2 sbandare la barca	2 inclinar o barco	2 yana yatma, bayılma	2 ΚΟΥΠΑΣΤΑΡΩ ΤΟ ΣΚΑΦΟΣ
3 poner a flote	3 rimettere a galla	3 pôr a flutuar	3 tekneyi yüzdürmek	3 ΞΑΝΑΕΠΙΠΛΕΩ

ENGLISH	FRANÇAIS	DEUTSCH	NEDERLANDS	DANSK
NAVIGATION	**NAVIGATION**	**NAVIGATION**	**NAVIGATIE**	**NAVIGATION**
Equipment	**Equipement**	**Ausrüstung**	**Uitrusting**	**Udstyr**
Chart table	***Table à cartes***	***Kartentisch***	***Kaartentafel***	***Kortbord***
1 Pilot	1 Instructions Nautiques	1 Seehandbuch	1 zeemansgids, loods	1 lodsbog
2 Nautical Almanac	2 Almanach Nautique	2 Nautischer almanach	2 nautische almanak	2 nautisk almanak
3 tide tables	3 annuaire des marées	3 Gezeitentafeln	3 getijtafels	3 tidevandstabeller
4 Tidal Stream Atlas	4 Atlas des Marées	4 Stromatlas	4 stroomatlas	4 tidevandsatlas
5 List of Lights	5 livre des feux	5 Leuchtfeuerverzeichnis	5 lichtenlijst	5 fyrliste
6 Notices to Mariners	6 Avis aux Navigateurs	6 Nachrichten für Seefahrer	6 bericht aan zeevarenden	6 efterretninger for søfarende
7 deviation table	7 courbe de déviation	7 Deviationstabelle	7 stuurtafel	7 deviationstabel
8 parallel ruler	8 règle parallèle	8 Parallellineal	8 parallelliniaal	8 parallellineal
9 protractor	9 rapporteur	9 Winkelmesser	9 gradenboog	9 transportør
10 triangular protractor	10 rapporteur triangulaire	10 Kursdreieck	10 driehoek	10 trekantet transportør
11 pencil	11 crayon	11 Bleistift	11 potlood	11 blyant
12 rubber	12 gomme	12 Radiergummi	12 gum, vlakgom	12 viskelæder
13 dividers	13 pointes sèches	13 Kartenzirkel	13 kaartpasser	13 passer
14 binoculars	14 jumelles	14 Fernglas, Doppelglas	14 kijker, verrekijker	14 kikkert
15 plotter	15 traceur	15 Plotter	15 plotter	15 plotter
Sextant	***Sextant***	***Sextant***	***Sextant***	***Sekstant***
1 horizon, index glass	1 petit, grand miroir	1 Horizont-, Indexspiegel	1 kimspiegel, grote spiegel	1 horizont, alidespejl
2 index error	2 erreur de l'alidade	2 Indexfehler	2 indexfout	2 indexfejl
3 index bar	3 alidade	3 Index	3 nonius	3 indeksen
4 shades	4 filtres	4 Schattengläser	4 gekleurde glazen	4 blændglas
5 micrometer drum	5 tambour micrométrique	5 Trommel	5 trommel	5 mikrometerskrue
6 arc	6 limbe	6 Gradbogen	6 boog	6 buen

ESPAÑOL	ITALIANO	PORTUGUÊS	TÜRKÇE	ΕΛΛΗΝΙΚΑ (GREEK)
NAVEGACIÓN	NAVIGAZIONE	NAVEGAÇÃO	NAVİGASYON	ΝΑΥΤΙΛΙΑ
Equipo	**Attrezzature**	**Equipamento**	**Ekipman**	**ΕΞΟΠΛΙΣΜΟΣ**
Mesa de cartas	***Tavolo di carteggio***	***Mesa de cartas***	***Harita masası***	***ΤΡΑΠΕΖΙ ΧΑΡΤΩΝ***
1 derrotero	1 Portolano	1 Pilôto, Roteiro da costa	1 notik bilgiler, kılavuz	1 ΠΙΛΟΤΟΣ
2 almanaque náutico	2 Effemeridi	2 Almanaque Náutico	2 notik almanak	2 ΝΑΥΤΙΚΟ ΗΜΕΡΟΛΟΓΙΟ
3 tabla de mareas	3 tavole di marea	3 Tabela de Marés	3 akıntılar Yıllığı	3 ΠΙΝΑΚΕΣ ΠΑΛΙΡΡΟΙΩΝ
4 atlas de mareas	4 Atlante delle correnti	4 Atlas de Marés	4 Akıntılar Atlası	4 ΑΤΛΑΣ ΠΑΛΙΡΡΟΙΑΚΩΝ ΡΕΥΜΑΤΩΝ
5 libro de faros	5 elenco dei fari	5 lista de faróis	5 fenerler kitabı	5 ΦΑΡΟΔΕΙΚΤΗΣ
6 avisos a los navegantes	6 Avvisi ai Naviganti	6 Avisos aos Navegantes	6 Denizcilere İlanlar	6 ΟΔΗΓΙΕΣ ΠΡΟΣ ΝΑΥΤΙΛΟΜΕΝΟΥΣ
7 table de desviós	7 tabella delle deviazioni	7 tábua de desvios	7 arızi sapma	7 ΠΙΝΑΚΙΔΙΟ ΠΑΡΕΚΤΡΟΠΩΝ
8 reglas paralelas	8 parallele	8 régua de paralelas	8 paralel cetvel	8 ΔΙΠΑΡΑΛΛΗΛΟΣ
9 transportador	9 goniometro	9 transferidor	9 protaktor/raportör	9 ΜΟΙΡΟΓΝΩΜΟΝΙΟ
10 transportador triangular	10 squadretta	10 transferidor triangul	10 üçgenli raportör	10 ΤΡΙΓΩΝΙΚΟ ΜΟΙΡΟΓΝΩΜΟΝΙΟ
11 lápiz	11 matita	11 lápis	11 kurşun kalem	11 ΜΟΛΥΒΙ
12 goma	12 gomma	12 borracha	12 silgi	12 ΓΟΜΑ
13 compás de puntas	13 compasso	13 compasso de bicos	13 pergel	13 ΚΟΥΜΠΑΣΟ
14 gemelos, prismáticos	14 binocolo	14 binóculos	14 dürbün	14 ΚΥΑΛΙΑ
15 plotter	15 plotter	15 ploter	15 mevki koyma aleti	15 ΑΠΟΤΥΠΩΤΗΣ ΠΟΡΕΙΑΣ
Sextante	***Sestante***	***Sextante***	***Sekstant***	***ΕΞΑΝΤΑΣ***
1 espejo pequeño, espejo grande	1 specchio piccolo, specchio grande	1 espelho pequeno, espelho grande	1 ufuk/index merceği	1 ΟΠΙΖΩΝ, ΜΕΓΑΛΟ ΚΑΤΟΠΤΡΟ ΕΞΑΝΤΑ
2 error de índice	2 errore d'indice	2 êrro de indice	2 endex hatası/alidad hatası	2 ΣΦΑΛΜΑ ΕΞΑΝΤΑ
3 alidade	3 alidada	3 barra do indice	3 sekstant gösterge kolu, uzade kolu	3 ΜΠΡΑΤΣΟ ΕΞΑΝΤΑ
4 vidrios de color	4 filtri	4 vidros corados	4 filtreler	4 ΦΙΛΤΡΑ-ΕΓΧΡΩΜΑ ΓΥΑΛΙΑ ΕΞΑΝΤΑ
5 tornillo micrométrico	5 tamburo micrometrico	5 micrómetro	5 mikrometre tamburu	5 ΜΙΚΡΟΜΕΤΡΙΚΟ ΤΥΜΠΑΝΟ
6 arco, limbo	6 lembo	6 limbo	6 ark	6 ΤΟΞΟ

ENGLISH	FRANÇAIS	DEUTSCH	NEDERLANDS	DANSK
13 NAVIGATION	**NAVIGATION**	**NAVIGATION**	**NAVIGATIE**	**NAVIGATION**
Equipment	**Equipement**	**Ausrüstung**	**Uitrusting**	**Udstyr**
Patent log	***Loch enregistreur, sillomètre***	***Patentlog***	***Patentlog***	***Patentlog***
1 rotator	1 hélice	1 Propeller	1 (log)vin	1 rotor
2 log line	2 ligne du loch	2 Logleine	2 loglijn	2 logline
3 register	3 enregistreur	3 Messuhr	3 (log)klok	3 logur
4 record on the log	4 enregistrer	4 loggen	4 logaanwijzing	4 loggens visning
5 stream the log	5 mouiller le loch	5 das Log ausbringen	5 de log uitzetten	5 at sætte loggen
6 speed-variation indicator	6 speedomètre	6 Speedometer, Geschwindigkeitsmesser	6 snelheidsmeter	6 fartindikator
Compass	***Compas***	***Kompass***	***Kompas***	***Kompas***
1 bowl	1 boîtier	1 Kessel	1 ketel	1 skål/kop
2 glass	2 verre	2 Glas	2 glas	2 glas
3 card, rose	3 rose des vents	3 Rose	3 (kompas)roos	3 kompasrose
4 lubber line	4 ligne de foi	4 Steuerstrich	4 zeilstreep	4 styrestreg
5 binnacle	5 habitacle	5 Kompasshaus	5 nachthuis	5 nathus
6 grid steering compass	6 compas à grille	6 Gridkompass, Gitterkompass	6 stuurkompas met stuurringen	6 parallelstyrekompas
7 ring sight	7 alidade	7 Peildiopter	7 peiltoestel	7 pejlediopter
8 pelorus	8 taximètre	8 Peilscheibe	8 pelorus	8 pejleskive
9 hand bearing compass	9 compas de relèvement	9 Handpeilkompass	9 handpeilkompas	9 håndpejlekompas
10 to swing a compass	10 établir la courbe de déviation	10 Deviationsbestimmung	10 vaststellen van de deviatie	10 deviationsbestemmelse
11 to adjust a compass	11 compenser un compas	11 kompensieren	11 compenseren	11 rette kompas
12 heeling error	12 déviation à la gîte	12 Krängungsfehler	12 hellingsfout	12 krængningsfejl
13 North (N); South (S)	13 Nord (N); Sud (S)	13 Nord (N); Süd (S)	13 Noord (N), zuid (Z)	13 Nord (N); Syd (S)
14 East (E); West (W)	14 Est (E); Ouest (W)	14 Ost (E); West (W)	14 Oost (O), west (W)	14 Øst (Ø); Vest (V)
15 North-East (NE)	15 Nord-est (NE)	15 Nordost (NE)	15 Noordoost (NO)	15 Nordøst (NØ)
16 North-North-East (NNE)	16 Nord-nord-est (NNE)	16 Nordnordost (NNE)	16 Noordnoordoost (NNO)	16 Nord-nordøst (NNØ)
17 North by East	17 Nord quart nord-est (N4NE)	17 Nord zu Ost	17 Noord ten oosten	17 Nord til Øst (N-Ø)

ESPAÑOL	ITALIANO	PORTUGUÊS	TÜRKÇE	ΕΛΛΗΝΙΚΑ (GREEK)
NAVEGACIÓN	**NAVIGAZIONE**	**NAVEGAÇÃO**	**NAVİGASYON**	**ΝΑΥΤΙΛΙΑ**
Equipo	**Attrezzature**	**Equipamento**	**Ekipman**	**ΕΞΟΠΛΙΣΜΟΣ**
Corredera	***Log, solcometro a elica***	***Odómetro***	***Patent parakete***	***ΔΡΟΜΟΜΕΤΡΟ***
1 hélice	1 elichetta	1 hélice	1 rotor/pervane	1 ΡΟΤΟΡΑΣ
2 cordel de la corredera	2 sagola del log	2 linha do odómetro	2 parakete salvosu	2 ΣΚΟΙΝΙ
3 contador	3 contatore	3 contador	3 kontör, kaydedici	3 ΚΑΤΑΓΡΑΦΗ
4 registrar las millas	4 registrare sul log	4 registar no odómetro	4 parakete kaydı	4 ΕΝΔΕΙΞΗ ΣΤΗΝ ΠΑΡΚΕΤΑ
5 echar la corredera	5 filare il log	5 lançar o odómetro	5 paraketeyi denize salmak	5 ΣΥΡΩ ΤΗΝ ΠΑΡΚΕΤΑ
6 indicador de velocidad	6 tachimetro	6 indicador de velocidade	6 hız değişim göstergesi	6 ΕΝΔΕΙΞΗ ΜΕΤΑΒΟΛΗΣ ΤΑΧΥΤΗΤΑΣ
Compás, aguja náutica	***Bussola***	***Agulha***	***Pusla***	***ΠΥΞΙΔΑ***
1 mortero	1 mortaio	1 morteiro	1 pusla taşı	1 ΛΕΚΑΝΗ ΠΥΖΙΔΑΣ
2 cristal del mortero	2 vetro	2 tampa de vidro	2 pusla camı	2 ΓΥΑΛΙ
3 rosa	3 rosa dei venti	3 rosa dos ventos	3 pusla kardı, pusla gülü	3 ΑΝΕΜΟΛΟΓΙΟ
4 línea de fe	4 linea di fede	4 linha de fé	4 tekne baş-kıç hattı	4 ΓΡΑΜΜΗ ΠΥΞΙΔΑΣ
5 bitácora	5 chiesuola	5 bitácula	5 pusla kürsüsü, sehpası	5 ΠΥΞΙΔΟΘΗΚΗ, ΓΚΡΙΖΟΛΑ
6 compás de gobierno	6 bussola con indicatore di rotta	6 agulha com indicador de rumo	6 rota göstericili dümenci puslası	6 ΗΛΕΚΤΡΟΝΙΚΗ ΠΥΞΙΔΑ
7 círculo de marcar	7 cerchio azimutale	7 quadrante graduado com aparelho de marcar	7 yuvarlak nişangah	7 ΔΙΟΠΤΡΑ ΠΥΞΙΔΑΣ
8 taxímetro	8 peloro, grafometro	8 pelorus	8 kerteriz aleti	8 ΠΗΛΩΡΟΣ
9 compás de marcar	9 bussola da rilevamento	9 agulha de marcar portátil	9 el kerteriz puslası	9 ΠΥΞΙΔΑ ΔΙΟΠΤΕΥΣΕΩΣ
10 hallar los desvíos de la aguja	10 fare i giri di bussola	10 regular a agulha	10 arızi sapma eğrisini çizmek	10 ΣΤΡΟΦΗ ΠΥΞΙΔΑΣ
11 ajustar, compensar el compás	11 ritoccare la deviazione	11 regular, ajustar	11 pusla hatasını gidermek puslayı düzeltmek ayarlamak	11 ΡΥΘΜΙΣΗ ΠΥΞΙΔΑΣ
12 error de escora	12 errore di sbandamento	12 desvio devido à inclimacão	12 meyil hatası	12 ΣΦΑΛΜΑ ΚΛΙΣΕΩΣ
13 Norte (N); Sur (S)	13 Nord (N); Sud (S)	13 Norte (N); Sul (S)	13 Kuzey (N), Güney (S)	13 ΒΟΡΡΑΣ - ΝΟΤΟΣ
14 Este (E); Oeste (W)	14 Est (E); Ovest (O)	14 Este (E); Oeste (O ou W)	14 Doğu (E), Batı (W)	14 ΑΝΑΤΟΛΗ - ΔΥΣΗ
15 Nordeste (NE)	15 Nord-Est (NE)	15 Nordeste (NE)	15 Kuzey-doğu (NE)	15 ΒΟΡΕΙΟΑΝΑΤΟΛΙΚΟΣ
16 Nornordeste (NNE)	16 Nord-Nord-Est (NNE)	16 Nor-nordeste (NNE)	16 Kuzey-Kuzey-Doğu (NNE)	16 ΒΟΡΕΙΟΣ - ΒΟΡΕΙΟΑΝΑΤΟΛΙΚΟΣ
17 Norte cuarta al Este (N 1/4 NE)	17 Nord una quarta a Est (N q E)	17 Norte quarta leste (N4NE)	17 Kuzey-Doğu	17 ΑΠΟ ΒΟΡΡΑ ΠΡΟΣ ΝΟΤΟ

ENGLISH	FRANÇAIS	DEUTSCH	NEDERLANDS	DANSK
NAVIGATION	**NAVIGATION**	**NAVIGATION**	**NAVIGATIE**	**NAVIGATION**
Equipment	**Equipement**	**Ausrüstung**	**Uitrusting**	**Udstyr**
Compass	*Compas*	*Kompaß*	*Kompas*	*Kompas*
18 point	18 quart	18 Strich	18 streek	18 streg
19 degree	19 degré	19 Grad	19 graad	19 grad
Sounding	*Sonder*	*Loten*	*Dieptepeiling*	*Lodskud*
1 lead	1 plomb de sonde	1 Lot	1 lood	1 lod
2 sounding pole	2 barre de sonde	2 Peilstock	2 slaggaard, peilboom	2 målestage
3 echo sounder	3 écho sondeur	3 Echolot	3 echolood	3 ekkolod
Chartwork	**Navigation**	**Seekartenarbeit**	**Kaartpassen**	**Arbejde med søkort**
Charts	*Cartes marines*	*Seekarten*	*Zeekaarten*	*Søkort*
1 title	1 titre	1 Titel	1 titel	1 navn/benævnelse
2 scale	2 échelle	2 Maßstab	2 schaal	2 skala
3 latitude/longitude	3 latitude/longitude	3 Breite/Länge	3 breedte/lengte	3 bredde/længde
4 meridian	4 méridien	4 Meridian	4 meridiaan	4 meredian
5 minute	5 minute	5 Minute, Bogenminute	5 minuut	5 minut
6 nautical mile	6 mille marin	6 Seemeile	6 nautische mijl	6 sømil
7 correction	7 correction	7 Berichtigung	7 correctie	7 rettelse
Dangers	*Dangers*	*Gefahren*	*Gevaren*	*Farer*
1 rock awash at the level of chart datum	1 roche à fleur d'eau au niveau du zéro des cartes	1 Fels in Höhe des Kartennulls	1 rots ligt op reductievlak	1 skær i vandskorpen
2 rock which covers and uncovers, height above chart datum	2 roche, hauteur au-dessus du niveau de zéro des cartes	2 Fels trockenfallend, Höhe über KN	2 droogvallende rots, meethoogte boven het reductievlak	2 skvulpeskær, højde over kortdatum
3 sunken rock	3 roche submergée	3 Unterwasserklippe (Klp)	3 blinde klip	3 undervandsskær
4 wreck (Wk)	4 épave	4 Wrack (Wk)	4 wrak (Wk)	4 vrag
5 bank (Bk)	5 banc (Bc)	5 Bank	5 bank (Bk)	5 banke (Bk)
6 shoal (Sh)	6 haut fond (Ht Fd)	6 Untiefe (Untf)	6 droogte, ondiepte	6 grund
7 reef (Rf)	7 récif (Rf)	7 Riff (R)	7 rif	7 rev (Rf)
8 obstruction (Obstn)	8 obstruction (Obs)	8 Schiffahrtshindernis (Sch-H)	8 obstructie, hindernis (Obstr)	8 hindring (Obsn)

ESPAÑOL	ITALIANO	PORTUGUÊS	TÜRKÇE	ΕΛΛΗΝΙΚΑ (GREEK)
NAVEGACIÓN	**NAVIGAZIONE**	**NAVEGAÇÃO**	**NAVİGASYON**	**ΝΑΥΤΙΛΙΑ**
Equipo	**Attrezzature**	**Equipamento**	**Ekipman**	**ΕΞΟΠΛΙΣΜΟΣ**
Compás, aguja náutica	***Bussola***	***Agulha***	***Pusla***	***ΠΥΞΙΔΑ***
18 cuarta	18 quarta	18 quarta	18 kerte	18 ΚΑΡΤΙΝΙ
19 grado	19 grado	19 grau	19 derece	19 ΜΟΙΡΑ
Sondar	***Scandagliare***	***Sonda***	***İskandil***	***ΒΥΘΟΜΕΤΡΗΣΗ***
1 escandallo, plomo	1 piombo	1 sonda, prumo de mão	1 iskandil kuşunu	1 ΣΚΑΝΤΑΓΙΟ
2 sonda de varilla	2 canna per scandagliare	2 vara para sondagem	2 ekolu iskandil	2 ΡΑΒΔΙ ΒΥΘΟΜΕΤΡΗΣΗΣ
3 sonda acústica	3 ecoscandaglio	3 sondador acústica	3 ekolu iskandil	3 ΒΥΘΟΜΕΤΡΟ
Navegación sobre la carta	**Carteggio**	**Cartear**	**Harita çalışması**	**ΕΡΓΑΣΙΕΣ ΕΠΙ ΧΑΡΤΟΥ**
Cartas náuticas	***Carte nautiche***	***Cartas hidrográficas***	***Deniz haritaları***	***ΧΑΡΤΕΣ***
1 título	1 titolo	1 título	1 harita kitabesi	1 ΤΙΤΛΟΣ
2 escala	2 scala	2 escala	2 ölçek	2 ΚΛΙΜΑΚΑ
3 latitud/longitud	3 latitudine/ longitudine	3 latitude/longitude	3 enlem/boylam	3 ΠΛΑΤΟΣ/ΗΚΟΣ
4 meridiano	4 meridiano	4 meridiano	4 meridyen	4 ΜΕΣΗΜΒΡΙΝΟΣ
5 minuto	5 minuto primo	5 minuto	5 dakika	5 ΠΡΩΤΟ ΤΗΣ ΜΟΙΡΑΣ
6 milla marina	6 miglio nautico	6 milha marítima	6 deniz mili	6 ΝΑΥΤΙΚΟ ΜΙΛΙ
7 corrección	7 correzione	7 correcção	7 düzeltme	7 ΔΙΟΡΘΩΣΗ
Peligros	***Pericoli***	***Perigos***	***Tehlikeler***	***ΚΙΝΔΥΝΟΙ***
1 piedra a flor de agua en marea escorada o cero de la carta	1 scoglio a fior d'acqua a livello zero della carta	1 rocha que aflora na baixa-mar	1 harita datum seviyesinde bulunan kaya	1 ΒΡΑΧΟΣ ΑΠΟΚΑΛΥΠΤΟΜΕΝΟΣ
2 piedra, altura sobre la bajamar escorada o cero de la carta	2 scoglio affiorante, altezza sopra il livello zero della carta	2 rocha, altura acima de baixa-mar	2 aralıklı olarak su altında kalan ve görünen kaya yüksek lik chart datumunun üzerinde	2 ΒΡΑΧΟΣ ΚΑΛΥΠΤΟΜΕΝΟΣ ΚΑΙ ΑΠΟΚΑΛΥΠΤΟΜΕΝΟΣ
3 roca sumergida	3 scoglio sommerso	3 rocha submersa	3 batık kaya	3 ΥΠΟΒΡΥΧΙΟΣ ΒΡΑΧΟΣ
4 naufragio (Nauf), pecio	4 relitto	4 navio naufragado	4 gemi leşi, batık gemi	4 ΝΑΥΑΓΙΟ
5 banco (B^{co})	5 banco (Bco)	5 banco	5 bank	5 ΠΑΓΚΟΣ
6 bajo (B^{o})	6 secca	6 baixo	6 sığlık	6 ΡΗΧΑ
7 arrecife (Arr^{c})	7 scogliera (Sc)	7 recife	7 kaya	7 ΥΦΑΛΟΣ
8 obstrucción (Obst^{on})	8 ostacolo (Ost)	8 obstrução	8 engel	8 ΕΜΠΟΔΙΟ

ENGLISH	FRANÇAIS	DEUTSCH	NEDERLANDS	DANSK
NAVIGATION	NAVIGATION	NAVIGATION	NAVIGATIE	NAVIGATION
Chartwork	**Navigation**	**Seekartenarbeit**	**Kaartpassen**	**Arbejde med søkort**
Dangers	***Dangers***	***Gefahren***	***Gevaren***	***Farer***
9 overfalls, tide rips	9 remous	9 Stromkabbelung	9 stroomrafelingen	9 strømsø
10 eddies	10 tourbillons	10 Stromwirbel	10 draaikolken	10 strømhvirvler
11 breakers (Br)	11 brisants (Br)	11 Brandung (Brdg)	11 brekers, branding	11 brænding
12 seaweed, kelp	12 algues, herbes marines	12 Seetang, Seegras	12 zeewier	12 tang
13 dries (dr)	13 assèche	13 trockenfallend (trfall)	13 droogvallend	13 tørrer (Dr)
14 covers (cov)	14 couvre	14 bedeckt	14 onderlopend	14 overskylles (Cov)
15 uncovers (uncov)	15 découvre	15 unbedeckt	15 droogvallend	15 bliver synlig (Uncov)
16 limiting danger line	16 limite des dangers	16 Gefahrengrenze	16 gevaarlijn	16 ydergrænse for farelinie
17 isolated danger	17 danger isolé	17 Einzelgefahr, einzeln liegende Gafahr	17 losliggend gevaar	17 isoleret hindring
Buoys and beacons	***Bouées et balises***	***Tonnen und Baken***	***Boeien en bakens***	***Sømærker***
1 cardinal system	1 système cardinal	1 Kardinalsystem	1 kardinaalstelsel	1 kardinalsystem
2 lateral system	2 système latéral	2 Lateralsystem	2 lateraalstelsel	2 sideafmærkning
3 light buoy	3 bouée lumineuse	3 Leuchttonne	3 lichtboei	3 lystønde
4 whistle buoy	4 bouée sonore à sifflet	4 Heultonne (Hl-Tn)	4 brulboei (Brul)	4 fløjtetønde
5 bell buoy	5 bouée sonore à cloche	5 Glockentonne (Gl-Tn)	5 belboei (Bel)	5 klokkebøje
6 can buoy	6 bouée cylindrique	6 Stumpftonne	6 stompe boei	6 stumptønde
7 conical buoy	7 bouée conique	7 Spitztonne	7 spitse boei	7 spidstønde
8 spherical buoy	8 bouée sphérique	8 Kugeltonne	8 bolton	8 kuglebøje
9 spar buoy	9 bouée à espar	9 Spierentonne	9 sparboei	9 spirtønde

ESPAÑOL	ITALIANO	PORTUGUÊS	TÜRKÇE	ΕΛΛΗΝΙΚΑ (GREEK)
NAVEGACIÓN	NAVIGAZIONE	NAVEGAÇÃO	NAVİGASYON	ΝΑΥΤΙΛΙΑ
Navegación sobre la carta	**Carteggio**	**Cartear**	**Harita çalışması**	**ΕΡΓΑΣΙΕΣ ΕΠΙ ΧΑΡΤΟΥ**
Peligros	***Pericoli***	***Perigos***	***Tehlikeler***	***ΚΙΝΔΥΝΟΙ***
9 escarceos, hileros	9 frangenti di marea	9 bailadeiras	9 dalgacıklar, akıntı çırpıntısı	9 ΑΝΑΒΡΑΣΜΟΣ, ΚΥΜΑΤΙΣΜΟΣ ΛΟΓΩ ΠΑΛΙΡΡΟΙΑΣ
10 remolinos	10 vortici	10 redemoínhos	10 anafor	10 ΔΙΝΕΣ
11 rompientes	11 frangenti	11 rebentação	11 kırılan dalgalar	11 ΣΠΑΣΙΜΟ ΤΗΣ ΘΑΛΑΣΣΑΣ, ΑΒΑΘΗ
12 algas, hierbas marinas	12 alghe	12 algas, sargaços	12 saz	12 ΦΥΚΙΑΔΑ
13 que vela en bajamar	13 affiora	13 fica em sêco	13 kurur	13 ΞΕΡΕΣ
14 cubre	14 si copre	14 cobre	14 örter, kapanır	14 ΚΑΛΥΠΤΕΤΑΙ
15 descubre	15 si scopre	15 descobre	15 örtmez kapanmaz	15 ΞΕΝΕΡΙΖΕΙ, ΑΠΟΚΑΛΥΠΤΕΤΑΙ
16 límite del peligro	16 limite dei pericoli	16 limite de perigo	16 tehlikeler sınırı	16 ΟΡΙΟΘΕΤΗΣΗ ΕΠΙΚΙΝΔΥΝΗΣ ΠΕΡΙΟΧΗΣ
17 peligro aislado	17 pericolo isolato	17 perigo isolado	17 yalın tehlike	17 ΜΕΜΟΝΩΜΕΝΟΣ ΚΙΝΔΥΝΟΣ
Boyas y balizas	***Boe e mede***	***Bóias e faróis***	***Şamandıralar ve bıkınlar***	***ΣΗΜΑΝΤΗΡΕΣ ΚΑΙ ΠΛΩΤΟΙ ΥΦΑΛΟΔΕΙΚΤΕΣ (ΑΛΕΩΡΙΑ)***
1 sistema cardinal	1 sistema cardinale	1 sistema cardeal	1 yönleç şamandıralama sistemi	1 ΑΡΙΘΜΗΤΙΚΟ ΣΥΣΤΗΜΑ
2 sistema lateral	2 sistema laterale	2 sistema lateral	2 yanlaç şamandıralama sistemi	2 ΠΛΕΥΡΙΚΟ ΣΥΣΤΗΜΑ
3 boya luminosa	3 boa luminosa	3 bóia luminosa	3 fener şamandırası	3 ΦΩΤΟΣΗΜΑΝΤΗΡΑΣ
4 boya de silbato	4 boa a fischio	4 bóia de apito	4 düdüklü şamandıra	4 ΣΗΜΑΝΤΗΡΑΣ ΣΥΡΙΓΜΩΝ
5 boya de campana	5 boa a campana	5 bóia de sino	5 çan şamandırası	5 ΚΩΔΩΝΟΣΗΜΑΝΤΗΡΑΣ
6 boya cilíndrica	6 boa cilindrica	6 bóia cilíndrica	6 silindrik şamandıra	6 ΚΥΛΙΝΔΙΡΚΟΣ ΣΗΜΑΝΤΗΡΑΣ
7 boya cónica	7 boa conica	7 bóia cónica	7 konik şamandıra	7 ΚΩΝΙΚΟΣ ΣΗΜΑΝΤΗΡΑΕ
8 boya esférica	8 boa sferica	8 bóia esférica	8 küresel şamandıra	8 ΣΦΑΙΡΙΚΟΣ ΣΗΜΑΝΤΗΡΑΣ
9 boya de espeque	9 boa ad asta	9 bóia de mastro	9 gönderli şamandıra	9 ΣΤΗΛΟΕΙΔΗΣ ΣΗΜΑΝΤΗΡΑΣ

ENGLISH	FRANÇAIS	DEUTSCH	NEDERLANDS	DANSK
13 NAVIGATION	NAVIGATION	NAVIGATION	NAVIGATIE	NAVIGATION
Chartwork	**Navigation**	**Seekartenarbeit**	**Kaartpassen**	**Arbejde med søkort**
Buoys and beacons	***Bouées et balises***	***Tonnen und Baken***	***Boeien en bakens***	***Sømærker***
10 pillar buoy	10 bouée charpente	10 Bakentonne	10 torenboei	10 bøje med stage
11 barrel buoy	11 bouée tonne, tonne	11 Fasstonne	11 drum, ton	11 fadtønde
12 mid-channel buoy	12 bouée de milieu de chenal	12 Mittefahrwassertonne	12 midvaarwaterboei	12 midtfarvandsbøje
13 topmark	13 voyant	13 Toppzeichen	13 topteken	13 topbetegnelse
14 mooring buoy	14 coffre d'amarrage, corps-mort	14 Festmachetonne	14 meerboei	14 ankerbøje
15 fixed beacon	15 balise fixe	15 Bake	15 kopbaken	15 båke
16 floating beacon	16 balise flottante	16 Bakentonne	16 drijfbaken	16 flydende sømærke
17 perches	17 perches, pieux	17 Pricken	17 steekbakens	17 stage
18 chequered (cheq)	18 à damiers (dam)	18 gewürfelt	18 geblokt (Gb)	18 ternet (Cheq)
19 horizontal stripes (HS)	19 à bandes horizontales	19 waagerecht gestreift	19 horizontaal gestreept	19 vandrette striber (HS)
20 vertical stripes (VS)	20 à bandes verticales	20 senkrecht gestreift	20 verticaal gestreept	20 lodrette striber (VS)
21 Racon	21 Racon	21 Radarantwortbake	21 radarantwoordbaken	21 Racon
22 Lanby	22 Lanby	22 Große automatisch arbeitende Tonne	22 grote automatische superboei, Lanby	22 Lanby

ESPAÑOL	ITALIANO	PORTUGUÊS	TÜRKÇE	ΕΛΛΗΝΙΚΑ (GREEK)
NAVEGACIÓN	NAVIGAZIONE	NAVEGAÇÃO	NAVİGASYON	ΝΑΥΤΙΛΙΑ
Navegación sobre la carta	**Carteggio**	**Cartear**	**Harita çalışması**	**ΕΡΓΑΣΙΕΣ ΕΠΙ ΧΑΡΤΟΥ**
Boyas y balizas	***Boe e mede***	***Bóias e faróis***	***Şamandıralar ve bıkınlar***	***ΣΗΜΑΝΤΗΡΕΣ ΚΑΙ ΠΛΩΤΟΙ ΥΦΑΛΟΔΕΙΚΤΕΣ (ΑΛΕΩΡΙΑ)***
10 boya de huso	10 boa a fuso	10 bóia de pilar	10 sütunlu şamandıra	10 ΠΑΣΣΑΛΟΣΗΜΑΝΤΗΡΑΣ
11 barril	11 boa a barile	11 bóia de barril	11 varil şamandıra	11 ΒΑΡΕΛΟΕΙΔΗΣ ΣΗΜΑΝΤΗΡΑΣ
12 boya de centro de canal	12 boa a centro canale	12 bóia de canal	12 kanal ortası şamandırasi	12 ΤΣΑΜΑΔΟΥΡΑ ΣΤΟ ΜΕΣΟ ΤΟΥ ΚΑΝΑΛΙΟΥ
13 marca de tope	13 miraglio	13 alvo	13 şamandıra tepeliği	13 ΚΟΡΥΦΑΙΟΣΗΜΑ
14 boya de amarre, muerto	14 boa d'ormeggio, corpo morto	14 bóia de amarracão	14 bağlama şamandırası	14 ΤΣΑΜΑΔΟΥΡΑ
15 baliza fija	15 meda fissa	15 baliza fixa	15 baliz sabit bıkın	15 ΣΤΑΘΕΡΟΣ ΥΦΑΛΟΔΕΙΚΤΗΣ
16 baliza flotante	16 meda galleggiante	16 baliza flutuante	16 yüzer baliz, yüzer bıkın	16 ΠΛΩΤΟΣ ΥΦΑΛΟΔΕΙΚΤΗΣ
17 poste, estaca	17 pali	17 estaca	17 işaretleme kazıkları	17 ΠΑΣΑΛΟΣ ΠΟΥ ΔΕΙΚΝΕΙ ΡΗΧΑΔΕΣ
18 damero, a cuadros	18 a scacchi	18 aos quadrados (x)	18 damalı	18 ΜΕ ΤΕΤΡΑΓΩΝΙΔΙΑ
19 franjas horizontales	19 a strisce orizzontali	19 faixas horizontais (FH)	19 yatay çizgili	19 ΟΡΙΖΟΝΤΙΕΣ ΓΡΑΜΜΕΣ
20 franjas verticales	20 a strisce verticali	20 faixas verticais (FV)	20 dikey çizgili	20 ΚΑΘΕΤΕΣ ΓΡΑΜΜΕΣ
21 baliza eco de radar	21 radarfaro	21 Racon	21 Racon	21 ΡΑΝΤΑΡ ΜΕ ΑΠΑΝΤΩΣΑ ΣΥΣΚΕΥΗ
22 boya de faro automático	22 Lanby	22 Lanby	22 büyük otomatik navigasyon şamandırası	22 ΑΥΤΟΜΑΤΗΣ ΛΕΙΤΟΥΡΓΙΑΣ ΜΕΛΑΛΙ ΤΣΑΜΑΔΟΥΡΑ

ENGLISH	FRANÇAIS	DEUTSCH	NEDERLANDS	DANSK
13 NAVIGATION	NAVIGATION	NAVIGATION	NAVIGATIE	NAVIGATION
Chartwork	**Navigation**	**Seekartenarbeit**	**Kaartpassen**	**Arbejde med søkort**
Lights	***Feux***	***Leuchtfeuer***	***Lichten***	***Fyr***
1 lighthouse (Lt Ho)	1 phare (Lt Ho)	1 Leuchtturm (Lcht-Tm)	1 vuurtoren, licht (Lt)	1 fyrtårn (Lt HO)
2 lightship	2 bateau-phare	2 Feuerschiff (F-Sch)	2 lichtschip	2 fyrskib (Lt v)
3 fixed light (F)	3 feu fixe (F)	3 Festfeuer (F)	3 vast licht (V)	3 fast fyr (F)
4 flashing light (Fl)	4 feu à éclats (Fl)	4 Blinkfeuer (Blk)	4 schitterlicht (S)	4 blinkfyr (Fl)
5 quick flashing light (Q)	5 feu scintillant (Q)	5 Funkelfeuer (Fkl)	5 snelschitterlicht	5 hurtigblink (Q)
6 occulting light (Oc)	6 à occultations (Oc)	6 unterbrochenes Feuer (Ubr)	6 onderbroken licht (O)	6 formørkelser (Oc)
7 group occulting light (Oc)	7 à occultations groupées (Oc)	7 unterbrochenes Gruppenfeuer (Ubr [2])	7 groepsonderbroken licht	7 gruppeformørkelser (Oc)
8 alternating light (Al)	8 à changement de coloration (Al)	8 Wechselfeuer (Wchs)	8 kleurwisselend (Alt)	8 skiftende lys (Al)
9 intermittent	9 feu intermittent	9 periodisches Feuer	9 bij tussenpozen werkend (Int)	9 periodisk
10 interrupted quick flashing (IQ)	10 feu interrompu (IQ)	10 unterbrochenes Funkelfeuer (Fkl unt)	10 onderbroken snelschitterlicht (Int Fl)	10 hurtigblink med afbrydelser (IQ)
11 fixed and flashing (F Fl)	11 feu blanc varié par un éclat (F Fl)	11 Mischfeuer: Festfeuer und Blinken (Mi)	11 vast en schitterlicht (V&S)	11 fast med blink (F Fl)
12 period	12 période	12 Wiederkehr	12 periode	12 periode
13 leading light	13 feu d'alignement	13 Richtfeuer (Rcht-F)	13 geleidelicht	13 ledefyr
14 upper light	14 supérieur (S)	14 Oberfeuer (O-F)	14 bovenste licht	14 øverste fyr
15 lower light	15 inférieur (I)	15 Unterfeuer (U-F)	15 onderste licht	15 nederste fyr
16 sector	16 secteur (Sect/S)	16 Sektor	16 sector	16 sektor
17 obscured	17 masqué	17 verdunkelt (vdklt)	17 afgeschermd	17 formørket/ikke synligt
18 visible, range	18 portée (vis)	18 Sichtweite, Tragweite	18 reikwijdte	18 synlig/synsvidde
Coastline	***Contours de la côte***	***Küstenlinien***	***Kustlijn***	***Kystlinie***
1 steep coast	1 côte escarpée	1 Steilküste	1 steile kust	1 stejl kyst
2 cliffy coastline	2 côte à falaises	2 Kliffküste	2 klipkust	2 klippekyst
3 stony or shingly	3 cailloux ou galets	3 Stein-oder Kiesküste	3 grind- of kiezelstrand	3 stenet
4 sand hills, dunes	4 dunes	4 Sandhügel, Dünen	4 duinen	4 klitter
5 foreshore	5 côte découvrant à marée basse	5 Küstenvorland	5 droogvallend strand	5 forstrand

ESPAÑOL	ITALIANO	PORTUGUÊS	TÜRKÇE	ΕΛΛΗΝΙΚΑ (GREEK)
NAVEGACIÓN	NAVIGAZIONE	NAVEGAÇÃO	NAVİGASYON	ΝΑΥΤΙΛΙΑ
Navegación sobre la carta	**Carteggio**	**Cartear**	**Harita çalışması**	**ΕΡΓΑΣΙΕΣ ΕΠΙ ΧΑΡΤΟΥ**
Luces	***Luci***	***Luzes***	***Fenerler***	***ΦΑΡΟΙ***
1 faro	1 faro	1 farol	1 fener	1 ΦΑΡΟΣ
2 buque faro	2 battello faro	2 barco-farol	2 fener gemisi	2 ΠΛΟΙΟ ΦΑΡΟΣ
3 luz fija (f)	3 luce fissa (F)	3 luz fixa (F)	3 sabit fener	3 ΣΤΑΘΕΡΟΣ ΦΑΝΟΣ
4 luz de destellos (dest)	4 luce a lampi (Lam)	4 relâmpagos (Rl)	4 şimşekli fener	4 ΑΝΑΛΑΜΠΩΝ ΦΑΝΟΣ
5 luz centelleante	5 luce scintillante (Sc)	5 relâmpagos rápidos	5 seri şimşekli fener	5 ΦΑΝΟΣ ΤΑΧΕΩΣ ΑΝΑΛΑΜΠΩΝ
6 luz de ocultaciones (oc)	6 luce intermittente (Int)	6 ocultações (Oc)	6 husuflu fener	6 ΔΙΑΛΕΙΠΩΝ ΦΑΝΟΣ
7 luz de grupos de ocultaciones (grp oc)	7 intermittente a gruppi (Int)	7 grupo n ocultações (Gp n Oc)	7 grup husuflu fener	7 ΔΙΑΛΕΙΠΩΝΜΕ ΔΕΣΜΗ
8 luz alternativa (Alt va)	8 luce alternata (Alt)	8 alternada (Alt)	8 mûnetavip fener	8 ΕΝΑΛΑΣΣΟΜΕΝΟΣ
9 luz intermitente (Intr te)	9 intermittente (Int)	9 intermitente	9 kesikli/renk değiştiren fener	9 ΔΙΑΚΟΠΤΟΜΕΝΟΣ
10 luz de grupos de centelleos	10 scintillante intermittente (Sc Int)	10 interompida	10 renk değiştiren seri şimşekli fener	10 ΤΑΧΕΩΣ ΑΝΑΛΑΜΠΩΝ ΔΙΑΚΟΠΤΟΜΕΝΟΣ
11 luz fija y destellos (f dest)	11 fissa e a lampi (F Lam)	11 fixa e com relâmpagos (F Rl)	11 sabit şimşekli fener	11 ΣΤΑΘΕΡΟΣ ΚΑΙ ΑΝΑΛΑΜΠΩΝ
12 periódo	12 periodo	12 período	12 periyod	12 ΠΕΡΙΟΔΟΣ
13 luz de enfilación	13 luce d'allineamento	13 farol ou farolim de enfiamento	13 transit feneri	13 ΙΘΥΝΤΗΡΙΟΣ ΦΑΝΟΣ
14 superior	14 luce superiore (S)	14 superior (Sup)	14 yukarıdaki fener	14 ΑΝΩ ΦΑΝΟΣ
15 inferior	15 luce inferiore (I)	15 inferior (Inf)	15 alttaki fener	15 ΚΑΤΩ ΦΑΝΟΣ
16 sector (Sect)	16 settore (set)	16 sector	16 sektör	16 ΤΟΜΕΑΣ
17 oculto	17 oscurato (Osc)	17 obscurecido	17 karanlık	17 ΣΚΟΤΕΙΝΟΣ
18 alcance	18 visibile, portata	18 visível	18 görünür	18 ΟΡΑΤΟΣ ΑΠΟΣΤΑΣΗ
La costa	***Linea costiera***	***Linha da costa***	***Kıyı şeridi***	***ΠΕΡΙΓΡΑΜΜΑ ΑΚΤΗΣ***
1 costa escarpada	1 costa scoscesa	1 costa alta	1 dik kıyı	1 ΑΠΟΤΟΜΗ ΑΚΤΗ
2 acantilado	2 costa a picco	2 costa escarpada	2 falezli kıyı şeridi	2 ΓΚΡΕΜΩΔΗΣ ΑΚΤΟΓΡΑΜΜΗ
3 guijarro o grava	3 pietrosa	3 pedras ou seixos	3 taşlık veya çakıllık kıyı	3 ΠΕΤΡΩΔΗΣ Η ΜΕ ΚΡΟΚΑΛΕΣ
4 dunas	4 colline sabbiose, dune	4 dunas de areia	4 kum tepeleri kumullar	4 ΑΜΜΟΛΟΦΟΙ
5 fondos que descubren en bajamar	5 litorale	5 zona entre as linhas da bm e pm	5 cezirde suyu çekilen kıyı şeridi	5 ΑΚΤΗ

ENGLISH	FRANÇAIS	DEUTSCH	NEDERLANDS	DANSK
13 NAVIGATION	**NAVIGATION**	**NAVIGATION**	**NAVIGATIE**	**NAVIGATION**
Chartwork	**Navigation**	**Seekartenarbeit**	**Kaartpassen**	**Arbejde med søkort**
Quality of the bottom	***Nature des fonds***	***Grundbezeichnungen***	***Bodemgesteldheid***	***Bundarter***
1 sand (S)	1 sable (S)	1 Sand (Sd)	1 zand (Z)	1 sand (S)
2 mud (M)	2 vase (V)	2 Schlick (Sk)	2 modder (M)	2 mudder (M)
3 clay (Cy)	3 argile (Arg)	3 Ton (T)	3 klei (L)	3 ler (Cy)
4 gravel (G)	4 gravier (Gr)	4 Kies (K)	4 grind, gruis	4 grus (G)
5 shingle (Sn)	5 galets (Gal)	5 grober Kies (gb K)	5 grind, keisteen	5 rullesten (Sn)
6 pebbles (P)	6 cailloux (Caill)	6 kleine Steine (kl St)	6 kiezelsteen (Kl)	6 småsten (P)
7 stones (St)	7 pierres (Pi)	7 Steine (St)	7 stenen (St)	7 sten (St)
8 rock, rocky (R, r)	8 roches (R)	8 Felsen, felsig (Fls, fls)	8 stenen, rotsachtig (R)	8 klippe (R, r)
9 fine/coarse (f/c)	9 fin/gros (f/g)	9 fein/grob (f/gb)	9 fijn/grof (f/gr)	9 fin/grov (f/c)
10 soft/hard (so/h)	10 mou/dur (m/d)	10 weich/hart (wch/ht)	10 zacht/hard (zt/h)	10 blød/hård (so/h)
11 small (sm)	11 petit (pit)	11 klein (kl)	11 klein	11 lille (sm)
12 large (l)	12 grand (gd)	12 groß (gß)	12 groot	12 stor (l)
13 light/dark (lt/d)	13 clair/foncé	13 hell/dunkel (h/dkl)	13 licht/donker	13 lys/mørk (lt/d)
Fog signals	***Signaux de brume***	***Nebelsignal***	***Mistsignalen***	***Tågesignaler***
1 nautophone (Nauto)	1 nautophone	1 Membransender (N-S)	1 nautofoon	1 nautofon (Nauto)
2 diaphone (Dia)	2 diaphone	2 Kolbensirene (N-S)	2 diafoon	2 diafon (Dia)
3 gun (Gun)	3 canon (Can)	3 Kanone (N-S)	3 mistkanon	3 kanon (Gun)
4 explosive (Explos)	4 par explosions	4 Knall (N-S)	4 knalmistsein	4 skud (Explos)
5 whistle (Whis)	5 sifflet (Sif)	5 Heuler (N-S)	5 misthoorn	5 fløjte (Whis)
6 bell (Bell)	6 cloche (Cl)	6 Glocke (N-S)	6 mistbel	6 klokke (Bell)
7 gong (Gong)	7 gong (Gg)	7 Gong (N-S)	7 mistgong	7 gong-gong (Gong)
8 siren (Siren)	8 sirène (Sir)	8 Sirene (N-S)	8 mistsirene	8 sirene (Siren)
9 reed (Reed)	9 anche	9 Zungenhorn (N-S)	9 mistfluit	9 membran-horn (Reed)
10 submarine oscillator (SO)	10 oscillateur sous-marin	10 Unterwasser-Membransender	10 onderwateroscillator	10 undervandsmembran (SO)
11 submarine bell (Sub Bell)	11 cloche sous-marine (Cl s m)	11 Unterwasser-Glocke (U-Wss-Gl)	11 duikklok	11 undervandsklokke (Sub/Bell)

ESPAÑOL	ITALIANO	PORTUGUÊS	TÜRKÇE	ΕΛΛΗΝΙΚΑ (GREEK)
NAVEGACIÓN	NAVIGAZIONE	NAVEGAÇÃO	NAVİGASYON	ΝΑΥΤΙΛΙΑ
Navegación sobre la carta	**Carteggio**	**Cartear**	**Harita çalışması**	**ΕΡΓΑΣΙΕΣ ΕΠΙ ΧΑΡΤΟΥ**
Naturaleza del fondo	***Tipo di fondo***	***Caracteristicas do fundo***	***Deniz dibinin niteliği***	***ΠΟΙΟΤΗΤΑ ΒΥΘΟΥ***
1 arena (A)	1 sabbia (s)	1 areia (A)	1 kum	1 ΑΜΜΟΣ
2 fango (F)	2 fango (f)	2 lodo (L)	2 çamur	2 ΛΑΣΠΗ
3 arcilla (Arc)	3 argilla	3 argila (Ar)	3 balçık	3 ΠΗΛΟΣ
4 cascajo (C^{o})	4 ghiaia	4 burgau (B)	4 çakıl	4 ΧΑΛΙΚΩΔΗΣ ΑΜΜΟΣ
5 conchuela (C^{a})	5 ciottoli	5 calhau (C)	5 iri çakıl	5 ΚΡΟΚΑΛΕΣ
6 guijarro (G^{o})	6 sassdini	6 seixos (S)	6 ince çakıl	6 ΒΟΤΣΑΑΑ
7 piedras (P)	7 pietre (p)	7 pedras (P)	7 taş, taşlık	7 ΠΕΤΡΕΣ
8 roca, rocoso (R R^{so})	8 roccia, roccioso (r)	8 rocha (R)	8 kaya, kayalık	8 ΒΡΑΧΟΣ, ΒΡΑΧΩΔΗΣ
9 fino/grueso (f/g)	9 fine/grosso	9 fina/grossa (f/g)	9 ince/kalın	9 ΛΕΠΤΟΣΧΟΝΤΡΟΣ
10 blando/duro (b^{do}/d)	10 molle/duro	10 mole/duro (ml/d)	10 yumuşak/sert	10 ΜΑΛΑΚΟΣΣΚΛΗΡΟΣ
11 pequeño	11 piccolo	11 miuda	11 küçük, dar	11 ΜΙΚΡΟΣ
12 grande	12 grande	12 grande	12 büyük, geniş	12 ΜΕΓΑΛΟΣ
13 claro/oscuro (cl/o)	13 chiaro/scuro	13 claro/escuro (cl/e)	13 açık renkli/koyu renkli	13 ΦΩΣΣΚΟΤΑΔΙ
Señales de niebla	***Segnali da nebbia***	***Sinais de nevoeiro***	***Sis işaretleri***	***ΣΗΜΑΤΑ ΟΜΙΧΛΗΣ***
1 nautófono (N)	1 nautofono (Nauto)	1 nautofone (Nauto)	1 notofon	1 ΝΑΥΤΟΦΩΝΟ
2 diáfono (D)	2 diafono (Dia)	2 diafone (Dia)	2 diafon	2 ΔΙΑΦΩΝΟ
3 cañón	3 cannone (Cann Neb)	3 canhão	3 top	3 ΟΠΛΟ
4 explosiva (E)	4 esplosivo	4 explosivo	4 patlayıcı	4 ΕΚΡΗΚΤΙΚΑ
5 pito	5 fischio (Fi Neb)	5 apito (Apt)	5 düdük	5 ΣΦΥΡΙΧΤΡΑ
6 campana (C)	6 campana (Cam Neb)	6 sino (Sino)	6 kampana, çan	6 ΚΑΜΠΑΝΑ - ΚΩΔΩΝ
7 gong	7 gong	7 badalo	7 gonk	7 ΓΚΟΝΓΚ
8 sirena (Sir)	8 sirena (Sir Neb)	8 sereia (Ser)	8 siren	8 ΣΕΙΡΗΝΑ
9 bocina (B)	9 corno	9 limbos	9 korna	9 ΚΑΛΑΜΙ
10 oscilador submarino (O)	10 oscillatore sottomarino	10 oscilador submarino	10 denizaltı osilatörü	10 ΥΠΟΒΡΥΧΙΟΣ ΤΑΛΑΝΤΩΤΗΣ
11 campana submarina	11 campana sottomarina (Cam Stm)	11 sino submarino	11 sualtı kampanası	11 ΥΠΟΒΡΥΧΙΟΣ ΚΩΔΩΝ

	ENGLISH	FRANÇAIS	DEUTSCH	NEDERLANDS	DANSK
	NAVIGATION	NAVIGATION	NAVIGATION	NAVIGATIE	NAVIGATION
	Chartwork	**Navigation**	**Seekartenarbeit**	**Kaartpassen**	**Arbejde med søkort**
	Buildings etc	***Edifices etc***	***Bauten aller Art***	***Gebouwen enzovoort***	***Bygninger etc***
1	town	ville	Stadt	stad	by
2	village (Vil)	village (Vge)	Dorf	dorp	landsby (Vil)
3	castle (Cas)	château (Chau)	Schloß (Schl)	kasteel	slot (Cas)
4	church (Ch)	église (Egl)	Kirche (Kr)	kerk	kirke (Ch)
5	cathedral (Cath)	cathédrale (Cath)	Kathedrale	kathedraal	domkirke
6	fort (Ft)	fort (Ft)	Fort (Ft)	fort (Ft)	fort (Ft)
7	barracks	caserne	Kaserne (Kas)	kazerne	kaserne
8	airport	aéroport (Aé)	Flughafen	vliegveld	lufthavn
9	street	rue	Straße (Str)	straat	gade
10	monument (Mont)	monument (Mont)	Denkmal (Dkm)	monument	monument
11	tower (Tr)	tour, tourelle (Tr)	Turm (Tm)	toren (Tr)	tårn
12	windmill	moulin à vent (Min)	Windmühle (M)	windmolen	vindmølle
13	chimney (Chy)	cheminée (Chee)	Schornstein (Schst)	schoorsteen (Schn)	skorsten
14	water tower	château d'eau (Chau)	Wasserturm (Wss-Tm)	watertoren (W Tr)	vandtårn
15	gasometer	gazomètre	Gasometer (Gas-T)	gashouder	gasbeholder
16	oil tank	réservoir à pétrole	Öltank (Öl-T)	olietank	olietank
17	factory	fabrique	Fabrik (Fbr)	fabriek	fabrik
18	quarry	carrière (Carre)	Steinbruch	steengroeve	stenbrud
19	railway (Ry)	chemin de fer (Ch de F)	Eisenbahn	spoorweg	jernbane
20	flagstaff (FS)	mât	Flaggenmast (Flgmst)	vlaggenstok (Vs)	flagstang
21	measured mile	base de vitesse	abgesteckte Meile	gemeten mijl	målt sømil
22	conspicuous (conspic)	visible, en évidence (vis)	auffällig (auff)	opvallend, kenbaar	kendelig
23	destroyed (dest)	détruit (détr)	zerstört (zrst)	vernield	ødelagt
24	prominent	remarquable (rem)	hervorragend	prominent, in het oog vallend	fremspringende
25	approximate (approx)	approximatif (appr)	ungefähr (ungf)	ongeveer	omtrentlig
26	distant (dist)	éloigné (él)	entfernt	afstand	fjern
27	mosque	mosquée	Moschee	moskee	moské
28	ruin	ruine	Ruine	ruïne	ruin
29	Gasholder	réservoir de gaz	Gasbehälter, Gasspeicher	gasbun	gasbeholder

	ESPAÑOL	ITALIANO	PORTUGUÊS	TÜRKÇE	ΕΛΛΗΝΙΚΑ (GREEK)
	NAVEGACIÓN	NAVIGAZIONE	NAVEGAÇÃO	NAVİGASYON	ΝΑΥΤΙΛΙΑ
	Navegación sobre la carta	**Carteggio**	**Cartear**	**Harita çalışması**	**ΕΡΓΑΣΙΕΣ ΕΠΙ ΧΑΡΤΟΥ**
	Edificios	*Edifici, etc*	*Edíficios etc*	*Binalar*	*ΚΤΙΡΙΑ ΚΤΑ*
1	ciudad	città	cidade	kent	ΠΟΛΗ
2	pueblo, aldea	villaggio	vila, povoação	köy	ΧΩΡΙΟ
3	castillo (C^{llo})	castello (Cast)	castelo (Cast)	şato, kastel	ΚΑΣΤΡΟ
4	iglesia (Igl^{a})	chiesa (Ch)	igreja	kilise	ΕΚΚΛΗΣΙΑ
5	catedral (Cat)	cattedrale (Catt)	catedral	katedral	ΜΗΤΡΟΠΟΛΗ
6	fuerte (F^{te})	forte (Ft)	forte	hisar	ΦΡΟΥΡΙΟ
7	cuartel	caserma	quartel	kışla	ΚΑΤΑΥΛΙΣΜΟΙ
8	aeropuerto	aeroporto	aeroporto	hava limanı	ΑΕΡΟΔΡΟΜΙΟ
9	calle	strada, via	estrada	sokak	ΔΡΟΜΟΣ
10	monumento (M^{to})	monumento (Mont)	monumento (Mon)	anıt	ΜΝΗΜΕΙΟ
11	torre (T^{e})	torre (Tr)	moínho de vento	kule	ΠΥΡΓΟΣ
12	molino de viento	mulino a vento	tôrre	yeldeğirmeni	ΑΝΕΜΟΜΥΛΟΣ
13	chimenea (C^{ha})	fumaiolo	chaminé (Ch)	baca	ΚΑΜΙΝΑΔΑ
14	depósito de agua	serbatoio d'acqua	depósito de água (D A)	su kulesi	ΥΔΡΟΜΥΛΟΣ
15	gasómetro	gasometro	gasómetro	gazometre	ΓΚΑΖΟΜΕΤΡΟ
16	tanque de petróleo	serbatoio di petrolio	depósito de combustível (D C)	yağ tankı	ΔΕΞΑΜΕΝΗ ΠΕΤΡΕΛΑΙΟΥ
17	fábrica (F^{ca})	fabbrica	fábrica	fabrika	ΕΡΓΟΣΤΑΣΙΟ
18	cantera	cava	pedreira	taşocağı	ΝΤΑΜΑΡΙ
19	ferrocaril	ferrovia	via férrea	tren yolu	ΣΤΑΘΜΟΣ ΤΡΕΝΟΥ
20	asta de bandera	asta di bandiera	mastro para bandeira	bayrak direği	ΚΟΝΤΑΡΙ ΣΗΜΑΙΑΣ
21	milla medida	miglio misurato	a milha para experiéncia de velocidade	hız bazı, hız birimi	ΜΕΤΡΗΜΕΝΟ ΜΙΛΙ
22	visible	cospicuo	conspícuo (consp)	görülür	ΠΕΡΙΒΛΕΠΤΟΣ
23	destruido (dest)	distrutto	destrúido (dest)	tahrip olmuş	ΚΑΤΕΣΤΡΑΜΕΝΟΣ
24	prominente (prom)	prominente	proeminente (proem)	göze çarpıcı	ΠΡΟΕΞΕΧΩΝ
25	aproximado (aprox)	approssimato	aproximado	yaklaşık	ΠΕΡΙΠΟΥ
26	distante	distante	distante (dist)	uzaklıkta	ΜΑΚΡΥΝΟΣ
27	mezquita	moschea	mosquetão	cami	ΤΖΑΜΙ
28	ruina	rovina	estragado	harabe, ören	ΕΡΕΙΠΙΟ
29	gasómetro	serbatoio per gas	reservatório de gás	gaz tankı - deposu	ΜΠΟΥΚΑΛΑ ΓΚΑΖΙΟΥ

ENGLISH	FRANÇAIS	DEUTSCH	NEDERLANDS	DANSK
NAVIGATION	**NAVIGATION**	**NAVIGATION**	**NAVIGATIE**	**NAVIGATION**
Chartwork	**Navigation**	**Seekartenarbeit**	**Kaartpassen**	**Arbejde med søkort**
Features	***Physionomie de la côte***	***Küstenformation***	***Kenmerken***	***Kystkarakter***
1 bay (B)	1 baie (Be)	1 Bucht (B)	1 baai (Bi)	1 bugt
2 fjord (Fd)	2 fjord (Fjd)	2 Fjord, Förde (Fj, Fd)	2 fjord	2 fjord
3 glacier	3 glaciers	3 Gletscher (Glet)	3 gletsjer	3 gletcher
4 lake, loch (L)	4 bras de mer (L)	4 See, Binnensee	4 meer	4 indsø
5 entrance	5 entrée (Entée)	5 Einfahrt (Einf)	5 ingang, toegang, zeegat	5 indløb
6 passage (Pass)	6 passage, passe (Pas)	6 Durchfahrt (Drchf)	6 passage, doorvaart	6 rende
7 estuary	7 estuaire	7 Flussmündung	7 riviermond	7 flodmunding
8 mouth	8 embouchure (Embre)	8 Mündung (Mdg)	8 monding	8 munding
9 channel (Chan)	9 canal, chenal (Cal)	9 Fahrwasser (Fhrwss)	9 vaarwater	9 kanal
10 anchorage (Anche)	10 mouillage (Mage)	10 Ankerplatz (Ankpl)	10 ankerplaats	10 ankerplads
11 island,-s (I, Is)	11 ile, iles (I Is)	11 Insel n (I)	11 eiland, -en (E EiL)	11 ø, øer
12 cape (C)	12 cap (C)	12 Kap (K)	12 kaap (Kp)	12 forbjerg
13 mountain (Mt)	13 mont (Mt)	13 Berg (Bg)	13 berg	13 bjerg
14 point (Pt)	14 pointe (pte)	14 Huk (Hk), Punkt (Pt)	14 punt (pt)	14 pynt
15 hill	15 colline (Col)	15 Hügel (Hg)	15 heuvel	15 bakke
16 rocks (Rks)	16 rochers (Rers)	16 Klippe (n) (Klp)	16 rotsen	16 klipper
Colours	***Couleurs***	***Farben***	***Kleuren***	***Farver***
1 black (B/blk)	1 noir (n)	1 schwarz (s)	1 zwart (Z)	1 sort
2 red (R)	2 rouge (r)	2 rot (r)	2 rood (R)	2 rød
3 green (G)	3 vert (v)	3 grün (gn)	3 groen (Gn)	3 grøn
4 yellow (Y)	4 jaune (j)	4 gelb (g)	4 geel (Gl)	4 gul
5 white (W)	5 blanc (b)	5 weiß (W)	5 wit (W)	5 hvid
6 orange (Or)	6 orange (org)	6 orange (or)	6 oranje (Gl)	6 orange
7 violet (Vl)	7 violet (vio)	7 violett (viol)	7 violet (Vi)	7 violet
8 brown	8 brun	8 braun (br)	8 bruin	8 brun
9 blue (Bl)	9 bleu (bl)	9 blau (bl)	9 blauw (B)	9 blå
10 grey	10 gris (gr)	10 grau (gr)	10 grijs	10 grå

ESPAÑOL	ITALIANO	PORTUGUÊS	TÜRKÇE	ΕΛΛΗΝΙΚΑ (GREEK)
NAVEGACIÓN	**NAVIGAZIONE**	**NAVEGAÇÃO**	**NAVİGASYON**	**ΝΑΥΤΙΛΙΑ**
Navegación sobre la carta	**Carteggio**	**Cartear**	**Harita çalışması**	**ΕΡΓΑΣΙΕΣ ΕΠΙ ΧΑΡΤΟΥ**
Accidentes de la costa	***Fisionomia della costa***	***Fisíonomia da costa***	***Özellikler***	***ΧΑΡΑΚΤΗΡΙΣΤΙΚΑ***
1 bahía (Ba)	1 baia (B)	1 baía (B)	1 körfez	1 ΟΡΜΟΣ
2 fiordo (Fd)	2 fiordo (Fd)	2 fiorde	2 fijord	2 ΦΙΟΡΝΤ
3 glaciar	3 ghiacciaio	3 campo do gêlo em movimento	3 buzul	3 ΠΑΓΕΤΩΝΑΣ
4 lago, laguna	4 lago	4 lago, lagôa (L)	4 göl, haliç	4 ΛΙΜΝΗ
5 entrada (Ent)	5 entrata	5 entrada	5 giriʃ	5 ΕΙΣΟΔΟΣ
6 paso (Ps)	6 passaggio (Pass)	6 passagem	6 geçit	6 ΠΕΡΑΣΜΑ
7 estuario, ría (Est)	7 estuario	7 estuário (Est)	7 nehrin girişi	7 ΕΚΒΟΛΗ
8 desembocadura (Desemb^{a})	8 bocca	8 foz	8 ağız, nehrin denize döküldüğü yer	8 ΣΤΟΜΙΟ
9 canal (Can)	9 canale (Can)	9 canal (Can)	9 kanal, geçit	9 ΚΑΝΑΛΙ
10 fondeadero (Fond^{n})	10 ancoraggio (Anc)	10 fundeadouro	10 demir yeri	10 ΑΓΚΥΡΟΒΟΛΙΟ
11 isla, islas (I, Is)	11 isola (I)	11 ilha, ilhéu (I, Il)	11 ada, adalar (Ad)	11 ΝΗΣΙ
12 cabo (C)	12 capo (C)	12 cabo (C)	12 burun (Br)	12 ΑΚΡΩΤΗΡΙ
13 monte (M^{te})	13 montagna (Mt)	13 monte (Mt)	13 dağ, dağı	13 ΒΟΥΝΟ
14 punta (P^{ta})	14 punta (Pta)	14 ponta (Pta)	14 zirve, uç	14 ΑΚΡΑ
15 colina (Col)	15 collina	15 colina (Col)	15 tepe (T)	15 ΛΟΦΟΣ
16 rocas (R^{a})	16 Scogli (Sc)	16 rochas (R)	16 kayalar	16 ΒΡΑΧΟΙ
Colores	***Colori***	***Côres***	***Renkler***	***ΧΡΩΜΑΤΑ***
1 negro (n)	1 nero (B, blk)	1 preto (pr)	1 kara, siyah	1 ΜΑΥΡΟ
2 rojo (r)	2 rosso (R)	2 vermelho (vm)	2 kırmızı, al, kızıl	2 ΚΟΚΚΙΝΟ
3 verde (v)	3 verde (G)	3 verde (vd)	3 yeşil	3 ΠΡΑΣΙΝΟ
4 amarillo (am)	4 giallo (Y)	4 amarelo (am)	4 sarı	4 ΚΙΤΡΙΝΟ
5 blanco (b)	5 bianco (W)	5 branco (br)	5 beyaz, Ak	5 ΑΣΠΡΟ
6 naranja	6 arancione (Or)	6 côr de laranja	6 turuncu	6 ΠΟΡΤΟΚΑΛΙ
7 violeta	7 violetto (Vl)	7 violeta, lilás	7 mor	7 ΜΩΒ
8 pardo (p), marrón	8 marrone	8 castanho	8 kahverengi	8 ΚΑΦΕ
9 azul (az)	9 blu (Bl)	9 azul	9 mavi	9 ΜΠΛΕ
10 gris	10 grigio	10 cinzento	10 gri	10 ΓΚΡΙΖΟ

ENGLISH	FRANÇAIS	DEUTSCH	NEDERLANDS	DANSK
13 NAVIGATION	**NAVIGATION**	**NAVIGATION**	**NAVIGATIE**	**NAVIGATION**
Chartwork	**Navigation**	**Seekartenarbeit**	**Kaartpassen**	**Arbejde med søkort**
Ports and harbours	***Ports***	***Häfen***	***Havens***	***Havne og marinaer***
1 yacht harbour	1 bassin pour yachts	1 Yachthafen	1 jachthaven	1 lystbådehavn
2 harbourmaster's office	2 bureau du Capitaine de Port (Beau)	2 Hafenamt (Hfn-A)	2 havenkantoor	2 havnekontor
3 custom house, custom office	3 bureau de douane (Dne)	3 Zollamt (Zoll-A)	3 douanekantoor	3 toldkontor
4 prohibited area (Prohibd)	4 zone interdite	4 verbotenes Gebiet (Verb Gbt)	4 verboden gebied	4 forbudt område
5 dolphin (Dn)	5 duc d'Albe	5 Dalben (Dlb)	5 dukdalf, meerpaal	5 duc d'albe
6 dock	6 bassin, dock	6 Hafenbecken, Dock	6 bassin, dok	6 dok
7 careening grid	7 gril de carénage	7 Platz zum Trockenfallen	7 kielplaats, bankstelling	7 kølhalingsplads
8 slip, slipway	8 cale de halage	8 Slipp, Helling	8 helling, sleephelling	8 bedding
9 breakwater	9 brise-lames	9 Wellenbrecher	9 golfbreker	9 bølgebryder
10 mole	10 môle	10 Mole	10 havendam	10 mole
11 anchorage	11 mouillage	11 Ankerplatz	11 ankerplaats	11 ankerplads
12 anchorage prohibited	12 défense de mouiller	12 verbotener Ankerplatz	12 verboden ankerplaats	12 ankring forbudt
13 anchorage limit	13 limite de mouillage	13 Reedegrenze	13 grens ankerplaats	13 grænse for ankerplads
14 spoil ground	14 remblais, zone de dépôts	14 Baggerschüttstelle	14 baggerstortplaats	14 losseplads
15 submarine cable	15 câble sous-marin	15 Unterwasserkabel	15 onderwaterkabel	15 undersøisk kabel
16 submarine pipeline	16 canalisation sous-marine	16 Rohrleitung unter Wasser	16 onderwaterpijplijn	16 undersøisk rørledning
Coastguard	***Garde-côtes***	***Küstenwacht***	***Kustwacht***	***Kystvagt***
1 watch tower	1 vigie (Vig)	1 Wache (W), Wachtturm (W-Tm)	1 uitkijk, wachtpost	1 vagttårn
2 lifeboat station (LBS)	2 bateau de sauvetage (B de sauv)	2 Rettungsbootstation (R-S)	2 reddingbootstation	2 redningsbådsstation
3 pilot station	3 station de pilotage	3 Lotsenstelle (L-S)	3 loodsstation	3 lodsstation
4 storm-signal station	4 station de signaux de tempête	4 Sturmsignalstelle (Strm-S)	4 stormseinstation	4 stormvarslingsstation

ESPAÑOL	ITALIANO	PORTUGUÊS	TÜRKÇE	ΕΛΛΗΝΙΚΑ (GREEK)
NAVEGACIÓN	NAVIGAZIONE	NAVEGAÇÃO	NAVİGASYON	ΝΑΥΤΙΛΙΑ
Navegación sobre la carta	**Carteggio**	**Cartear**	**Harita çalışması**	**ΕΡΓΑΣΙΕΣ ΕΠΙ ΧΑΡΤΟΥ**
Puertos y radas	***Porti e rade***	***Portos e marinas***	***Limanlar***	***ΛΙΜΑΝΙΑ***
1 dársena de yates	1 porticciolo per yacht	1 doca de recreio	1 yat limanı	1 ΜΑΡΙΝΑ
2 comandancia de marina	2 Capitaneria di porto	2 Capitania	2 liman başkanlığı	2 ΓΡΑΦΕΙΟ ΛΙΜΕΝΑΡΧΗ
3 aduana (Ad)	3 Dogana	3 Alfândega	3 gümrük, gümrük binası, gûmrük (bürolar)	3 ΤΕΛΩΝΕΙΟ, ΤΕΛΩΝΕΙΑΚΟΣ ΣΤΑΘΜΟΣ
4 zona prohibida (Zª proh)	4 area interdetta	4 zona proíbida	4 yasak saha	4 ΑΠΑΓΟΡΕΥΜΕΝΗ ΠΕΡΙΟΧΗ
5 duque de alba	5 briccola	5 duque de alba	5 bağlama kazığı	5 ΔΕΛΦΙΝΙ
6 muelle, dique	6 bacino, darsena	6 doca	6 dok, havuz	6 ΝΤΟΚ - ΑΠΟΒΑΘΡΑ
7 dársena, carenero	7 scalo di carenaggio	7 grade de marés	7 karina temizlik ızgarası	7 ΣΧΑΡΑ ΚΑΡΕΝΑΡΙΣΜΑΤΑΟΣ
8 varadero	8 scivolo d'alaggio	8 plano inclinado, rampa	8 kızak ızgarası, rampa	8 ΓΛΥΣΤΡΑ
9 rompeolas	9 frangiflutti	9 quebra-mar	9 dalgakıran	9 ΚΥΜΑΤΟΘΡΑΥΣΤΗΣ
10 espigón, rompeolas	10 molo	10 molhe	10 mendirek	10 ΜΩΛΟΣ
11 fondeadero	11 ancoraggio	11 fundeadouro	11 demiryeri, demirleme alanı	11 ΑΓΚΥΡΟΒΟΛΙΑ
12 fondeadero prohibido (Fondº/proh)	12 divieto d'ancoraggio	12 fundeadouro proíbido	12 demirleme yasağı	12 ΑΠΑΓΟΡΕΥΕΤΑΙ Η ΑΓΚΥΡΟΒΟΛΙΑ
13 límite de fondeadero	13 limite d'ancoraggio	13 limite de fundeadouro	13 demirleme alanı sınırı	13 ΟΡΙΑ ΑΓΚΥΡΟΒΟΛΙΑΣ
14 vertedero (Vertº)	14 zona di scarico	14 zona para descarga de dragados ou entulhos	14 kirlenmiş deniz dibi	14 ΤΟΠΟΣ ΑΠΟΡΡΙΨΗΣ ΣΚΟΥΠΙΔΙΩΝ
15 cable submarino	15 cavo sottomarino	15 cabo submarino	15 sualtı kablosu	15 ΥΠΟΓΕΙΟ ΚΑΛΩΔΙΟ
16 canalización submarina, tuberia	16 oleodotto sottomarino	16 conduta submarina	16 sualtı boru hattı	16 ΥΠΟΓΕΙΟΣ ΣΩΛΗΝΑΣ
Guardacostas	***Guardacoste***	***Policia marítima***	***Sahil güvenlik***	***ΑΚΤΟΦΥΛΑΚΗ***
1 vigía	1 torre d'avvistamento	1 posto de vigia	1 gözetleme kulesi	1 ΠΑΡΑΤΗΡΗΤΗΡΙΟ
2 barco de salvamento	2 stazione battelli di salvataggio	2 estação de salva-vidas	2 can kurtarma istasyonu	2 ΣΤΑΘΜΟΣ ΣΩΣΤΙΚΩΝ ΛΕΜΒΩΝ
3 caseta de prácticos	3 stazione dei piloti	3 estação de pilôtos	3 fırtına işaret istasyonu	3 ΣΤΑΘΜΟΣ ΠΙΛΟΤΟΥ
4 estación de semáforo de señales de temporal	4 stazione segnali di tempesta	4 posto de sinais de mau tempo	4 fırtına işaret istasyonu	4 ΣΗΜΑΤΟΦΟΡΙΚΟΣ

ENGLISH	FRANÇAIS	DEUTSCH	NEDERLANDS	DANSK
13 NAVIGATION	**NAVIGATION**	**NAVIGATION**	**NAVIGATIE**	**NAVIGATION**
Tides	**Marées**	**Gezeiten**	**Getijden**	**Tidevand**
Tidal streams	***Courants de marée***	***Gezeitenströme***	***Getijstromen***	***Tidevandsstrøm***
1 flood stream	1 courant de flot, de flux	1 Flutstrom	1 vloedstroom	1 flodbølge
2 ebb stream	2 courant de jusant	2 Ebbstrom	2 ebstroom	2 ebbe
3 slack water	3 marée étale	3 Stauwasser	3 doodtij	3 slæk vand
4 turn of the tide	4 renverse de courant	4 Kentern des Stromes	4 kentering	4 tidevandsskifte
5 rate	5 vitesse	5 Geschwindigkeit	5 snelheid	5 fart
6 knot	6 nœud	6 Knoten	6 knoop, zeemijl per uur	6 knob
7 set	7 porter	7 setzen	7 zetten	7 sætning
8 current	8 courant	8 Strom	8 stroom	8 strøm
9 fair tide	9 courant favorable ou portant	9 mitlaufender Strom	9 stroom mee	9 med tidevandet
10 foul tide	10 courant contraire ou debout	10 Gegenstrom	10 stroom tegen, tegenstrooms	10 mod tidevandet
Tide	***Marée***	***Gezeiten***	***Getij***	***Flod og ebbe***
1 high water (HW)	1 pleine mer	1 Hochwasser (HW)	1 hoogwater (HW)	1 højvande
2 low water (LW)	2 basse mer	2 Niedrigwasser (NW)	2 laagwater (LW)	2 lavvande
3 flood (Fl)	3 marée montante, flot	3 Flut	3 vloed	3 flod
4 ebb	4 marée descendante, jusant	4 Ebbe	4 eb	4 ebbe
5 stand	5 étale	5 Stillstand	5 stilwater, doodtij	5 slæk vande
6 range	6 amplitude	6 Tidenhub	6 verval	6 amplitude
7 spring tide (Sp)	7 grande marée, vive-eau	7 Springtide	7 springtij	7 springtid
8 neap tide (Np)	8 morte-eau	8 Nipptide	8 doodtij	8 niptid
9 sea level	9 niveau	9 Wasserstand	9 zeeniveau	9 vandstand

ESPAÑOL	ITALIANO	PORTUGUÊS	TÜRKÇE	ΕΛΛΗΝΙΚΑ (GREEK)
NAVEGACIÓN	NAVIGAZIONE	NAVEGAÇÃO	NAVİGASYON	ΝΑΥΤΙΛΙΑ
Mareas	Maree	Marés	Akıntılar	ΠΑΛΙΡΡΟΙΕΣ
Corrientes de marea	*Correnti di marea*	*Correntes de maré*	*Gelgit akıntıları*	*ΠΑΛΙΡΡΟΙΚΑ ΡΕΥΜΑΤΑ*
1 corriente de creciente	1 corrente d'alta marea	1 corrente de enchente	1 gelen gelgit akıntısı med akıntısı	1 ΠΛΗΜΜΥΡΙΣ
2 corriente de vaciante	2 corrente di riflusso	2 corrente de vasante	2 çekilen gelgit akıntısı	2 ΑΜΠΩΤΙΣ
3 repunte	3 stanca	3 águas paradas	3 gelgitin durduğu an	3 ΠΑΛΙΡΡΟΙΟΣΤΑΣΙΟ
4 cambio de marea	4 cambio di marea	4 mudança de maré	4 akıntının dönmesi, yön değiştirmesi	4 ΑΝΑΣΤΡΟΦΗ ΠΑΛΙΡΡΟΙΑΣ
5 velocidad	5 velocità	5 força da corrente	5 akıntı hızı	5 ΤΑΧΥΤΗΤΑ ΠΑΛΙΡΡΟΙΑΣ
6 nudo	6 nodo	6 nó	6 deniz mili	6 ΚΟΜΒΟΣ
7 dirección	7 direzione (di corrente)	7 direcção	7 akıntı yönü	7 ΚΑΤΕΥΘΥΝΣΗ ΠΑΛΙΡΡΟΙΑΚΟΥ ΡΕΥΜΑΤΟΣ
8 corriente	8 corrente	8 corrente	8 akıntı	8 ΡΕΥΜΑ
9 corriente favorable	9 marea favorevole	9 maré favorável	9 taşıyıcı akıntı	9 ΕΥΝΟΙΚΗ ΠΑΛΙΡΡΟΙΑ
10 corriente contraria	10 marea contraria	10 maré desfavorável	10 karşıt akıntı	10 ΚΟΝΤΡΑ ΠΑΛΙΡΡΟΙΑ
Marea	*Marea*	*Maré*	*Gelgit (med-cezir)*	*ΠΑΛΙΡΡΟΙΑ*
1 pleamar	1 alta marea (A M)	1 preia-mar (PM)	1 gelgitte gel halinde denizin yükselmiş olması hali, med hali	1 ΠΛΗΜΜΗ
2 bajamar	2 bassa marea (B M)	2 baixa-mar (BM)	2 gelgitte git halinde denizin alçalmış olması hali, cezir hali	2 ΡΗΧΙΑ
3 entrante	3 flusso	3 enchente	3 denizin yükselmesi, gelen gelgit, med	3 ΠΛΗΜΜΥΡΙΣ
4 vaciante	4 riflusso	4 vasante	4 denizin alçalması, giden gelgit cezir	4 ΑΜΠΩΤΙΣ
5 repunte	5 marea ferma	5 estofa da maré	5 akıntının durmuş olması	5 ΠΑΛΙΡΡΟΙΟΣΤΑΣΙΟ
6 amplitud	6 ampiezza	6 amplitude de maré	6 menzil	6 ΕΥΡΟΣ ΠΑΛΙΡΡΟΙΑΣ
7 mareas vivas, de sicigias	7 marea sigiziale	7 águas-vivas (sizígia)	7 yüksek gelgit	7 ΠΑΛΙΡΡΟΙΑ ΕΥΖΥΓΙΩΝ
8 mareas muertas	8 marea di quadratura	8 águas-mortas (quadratura)	8 alçak gelgit	8 ΠΑΛΙΡΡΟΙΑ ΤΕΤΡΑΓΩΝΙΣΜΟΥ ΚΥΚΛΟΥ
9 nivel del mar	9 livello del mare	9 nível do mar	9 deniz seviyesi	9 ΣΤΑΘΜΗ ΘΑΛΑΣΣΑΣ

ENGLISH	FRANÇAIS	DEUTSCH	NEDERLANDS	DANSK
13 NAVIGATION	**NAVIGATION**	**NAVIGATION**	**NAVIGATIE**	**NAVIGATION**
Tides	**Marées**	**Gezeiten**	**Getijden**	**Tidevand**
Tide	***Marée***	***Gezeiten***	***Getij***	***Flod og ebbe***
10 mean	10 moyen	10 mittlere	10 gemiddeld	10 middel
11 chart datum	11 zéro des cartes	11 Kartennull	11 reductievlak, laag-laagwaterspring	11 kortdatum
Coastal navigation	**Navigation côtière**	**Küstennavigation**	**Kustnavigatie**	**Kystnavigation**
1 North pole	1 nord	1 Nordpol	1 noordpool	1 nordpol
2 bearing	2 relèvement	2 Peilung	2 peiling	2 pejling
3 course	3 cap, route	3 Kurs	3 koers	3 kurs
4 true	4 vrai	4 rechtweisend	4 ware, rechtwijzende (koers)	4 sand
5 magnetic	5 magnétique	5 missweisend	5 magnetisch	5 magnetisk
6 compass course	6 cap au compas	6 Kompasskurs	6 kompaskoers	6 kompaskurs
7 variation	7 déclinaison	7 Missweisung	7 variatie	7 misvisning
8 deviation	8 déviation	8 Deviation, Ablenkung	8 deviatie	8 deviation
9 leeway	9 dérive	9 Abdrift	9 drift	9 afdrift
10 allowance for current	10 tenir compte du courant	10 Stromvorhalt	10 stroomcorrectie	10 strømberegning
11 course through the water	11 route au compas	11 Weg durchs Wasser	11 koers door het water	11 kurs gennem vandet
12 course made good	12 route sur le fond	12 Weg über Grund	12 koers over de grond, ware koers	12 beholdne kurs
13 distance sailed	13 chemin parcouru	13 gesegelte Distanz	13 afgelegde afstand	13 udsejlet distance
14 to plot	14 tracer	14 absetzen, eintragen	14 plotten	14 at plotte
15 position	15 position	15 Schiffsort, Standort	15 positie	15 position
16 to take a bearing	16 prendre ou effectuer un relèvement	16 peilen, eine Peilung nehmen	16 een peiling nemen	16 tage en pejling
17 cross bearings	17 relèvements croisés	17 Kreuzpeilung	17 kruispeiling	17 krydspejling
18 position line	18 droite de relèvement	18 Standlinie	18 positielijn	18 stedlinie
19 transferred position line	19 droite de relèvement déplacée	19 versetzte Standlinie	19 verzeilde positielijn	19 overført stedlinie

ESPAÑOL	ITALIANO	PORTUGUÊS	TÜRKÇE	ΕΛΛΗΝΙΚΑ (GREEK)
NAVEGACIÓN	**NAVIGAZIONE**	**NAVEGAÇÃO**	**NAVİGASYON**	**ΝΑΥΤΙΛΙΑ**
Mareas	**Maree**	**Marés**	**Akıntılar**	**ΠΑΛΙΡΡΟΙΕΣ**
Marea	***Marea***	***Maré***	***Gelgit (med-cezir)***	***ΠΑΛΙΡΡΟΙΑ***
10 media marea	10 medio	10 média	10 ortalama	10 ΜΕΣΟΣ
11 bajamar escorada, cero de las cartas, cero hidrográfico	11 livello di riferimento scandagli	11 zero hidrográfico	11 harita datumu	11 ΣΤΟΙΧΕΙΑ ΧΑΡΤΟΥ
Navegación costera	**Navigazione costiera**	**Navegação costeira**	**Kılavuz seyri**	**ΑΚΤΟΠΛΟΙΚΗ ΝΑΥΣΙΠΛΟΙΑ**
1 polo norte	1 polo nord	1 polo norte	1 kuzey kutbu, kuzey	1 ΒΟΡΕΙΟΣ ΠΟΛΟΣ
2 marcación, demora	2 rilevamento	2 azimute	2 kerteriz	2 ΔΙΟΠΤΕΥΣΗ
3 rumbo	3 rotta	3 rumo	3 rota	3 ΠΟΡΕΙΑ
4 verdadero	4 vero	4 verdadeiro	4 hakiki	4 ΑΛΗΘΗΣ
5 magnético	5 magnetico	5 magnético	5 manyetik	5 ΜΑΓΝΗΤΙΚΗ
6 rumbo de aguja, magnético	6 rotta bussola	6 rumo agulha	6 pusla rotası	6 ΠΟΡΕΙΑ ΠΥΞΙΔΑΣ
7 variación	7 variazione	7 declinação	7 varyasyon, gerçek sapma	7 ΑΠΟΚΛΙΣΗ
8 desvío	8 deviazione	8 desvio	8 deviasyon, arızi sapma	8 ΠΑΡΕΚΤΡΟΠΗ
9 deriva	9 scarroccio	9 abatimento	9 düşme	9 ΕΚΠΕΣΜΟΣ
10 error por corriente	10 compensazione per la corrente	10 desconto para corrente	10 akıntıya göre düzeltme	10 ΔΙΟΡΘΩΣΗ ΛΟΓΩ ΡΕΥΜΑΤΟΣ
11 rumbo de superficie	11 rotta di superficie	11 rumo em relação à água	11 su içindeki rota	11 ΦΑΙΝΟΜΕΝΗ ΠΟΡΕΙΑ (ΣΤΟ ΝΕΡΟ)
12 rumbo verdadero	12 rotta vera	12 rumo em relação ao fundo	12 deniz dibine göre rota, gerçek rota	12 ΑΛΗΘΗΣ ΠΟΡΕΙΑ
13 distancia navegada	13 distanza percorsa	13 distância navegada	13 seyredilen mesafe	13 ΔΙΑΝΥΘΕΙΣΑ ΑΠΟΣΤΑΣΗ
14 situarse en la carta	14 tracciare	14 marcar na carta	14 plotlama, çizmek	14 ΑΠΟΤΥΠΩΝΩ ΣΤΟ ΧΑΡΤΗ
15 situación	15 punto	15 o ponto	15 konum, mevki	15 ΘΕΣΗ
16 tomar una marcación, o demora	16 prendere un rilevamento	16 marcar	16 bir kerteriz almak	16 ΠΑΙΡΝΩ ΔΙΟΠΤΕΥΣΗ
17 situación por dos demoras	17 rilevamenti incrociati	17 marcar por dois azimutes	17 çapraz kerteriz	17 ΤΕΜΝΟΜΕΝΕΣ ΔΙΟΠΤΕΥΣΕΙΣ
18 línea de posición	18 linea di posizione	18 linha de posição	18 mevki hattı	18 ΕΥΘΕΙΑ ΘΕΣΕΩΣ
19 línea de posición trasladada	19 linea di posizione trasportata	19 linha de posição transportada	19 kaydırılmış konum hattı	19 ΜΕΤΑΦΕΡΘΕΙΣΑ ΕΥΘΕΙΑ ΘΕΣΕΩΣ

ENGLISH	FRANÇAIS	DEUTSCH	NEDERLANDS	DANSK
NAVIGATION	NAVIGATION	NAVIGATION	NAVIGATIE	NAVIGATION
Coastal navigation	**Navigation côtière**	**Küstennavigation**	**Kustnavigatie**	**Kystnavigation**
20 running fix	20 relèvements successifs d'un même amer	20 Doppelpeilung, Versegelungspeilung	20 kruispeiling met verzeiling	20 løbende stedsbestemmelse
21 four-point bearing	21 relèvement à 4 points	21 Vierstrichpeilung	21 vierstreekspeiling	21 fire-stregs-pejling
22 double the angle on the bow	22 doubler l'angle	22 Verdoppelung der Seitenspeilung	22 dubbelstreekspeiling	22 stedsbestemmelse ved to pejlinger
23 dead reckoning	23 navigation à l'estime	23 Koppelung, Gissung	23 gegist bestek	23 bestik
24 estimated position	24 point estimé	24 geschätzte Position	24 gegiste positie	24 gisset plads
25 distance off	25 distance de …	25 Abstand von …	25 afstand tot	25 afstand fra
26 seaward	26 vers le large	26 seewärts	26 naar buiten, zeewaarts	26 mod søsiden
27 waypoint	27 waypoint, point de route	27 Wegepunkt	27 waypoint	27 waypoint
28 landmark	28 point de repère	28 Landmarke	28 kenbaar punt	28 landmærke
Sailing instructions	**Instructions nautiques**	**Segelanweisungen**	**Zeilaanwijzingen**	**Farvandsoplysninger**
1 lighted channel	1 chenal éclairé	1 befeuertes Fahrwasser	1 verlicht/bevuurd vaarwater	1 farvand afmærket med fyr
2 buoyed channel	2 chenal balisé	2 ausgetonntes Fahrwasser	2 betond vaarwater	2 farvand afmærket med bøjer
3 dredged channel	3 chenal dragué	3 gebaggerte Fahrrinne	3 gebaggerd vaarwater	3 uddybet kanal
4 navigable channel	4 chenal navigable	4 Fahrrinne	4 bevaarbaar vaarwater	4 farvandet kan besejles
5 leading line	5 alignement	5 Leitlinie	5 geleidelijn, lichtenlijn	5 ledelinie
6 in line	6 aligné	6 in Linie	6 in één lijn	6 overet
7 transit line	7 passe, alignement	7 Deckpeilung	7 peilingslijn	7 pejling
8 open two breadths	8 ouvert à deux largeurs	8 offen halten	8 twee breedten open-houden	8 at åbne to bredder
9 pass not less than one cable off …	9 passer au moins à une encâblure de …	9 mindestens eine Kabellänge Abstand halten	9 op niet meer dan een kabellengte passeren	9 passér mindst en kabellængde fra…
10 leave to port	10 laisser à bâbord	10 an Backbord halten	10 aan bakboord houden	10 holde til bagbord

	ESPAÑOL	ITALIANO	PORTUGUÊS	TÜRKÇE	ΕΛΛΗΝΙΚΑ (GREEK)
	NAVEGACIÓN	NAVIGAZIONE	NAVEGAÇÃO	NAVİGASYON	ΝΑΥΤΙΛΙΑ
	Navegación costera	**Navigazione costiera**	**Navegação costeira**	**Kılavuz seyri**	**ΑΚΤΟΠΛΟΙΚΗ ΝΑΥΣΙΠΛΟΙΑ**
20	situación por demoras sucesivas a una misma marca	punto nave con rilevamenti successivi	marcar, navegar e tornar a marcar	kaydırılmış kerteriz, aynı maddenin iki kez kerteriz edilmesiyle	ΔΥΟ ΔΙΑΔΟΧΙΚΕΣ ΔΙΟΠΤΕΥΣΕΙΣ
21	situación por marcación a cuatro cuartas 45°	rilevamento a 4 quarte	marcação as quatro quartas	dört kerteden mevki	ΔΙΟΠΤΕΥΣΗ 4 ΣΗΜΕΙΩΝ
22	segunda marcacíon doble que la primera	raddoppio dell'angolo da prora	marcação pelo ângulo duplo	aynı maddenin iki kez kerteriziyle. Buna 22-45"c veya 45-90"c metodları denir	ΠΑΡΑΛΑΣΣΩ - ΚΑΒΑΝΤΖΑΡΩ
23	estima	navigazione a punto stimato	navegação estimada	parakete konumu	ΣΤΙΓΜΑ ΕΞΥ ΑΝΑΜΕΤΡΗΣΕΩΣ
24	situación por estima	punto stimato	posição estimada	yaklaşık konum	ΥΠΟΛΟΓΙΖΟΜΕΝΗ ΘΕΣΗ (ΣΤΙΓΜΑ)
25	distancia a …	distanza da …	distância a …	… den uzaklık	ΑΦΗΝΩ ΑΠΟΣΤΑΣΗ
26	hacia la mar, mar adentro	verso il largo	do lado do mar	açık denize doğru	ΠΡΟΣ ΤΟ ΠΕΛΑΓΟΣ
27	waypoint	waypoint	ponto de chegada/de passagem	rota değişikliği noktası, menzil noktası	ΠΡΟΟΡΙΣΜΟΣ (ΕΝΔΙΑΜΕΣΟΣ)
28	marca fija	punto cospicua	ponto conspícuo	karada kerteriz noktası, alamet	ΧΑΡΑΧΤΗΡΙΣΤΙΚΟ ΣΗΜΕΙΟ ΣΤΕΡΙΑΣ

	Derrotero	**Istruzioni di navigazione**	**Instruções para navegação**	**Seyir bilgileri, talimatı**	**ΟΔΗΓΙΕΣ ΝΑΥΣΙΠΛΟΙΑΣ**
1	canal balizado con luces	canale illuminato	canal farolado	ışıklandırılmış kanal, ışıklandırılmış geçit	ΦΩΤΙΣΜΕΝΟΣ ΔΙΑΥΛΟΣ
2	canal balizado	canale segnalato con boe	canal balizado	şamandıralanmış kanal, şamandıralanmış geçit	ΔΙΑΥΛΟΣ ΜΕ ΣΗΜΑΝΤΗΡΕΣ
3	canal dragado	canale dragato	canal dragado	derinleştirilmiş kanal, derinleştrilmiş geçit	ΕΚΒΑΘΥΜΕΝΟΣ ΔΙΑΥΛΟΣ
4	canal navegable	canale navigabile	canal navegável	seyre uygun kanal/geçit	ΠΛΕΥΣΙΚΟΣ ΔΙΑΥΛΟΣ
5	línea de enfilación	allineamento	enfiamento	transit hattı	ΙΘΥΝΤΗΡΙΟΣ ΓΡΑΜΜΗ
6	en línea	in allineamento	enfiado	transit hattı üzerinde	ΣΕ ΕΥΘΕΙΑ
7	enfilación por el través	passaggio, transito	alinhado	transit hattı	ΕΥΘΕΙΑ ΔΙΕΥΛΕΥΣΗΣ
8	abierta a dos anchuras	aprire di due larghezze	aberto por duas bocaduras	elle kerteriz alma	ΑΣΕ ΧΩΡΟ ΔΥΟ ΠΛΑΤΗ ΠΛΟΙΟΥ
9	pasar a más de un cable	passare non meno di 1/10 di miglio da …	não passar a menos de 1/10 milha	geçit bir gominadan az uzaklıkta değil	ΟΧΙ ΠΙΟ ΚΟΝΤΙΝΗ ΔΙΕΥΛΕΥΣΗ ΑΠΟ…
10	dejar a babor	lasciare a sinistra	deixar a bombordo	iskelede bırakmak	ΑΣΕ ΤΟ ΑΡΙΣΤΕΡΑ

	ENGLISH	FRANÇAIS	DEUTSCH	NEDERLANDS	DANSK
	NAVIGATION	**NAVIGATION**	**NAVIGATION**	**NAVIGATIE**	**NAVIGATION**
	Sailing instructions	**Instructions nautiques**	**Segelanweisungen**	**Zeilaanwijzingen**	**Farvandsoplysninger**
11	round an object	contourner un amer	einen Gegenstand runden	ronden van iets	at runde et mærke
12	least depth	profondeur minimum	Mindesttiefe, geringste Tiefe	minste diepte	mindste dybde
13	subject to change	irrégulier, mobile, changeant	Veränderungen unterworfen	aan verandering onderhevig	ændringer kan forkomme
14	offlying dangers extend 3 miles	dangers s'étendant sur 3 milles au large	Gefahren, die 3 Seemeilen vor der Küste liegen	voor de kust liggende gevaren tot 3 mijl	udeliggende fare 3 sømil fremme
15	breaking seas on bar	la mer déferle ou brise sur la barre	auf der Barre brechende Seen	branding op drempel	søen brækker på barren
16	making an offing	prendre le large	freien Seeraum gewinnen	vrij van de wal gaan varen	stå ud i frit farvand
17	lee shore	côte sous le vent	Legerwall, Leeküste	lage wal	læ kyst
18	windward shore	côte au vent	Luvküste	hoge wal	luv kyst
19	flood tide sets across entrance	le courant de flot porte en travers de l'entrée	Flutstrom setzt quer zur Hafeneinfahrt	vloedstroom voor ingang langs	flodstrømmen sætter tværs over indløbet
20	tide race during flood	remous violents par courant de flot	Stromschnellen bei Flut	stroomkabbeling bij vloed	urolig sø ved højvande
21	north-going current	le courant porte au nord	nach Nordern setzender Strom	noordgaande stroom	nordgående strøm
22	water level may be reduced	abaissement de niveau possible par vent de …	Wasserstand kann geringer sein	lagere waterstanden zijn mogelijk	vandstanden kan falde

ESPAÑOL

NAVEGACIÓN

Derrotero

11 bordear
12 calado mínimo
13 sujete a cambios
14 peligro hasta 3 millas
15 rompientes en la barra
16 en altamar, franquía
17 costa de sotavento
18 costa de barlovento
19 la creciente tira atravesada a la entrada
20 raz de marea durante la crecida
21 corriente sur
22 la sonda puede disminuir

ITALIANO

NAVIGAZIONE

Istruzioni di navigazione

11 scansare un oggetto
12 fondale minimo
13 soggetto a variazioni
14 pericoli al largo per 3 miglia
15 frangenti su barriera
16 prendere il largo
17 costa sottovento
18 costa sopravvento
19 flusso di marea di traverso all'entrata
20 frangenti di marea durante il flusso
21 corrente verso nord
22 possibile riduzione di livello del mare

PORTUGUÊS

NAVEGAÇÃO

Instruções para navegação

11 rondar um obstáculo
12 altura minima de água
13 sujeito a variação
14 linha de resguardo de perigo a três milhas
15 com mar a arrebentar na barra
16 amarar
17 terra a sotavento
18 terra a barlavento
19 corrente transversal à entrada durante a enchente
20 estoque de água durante a enchente
21 corrente em direcção ao norte
22 nível de água pode ser reduzido

TÜRKÇE

NAVİGASYON

Seyir bilgileri, talimatı

11 bir maddeyi dönmek
12 en az derinlik
13 değişebilir, değişken
14 kıyıdan 3 mile
15 sığlıkta deniz kırılır
16 denize açılmak
17 rüzgâr altındaki kıyı
18 rüzgâr üstündeki kıyı
19 gelen gelgit, akıntısı girişe aykırı
20 gelen gelgit-girişte kuvvetli anafor
21 kuzey yönlü akıntı
22 su seviyesi azalabilir

ΕΛΛΗΝΙΚΑ (GREEK)

ΝΑΥΤΙΛΙΑ

ΟΔΗΓΙΕΣ ΝΑΥΣΙΠΛΟΙΑΣ

11 ΠΕΡΑΣΕ ΓΥΡΩ ΑΠΟ...
12 ΕΛΑΧΙΣΤΟ ΒΑΘΟΣ
13 ΠΙΘΑΝΗ ΑΛΛΑΓΗ
14 ΟΙ ΚΙΝΔΥΝΟΙ ΕΚΤΕΙΝΟΝΤΑΙ 3 ΜΙΛΙΑ
15 ΣΠΑΕΙ ΤΟ ΚΥΜΑ ΣΤΑ ΡΗΧΑ
16 ΑΝΟΙΓΟΜΑΙ ΣΤΟ ΠΕΛΑΓΟΣ
17 ΠΡΟΣΗΝΕΜΟΣ ΑΚΤΗ
18 ΥΠΗΝΕΜΟΣ ΑΚΤΗ
19 ΠΑΛΙΡΡΟΙΑΚΑ ΡΕΥΜΑΤΑ ΣΤΗΝ ΜΠΟΥΚΑ
20 ΧΟΝΤΡΗ ΘΑΛΑΣΣΑ ΚΑΤΑ ΤΗΝ ΠΛΗΜΜΥΡΙΔΑ
21 ΡΕΥΜΑ ΜΕ ΒΟΡΕΙΑ ΚΑΤΕΥΘΥΝΣΗ
22 ΠΙΘΑΝΗ ΕΛΛΑΤΩΣΗ ΣΤΑΘΜΗΣ ΝΕΡΟΥ

	ENGLISH	FRANÇAIS	DEUTSCH	NEDERLANDS	DANSK
	NAVIGATION	NAVIGATION	NAVIGATION	NAVIGATIE	NAVIGATION
	Inland waterways	**Eaux intérieures**	**Binnengewässer**	**Binnenwateren**	**Floder, søer og kanaler**
1	canal	canal	Kanal	kanaal	kanal
2	lock	écluse, sas	Schleuse	sluis	sluse
3	length	longueur, de long	Länge	lengte	længde
4	breadth	largeur, de large	Breite	breedte	bredde
5	depth	profondeur	Tiefe	diepte	dybde
6	to lock in	entrer dans le sas	einschleusen	schutten naar binnen	sluse ind
7	to lock out	sortir de l'écluse	ausschleusen	schutten naar buiten	sluse ud
8	lock dues	droits de sas	Schleusengebühr	sluisgeld	sluseafgift
9	opening times	heures d'ouverture	Betriebszeiten	openingstijden	åbningstider
10	bridge dues	droits de pont	Brückenzoll	bruggeld	broafgift
11	movable bridge	pont mobile	bewegliche Brücke	beweegbare brug	bro der kan åbnes
12	lifting bridge	pont basculant	Hubbrücke	hefbrug	klapbro
13	swing bridge	pont tournant	Drehbrücke	draaibrug	svingbro
14	fixed bridge	pont fixe	feste Brücke	vaste brug	fast bro
15	span	écartement, travée, largeur	Durchfahrtsweite	vak	spændvidde
16	height, headroom	tirant d'air	Durchfahrtshöhe	dorvaarthoogte	højde, fri højde
17	upstream	amont	stromauf, flussaufwärts	stroomopwaarts	ovenfor, mod strømmen
18	downstream	aval	stromab, flussabwärts	stroomafwaarts	medstrøms
19	ferry	bac, ferry	Fähre	pont	færge
20	high tension cable	câble à haute tension	Hochspannungskabel	hoogspanningskabel	højspændingsledninger
21	mooring place	point d'accostage	Festmacheplatz	afmeerplaats	fortøjningsplads
22	mooring forbidden	accostage interdit	Anlegen verboten	afmeren verboden	fortøjning forbudt
23	to quant, punt	conduire à la gaffe, à la perche	staken	punteren	at stage
24	sluice gate	pertuis	Schleusentor	sluisdeur	sluseport

	ESPAÑOL	ITALIANO	PORTUGUÊS	TÜRKÇE	ΕΛΛΗΝΙΚΑ (GREEK)
	NAVEGACIÓN	NAVIGAZIONE	NAVEGAÇÃO	NAVİGASYON	ΝΑΥΤΙΛΙΑ
	Canales	**Acque interne**	**Cursos de água**	**İç suyolları**	**ΚΑΝΑΛΙΑ ΣΤΗΝ ΕΝΔΟΧΩΡΑ**
1	canal	canale	canal	kanal	ΚΑΝΑΛΙ
2	compuerta, esclusa	chiusa	eclusa	lok, geçiş havazu	ΑΝΥΨΩΤΙΚΗ ΔΕΞΑΜΕΝΗ
3	longitud	lunghezza	comprimento	uzunluk, boy	ΜΗΚΟΣ
4	ancho, anchura	larghezza	largura	genişlik, en	ΠΛΑΤΟΣ
5	fondo, profundidad	profondità	profundidade	derinlik	ΒΑΘΟΣ
6	entrar en la esclusa	entrare in chiusa	entrar na eclusa, docar	loka/kanal havuzuna girmek	ΑΝΕΒΑΙΝΩ ΤΗΝ ΣΤΑΘΜΗ
7	salir de la esclusa	uscire da chiusa	sair da eclusa ou doca	lok havuzundan çıkmak	ΚΑΤΕΒΑΙΝΩ ΤΗΝ ΣΤΑΘΜΗ
8	derecho de esclusa	diritti di chiusa	taxa de docagem	lok/havuz rüsumları	ΤΕΛΗ ΔΕΞΑΜΕΝΗΣ
9	tiempo de apertura	orario d'apertura	hora de abrir	açılış saatleri	ΩΡΕΣ ΑΝΟΙΓΜΑΤΟΣ
10	tarifa de puente	diritti di ponte	taxa de passagem numa ponte	köprü rüsumu	ΤΕΛΗ ΓΕΦΥΡΑΣ
11	puente móvil	ponte mobile	ponte movediça	mobil/açılır köprü	ΚΙΝΗΤΗ ΓΕΦΥΡΑ
12	puente levadizo	ponte levatoio	ponte levadiça	kalkar köprü	ΑΝΑΚΛΙΝΟΜΕΝΗ ΓΕΦΥΡΑ
13	puente giratorio	ponte girevole	ponte giratória	döner köprü	ΠΛΑΓΙΟΑΝΟΙΓΟΜΕΝΗ ΓΕΦΥΡΑ
14	puente fijo	ponte fisso	ponte fixa	sabit köprü	ΣΤΑΘΕΡΗ ΓΕΦΥΡΑ
15	anchura del puente	campata, luce	vão	köprü ayakları genişliği, köprü gözü genişliği	ΧΩΡΟΣ ΕΛΕΥΘΕΡΟΣ ΣΤΟ ΠΛΑΙ-ΑΝΟΙΓΜΑ
16	altura libre	altezza	altura	su yüzeyinden yükseklik	ΕΛΕΥΘΕΡΟ ΥΨΟΣ
17	aguas arriba	a monte	montante	akıntıya karşı	ΠΡΟΣ ΤΟ ΡΕΥΜΑ-ΚΟΝΤΡΑ
18	aguas abajo	a valle	jusante	akıntı yönünde	ΚΑΤΕΒΑΙΝΩ ΤΟ ΡΕΥΜΑ
19	transbordador, ferry	traghetto	ferry boat, barco da travessia	feribot, yolcu gemisi	ΦΕΡΙ
20	cable de alta tensión	cavo ad alta tensione	cabo de alta tensão	yüksek gerilim hattı	ΚΑΛΩΔΙΟ ΥΨΗΛΗΣ ΤΑΣΕΩΣ
21	atraque	posto d'ormeggio	ponte de atracação	bağlama yeri, yanaşma yeri	ΑΓΚΥΡΟΒΟΛΙΟ
22	atraque prohibido	ormeggio vietato	proíbido atracar	bağlama/yanaşma yasağı	ΑΓΚΥΡΟΒΟΛΙΟ ΑΠΑΓΟΡΕΥΕΤΑΙ
23	fincar	spingere con la pertica	zingar	botu gönderi dibine saplayarak yürütmek	ΠΑΚΤΩΝΑΣ
24	válvula de compuerta	saracinesca	comporta	lok kapısı, lok kapağı	ΥΔΑΤΟΦΡΑΚΤΗΣ

ENGLISH	FRANÇAIS	DEUTSCH	NEDERLANDS	DANSK
NAVIGATION	**NAVIGATION**	**NAVIGATION**	**NAVIGATIE**	**NAVIGATION**
Inland waterways	**Eaux intérieures**	**Binnengewässer**	**Binnenwateren**	**Floder, søer og kanaler**
25 lock gate	25 porte d'écluse	25 Schleusentor	25 sluisdeur	25 dokport
26 ladder	26 échelle	26 Leiter	26 ladder	26 stige
27 bollard	27 bollard	27 Poller	27 bolder, meerpaal	27 pullert
28 moving bollard	28 bollard flottant	28 Poller auf Schwimmpontons in Schleusen	28 bewegende bolder	28 flytbar pullert
Meteorology	**Météorologie**	**Meteorologie**	**Meteorologie**	**Meteorologi**
Instruments and terms	***Instruments et termes***	***Instrumente und Ausdrücke***	***Instrumenten en uitdrukkingen***	***Instrumenter og benævnelser***
1 aneroid barometer	1 baromètre anéroide	1 Aneroidbarometer	1 aneroïde barometer	1 aneroid barometer
2 barograph	2 barographe	2 Barograph	2 barograaf	2 barograf
3 rise/fall	3 monter/baisser	3 steigen/fallen	3 rijzen/vallen	3 stige/falde
4 steady	4 stable	4 gleichbleibend	4 vast	4 uforandret
5 thermometer	5 thermomètre	5 Thermometer	5 thermometer	5 termometer
6 temperature	6 température	6 Temperatur	6 temperatuur	6 temperatur
7 rise/drop	7 hausse/chute	7 Zunahme/Sturz	7 stijgen/dalen	7 stigende/faldende
8 anemometer	8 anémomètre	8 Windmesser, Anemometer	8 wind(snelheids)meter	8 vindmåler
9 velocity	9 vitesse	9 Geschwindigkeit	9 snelheid	9 hastighed
10 pressure	10 pression	10 Druck	10 druk	10 tryk
11 Weatherfax	11 recepteur de cartes météo	11 Wetterfax	11 weerkaartschrijver	11 vejrfax
Weather forecast terms	***Termes de météo***	***Meteorologische Ausdrücke***	***Meteorologische uitdrukkingen***	***Meteorologens sprog***
1 weather forecast	1 prévisions météo	1 Wettervorhersage	1 weersverwachting	1 vejrudsigt
2 weather report	2 bulletin du temps	2 Wetterbericht	2 weerrapport	2 vejrmelding
3 area	3 région, parages	3 Gebiet	3 gebied	3 område
4 low-pressure area	4 zone de basse pression	4 Tiefdruckgebiet	4 lagedrukgebied	4 lavtryksområde
5 depression, low	5 dépression, bas	5 Depression, Tief	5 depressie	5 lavtryk
6 trough	6 creux	6 Trog, Ausläufer	6 dal	6 trug

ESPAÑOL	ITALIANO	PORTUGUÊS	TÜRKÇE	ΕΛΛΗΝΙΚΑ (GREEK)
NAVEGACIÓN	**NAVIGAZIONE**	**NAVEGAÇÃO**	**NAVİGASYON**	**ΝΑΥΤΙΛΙΑ**
Canales	**Acque interne**	**Cursos de água**	**İç suyolları**	**ΚΑΝΑΛΙΑ ΣΤΗΝ ΕΝΔΟΧΩΡΑ**
25 compuerta de esclusa	25 serranda di chiusa	25 grade fechada	25 lok kapısı	25 ΘΥΡΑ ΑΝΥΨΩΤΙΚΗΣ ΔΕΞΑΜΕΝΗΣ
26 escala	26 scala	26 escada	26 iskele, merdiven	26 ΣΚΑΛΑ
27 bolardo	27 bitta	27 abita	27 baba	27 ΔΕΣΤΡΑ
28 bolardo flotante	28 bitta mobile	28 abita móvel	28 hareketli baba	28 ΚΙΝΗΤΗ ΔΕΣΤΡΑ
Meteorología	**Meteorologia**	**Meteorologia**	**Meteoroloji**	**ΜΕΤΕΩΡΟΛΟΓΙΑ**
Instrumentos y términos	***Strumenti e termini***	***Instrumentos e termos***	***Aygıtlar ve terimler***	***ΟΡΟΛΟΓΙΑ ΚΑΙ ΟΡΓΑΝΑ***
1 barómetro aneroide	1 barometro aneroide	1 barómetro aneroide	1 aneroid barometre	1 ΑΝΕΡΟΕΙΔΕΣ ΒΑΡΟΜΕΤΡΟ
2 barógrafo	2 barografo	2 barógrafo	2 barograf	2 ΒΑΡΟΓΡΑΦΟΣ
3 subir/bajar	3 salire/scendere	3 subindo/descendo	3 yükseltme/alçaltma	3 ΑΝΟΔΟΣΠΤΩΣΗ
4 fijo, constante	4 costante	4 constante	4 sabit	4 ΣΤΑΘΕΡΟ
5 termómetro	5 termometro	5 termómetro	5 termometre	5 ΘΕΡΜΟΜΕΤΡΟ
6 temperatura	6 temperatura	6 temperatura	6 ısı, hararet	6 ΘΕΡΜΟΚΡΑΣΙΑ
7 subida/caída	7 salire/scendere	7 subida/descida	7 gel-git	7 ΑΝΟΔΟΣΠΤΩΣΗ
8 anemómetro	8 anemometro	8 anemómetro	8 anemometre	8 ΑΝΕΜΟΜΕΤΡΟ
9 velocidad	9 velocità	9 velocidade	9 hız	9 ΤΑΧΥΤΗΤΑ
10 presión	10 pressione	10 pressão	10 basınç	10 ΠΙΕΣΗ
11 Weatherfax, receptor de cartas meteorológicas	11 fax meteo	11 fax de meteorologia	11 hava raporu faks cihazı	11 ΟΥΕΔΕΡΦΑΞ
Previsión metereológica	***Termini meteorologici***	***Termos do boletim meteorológico***	***Hava tahmini terimleri***	***ΟΡΟΛΟΓΙΑ ΠΡΟΓΝΩΣΗΣ ΚΑΙΡΟΥ***
1 previsión metereológica	1 previsioni del tempo	1 previsão de tempo	1 hava tahmini	1 ΠΡΟΓΝΩΣΗ ΚΑΙΡΟΥ
2 boletin metereológico	2 bollettino meteo	2 boletim meteorológico	2 hava raporu	2 ΔΕΛΤΙΟ ΚΑΙΡΟΥ
3 zona	3 area	3 área, zona	3 bölge	3 ΠΕΡΙΟΧΗ
4 zona de baja presión	4 area di bassa pressione	4 área de baixa pressão	4 alçak basınç alanı	4 ΠΕΡΙΟΧΗ ΧΑΜΗΛΩΝ ΠΙΕΣΕΩΝ
5 depresión/borrasca	5 depressione	5 depressão, baixa	5 depresyon, alçak	5 ΧΑΜΗΛΟ ΒΑΡΟΜΕΤΡΙΚΟ
6 vaguada	6 saccatura	6 linha de baixa pressão	6 alçak basınç gözü	6 ΙΣΟΒΑΡΕΙΣ ΧΑΜΗΛΟΥ

ENGLISH	FRANÇAIS	DEUTSCH	NEDERLANDS	DANSK
NAVIGATION	NAVIGATION	NAVIGATION	NAVIGATIE	NAVIGATION
Meteorology	**Météorologie**	**Meteorologie**	**Meteorologie**	**Meteorologi**
Weather forecast terms	***Termes de météo***	***Meteorologische Ausdrücke***	***Meteorologische uitdrukkingen***	***Meteorologens sprog***
7 high-pressure area	7 zone de haute pression	7 Hochdruckgebiet	7 hogedrukgebied	7 højtryksområde
8 anticyclone, high	8 anticyclone, haut	8 Hoch	8 hogedrukgebied	8 anticyklon, høj
9 ridge	9 crête	9 Rücken	9 rug	9 ryg
10 wedge	10 coin	10 Keil	10 wig	10 kile
11 front, cold, warm	11 front froid, chaud	11 Front, kalt, warm	11 front, koud/warm	11 front, kold, varm
12 occlusion	12 occlusion	12 Okklusion	12 occlusie	12 okklusion
13 fill up	13 se combler	13 auffüllen	13 opvullen	13 fyldes op
14 deepen	14 se creuser	14 sich vertiefen	14 dieper worden	14 uddybes
15 stationary	15 stationnaire	15 stationär	15 stationair	15 stationært
16 quickly	16 rapidement	16 schnell, rasch	16 snel	16 hurtigt
17 slowly	17 lentement	17 langsam	17 langzaam	17 langsomt
18 spreading	18 s'étalant, s'étendant	18 sich ausbreitend	18 uitbreidend	18 spreder sig
19 settled	19 temps établi	19 beständig	19 vast	19 stabilt
20 changeable	20 variable	20 wechselhaft	20 veranderlijk	20 omskifteligt
21 clearing up	21 éclaircies	21 aufklarend	21 opklarend	21 klarer op
22 fine	22 beau temps	22 heiter, schön	22 mooi	22 fint
23 fair	23 beau	23 klar	23 goed	23 smukt
Sky	***Ciel***	***Himmel***	***Lucht***	***Himlen***
1 clear sky	1 pur, clair, dégagé	1 wolkenlos, klarer Himmel	1 onbewokt	1 klar himmel
2 cloudy	2 nuageux	2 bewölkt, wolkig	2 bewolkt	2 skyet
3 overcast	3 couvert	3 bedeckt	3 betrokken	3 overskyet
4 high cloud	4 nuages hauts, élevés	4 hohe Wolken	4 hoge wolken	4 høje skyer
5 low cloud	5 nuages bas	5 niedrige Wolken	5 lage wolken	5 lave skyer

ESPAÑOL	ITALIANO	PORTUGUÊS	TÜRKÇE	ΕΛΛΗΝΙΚΑ (GREEK)
NAVEGACIÓN	NAVIGAZIONE	NAVEGAÇÃO	NAVİGASYON	ΝΑΥΤΙΛΙΑ
Meteorología	**Meteorologia**	**Meteorologia**	**Meteoroloji**	**ΜΕΤΕΩΡΟΛΟΓΙΑ**
Previsión metereológica	***Termini meteorologici***	***Termos do boletim meteorológico***	***Hava tahmini terimleri***	***ΟΡΟΛΟΓΙΑΟΡΟΛΟΓΙΑ ΠΡΟΓΝΩΣΗΣ ΚΑΙΡΟΥ***
7 zona de alta presión	7 area di alta pressione	7 área de alta pressão	7 yüksek basınç alanı	7 ΠΕΡΙΟΧΗ ΥΨΗΛΩΝ ΠΙΕΣΕΩΝ
8 anticiclón, alta	8 anticiclone (o alta pressione)	8 anticiclone, alta	8 antisiklon, yüksek	8 ΑΝΤΙΚΥΚΛΩΝΑΣ – ΥΨΗΛΟ
9 dorsal, cresta	9 cresta	9 crista	9 tepe noktası	9 ΙΣΟΒΑΡΕΙΣ ΥΨΗΛΟΥ
10 cuña	10 cuneo	10 cunha	10 köşe	10 ΠΕΡΙΟΧΗ ΜΕΤΑΞΥ ΔΥΟ ΧΑΜΗΛΩΝ ΣΧΗΜΑΤΟΣ V
11 frente frío, cálido	11 fronte, freddo, caldo	11 frente, fria, quente	11 cephe, soğuk, ılık	11 ΜΕΤΩΠΟ, ΨΥΧΡΟ, ΖΕΣΤΟ
12 oclusión	12 occlusione	12 oclusão	12 mas etme	12 ΟΡΙΟΓΡΑΜΜΗ ΜΕΤΑΞΥ ΨΥΧΡΟΥ ΚΑΙ ΖΕΡΜΟΥ ΠΕΡΙΟΧΗΣ
13 debilitamiento	13 colmarsi	13 encher	13 tamamen dolma	13 ΓΕΜΙΖΕΙ
14 intensificación	14 approfondirsi	14 agravar	14 derinleşme	14 ΒΑΘΑΙΝΕΙ
15 estacionario	15 stazionario	15 estacionária	15 sabit	15 ΣΤΑΘΕΡΟ
16 rápidamente	16 rapidamente	16 rápidamente	16 hızla	16 ΓΡΗΓΟΡΑ
17 lentamente	17 lentamente	17 lentamente	17 yavaşça	17 ΑΡΓΑ
18 extendiendo	18 che si allarga	18 alastrando	18 yayılarak	18 ΕΠΕΚΤΕΙΝΕΤΑΙ
19 estable	19 stabile	19 estável	19 oturmuş hava	19 ΕΓΚΑΤΕΣΤΗΜΕΝΟ
20 variable	20 variabile	20 variável, instável	20 mütehavil/değişebilir	20 ΜΕΤΑΒΛΗΤΟΣ
21 clarear, escampar	21 che si schiarisce	21 limpando	21 havanın yer yer sıyırması yer yer açması	21 ΚΑΘΑΡΙΖΕΙ
22 tranquilo, despejado	22 bello	22 bom tempo	22 güzel hava	22 ΩΡΑΙΟΣ
23 despejado	23 discreto	23 estavel	23 çok güzel hava	23 ΚΑΛΟΣ-ΔΙΑΥΓΗΣ
Cielo	***Cielo***	***Céu***	***Gök***	***ΟΥΡΑΝΟΣ***
1 claro, despejado	1 sereno	1 céu limpo	1 açık/bulutsuz gök	1 ΚΑΘΑΡΟΣ ΟΥΡΑΝΟΣ
2 nubloso	2 nuvoloso	2 nublado	2 bulutlu	2 ΣΥΝΝΕΦΙΑΣΜΕΝΟΣ
3 cubierto	3 coperto	3 coberto	3 çok bulutlu/kapalı	3 ΠΛΗΡΩΣ ΣΥΝΝΕΦΙΑΣΜΕΝΟΣ
4 nubes altas	4 nube alta	4 núvem alta	4 yüksek bulut	4 ΥΨΗΛΟ ΣΥΝΝΕΦΟ
5 nubes bajas	5 nube bassa	5 núvem baixa	5 alçak bulut	5 ΧΑΜΗΛΟ ΣΥΝΝΕΦΟ

ENGLISH	FRANÇAIS	DEUTSCH	NEDERLANDS	DANSK
NAVIGATION	NAVIGATION	NAVIGATION	NAVIGATIE	NAVIGATION
Meteorology	**Météorologie**	**Meteorologie**	**Meteorologie**	**Meteorologi**
Visibility	***Visibilité***	***Sichtweite***	***Zicht***	***Sigtbarhed***
1 good	1 bonne	1 gut	1 goed	1 god
2 moderate	2 médiocre, réduite	2 mittel	2 matig	2 moderat
3 poor	3 mauvaise	3 schlecht	3 slecht	3 ringe
4 haze	4 brume de beau temps, ou brume sèche	4 Dunst	4 nevelig	4 dis
5 mist	5 brume légère ou mouillée	5 feuchter Dunst, diesig	5 nevel	5 let tåge
6 fog	6 brouillard	6 Nebel	6 mist	6 tåge
Wind	***Vent***	***Wind***	***Wind***	***Vind***
1 lull	1 accalmie	1 vorübergehendes Abflauen	1 luwte	1 kortvarig vindstille
2 drop, abate	2 tomber, diminuer de force	2 nachlassen	2 afnemen	2 vinden lægger sig
3 decreasing, moderating	3 décroissant	3 abnehmend	3 afnemend	3 aftagende
4 increasing, freshening	4 fraîchissant	4 zunehmend, auffrischend	4 toenemend	4 opfriskende
5 gust	5 rafale	5 Windstoß	5 windvlaag	5 vindstød
6 squall	6 grain	6 Bö	6 bui	6 byge
7 sea breeze	7 brise de mer	7 Seebrise	7 zeebries	7 søbrise
8 land breeze	8 brise de terre	8 ablandige Brise, Landbrise	8 landbries	8 landbrise
9 prevailing winds	9 vent dominant	9 vorherrschender Wind	9 heersende winden	9 fremherskende vind
10 trade winds	10 alizés	10 Passatwinde	10 passaatwind	10 passat
11 veer	11 virer … (dans le sens des aiguilles d'une montre)	11 rechtdrehend, ausschießen	11 ruimen	11 højredrejende
12 back	12 virer (dans le sens contraire aux aiguilles d'une montre)	12 zurückdrehen, krimpen	12 krimpen	12 venstredrejende

ESPAÑOL	ITALIANO	PORTUGUÊS	TÜRKÇE	ΕΛΛΗΝΙΚΑ (GREEK)
NAVEGACIÓN	**NAVIGAZIONE**	**NAVEGAÇÃO**	**NAVİGASYON**	**ΝΑΥΤΙΛΙΑ**
Meteorología	**Meteorologia**	**Meteorologia**	**Meteoroloji**	**ΜΕΤΕΩΡΟΛΟΓΙΑ**
Visibilidad	***Visibilità***	***Visibilidade***	***Görüş***	*ΟΡΑΤΟΤΗΤΑ*
1 buena	1 buona	1 bôa	1 iyi	1 ΚΑΛΗ
2 regular	2 discreta	2 moderada	2 orta derecede, kısıtlı	2 ΜΕΤΡΙΑ
3 mala	3 scarsa	3 fraca, má	3 az, fena, çok kısıtlı	3 ΚΑΚΗ
4 calima	4 foschia	4 cerração	4 pus, iyi hava pusu	4 ΕΛΑΦΡΑ ΟΜΙΧΛΗ
5 neblina	5 caligine	5 neblina	5 hafif pus, nem taşıyan pus	5 ΨΑΘΟΥΡΑ - ΑΧΛΥΣ
6 niebla	6 nebbia	6 nevoeiro	6 sis	6 ΟΜΙΧΛΗ
Viento	***Vento***	***Vento***	***Rüzgar***	*ΑΝΕΜΟΣ*
1 encalmado	1 momento di calma	1 sota, calma temporária	1 çok sakin	1 ΚΑΛΜΑ
2 disminuir	2 attenuazione	2 acalmar	2 düşmek, kalmak	2 ΠΕΦΤΕΙ-ΚΟΠΑΖΕΙ
3 disminuyendo	3 in diminuzione	3 decrescendo de intensidade	3 azalmak	3 ΕΞΑΣΘΕΝΩΝ
4 aumentando	4 in aumento	4 aumentando	4 artmak, sertlemek	4 ΕΝΙΣΧΥΟΜΕΝΟΣ-ΦΡΕΣΚΑΡΕΙ
5 racha	5 raffica	5 rajada	5 sağnak	5 ΡΙΠΗ
6 chubasco	6 groppo	6 borrasca	6 sert sağnak	6 ΣΠΗΛΙΑΔΑ
7 brisa de mar, virazón	7 brezza di mare	7 brisa do mar	7 denizden esen rüzgar	7 ΘΑΛΑΣΣΙΑ ΑΥΡΑ, ΜΠΟΥΚΑΔΟΥΡΑ
8 terral	8 brezza di terra	8 brisa da terra	8 karadan esen rüzgar	8 ΑΠΟΓΕΙΟΣ ΖΕΦΥΡΟΣ
9 vientos dominantes	9 venti predominanti	9 ventos predominantes	9 hakim rüzgarlar	9 ΕΠΙΚΡΑΤΟΥΝΤΕΣ ΑΝΕΜΟΙ
10 vientos alisios	10 alisei	10 ventos alíseos	10 ticaret rüzgarları alizeler	10 ΑΛΗΓΕΙΣ ΑΝΕΜΟΙ
11 alargando (rolando en el sentido de las manillas del reloj)	11 girare in senso orario	11 no sentido dos ponteiros de relógio	11 (saat ibreleri yönünde) e dönmek	11 ΓΥΡΙΖΕΙ-ΑΛΛΑΖΕΙ ΠΡΟΣ ΤΑ ΔΕΞΙΑ
12 escaseando (rolando en sentido contrario al de las manillas del reloj)	12 girare in senso antiorario	12 de sentido retrógrado	12 (saat ibreleri aksi yönünde) e dönmek	12 ΑΛΛΑΖΕΙ ΠΡΟΣ ΑΡΙΣΤΕΡΑ

ENGLISH	FRANÇAIS	DEUTSCH	NEDERLANDS	DANSK
NAVIGATION	NAVIGATION	NAVIGATION	NAVIGATIE	NAVIGATION
Meteorology	**Météorologie**	**Meteorologie**	**Meteorologie**	**Meteorologi**
Wind	***Vent***	***Wind***	***Wind***	***Vind***
13 Beaufort scale	13 Echelle de Beaufort	13 Windstärke nach Beaufort	13 windschaal van beaufort	13 Beaufort skala
calm 0	calme 0	Windstille 0	stil 0	stille 0
light air 1	très légère brise 1	leiser Zug 1	flauw en stil 1	næsten stille 1
light breeze 2	légère brise 2	leichte Brise 2	flauwe koelte 2	svag vind 2
gentle breeze 3	petite brise 3	schwache Brise 3	lichte koelte 3	let vind 3
moderate breeze 4	jolie brise 4	mäßige Brise 4	matige koelte 4	jævn vind 4
fresh breeze 5	bonne brise 5	frische Brise 5	frisse bries 5	frisk vind 5
strong breeze 6	vent frais 6	starker Wind 6	stijve bries 6	hård vind 6
near gale 7	grand frais 7	steifer Wind 7	harde wind 7	stiv kuling 7
gale 8	coup de vent 8	stürmischer Wind 8	stormachtig 8	hård kuling 8
strong gale 9	fort coup de vent 9	Sturm 9	storm 9	stormende kuling 9
storm 10	tempête 10	schwerer Sturm 10	zware storm 10	storm 10
violent storm 11	violente tempête 11	orkanartiger Sturm 11	zeer zware storm 11	stærk storm 11
hurricane 12	ouragan 12	Orkan 12	orkaan 12	orkan 12
Sea	***Mer***	***See***	***Zee***	***Søen***
1 calm	1 plate, calme	1 glatt, ruhig	1 vlak	1 stille
2 ripples	2 vaguelettes, rides	2 gekräuselt	2 rimpels	2 krusninger
3 waves	3 vagues, ondes, lames	3 Wellen, Seen	3 golven	3 bølger
4 rough sea	4 mer agitée	4 grosse See	4 ruwe zee	4 grov sø
5 swell	5 houle	5 Dünung	5 deining	5 dønninger
6 crest	6 crête	6 Wellenkamm	6 kam, golftop	6 bølgetop
7 trough	7 creux	7 Wellental	7 trog, golfdal	7 bølgedal
8 breaking seas	8 lames déferlantes	8 brechende Seen	8 brekende zee	8 brydende sø
9 head sea	9 mer debout	9 See von vorn	9 tegenlopende zee	9 søen imod
10 following sea	10 mer arrière ou suiveuse	10 achterliche See	10 meelopende zee	10 medsø
11 choppy	11 croisée ou hachée; clapot	11 kabbelig	11 kort en steil	11 krap
12 short	12 lames courtes	12 kurz	12 kort	12 kort
13 steep	13 mer creuse	13 steif	13 steil	13 stejl
14 slight	14 mer peu agitée	14 leicht	14 lichte zeegang	14 let/ringe

ESPAÑOL

NAVEGACIÓN

Meteorología

Viento

13 escala Beaufort
- calma 0
- ventolina 1
- flojito 2
- flojo 3
- bonancible 4
- fresquito 5
- fresco 6
- frescachón 7
- duro 8
- muy duro 9
- temporal 10
- borrasca 11
- huracán 12

Mar

1 calma
2 mar rizada
3 olas
4 mar gruesa
5 mar de leva, -de fondo
6 cresta
7 seno
8 rompientes
9 mar de proa
10 mar de popa
11 mar picada
12 mar corta
13 mar gruesa
14 marejadilla

ITALIANO

NAVIGAZIONE

Meteorologia

Vento

13 Scala Beaufort:
- bonaccia 0
- bava di vento 1
- brezza leggera 2
- brezza tesa 3
- vento moderato 4
- vento teso 5
- vento fresco 6
- vento forte 7
- burrasca 8
- burrasca forte 9
- tempesta 10
- tempesta forte 11
- uragano 12

Mare

1 calmo
2 increspato
3 onde
4 mare agitato
5 mare lungo
6 cresta
7 gola
8 frangenti
9 mare in prora
10 mare in poppa
11 maretta
12 (mare) corto
13 (mare) burrascoso
14 poco mosso

PORTUGUÊS

NAVEGAÇÃO

Meteorologia

Vento

13 Escala Beaufort
- calma 0
- aragem 1
- vento fraco 2
- vento bonançoso 3
- vento moderato 4
- vento frêsco 5
- vento multo frêsco 6
- vento forte 7
- vento multo forte 8
- vento tempestnoso 9
- temporal 10
- temporal desfeito 11
- furacão 12

Mar

1 calmo, plano
2 ondinhas
3 ondas
4 mar bravo
5 ondulação, mar de vaga
6 crista da onda
7 cava da onda
8 arrebentação
9 mar de proa
10 mar de pôpa
11 mareta
12 mar de vaga curta
13 mar cavado
14 mar chão

TÜRKÇE

NAVİGASYON

Meteoroloji

Rüzgar

13 Beaufort cetveli
- sakin 0
- hafif rüzgar 1
- hafif meltem 2
- yumuşak meltem 3
- sakin meltem 4
- frişka 5
- kuvvetli rüzgar 6
- sert rüzgar 7
- çok sert rüzgar 8
- fırtına 9
- kuvvetli fırtına 10
- bora 11
- kasırga 12

Deniz

1 sakin, palpa
2 küçük dalgalı, çırpıntılı
3 dalga
4 kaba deniz, kaba dalga
5 ölü denizler
6 dalga doruğu
7 dalga çukuru, dalga derinliği
8 kırılan dalgalar, çatlayan dalgalar
9 baş denizleri
10 kıçtan gelen deniz
11 kırık dalga
12 kısa dalga
13 derin dalgalar
14 hafif dalga

ΕΛΛΗΝΙΚΑ (GREEK)

ΝΑΥΤΙΛΙΑ

ΜΕΤΕΩΡΟΛΟΓΙΑ

ΑΝΕΜΟΣ

13 ΚΛΙΜΑΚΑ ΜΠΟΦΩΡ
- ΑΠΝΟΙΑ 0
- ΕΛΑΦΡΑ ΠΝΟΗ ΑΝΕΜΟΥ 1
- ΑΣΘΕΝΗΣ ΑΝΕΜΟΣ 2
- ΗΠΙΟΣ ΑΝΕΜΟΣ 3
- ΜΕΤΡΙΟΣ ΑΝΕΜΟΣ 4
- ΦΡΕΣΚΟΣ ΑΝΕΜΟΣ 5
- ΙΣΧΥΡΟΣ ΑΝΕΜΟΣ 6
- ΣΧΕΔΟΝ ΘΥΕΛΛΩΔΗΣ 7
- ΘΥΕΛΛΩΔΗΣ 8
- ΙΣΧΥΡΗ ΘΥΕΛΛΑ 9
- ΚΥΚΛΩΝΑΣ-ΚΑΤΑΙΓΙΔΑ 10
- ΙΣΧΥΡΗ ΚΑΤΑΙΓΙΔΑ 11
- ΤΥΦΩΝΑΣ 12

ΘΑΛΑΣΣΑ

1 ΕΠΙΠΕΔΗ
2 ΡΕΦΛΕΣ
3 ΚΥΜΑΤΑ
4 ΤΡΙΚΥΜΙΩΔΕΣ
5 ΜΑΜΑΛΟ
6 ΚΟΡΥΦΗ
7 ΑΥΛΑΚΙ
8 ΑΦΡΙΖΟΝΤΑ ΚΥΜΑΤΑ
9 ΚΟΝΤΡΑ ΘΑΛΑΣΣΑ
10 ΠΡΙΜΑ ΘΑΛΑΣΣΑ
11 ΠΑΦΛΑΣΜΟΣ – ΑΝΤΙΜΑΜΑΛΟ
12 ΚΟΝΤΑ
13 ΑΠΟΤΟΜΑ
14 ΛΙΓΟ ΤΑΡΑΓΜΕΝΗ

ENGLISH	FRANÇAIS	DEUTSCH	NEDERLANDS	DANSK
NAVIGATION	NAVIGATION	NAVIGATION	NAVIGATIE	NAVIGATION
Meteorology	**Météorologie**	**Meteorologie**	**Meteorologie**	**Meteorologi**
Precipitation	***Précipitations***	***Niederschlag***	***Neerslag***	***Nedbør***
1 wet	1 humide	1 nass	1 nat	1 vådt
2 dry	2 sec	2 trocken	2 droog	2 tørt
3 rain	3 pluie	3 Regen	3 regen	3 regn
4 sleet	4 neige fondue	4 Schneeregen	4 natte sneeuw	4 slud
5 snow	5 neige	5 Schnee	5 sneeuw	5 sne
6 hail	6 grêle	6 Hagel	6 hagel	6 hagl
7 drizzle	7 bruine	7 Sprühregen	7 motregen	7 støvregn
8 shower	8 averse	8 Schauer	8 stortbui	8 byge
9 thunderstorm	9 orage	9 Gewitter	9 onweer	9 tordenvejr

ESPAÑOL

NAVEGACIÓN

Meteorología

Precipitaciones
1 húmedo
2 seco
3 lluvia
4 aguanieve
5 nieve
6 granizo
7 llovizna
8 aguacero, chubasco
9 tempestad

ITALIANO

NAVIGAZIONE

Meteorologia

Precipitazioni
1 umido
2 secco
3 pioggia
4 nevischio
5 neve
6 grandine
7 pioviggine
8 acquazzone
9 temporale

PORTUGUÊS

NAVEGAÇÃO

Meteorologia

Precipitação
1 húmido
2 sêco
3 chuva
4 geáda miúda
5 neve
6 saraiva, chuva de pedra
7 chuvisco
8 aguaceiro
9 trovoada

TÜRKÇE

NAVİGASYON

Meteoroloji

Yağmur/yağış
1 nemli
2 kuru
3 yağmur
4 eriyik kar
5 kar
6 kolu
7 ince yağmur çisenti
8 sağanak yağmur
9 gök gürültüsü ile karışık fırtına

ΕΛΛΗΝΙΚΑ (GREEK)

ΝΑΥΤΙΛΙΑ

ΜΕΤΕΩΡΟΛΟΓΙΑ

ΒΡΟΧΕΣ – ΧΙΟΝΙΑ
1 ΥΓΡΟΣ
2 ΣΤΕΓΝΟΣ
3 ΒΡΟΧΗ
4 ΧΙΟΝΟΕΡΟ
5 ΧΙΟΝΙ
6 ΧΑΛΑΖΙ
7 ΨΙΛΗ ΒΡΟΧΗ
8 ΒΡΟΧΗ ΜΙΚΡΗΣ ΔΙΑΡΚΕΙΑΣ
9 ΜΠΟΥΡΙΝΙ

ENGLISH	FRANÇAIS	DEUTSCH	NEDERLANDS	DANSK
CLASSIC BOATS	**BATEAUX CLASSIQUES**	**KLASSISCHE YACHTEN**	**KLASSIEKE SCHEPEN**	**VETERANBÅDE**
Construction	**Construction**	**Bauweise**	**Constructie**	**Konstruktion**
Hull design and construction	***Plan de coque et construction***	***Rumpfkonstruktion und Bauweise***	***Rompontwerp en -constructie***	***Skrogkonstruktion***
1 clinker	1 à clins	1 klinker	1 klinker, overnaadse bouw	1 klinkbygget
2 carvel	2 à franc-bord	2 karweel oder kraweel	2 karveel	2 kravelbygget
3 moulded plywood	3 bois moulé	3 formverleimtes Sperrholz	3 gevormd plakhout	3 limet finer
4 half-decked	4 semi-ponté	4 halbgedeckt	4 halfopen	4 halvdæk
5 overhang	5 élancement	5 Überhang	5 overhangend	5 overhang
6 canoe stern	6 arrière canoë	6 Kanuheck	6 kano-achtersteven	6 kanohæk
7 scantlings	7 échantillonnage	7 Materialstärke, Profil	7 afmeting van constructiedelen	7 scantlings
Longitudinal section	***Section longitudinale***	***Längsschnitt***	***Langsdoorsnede***	***Opstalt***
1 stem	1 étrave	1 Vorsteven	1 achtersteven	1 forstævn
2 breasthook	2 guirlande, renfort latéral	2 Bugband	2 boegband	2 bovbånd
3 apron	3 contre-étrave	3 Binnenvorsteven	3 binnenvoorsteven	3 inderstævn
4 wood keel	4 quille de bois	4 Holzkiel	4 houten kiel	4 trækøl
5 keelson	5 carlingue	5 Kielschwein	5 kielbalk	5 kølsvin
6 ballast keel	6 lest	6 Ballastkiel	6 ballastkiel	6 ballastkøl
7 keelbolts	7 boulons de quille	7 Kielbolzen	7 kielbouten	7 kølbolte
8 sternpost	8 étambot	8 Achtersteven	8 achterstevenbalk	8 agterstævn
9 horn timber	9 allonge de voûte	9 Heckbalken	9 hekbalk	9 hækbjælke
10 stern knee	10 marsouin, courbe de poupe	10 Achterstevenknie	10 stevenknie	10 hæk-knæ
11 deadwood	11 massif	11 Totholz	11 opvulhout, doodhout	11 dødtræ
12 rudder trunk	12 jaumière	12 Ruderkoker	12 hennegatskoker	12 rorbrønd
13 rudder	13 gouvernail, safran	13 Ruder	13 roer	13 ror

ESPAÑOL	ITALIANO	PORTUGUÊS	TÜRKÇE	ΕΛΛΗΝΙΚΑ (GREEK)
BARCOS CLÁSICOS	**BATTELI CLASSICI**	**BARCOS CLÁSSICOS**	**KLASIK YATLAR**	**ΚΛΑΣΣΙΚΑ ΙΣΤΙΟΦΟΡΑ**
Construcción	**Costruzione**	**Construção**	**İnşaat**	**ΚΑΤΑΣΚΕΥΗ**
Diseño y construcción del casco	***Progetto e costruzione della carena***	***Desenho e construção do casco***	***Karina dizaynı ve inşaatı***	***ΣΧΕΔΙΟ ΓΑΣΤΡΑΣ ΚΑΙ ΚΑΤΑΣΚΕΥΗ***
1 tingladillo	1 clinker	1 tabuado trincado	1 bindirme ağaç kaplama	1 ΚΛΙΜΑΚΩΤΗ ΑΡΜΟΛΟΓΙΑ
2 unión a tope	2 a paro	2 tabuado liso	2 armuz kaplama	2 ΛΕΙΑΣ ΑΡΜΟΛΟΓΙΑΣ
3 contrachapado moldeado	3 compensato marino	3 contraplacado moldado	3 kalıplanmış kontraplak	3 ΦΟΡΜΑΡΙΣΜΕΝΟ ΚΟΝΤΡΑ-ΠΛΑΚΕ
4 de media cubierta	4 semiappontato	4 meio convez	4 yarım güverteli	4 ΜΙΣΟ ΚΟΥΒΕΡΤΩΜΕΝΟ
5 lanzamiento	5 slancio	5 lançamento	5 bodoslama, bodoslamanın su üzerindeki kısmının boyu	5 ΠΡΟΕΞΟΧΗ ΤΗΣ ΠΛΩΡΗΣ ΤΟΥ ΣΚΑΦΟΥΣ
6 popa de canoa	6 poppa a canoa	6 pôpa de canoa	6 kano kıç, karpuz kıç	6 ΜΥΤΕΡΗ ΠΡΥΜΝΗ
7 escantillón	7 dimensioni	7 dimensões dos materiais	7 tekne eğrilerinin çizimi	7 ΤΕΜΑΧΙΑ ΞΥΛΟΥ
Sección longitudinal	***Sezione longitudinale***	***Secção longitudinal***	***Boyuna (tülani) kesit***	***ΚΑΤΑΜΗΚΟΣ ΤΟΜΗ***
1 roda	1 dritto di prua	1 roda de proa	1 baş bodoslama	1 ΠΡΥΜΝΗ
2 buzarda	2 gola di prua	2 buçarda	2 baş güverte/bodoslama praçolu	2 ΚΟΡΑΚΙ
3 contrarroda	3 controdritto	3 contra-roda	3 kontra bodoslama	3 ΠΟΔΙΑ
4 quilla de madera	4 chiglia di legno	4 quilha	4 ağaç omurga	4 ΞΥΛΙΝΗ ΚΑΡΙΝΑ
5 sobrequilla	5 paramezzale, controchiglia	5 sobreçame	5 kontra omurga/iç omurga	5 ΣΩΤΡΟΠΙ
6 quilla lastrada	6 chiglia zavorrata	6 patilhão	6 maden omurga	6 ΣΑΒΟΥΡΩΜΕΝΗ ΚΑΡΙΝΑ
7 pernos de quilla	7 bulloni di chiglia	7 cavilhas do patilhão	7 omurga cıvataları maden omurga civataları	7 ΤΣΑΒΕΤΕΣ
8 codaste	8 dritto di poppa	8 cadaste	8 kıç bodoslama	8 ΠΟΔΟΣΤΑΜΟ
9 gambota de la limera	9 volta di poppa, dragante	9 cambota	9 kepçe omurgası	9 ΞΥΛΟ (ΚΑΡΙΝΑ) ΠΟΥ ΥΠΟΣΤΗΡΙΖΕΙ ΜΕΤΑ ΤΟ ΤΙΜΟΝΙ
10 curva coral	10 bracciolo dello specchio di poppa	10 curva do painel	10 kıç ayna praçolu	10 ΓΩΝΙΑ (ΓΟΝΑΤΟ) ΠΡΥΜΝΗΣ
11 dormido	11 massiccio di poppa	11 coral	11 yığma, kıç yığma, praçol	11 ΠΡΟΣΤΑΤΕΥΤΙΚΗ ΚΟΝΤΡΑ ΚΑΡΙΝΑ
12 limera de timón	12 losca del timone	12 caixão do leme	12 dümen kovanı	12 ΚΟΡΜΟΣ ΤΙΜΟΝΙΟΥ
13 timón	13 timone	13 leme	13 dümen, dümen palası	13 ΠΗΔΑΛΙΟ

ENGLISH	FRANÇAIS	DEUTSCH	NEDERLANDS	DANSK
14 CLASSIC BOATS	**BATEAUX CLASSIQUES**	**KLASSISCHE YACHTEN**	**KLASSIEKE SCHEPEN**	**VETERANBÅDE**
Construction	**Construction**	**Bauweise**	**Constructie**	**Konstruktion**
Longitudinal section	***Section longitudinale***	***Längsschnitt***	***Langsdoorsnede***	***Opstalt***
14 tiller	14 barre	14 Ruderpinne	14 helmstok	14 rorpind
15 deck	15 pont	15 Deck	15 dek	15 dæk
16 beam	16 barrot	16 Decksbalken	16 dekbalk	16 bjælke
17 shelf	17 bauquière	17 Balkweger	17 balkweger	17 bjælkevæger
18 rib	18 membrure, couple	18 Spant	18 spant	18 spanter
19 bilge stringer	19 serre de bouchain	19 Stringer, Kimmweger	19 kimweger	19 langskibsvæger
20 length overall/LOA	20 longueur hors-tout	20 Länge über Alles, LüA	20 lengte over alles, LOA	20 længde overalt/LOA
21 load waterline/LWL	21 ligne de flottaison	21 Konstruktionswasser-linie (KWL, CWL)	21 lengte waterlijn, LWL	21 vandlinielængde/LWL
Lateral section	***Section latérale***	***Generalplan***	***Dwarsdoorsnede***	***Halve sektioner***
1 rail	1 liston	1 Reling	1 reling	1 ræling
2 bulwark	2 pavois	2 Schanzkleid	2 verschansing	2 skanseklædning
3 scupper	3 dalot	3 Speigatt	3 spuigat	3 spygatter
4 rubbing strake	4 liston	4 Scheuerleiste	4 berghout	4 fenderliste
5 planking	5 bordage	5 Beplankung	5 huid, beplanking	5 rangene
6 skin	6 bordé	6 Außenhaut	6 huid	6 klædning
7 garboard strake	7 virure de galbord	7 Kielgang	7 zandstrook	7 kølplanke
8 king plank	8 faux-étambrai, virure d'axe	8 Fischplanke	8 vissingstuk, schaarstokplank	8 midterfisk
9 covering board	9 plat-bord	9 Schandeck	9 lijfhout, potdeksel	9 skandæk
10 carline	10 élongis	10 Schlinge	10 langsligger	10 kraveller
11 beam	11 barrot	11 Decksbalken	11 dekbalk	11 bjælke
12 tie-rod	12 tirant	12 Stehbolzen	12 trekstang	12 spændebånd
13 knee	13 courbe	13 Knie	13 knie	13 knæ

ESPAÑOL	ITALIANO	PORTUGUÊS	TÜRKÇE	ΕΛΛΗΝΙΚΑ (GREEK)
BARCOS CLÁSICOS	**BATTELI CLASSICI**	**BARCOS CLÁSSICOS**	**KLASIK YATLAR**	**ΚΛΑΣΣΙΚΑ ΙΣΤΙΟΦΟΡΑ**
Construcción	**Costruzione**	**Construção**	**İnşaat**	**ΚΑΤΑΣΚΕΥΗ**
Sección longitudinal	***Sezione longitudinale***	***Secção longitudinal***	***Boyuna (tülani) kesit***	***ΚΑΤΑΜΗΚΟΣ ΤΟΜΗ***
14 caña	14 barra (del timone)	14 cana de leme	14 dümen yekesi	14 ΛΑΓΟΥΔΕΡΑ
15 cubierta	15 ponte	15 convez	15 güverte	15 ΚΑΤΑΣΤΡΩΜΑ
16 bao	16 baglio	16 vau	16 kemere	16 ΟΛΙΚΟ ΠΛΑΤΟΣ
17 durmiente	17 dormiente	17 dormente	17 kemere/güverte ıstralyası, güverte kuşağı	17 ΓΩΝΙΑ ΓΑΣΤΡΑ" ΚΑΤΑΣΤΡΩΜΑ
18 cuaderna	18 ordinata	18 caverna	18 triz	18 ΣΤΡΑΒΟ
19 palmejar de pantoque	19 corrente di sentina	19 escôa	19 alt kuşak	19 ΝΕΥΡΟ ΣΕΝΤΙΝΑΣ
20 eslora total	20 lunghezza fuori tutto (LFT)	20 comprimento fora a fora	20 tam boy, LOA	20 ΟΛΙΚΟ ΜΗΚΟΣ
21 eslora en el plano de flotación	21 linea di galleggiamento	21 comprimento na linha de água	21 dolu iken su hattı	21 ΜΗΚΟΣ ΙΣΑΛΟΥ
Sección lateral	***Sezione laterale***	***Secção lateral***	***Enine (arzani) kesit***	***ΚΑΘΕΤΟΣ ΤΟΜΗ***
1 tapa de regala	1 capodibanda	1 talabardão	1 parampet kapağı/ kupeştesi	1 ΚΟΥΠΑΣΤΗ
2 borda, regala	2 impavesata	2 borda falsa	2 parampet	2 ΥΠΕΡΥΨΩΜΑ ΓΑΣΤΡΑΣ ΠΑΝΩ ΑΠΟ ΚΑΤΑΣΤΡΩΜΑ
3 imbornal	3 ombrinale	3 embornais, portas de mar	3 frengi	3 ΜΠΟΥΝΙ
4 cintón	4 bottazzo	4 cinta, verdugo	4 yumra, borda yumrusu	4 ΠΛΑΙΝΟ ΜΡΟΣΤΑΤΕΥΤΙΚΟ
5 tablazón del casco	5 fasciame	5 tabuado	5 borda-karina kaplama tahtaları	5 ΠΕΤΣΩΜΑ ΜΕ ΣΑΝΙΔΕΣ
6 forro	6 rivestimento	6 querena	6 kaplama/borda ağacı	6 ΠΕΤΣΩΜΑ ΜΕ ΠΟΛΥΕΣΤΕΡΑ
7 aparadura	7 torello	7 tábua de resbôrdo	7 burma tahtası	7 ΔΙΑΚΟΣΜΗΤΙΚΗ ΓΡΑΜΜΗ
8 tabla de crujía	8 tavolato di coperta	8 tábua da mediania	8 güverte kaplaması	8 ΚΕΝΤΡΙΚΟ ΜΑΔΕΡΙ ΚΑΤΑΣΤΡΩΜΑΤΟΣ
9 tapa de regala	9 trincarino	9 tabica	9 küpeşte, anbar iç kapama tahtası	9 ΞΥΛΙΝΗ ΕΠΙΚΑΛΥΨΗ ΤΩΝ ΝΟΜΕΩΝ
10 entremiche	10 anguilla	10 longarina da cabine	10 kamara kovuşu	10 ΔΙΑΖΥΓΟ-ΜΠΙΜΠΕΚΙΑ
11 bao	11 baglio	11 vau	11 kemere	11 ΠΛΑΤΟΣ
12 tiranta	12 mezzobaglio	12 tirante de ligação	12 öksüz kemere takviye civatası	12 ΞΥΛΑ ΠΟΥ ΕΝΩΝΟΥΝ ΤΟ ΚΟΚΠΙΤ ΜΕ ΤΗΝ ΚΟΥΠΑΣΤΗ
13 curva, curvatón	13 bracciolo	13 curva de reforço	13 praçolu	13 ΓΟΝΑΤΟ

ENGLISH

Longitudinal section

1 *stem*
2 *breasthook*
3 *apron*
4 *wood keel*
5 *keelson*
6 *ballast keel*
7 *keel bolts*
8 *sternpost*
9 *horn timber*
10 *stern knee*
11 *deadwood*
12 *rudder trunk*
13 *rudder*
14 *tiller*
15 *deck*
16 *beam*
17 *shelf*
18 *rib*
19 *bilge stringer*
20 *length overall LOA*
21 *load waterline LWL*

See pages 214–17

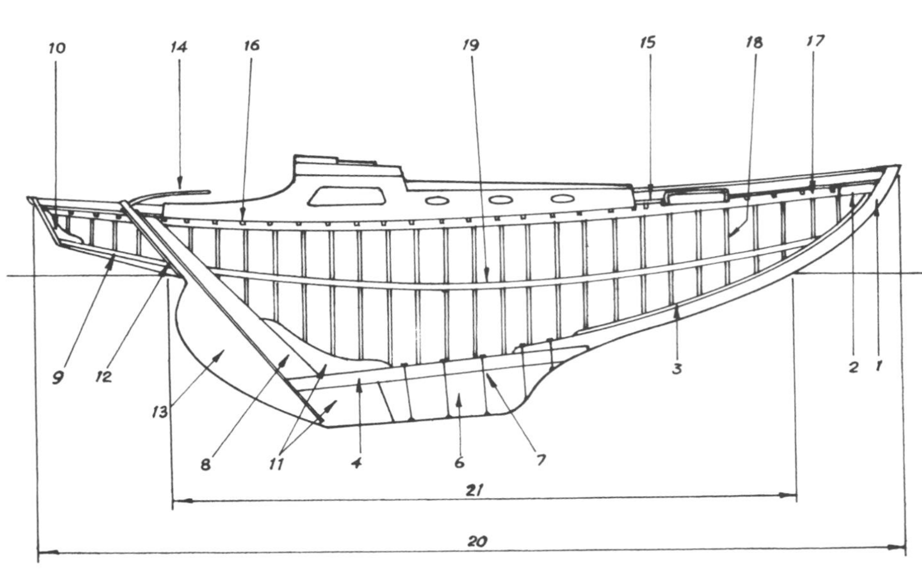

ENGLISH

Lateral section

1 *rail*
2 *bulwark*
3 *scupper*
4 *rubbing strake*
5 *planking*
6 *skin*
7 *garboard strake*
8 *king plank*
9 *covering board*
10 *carline*
11 *beam*
12 *tie-rod*
13 *knee*
14 *timber frame*
15 *floor*
16 *cabin sole*
17 *limber holes*
18 *coaming*
19 *coachroof*
20 *depth*
21 *headroom*
22 *draught*
23 *waterline*

See pages 216–17, 220–1

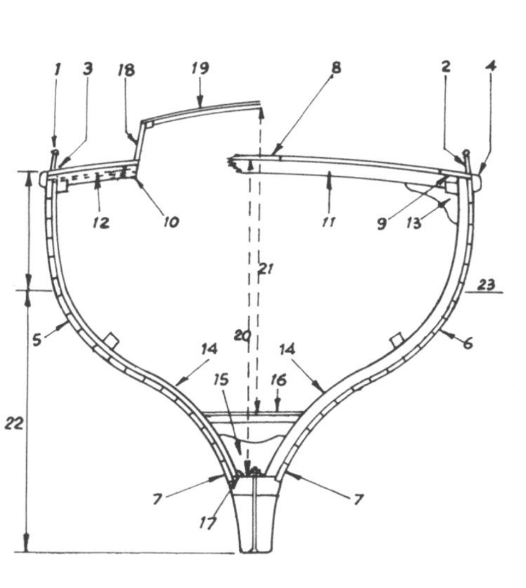

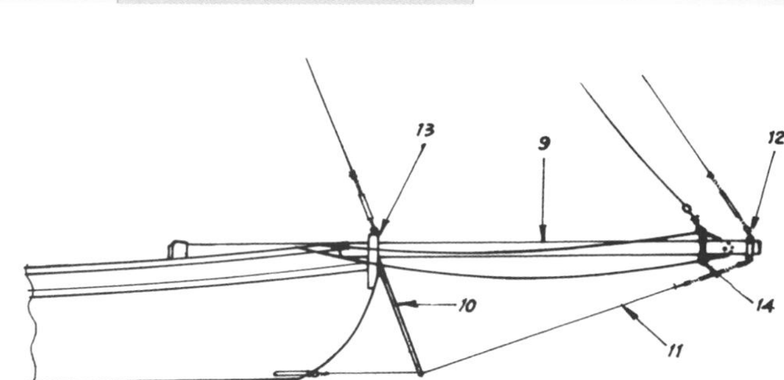

ENGLISH

9 *bowsprit*
10 *dolphin striker*
11 *bobstay*
12 *cranze iron*
13 *gammon iron*
14 *traveller*

See pages 228–9

ENGLISH	FRANÇAIS	DEUTSCH	NEDERLANDS	DANSK
14 CLASSIC BOATS	**BATEAUX CLASSIQUES**	**KLASSISCHE YACHTEN**	**KLASSIEKE SCHEPEN**	**VETERANBÅDE**
Construction	**Construction**	**Bauweise**	**Constructie**	**Konstruktion**
Lateral section	***Section latérale***	***Generalplan***	***Dwarsdoorsnede***	***Halve sektioner***
14 timber, frame	14 membrure	14 Spant	14 spant	14 svøb, fast spant
15 floor	15 varangue	15 Bodenwrange	15 wrang	15 bundstokke
16 cabin sole	16 plancher	16 Bodenbrett	16 vloer	16 dørk
17 limber holes	17 anguillers	17 Wasserlauflöcher	17 waterloopgaten	17 sandspor
18 coaming	18 hiloire	18 Süll	18 opstaande rand	18 lugekarm
19 coachroof	19 rouf	19 Kajütsdach	19 kajuitdek, opbouw	19 ruftag
20 depth	20 creux	20 Raumtiefe	20 holte	20 dybde indvendig
21 headroom	21 hauteur sous barrots	21 Stehhöhe	21 stahoogte	21 højde i kahytten
22 draught	22 tirant d'eau	22 Tiefgang	22 diepgang	22 dybgående
23 waterline	23 ligne de flottaison	23 Wasserlinie	23 waterlijn	23 vandlinie
Joints and fastenings	***Joints et fixations***	***Verbindungselemente***	***Verbindingen en bevestigingen***	***Samlinger og befæstigelser***
1 scarf	1 écart	1 Laschung	1 las	1 lask
2 rabbet	2 râblure	2 Sponung	2 sponning	2 spunding
3 mortise and tenon	3 mortaise et tenon	3 Nut und Zapfen	3 pen en gat	3 notgang & tap af træ, taphul & sportap
4 butted	4 bout à bout	4 Stoß	4 gestuikt	4 stød-plankeender
5 dovetail	5 en queue d'aronde	5 verzahnen, Schwalbenschwanz	5 zwaluwstaart	5 sammensænkning
6 faired	6 fini, poncé	6 geglättet	6 gestroomlijnd	6 slette efter med skarøkse
7 wooden dowel	7 cheville	7 Holzdübel, Holzpropfen	7 houten plug	7 trædyvel

ESPAÑOL

BARCOS CLÁSICOS

Construcción

Sección lateral
14 madero, pieza
15 varenga
16 plan de la cámara
17 imbornales de la varenga
18 brazola
19 tambucho
20 puntal
21 altura del techo
22 calado
23 línea de flotación

Juntas y ensamblajes
1 empalme
2 rebajo
3 encaje y mecha
4 unido a tope
5 cola de milano
6 encastrado
7 espiga de madera

ITALIANO

BATTELI CLASSICI

Costruzione

Sezione laterale
14 ossatura, scheletro
15 madiere
16 piano di calpestio
17 ombrinali
18 battente (di boccaporto)
19 tetto della tuga
20 altezza, puntale
21 altezza in cabina
22 pescaggio
23 linea di galleggiamento

Giunti
1 ammorsatura
2 scanalatura
3 mortasa e tenone
4 di testa
5 coda di rondine
6 carenato
7 spina di legno, tassello

PORTUGUÊS

BARCOS CLÁSSICOS

Construção

Secção lateral
14 caverna
15 reforços do pé caverna
16 paneiros
17 boeiras
18 braçola
19 teto da cabine
20 pontal
21 pé direito
22 calado
23 linha de água

Juntas e ferragem
1 escarva
2 rebaixo
3 fêmea e espiga
4 topado
5 emalhetado
6 desempolado
7 rôlha

TÜRKÇE

KLASIK YATLAR

İnşaat

Enine (arzani) kesit
14 triz
15 yığma, praçol
16 kamara farşları
17 yığma frengi delikleri
18 kasara
19 kasara tavanı, kamara üstü
20 iç derinlik (omurga üstü-kemere üstü derinliği)
21 baş yüksekliği (kamarada farş üstü-kemere altı yüksekliği)
22 çektiği su
23 su hattı

Ekler ve bağlantılar
1 geçme
2 bindirme
3 lamba ve zıvana
4 uç uca ekleme
5 güvercin kuyruğu geçmeli
6 zımparalanmış
7 ağaç düvel, ağaç takoz

ΕΛΛΗΝΙΚΑ (GREEK)

ΚΛΑΣΣΙΚΑ ΙΣΤΙΟΦΟΡΑ

ΚΑΤΑΣΚΕΥΗ

ΚΑΘΕΤΟΣ ΤΟΜΗ
14 ΣΤΡΑΒΟ
15 ΠΑΤΩΜΑ
16 ΠΑΝΙΟΛΟ
17 ΔΙΑΚΕΝΑ ΣΤΗΝ ΚΟΥΠΑΣΤΗ ΓΙΑ ΝΑ ΦΕΥΓΟΥΝ ΤΑ ΝΕΡΑ
18 ΚΑΣΑ ΚΟΥΒΟΥΣΙΟΥ - ΕΙΣΟΔΟΣ
19 ΠΕΤΣΩΜΑ ΚΑΜΠΙΝΑΣ
20 ΒΑΘΟΣ
21 ΕΣΩΤΕΡΙΚΟ ΥΨΟΣ
22 ΒΥΘΙΣΜΑ
23 ΙΣΑΛΟΣ

ΕΝΩΣΕΙΣ ΚΑΙ ΔΕΣΙΜΑΤΑ
1 ΜΑΤΙΣΜΑ (ΞΥΛΟ-ΞΥΛΟ)
2 ΓΚΙΝΙΣΙΑ
3 ΣΚΑΤΣΑ ΚΑΙ ΔΟΝΤΙ (ΤΟΡΜΟΣ)
4 ΤΕΤΡΑΓΩΝΙΣΜΕΝΟ
5 ΧΕΛΙΔΟΝΙ - ΨΑΛΙΔΩΤΟΣ ΑΡΜΟΣ
6 ΣΤΡΟΓΓΥΛΕΜΕΝΟ
7 ΞΥΛΙΝΗ ΣΦΗΝΑ

ENGLISH	FRANÇAIS	DEUTSCH	NEDERLANDS	DANSK
CLASSIC BOATS	**BATEAUX CLASSIQUES**	**KLASSISCHE YACHTEN**	**KLASSIEKE SCHEPEN**	**VETERANBÔDE**
Rigging and sails	**Gréement et voiles**	**Rigg und Segel**	**Tuigage en zeilen**	**Rigning og sejl**
Yachts and rigs (see p 224–5)	***Yachts et leur gréement***	***Yachten und Takelagen (siehe s. 200–1)***	***Jachten en tuigage***	***Fartøjer og rigning***
1 masthead cutter (A)	1 cotre en tête	1 Kutter mit Hochtakelung	1 kotter, masttoptuig	1 mastetop-rig
2 bermudan sloop (B)	2 sloop bermudien	2 Slup	2 sloep, torentuig	2 bermudarig
3 gaff cutter (C)	3 cotre franc, aurique	3 Gaffelkutter	3 kotter, gaffeltuig	3 gaffelrigget kutter
4 bermudan yawl (D)	4 yawl bermudien	4 Yawl	4 yawl, torentuig	4 bermudarigget yawl
5 bermudan ketch (E)	5 ketch bermudien	5 Ketsch	5 kits, torentuig	5 bermuda-ketch
6 staysail schooner (F)	6 goélette à voile d'étai	6 Stagsegelschoner	6 stagzeilschoener	6 stagsejls skonnert
7 brig (G)	7 brick	7 Brigg	7 brik	7 brig
8 barque (H)	8 barque	8 Bark	8 bark	8 bark
Sails	***Voiles***	***Segel***	***Zeilen***	***Sejl***
1 mainsail	1 grand-voile	1 Großsegel	1 grootzeil	1 storsejl
2 topsail	2 flèche	2 Toppsegel	2 topzeil	2 topsejl
3 mizzen	3 artimon, tape-cul	3 Besan, Treiber	3 bezaan, druil	3 mesan
4 main staysail	4 grand-voile d'étai	4 Großstagsegel	4 schoenerzeil	4 store mellem stagsejl
5 fisherman staysail	5 voile d'étai de flèche	5 Fischermann-Stagsegel	5 grootstengestagzeil	5 top mellem stagsejl
6 mizzen staysail	6 foc ou voile d'étai d'artimon	6 Besanstagsegel	6 bezaansstagzeil, aap	6 mesan stagsejl
7 jib	7 foc	7 Fock	7 fok	7 fok
8 genoa	8 génois	8 Genua, Kreuzballon	8 genua	8 genua
9 staysail	9 trinquette	9 Klüver	9 stagzeil	9 stagsejl
10 genoa staysail	10 foc ballon	10 Raumballon	10 botterfok	10 genuafok
11 yankee	11 yankee	11 großer Klüver	11 grote kluiver	11 yankee
12 trysail	12 voile de cape	12 Trysegel	12 stormzeil, grootzeil	12 stormsejl
13 spritsail	13 livarde	13 Sprietsegel	13 sprietzeil	13 sprydsejl
14 lugsail	14 voile à bourcet, au tiers	14 Luggersegel	14 loggerzeil, emmerzeil	14 luggersejl
15 gunter	15 houari	15 Huari-, Steilgaffeltakelung	15 houari	15 gunterrig

ESPAÑOL	ITALIANO	PORTUGUÊS	TÜRKÇE	ΕΛΛΗΝΙΚΑ (GREEK)
BARCOS CLÁSICOS	**BATTELI CLASSICI**	**BARCOS CLÁSSICOS**	**KLASIK YATLAR**	**ΚΛΑΣΣΙΚΑ ΙΣΤΙΟΦΟΡΑ**
Jarcias y velas	**Attrezzatura e vele**	**Massame e velas**	**Arma ve yelkenler**	**ΑΡΜΑΤΩΣΙΑ ΚΑΙ ΠΑΝΙΑ**
Yates y aparejos	*Yachts e attrezzature*	*Iates e armação*	*Yatlar ve armalar*	*ΤΥΠΟΙ ΙΣΤΙΟΦΟΡΩΝ*
1 balandra de mastelero, cúter	1 cutter con fiocco in testa d'albero	1 cuter	1 markoni cutter, kotra	1 ΚΟΤΤΕΡΟ (ΔΥΟ ΠΡΟΤΟΝΟΙ)
2 balandro (aparejo marconi)	2 sloop (Marconi)	2 sloop	2 markoni sloop	2 ΜΟΝΟΚΑΤΑΡΤΟ
3 quechemarín	3 cutter a vele auriche	3 cuter de Carangueja	3 randa armalı cutter, randa armalı kotra	3 ΚΟΤΤΕΡΟ ΜΕ ΠΙΚΙ
4 yol (aparejo marconi)	4 yawl o iolla (Marconi)	4 yawl Marconi	4 markoni yawl	4 ΓΙΟΛΑ
5 queche (aparejo marconi)	5 ketch (Marconi)	5 ketch Marconi	5 markoni ketch	5 ΚΕΤΣ
6 goleta con vela de estay	6 goletta a vele di taglio	6 palhabote	6 velena yelkenli uskuna	6 ΣΚΟΥΝΑ ΜΕ ΔΥΟ ΦΛΟΚΟΥΣ
7 bergantín	7 brigantino	7 brigue	7 brik	7 ΜΠΡΙΚΙ
8 bricbarca	8 brigantino a palo	8 barca	8 barka	8 ΜΠΑΡΚΟ
Velas	*Vele*	*Velas*	*Yelkenler*	*ΠΑΝΙΑ*
1 vela mayor	1 randa	1 vela grande	1 anayelken	1 ΜΕΓΙΣΤΗ
2 escandalosa, gavia	2 freccia, controranda	2 gaff-tope	2 kontra randa	2 ΦΛΙΤΣΙ
3 mesana	3 mezzana	3 mezena	3 mizana yelkeni	3 ΜΕΤΖΑΝΑ
4 vela de estay mayor, carbonera	4 fiocco	4 traquete	4 istralya anayelkeni, velenası	4 ΤΖΕΝΟΑ
5 vela alta de estay	5 fisherman	5 extênsola	5 balıkçı yelkeni	5 ΑΡΑΠΗΣ
6 entrepalos, estay de sobremesa	6 carbonera	6 estai entre mastros	6 mizana velenası	6 ΣΤΡΑΛΙΕΡΑ
7 foque	7 fiocco	7 bujarrona	7 flok	7 ΦΛΟΚΟΣ
8 génova	8 genoa	8 genoa	8 genoa	8 ΤΖΕΝΟΑ
9 vela de estay	9 trinchettina	9 estai	9 trinket	9 ΠΑΝΙ ΣΕ ΠΡΟΤΟΝΟ (ΑΡΑΠΗΣ)
10 génova	10 trinchettina genoa	10 estai de genoa	10 balon flok	10 ΣΤΕΙΣΕΙΛ - ΔΕΥΤΕΡΟΣ ΦΛΟΚΟΣ
11 trinquetilla	11 yankee	11 giba	11 yankee yelkeni	11 ΕΣΩ ΦΛΟΚΟΣ - ΓΙΑΝΚΗ
12 vela de capa	12 vela di cappa	12 cachapana	12 fırtına şeytan yelkeni	12 ΜΑΙΣΤΡΑ ΘΥΕΛΛΗΣ
13 vela tarquina, abanico	13 vela a tarchia	13 vela de espicha	13 açevela gönderli yelken	13 ΦΛΟΚΟΣ ΤΣΙΜΠΟΥΚΙΟΥ
14 vela al tercio	14 vela al terzo	14 vela de pendão	14 çeyrek yelken	14 ΤΕΤΡΑΓΩΝΟ ΠΑΝΙ ΧΩΡΙΣ ΜΑΤΣΑ
15 vela de cortina, guaira	15 alla portoghese	15 vela de baioneta	15 sürmeli randa arma	15 ΨΗΛΟ ΠΙΚΙ

ENGLISH	FRANÇAIS	DEUTSCH	NEDERLANDS	DANSK
14 CLASSIC BOATS	BATEAUX CLASSIQUES	KLASSISCHE YACHTEN	KLASSIEKE SCHEPEN	VETERANBÅDE

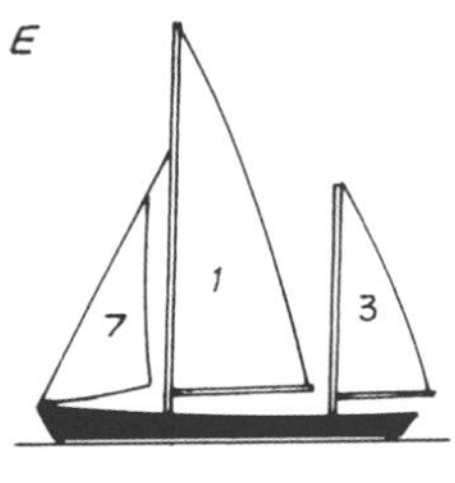

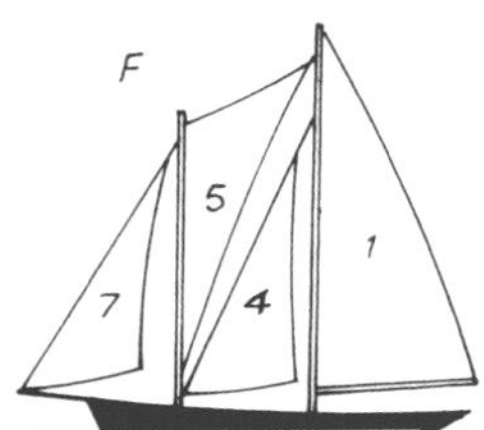

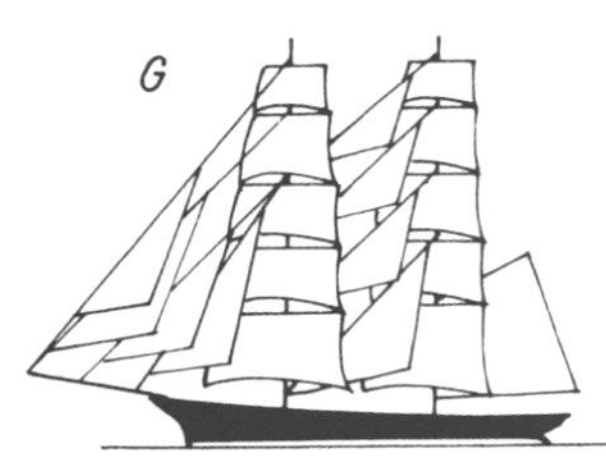

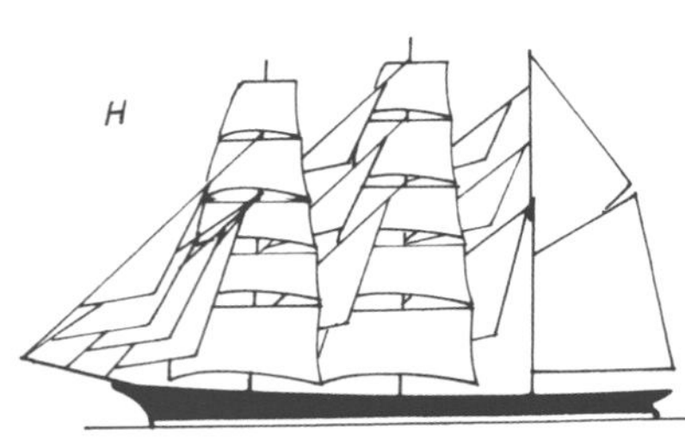

ENGLISH

Yachts and rigs

A masthead cutter
B bermudan sloop
C gaff cutter
D bermudan yawl
E bermudan ketch
F staysail schooner
G brig
H barque

See pages 222–3

Sails

1 mainsail
2 topsail
3 mizzen
4 main staysail
5 fisherman staysail
6 mizzen staysail
7 jib
8 genoa
9 staysail
10 genoa staysail

See pages 222–3, 226–9

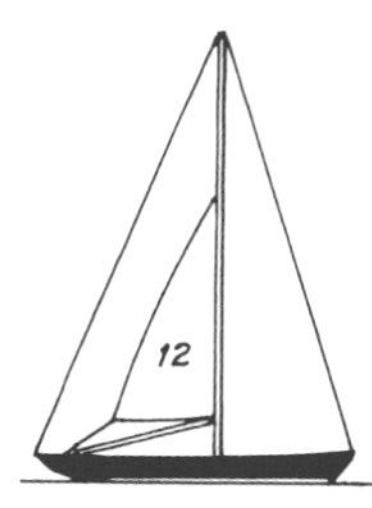

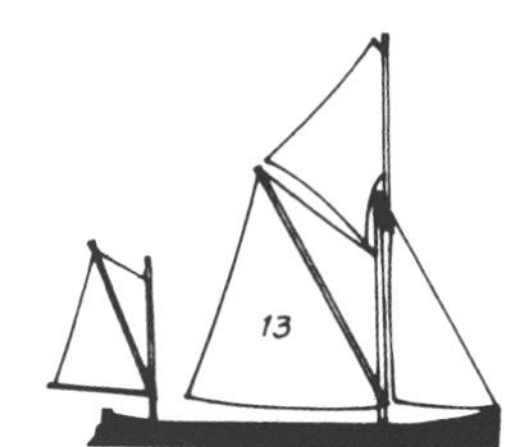

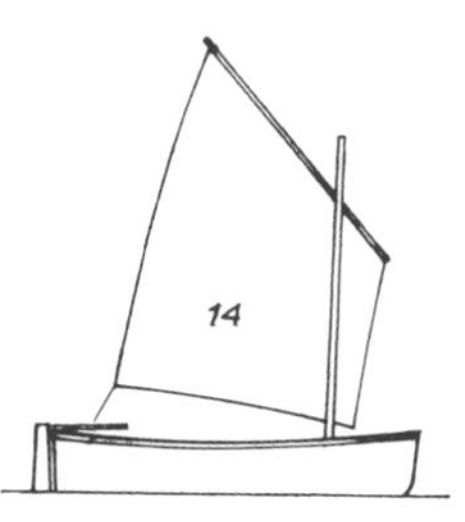

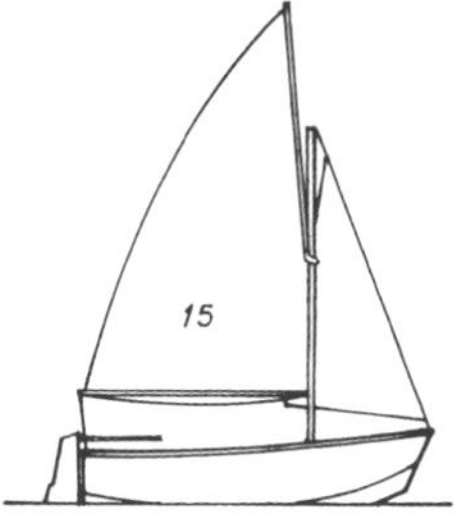

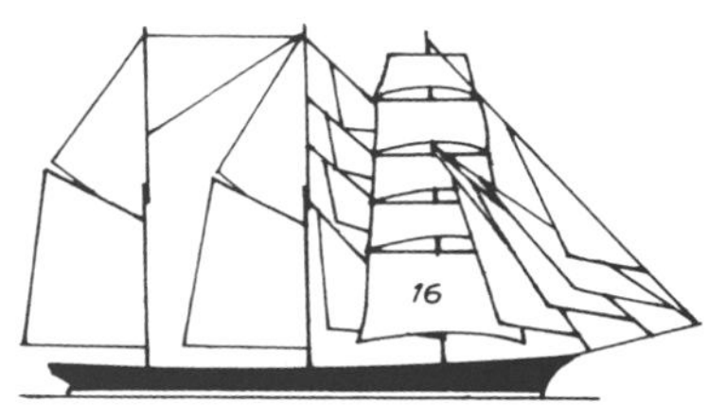

11 yankee
12 trysail
13 spritsail

14 lugsail
15 gunter
16 square sail

See pages 226–9

ENGLISH	FRANÇAIS	DEUTSCH	NEDERLANDS	DANSK
CLASSIC BOATS	**BATEAUX CLASSIQUES**	**KLASSISCHE YACHTEN**	**KLASSIEKE SCHEPEN**	**VETERANBÅDE**
Rigging and sails	**Gréement et voiles**	**Rigg und Segel**	**Tuigage en zeilen**	**Rigning og sejl**
Sails	***Voiles***	***Segel***	***Zeilen***	***Sejl***
16 square sail	16 voile carrée	16 Rahsegel	16 razeil	16 råsejl
17 peak	17 pic, empointure	17 Piek	17 piek	17 pikken (gaffelrig)
18 throat	18 gorge	18 Klau	18 klauw	18 kværken
19 mast hoop	19 cercle de mât	19 Mastring, Legel	19 hoepel	19 mastering
20 horse	20 barre d'écoute	20 Leitwagen	20 overloop	20 løjbom
21 weight of canvas	21 grammage du tissu	21 Tuchstärke	21 gewicht van het doek	21 dugvægt
22 baggywrinkle	22 fourrage, gaine de hauban	22 Tausendbein	22 lus-platting	22 skamfilings-gods
23 mildew	23 moisissure	23 Stockflecken	23 weer in het zeil	23 jordslået
Mast and boom	***Mât et bôme***	***Mast und Baum***	***Mast en giek***	***Mast og bom***
1 pinrail	1 râtelier	1 Nagelbank	1 nagelbank	1 naglebænk
2 crutch, gallows	2 support de bôme, portique	2 Baumbock, Baumstütze	2 schaar, vang	2 bomstol
3 boom claw	3 croissant	3 Baumklaue	3 schootring	3 bomklo, lyre
4 keel-stepped	4 mât posé sur la quille	4 durchgehender Mast	4 op de kiel staand (van mast)	4 står på kølen
5 mast gaiter	5 jupe de mât	5 Mastkragen	5 manchet	5 gamache
6 ratchet and pawl	6 rochet à linguet	6 Pallkranz und Pall	6 palrad en pal	6 rebeapparat med skralle
7 worm gear	7 vis sans fin	7 Schneckenreff	7 worm en wormwiel	7 rebeapparat med snekke
Spars and bowsprit	***Espars et beaupré***	***Spieren und Bugspriet***	***Rondhouten en boegspriet***	***Rundholter og bovspryd***
1 solid	1 massif, plein	1 voll	1 massief	1 massiv
2 hollow	2 creux	2 hohl	2 hol	2 hul
3 bumpkin	3 queue-de-mallet	3 Heckausleger	3 papegaaistok	3 buttelur, udligger
4 jib boom	4 bôme de foc ou de trinquette	4 Fock-, Klüverbaum	4 kluiverboom	4 klyverbom
5 yard	5 vergue	5 Rah	5 ra	5 rå
6 gaff and jaws	6 corne et mâchoires	6 Gaffel und Gaffelklau	6 gaffel en klem	6 gaffel & klo

ESPAÑOL

BARCOS CLÁSICOS

Jarcias y velas

Velas
16 vela cuadra, redonda
17 pico
18 boca
19 zuncho
20 barraescota
21 peso del trapo
22 forro o pallete de rozadero
23 moho

Palo y botavara
1 cabillero
2 horquilla, posavergas
3 herraje de coz de botadura
4 mástil en quilla
5 capa de la fogonadura
6 cabrestante y linguete
7 husillo, tornillo sin fin

Arboladura y botalón
1 macizo
2 hueco
3 servioleta, arbotante
4 tangoncillo de foque
5 verga
6 pico y boca de cangrejo

ITALIANO

BATTELI CLASSICI

Attrezzatura e vele

Vele
16 vela quadra
17 angolo di penna
18 gola
19 canestrello
20 trasto, barra di scotta
21 peso della tela
22 filacci
23 muffa

Albero e boma
1 cavigliera
2 forchetta, capra
3 trozza
4 posato in chiglia
5 ghetta dell'albero
6 cricco e nottolino
7 ingranaggio a vite senza fine

Antenne e bompresso
1 piene
2 cave
3 buttafuori
4 tangone del fiocco
5 pennone
6 picco e gola

PORTUGUÊS

BARCOS CLÁSSICOS

Massame e velas

Velas
16 pano redondo
17 pique
18 bôca
19 aro
20 varão de escota
21 espessura da lona
22 coxim de enxárcia
23 garruncho

Mastro e retranca
1 mesa das malagetas
2 descanço da retranca
3 colar de fixação da escota á retranca
4 mastro apoiado na quilha
5 manga de protecção do mastro
6 roquete
7 sem-fim

Mastreação e pau da bujarrona
1 maciço
2 ôco
3 pau da pôpa
4 retranca do estai
5 verga
6 carangueja e bôca

TÜRKÇE

KLASIK YATLAR

Arma ve yelkenler

Yelkenler
16 kare yelken, kabasorta, arma yelkeni
17 randa yelken giz köşesi
18 randa yelken karula köşesi
19 randa yelken direk halkası
20 anayelken ıskotası güverte rayı
21 bez ağırlığı
22 kedi ayağı, kedí bıyığı
23 küf

Direk ve bumba
1 armadora
2 Bumba çatalı, çatal yastık
3 bumba boğazı
4 omurgaya oturan
5 direk fistanı
6 dişli ve tırnak
7 sonsuz dişli

Ahşap direkler, bumbalar ve gurcatalar & civadra
1 içi dolu, solid
2 içiboş
3 kiç bastonu
4 flok bumbası trinket bumbası
5 çubuk
6 randa yelken piki, boğazı ve çatalı

ΕΛΛΗΝΙΚΑ (GREEK)

ΚΛΑΣΣΙΚΑ ΙΣΤΙΟΦΟΡΑ

ΑΡΜΑΤΩΣΙΑ ΚΑΙ ΠΑΝΙΑ

ΠΑΝΙΑ
16 ΤΕΤΡΑΓΩΝΟ ΠΑΝΙ
17 ΚΟΡΥΦΗ
18 ΛΑΙΜΟΣ
19 ΚΟΛΛΙΕΣ
20 ΜΠΟΜΠΡΕΣΟ - ΜΠΑΛΚΟΝΙ
21 ΒΑΡΟΣ ΤΟΥ ΠΑΝΙΟΥ
22 ΖΑΡΩΜΕΝΟ - ΞΕΧΥΛΩΜΕΝΟ
23 ΜΟΥΦΛΑ

ΚΑΤΑΡΤΙ ΚΑΙ ΜΑΤΣΑ
1 ΡΑΓΑ ΤΟΥ ΤΡΑΚ
2 ΣΤΗΡΙΓΜΑ ΜΑΤΣΑΣ
3 ΔΑΓΚΑΝΑ ΜΑΤΣΑΣ
4 ΚΑΤΑΡΤΙ ΜΕ ΒΑΣΗ ΣΤΗΝ ΚΑΡΙΝΑ
5 ΠΡΟΣΤΑΤΕΥΤΙΚΟ ΑΔΙΑΒΡΟΧΟ ΣΤΗ ΒΑΣΗ
6 ΚΑΣΤΑΝΙΑ
7 ΚΟΧΛΙΩΤΟ ΓΡΑΝΑΖΙ

ΚΑΤΑΡΤΙΑ - ΜΑΤΣΑ - ΜΠΑΣΤΟΥΝΙ
1 ΠΛΗΡΕΣ - ΜΑΣΙΦ
2 ΚΕΝΟ - ΚΟΥΦΙΟ
3 ΜΟΥΡΑ ΤΟΥ ΤΡΙΓΚΟΥ
4 ΜΑΤΣΑ ΦΛΟΚΟΥ
5 ΑΝΤΕΝΝΑ
6 ΠΙΚΙ ΚΑΙ ΔΑΓΚΑΝΑ

ENGLISH	FRANÇAIS	DEUTSCH	NEDERLANDS	DANSK
CLASSIC BOATS	**BATEAUX CLASSIQUES**	**KLASSISCHE YACHTEN**	**KLASSIEKE SCHEPEN**	**VETERANBÅDE**
Rigging and sails	**Gréement et voiles**	**Rigg und Segel**	**Tuigage en zeilen**	**Rigning og sejl**
Spars and bowsprit	***Espars et beaupré***	***Spieren und Bugspriet***	***Rondhouten en boegspriet***	***Rundholter og bovspryd***
7 topmast	7 mât de flèche	7 Toppstange	7 steng, topmast	7 topmast
8 boom roller	8 enrouleur de bôme	8 Baumrollreff	8 giekrolrif	8 rullebom
9 bowsprit	9 beaupré	9 Bugspriet	9 boegspriet	9 bovspryd
10 dolphin striker	10 martingale	10 Stampfstock	10 stampstok, Spaanse ruiter	10 pyntenetstok
11 bobstay	11 sous-barbe	11 Wasserstag	11 waterstag	11 vaterstag
12 cranze iron	12 pitons à œil	12 Bugsprietnockband	12 boegspriet nokring	12 sprydring med øjer
13 gammon iron	13 liure	13 Bugsprietzurring	13 boegspriet stevenring	13 sprydring
14 traveller	14 rocambeau	14 Bugsprietausholring	14 traveller	14 udhalering
Standing rigging	***Gréement dormant***	***Stehendes Gut***	***Staand want***	***Stående rig***
1 topmast, stay	1 étai principal, étai de flèche	1 Toppstag	1 topstag	1 topstag
2 preventer backstay	2 pataras	2 Achterstag	2 achterstag	2 fast bagstag
3 runner and lever	3 bastaque et levier	3 Backstag und Strecker	3 bakstag en hefboom	3 løst bagstag
4 jumper stay	4 guignol	4 Jumpstag	4 knikstag	4 violinstag
5 ratlines	5 enflèchures	5 Weblein	5 weeflijnen	5 vævlinger

ESPAÑOL

BARCOS CLÁSICOS

Jarcias y velas

Arboladura y botalón

7 mastelero
8 enrollador de botavara
9 botalón, bauprés
10 moco
11 barbiquejo
12 raca
13 zuncho de botalón
14 racamento

Maniobra

1 estay del mastelero, estay de galope
2 backstay, estay de popa
3 burdavolante y palanca
4 estay de boza, contraestay
5 flechastes

ITALIANO

BATTELI CLASSICI

Attrezzatura e vele

Antenne e bompresso

7 alberetto
8 boma a rullino
9 bompresso
10 pennaccino
11 briglia
12 collare
13 trinca
14 cerchio (di mura del fiocco)

Manovre fisse (o dormienti)

1 strallo d'alberetto
2 paterazzo
3 sartia volante
4 controstrallo
5 griselle

PORTUGUÊS

BARCOS CLÁSSICOS

Massame e velas

Mastreação e pau da bujarrona

7 mastaréu
8 enrolador na retranca
9 pau da bujarrona
10 pau de pica peixe
11 cabresto
12 braçadeira do pau
13 braçadeira da prôa
14 urraca

Aparelho fixo

1 estai do galope
2 brandal fixo da pôpa
3 brandal volante e alavanca
4 estai de diamante
5 enfrechates

TÜRKÇE

KLASIK YATLAR

Arma ve yelkenler

Ahşap direkler, bumbalar ve gurcatalar & civadra

7 direk çubuğu
8 bumba sarma düzeneği
9 civadra
10 civadra bıyığı
11 civadra kösteği
12 civadra cunda bileziği
13 civadra güverte bileziği
14 hareketli ve ayarlan-abilen civadra bileziği

Sabit donanım

1 ana ıstralya, direkbaşı ıstralyası
2 pupa ıstralyası, kıç ıstralya
3 pupa çarmıhı ve levyesi
4 şeytan çarmıhı
5 iskalarya

ΕΛΛΗΝΙΚΑ (GREEK)

ΚΛΑΣΣΙΚΑ ΙΣΤΙΟΦΟΡΑ

ΑΡΜΑΤΩΣΙΑ ΚΑΙ ΠΑΝΙΑ

ΚΑΤΑΡΤΙΑ - ΜΑΤΣΑ - ΜΠΑΣΤΟΥΝΙ

7 ΑΝΩ ΜΕΡΟΣ ΑΛΜΠΟΥΡΟΥ
8 ΠΕΡΙΣΤΡΕΦΟΜΕΝΗ ΜΑΤΣΑ
9 ΜΠΑΣΤΟΥΝΙ
10 ΔΕΛΦΙΝΙΕΡΑ
11 ΜΟΥΣΤΑΚΙ
12 ΣΤΕΦΑΝΙ ΣΤΕΡΕΩΣΗΣ ΜΟΥΣΤΑΚΙΟΥ
13 ΒΑΣΗ ΣΤΕΡΕΩΣΗΣ ΜΠΑΛΚΟΝΙΟΥ
14 ΒΑΓΟΝΑΚΙ - ΔΙΑΔΡΟΜΕΑΣ

ΣΤΑΘΕΡΗ ΑΡΜΑΤΩΣΙΑ

1 ΠΑΤΑΡΑΤΣΟ
2 ΕΠΙΤΟΝΟΣ - ΒΑΡΔΡΙΑ
3 ΕΠΑΡΤΗΣ ΜΑΤΣΟΠΟΔΑΡΟ
4 ΒΟΗΘΗΤΙΚΟΣ ΠΡΟΤΟΝΟΣ - ΣΤΑΝΤΖΟΣ
5 ΑΝΕΜΟΣΚΑΛΕΣ

ENGLISH	FRANÇAIS	DEUTSCH	NEDERLANDS	DANSK
15 GENERAL REFERENCE	GENERALITES	ALLGEMEINE HINWEISE	ALGEMENE VERWIJZING	DIVERSE
Numbers	**Nombres**	**Nummern**	**Nummers**	**Tal**
0 zero	0 zéro	0 null	0 nul	0 nul
1 one	1 un	1 eins	1 een	1 en
2 two	2 deux	2 zwei	2 twee	2 to
3 three	3 trois	3 drei	3 drie	3 tre
4 four	4 quatre	4 vier	4 vier	4 fire
5 five	5 cinq	5 fünf	5 vijf	5 fem
6 six	6 six	6 sechs	6 zes	6 seks
7 seven	7 sept	7 sieben	7 zeven	7 syv
8 eight	8 huit	8 acht	8 acht	8 otte
9 nine	9 neuf	9 neun	9 negen	9 ni
10 ten	10 dix	10 zehn	10 tien	10 ti
11 eleven	11 onze	11 elf	11 elf	11 elleve
12 twelve	12 douze	12 zwölf	12 twaalf	12 tolv
13 thirteen	13 treize	13 dreizehn	13 dertien	13 tretten
14 fourteen	14 quatorze	14 vierzehn	14 veertien	14 fjorten
15 fifteen	15 quinze	15 fünfzehn	15 vijftien	15 femten
16 sixteen	16 seize	16 sechzehn	16 zestien	16 seksten
17 seventeen	17 dix-sept	17 siebzehn	17 zeventien	17 sytten
18 eighteen	18 dix-huit	18 achtzehn	18 achttien	18 atten
19 nineteen	19 dix-neuf	19 neunzehn	19 negentien	19 nitten
20 twenty	20 vingt	20 zwanzig	20 twintig	20 tyve
30 thirty	30 trente	30 dreißig	30 dertig	30 tredive
40 forty	40 quarante	40 vierzig	40 veertig	40 fyrre
50 fifty	50 cinquante	50 fünfzig	50 vijftig	50 halvtres
60 sixty	60 soixante	60 sechzig	60 zestig	60 tres
70 seventy	70 soixante-dix	70 siebzig	70 zeventig	70 halvfjers
80 eighty	80 quatre-vingt	80 achtzig	80 tachtig	80 firs
90 ninety	90 quatre-vingt-dix	90 neunzig	90 negentig	90 halvfems
100 hundred	100 cent	100 hundert	100 honderd	100 hundrede
1000 thousand	1000 mille	1000 tausend	1000 duizend	1000 tusind
1m million	1m million	1m million	1m miljoen	1m million

ESPAÑOL	ITALIANO	PORTUGUÊS	TÜRKÇE	ΕΛΛΗΝΙΚΑ (GREEK)
REFERENCIAS GENERALES	**ESPRESSIONI GENERALI**	**REFÊRENCIAS GERAIS**	**GENEL REFERANS**	**ΓΕΝΙΚΕΣ ΑΝΑΦΟΡΕΣ**
Números	**Numeri**	**Números**	**Sayılar**	**ΑΡΙΘΜΟΙ**
0 cero	0 zero	0 zéro	0 sıfır	0 ΜΗΔΕΝ
1 uno	1 uno	1 um	1 bir	1 ΕΝΑ
2 dos	2 due	2 dois	2 iki	2 ΔΥΟ
3 tres	3 tre	3 três	3 üç	3 ΤΡΙΑ
4 cuatro	4 quattro	4 quatro	4 dört	4 ΤΕΣΣΕΡΑ
5 cinco	5 cinque	5 cinco	5 beʃ	5 ΠΕΝΤΕ
6 seis	6 sei	6 seis	6 altı	6 ΕΞΗ
7 siete	7 sette	7 sete	7 yedi	7 ΕΠΤΑ
8 ocho	8 otto	8 oito	8 sekiz	8 ΟΚΤΩ
9 nueve	9 nove	9 nove	9 dokuz	9 ΕΝΝΕΑ
10 diez	10 dieci	10 dez	10 on	10 ΔΕΚΑ
11 once	11 undici	11 onze	11 on bir	11 ΕΝΔΕΚΑ
12 doce	12 dodici	12 doze	12 on iki	12 ΔΩΔΕΚΑ
13 trece	13 tredici	13 treze	13 on üç	13 ΔΕΚΑΤΡΙΑ
14 catorce	14 quattordici	14 catorze	14 on dört	14 ΔΕΚΑΤΕΣΣΕΡΑ
15 quince	15 quindici	15 quinze	15 on beʃ	15 ΔΕΚΑΠΕΝΤΕ
16 dieciséis	16 sedici	16 dezaseis	16 on altı	16 ΔΕΚΑΕΞΗ
17 diecisiete	17 diciassiete	17 dezasete	17 on yedi	17 ΔΕΚΑΕΠΤΑ
18 dieciocho	18 diciotto	18 dezoito	18 on sekiz	18 ΔΕΚΑΟΚΤΩ
19 diecinueve	19 diciannove	19 dezanove	19 on dokuz	19 ΔΕΚΑ ΕΝΝΕΑ
20 veinte	20 venti	20 vinte	20 yirmi	20 ΕΙΚΟΣΙ
30 treinta	30 trenta	30 trinta	30 otuz	30 ΤΡΙΑΝΤΑ
40 cuaranta	40 quaranta	40 quarenta	40 kırk	40 ΣΑΡΑΝΤΑ
50 cincuenta	50 cinquanta	50 cinquenta	50 elli	50 ΠΕΝΗΝΤΑ
60 sesenta	60 sessanta	60 sessenta	60 altmıʃ	60 ΕΞΗΝΤΑ
70 setenta	70 settanta	70 setenta	70 yetmiʃ	70 ΕΒΔΟΜΗΝΤΑ
80 ochenta	80 ottanta	80 oitenta	80 seksen	80 ΟΓΔΟΝΤΑ
90 noventa	90 novanta	90 noventa	90 doksan	90 ΕΝΝΕΝΗΝΤΑ
100 ciento	100 cento	100 cem	100 yüz	100 ΕΚΑΤΟ
1000 mil	1000 mille	1000 mil	1000 bin	1000 ΧΙΛΙΑ
1m millón	1m milione	1m milhão	1m milyon	1M ΕΚΑΤΟΜΜΥΡΙΟ

ENGLISH	FRANÇAIS	DEUTSCH	NEDERLANDS	DANSK
15 GENERAL REFERENCE	**GENERALITES**	**ALLGEMEINE HINWEISE**	**ALGEMENE VERWIJZING**	**DIVERSE**
Clock times	**Heures**	**Uhrzeit**	**Kloktijden**	**Klokkeslæt**
1 o'clock, hours	1 heures	1 Uhr	1 uur	1 klokken
2 am	2 matin	2 vormittags	2 voormiddag	2 formiddag
3 pm	3 après-midi/soir	3 nachmittags	3 namiddag	3 eftermiddag
4 fifteen minutes past…	4 et quart	4 fünfzehn Minuten nach…	4 kwart over…	4 kvarter over
5 fifteen minutes to…	5 moins le quart	5 fünfzehn Minuten vor…	5 kwart voor…	5 kvarter i
6 half-past six	6 six heures et demie	6 halb sieben	6 half zeven	6 halv syv
7 noon	7 midi	7 Mittag	7 middag	7 middag
8 midnight	8 minuit	8 Mitternacht	8 middernacht	8 midnat
9 morning	9 matin	9 Morgen	9 morgen, ochtend	9 morgen
10 afternoon	10 après-midi	10 Nachmittag	10 namiddag	10 eftermiddag
11 evening	11 soirée	11 Abend	11 avond	11 aften
12 night	12 nuit	12 Nacht	12 nacht	12 nat
Colours	**Couleurs**	**Farben**	**Kleuren**	**Farver**
1 black	1 noir	1 schwarz	1 zwart	1 sort
2 red	2 rouge	2 rot	2 rood	2 rød
3 green	3 vert	3 grün	3 groen	3 grøn
4 yellow	4 jaune	4 gelb	4 geel	4 gul
5 white	5 blanc	5 weiß	5 wit	5 hvid
6 orange	6 orange	6 orange	6 oranje	6 orange
7 violet	7 violet	7 violett	7 violet	7 violet
8 brown	8 marron	8 braun	8 bruin	8 brun
9 blue	9 bleu	9 blau	9 blauw	9 blå
10 grey	10 gris	10 grau	10 grijs	10 grå
Countries	**Pays**	**Länder**	**Landen**	**Lande**
1 Britain	1 Grande-Bretagne	1 Großbritannien	1 Engeland	1 England
2 Denmark	2 Danemark	2 Dänemark	2 Denemarken	2 Danmark
3 France	3 France	3 Frankreich	3 Frankrijk	3 Frankrig
4 Germany	4 Allemagne	4 Deutschland	4 Duitsland	4 Tyskland
5 Greece	5 Grèce	5 Griechenland	5 Griekenland	5 Grækenland
6 Italy	6 Italie	6 Italien	6 Italië	6 Italien

ESPAÑOL	ITALIANO	PORTUGUÊS	TÜRKÇE	ΕΛΛΗΝΙΚΑ (GREEK)
REFERENCIAS GENERALES	**ESPRESSIONI GENERALI**	**REFÊRENCIAS GERAIS**	**GENEL REFERANS**	**ΓΕΝΙΚΕΣ ΑΝΑΦΟΡΕΣ**

La hora	**Ora**	**Horas**	**Saatler**	**ΩΡΕΣ**
1 en punto, horas	1 ore	1 horas	1 saat	1 ΩΡΑ
2 am	2 am	2 antes do meio dia	2 öğleden önce	2 Π Μ
3 pm	3 pm	3 depois do meio dia	3 öğleden sonra	3 Μ Μ
4 son las … y cuarto	4 le … e un quarto	4 quinze minutos depois	4 onbeş dakika geçe	4 ΕΝΑ ΤΕΤΑΡΤΟ ΜΕΤΑ ΑΠΟ…
5 son las … menos cuarto	5 le … meno un quarto	5 quinze minutos para	5 onbeş dakika kala	5 ΕΝΑ ΤΕΤΑΡΤΟ ΠΡΙΝ ΑΠΟ…
6 son las … y media	6 le sei e mezza	6 seis e meia	6 altıbuçuk	6 ΕΞΙ ΚΑΙ ΜΙΣΗ
7 mediodía	7 mezzogiorno	7 meio dia	7 öğle vakti	7 ΜΕΣΗΜΕΡΙ
8 medianoche	8 mezzanotte	8 meia noite	8 gece yarısı	8 ΜΕΣΑΝΥΧΤΑ
9 mañana	9 mattino	9 de manhã	9 sabah	9 ΠΡΩΙ
10 tarde	10 pomeriggio	10 tarde	10 öğleden sonra	10 ΑΠΟΓΕΥΜΑ
11 anochecer	11 sera	11 de tarde	11 akşam	11 ΒΡΑΔΥ
12 noche	12 notte	12 à noite	12 gece	12 ΝΥΧΤΑ

Colores	**Colori**	**Côres**	**Renkler**	**ΧΡΩΜΑΤΑ**
1 negro (n)	1 nero	1 preto	1 siyah, kara	1 ΜΑΥΡΟ
2 rojo (r)	2 rosso	2 encarnado	2 kırmızı	2 ΚΟΚΚΙΝΟ
3 verde (v)	3 verde	3 verde	3 yeşil	3 ΠΡΑΣΙΝΟ
4 amarillo (am)	4 giallo	4 amarelo	4 sarı	4 ΚΙΤΡΙΝΟ
5 blanco (b)	5 bianco	5 branco	5 beyaz	5 ΑΣΠΡΟ
6 naranja	6 arancione	6 laranja	6 turuncu	6 ΠΟΡΤΟΚΑΛΙ
7 violeta	7 violetto	7 violeta	7 mor	7 ΜΩΒ
8 marrón, pardo (p)	8 marrone	8 castanho	8 kahverengi	8 ΚΑΦΕ
9 azul (az)	9 blu, azzurro	9 azul	9 mavi	9 ΜΠΛΕ
10 gris	10 grigio	10 cinzento	10 gri	10 ΓΚΡΙΖΟ

Países	**Paesi**	**Países**	**Ülkeler**	**ΧΩΡΕΣ**
1 Gran Bretaña	1 Inghilterra	1 Inglaterra	1 Britanya	1 ΑΓΓΛΙΑ
2 Dinamarca	2 Danimarca	2 Dinamarca	2 Danimarka	2 ΔΑΝΙΑ
3 Francia	3 Francia	3 França	3 Fransa	3 ΓΑΛΛΙΑ
4 Alemania	4 Germania	4 Alemanha	4 Almanya	4 ΓΕΡΜΑΝΙΑ
5 Grecia	5 Grecia	5 Grécia	5 Yunanistan	5 ΕΛΛΑΔΑ
6 Italia	6 Italia	6 Italia	6 İtalya	6 ΙΤΑΛΙΑ

ENGLISH	FRANÇAIS	DEUTSCH	NEDERLANDS	DANSK
15 GENERAL REFERENCE	**GENERALITES**	**ALLGEMEINE HINWEISE**	**ALGEMENE VERWIJZING**	**DIVERSE**

Countries / Pays / Länder / Landen / Lande

Countries	Pays	Länder	Landen	Lande
7 Netherlands	7 Pays-Bas	7 Niederlande	7 Nederland	7 Holland
8 Portugal	8 Portugal	8 Portugal	8 Portugal	8 Portugal
9 Spain	9 Espagne	9 Spanien	9 Spanje	9 Spanien
10 Turkey	10 Turquie	10 Türkei	10 Turkije	10 Tyrkiet

Materials / Matériaux / Materialien / Materialen / Materialer

Metals	*Métaux*	*Metalle*	*Metaalsoorten*	*Metaller*
1 copper	1 cuivre	1 Kupfer	1 koper	1 kobber
2 brass	2 laiton	2 Messing	2 messing	2 messing
3 bronze	3 bronze	3 Bronze	3 brons	3 bronze
4 lead	4 plomb	4 Blei	4 lood	4 bly
5 tin	5 étain	5 Zinn	5 tin	5 tin
6 nickel	6 nickel	6 Nickel	6 nikkel	6 nikkel
7 iron	7 fer	7 Eisen	7 ijzer	7 jern
8 cast iron	8 fonte	8 Gusseisen	8 gietijzer	8 støbejern
9 mild steel	9 acier doux	9 Walzstahl	9 weekijzer	9 stål
10 stainless steel	10 acier inoxydable, inox	10 rostfreier Stahl	10 roestvrij staal	10 rustfrit stål
11 chromium	11 chrome	11 Chrom	11 chroom	11 krom
12 zinc	12 zinc	12 Zink	12 zink	12 zink
13 aluminium	13 aluminium	13 Aluminium	13 aluminium	13 aluminium
14 alloy	14 alliage	14 Legierung	14 legering	14 legering
15 gunmetal	15 bronze de canon	15 Geschützbronze	15 geschutsbrons	15 kanonmetal
16 silver	16 argent	16 Silber	16 zilver	16 sølv
17 gold	17 or	17 Gold	17 goud	17 guld
18 to galvanize	18 galvaniser	18 galvanisieren, verzinken	18 galvaniseren	18 at galvanisere
19 corrosion	19 corrosion	19 Korrosion	19 corrosie, roest	19 ruste/tære

Timber	*Bois*	*Holz*	*Houtsoorten*	*Tømmer*
1 oak	1 chêne	1 Eiche	1 eikenhout	1 eg
2 teak	2 teck	2 Teak	2 teakhout	2 teak
3 mahogany	3 acajou	3 Mahagoni	3 mahoniehout	3 mahogny
4 iroko	4 iroko	4 Iroko	4 irokoteak	4 iroko
5 elm	5 orme	5 Ulme	5 iepenhout	5 elm

ESPAÑOL

REFERENCIAS GENERALES

Países

7 Países Bajos
8 Portugal
9 España
10 Turquía

Materiales

Metales
1 cobre
2 latón
3 bronce
4 plomo
5 estaño
6 níquel
7 hierro
8 fundición, hierro fundido
9 acero dulce
10 acero inoxidable
11 cromo
12 zinc
13 aluminio
14 aleación
15 bronce de cañón

16 plata
17 oro
18 galvanizar
19 corrosión

Maderas
1 roble
2 teca
3 caoba
4 iroko

5 olmo

ITALIANO

ESPRESSIONI GENERALI

Paesi

7 Olanda
8 Portogallo
9 Spagna
10 Turchia

Materiali

Metalli
1 rame
2 ottone
3 bronzo
4 piombo
5 stagno
6 nichel
7 ferro
8 ghisa
9 acciaio dolce
10 acciaio inossidabile
11 cromo
12 zinco
13 alluminio
14 lega
15 bronzo duro

16 argento
17 oro
18 zincare
19 corrosivo

Legname
1 quercia
2 tek
3 mogano
4 iroko

5 olmo

PORTUGUÊS

REFÊRENCIAS GERAIS

Países

7 Holanda
8 Portugal
9 Espanha
10 Turquia

Materiais

Metáis
1 cobre
2 latão
3 bronze
4 chumbo
5 estanho
6 níquel
7 ferro
8 ferro fundido
9 ferro temperado
10 aço inoxidável
11 cromo
12 zinco
13 aluminio
14 liga
15 liga de cobre e zinco ou estanho
16 prata
17 ouro
18 galvanisar
19 corrosão

Madeiras
1 carvalho
2 teca
3 mogno
4 iroco, madeira africana rija
5 ulmo

TÜRKÇE

GENEL REFERANS

Ülkeler

7 Hollanda
8 Portekiz
9 İspanya
10 Türkiye

Malzemeler

Metaller
1 bakır
2 pirinç
3 bronz
4 kurşun
5 kalay
6 nikel
7 demir
8 pik demir
9 yumuşak çelik
10 paslanmaz çelik
11 krom
12 çinko
13 alüminyum
14 alaşım
15 tung

16 gümüş
17 altın
18 galvaniz etmek
19 çürütücü, aşındırıcı

Ahşap/kereste
1 meşe
2 tik
3 maun
4 iroko

5 kara ağaç

ΕΛΛΗΝΙΚΑ (GREEK)

ΓΕΝΙΚΕΣ ΑΝΑΦΟΡΕΣ

ΧΩΡΕΣ

7 ΟΛΛΑΝΔΙΑ
8 ΠΟΡΤΟΓΑΛΙΑ
9 ΙΣΠΑΝΙΑ
10 ΤΟΥΡΚΙΑ

ΥΛΙΚΑ

ΜΕΤΑΛΛ
1 ΧΑΛΚΟΣ
2 ΜΠΡΟΥΝΤΖΟΣ
3 ΜΠΡΟΥΝΤΖΟΣ
4 ΜΟΛΥΒΙ
5 ΚΑΣΣΙΤΕΡΟΣ
6 ΝΙΚΕΛΙΟ
7 ΣΙΔΗΡΟΣ
8 ΧΥΤΟΣΙΔΗΡΟΣ
9 ΑΤΣΑΛΙ
10 ΑΝΟΞΕΙΔΩΤΟ ΑΤΣΑΛΙ
11 ΧΡΩΜΙΟ
12 ΨΕΥΔΑΡΓΥΡΟΣ
13 ΑΛΟΥΜΙΝΙΟ
14 ΚΡΑΜΑ
15 ΕΡΥΘΡΟΣ ΟΡΕΙΧΑΛΚΟΣ

16 ΑΣΗΜΙ
17 ΧΡΥΣΟΣ
18 ΝΑ ΓΑΛΒΑΝΙΣΩ
19 ΔΙΑΒΡΩΤΙΚΟ

ΞΥΛΕΙΑ
1 ΔΡΥΣ
2 ΤΙΚ
3 ΜΑΟΝΙ
4 ΙΡΟΚΟ

5 ΦΤΕΛΙΑ

ENGLISH	FRANÇAIS	DEUTSCH	NEDERLANDS	DANSK
15 GENERAL REFERENCE	**GENERALITES**	**ALLGEMEINE HINWEISE**	**ALGEMENE VERWIJZING**	**DIVERSE**
Materials	**Matériaux**	**Materialien**	**Materialen**	**Materialer**
Timber	***Bois***	***Holz***	***Houtsoorten***	***Tømmer***
6 spruce	6 spruce	6 Fichte	6 sparrenhout	6 gran
7 cedar	7 cèdre	7 Zeder	7 ceder	7 ceder
8 pitch pine	8 pitchpin	8 Pitchpine, Pechkiefer	8 Amerikaans grenen	8 pitch pine
9 ash	9 frêne	9 Esche	9 essenhout	9 ask
10 larch	10 mélèze	10 Lärche	10 lorkenhout, larikshout	10 lærk
11 lignum vitae	11 gaîac	11 Pockholz	11 pokhout	11 pokkenholt
12 seasoned timber	12 bois sec, bois sèché	12 abgelagertes Holz	12 uitgewerkt hout	12 lagret/tørt træ
13 rot	13 pourriture	13 Fäulnis	13 vuur, rot	13 råd
14 dry rot	14 pourriture sèche	14 Trockenfäule	14 droog vuur	14 tør råd
15 steamed	15 ployé à la vapeur	15 dampfgeformt	15 gestoomd	15 dampet/kogt
16 laminated	16 contré, laminé	16 laminiert	16 gelamineerd	16 lamineret
17 grain	17 fil ou grain du bois	17 Faser	17 draad	17 årer
Plastics	***Plastiques***	***Plastik***	***Kunststoffen***	***Plastic***
1 Cellophane™ (cellulose acetate)	1 Cellophane™ (acétate de cellulose)	1 Zellophan™ (Zelluloseazetat)	1 Cellofaan™	1 Cellofan™ (cellulose acetat)
2 nylon (polyamide)	2 nylon (polyamide)	2 Nylon	2 nylon	2 nylon (polyamid)
3 polythene (polyethylene)	3 polythène (polyethylène)	3 Polyaethylen	3 polytheen	3 polythen (polyetylen)
4 Propathene™ (polypropylene)	4 Propathène™ (polypropylène)	4 Polypropylen™	4 Propatheen™	4 polypropylen
5 PVC (polyvinyl chloride)	5 PVC	5 PVC	5 pvc	5 PVC
6 PTFE, Teflon™ (polytetrafluorethylene)	6 Téflon™	6 Teflon™	6 Teflon™	6 Teflon™
7 polyester, Terylene™ Dacron™ (polyethyl terephthallate)	7 polyester, Terylene™, Dacron™ (polyethyl terephthallate)	7 Polyester, Terylen™, Dacron™	7 polyester, Terylene™, Dacron™	7 polyester, Terylene™, Dacron™
8 Kevlar™ (polyaramid)	8 Kevlar™ (aramide)	8 Kevlar™	8 Kevlar™	8 Kevlar™
9 Neoprene™	9 Neoprène™	9 Neopren™	9 Neopreen™	9 Neopren™
10 acrylic (polyacrylonitrile)	10 acrylique (polyacrylonitrile)	10 Acryl	10 acryl	10 akryl

ESPAÑOL

REFERENCIAS GENERALES

Materiales

Maderas
6 abeto
7 cedro
8 pino tea
9 fresno
10 alerce
11 palo santo

12 madera seca, curada
13 podredumbre
14 carcoma
15 tratado con vapor

16 laminado
17 veta

Materias plásticas
1 Celofán™ (celulosa acetato)
2 nilón (poliamida)
3 politeno (polietileno)
4 Propateno™ (polipropileno)
5 PVC (cloruro de polivinilo)
6 Teflon™ (politetra-fluoretileno)
7 poliéster, Terylene™, Dacron™ (polietileno)
8 Kevlar™ (poliamida)
9 Neopreno™
10 acrílico (poliacrílico)

ITALIANO

ESPRESSIONI GENERALI

Materiali

Legname
6 abete (rosso)
7 cedro del Libano
8 pitch pine
9 frassino
10 larice
11 legno santo

12 legname stagionato
13 marcio
14 carie secca
15 curvato a vapore

16 laminato
17 venatura

Materie plastiche
1 cellofan™ (acetato di cellulosa)
2 nylon, nailon (poliamide)
3 politene (polietilene)
4 polipropilene
5 PVC (cloruro polivinilico)
6 PTFE, Teflon™ (politetrafluoroetilene)
7 poliestere, Terital™, Dacron™ (tereftalato polietilico)
8 Kevlar™ (poliaramide)
9 Neoprene™
10 resina acrilica (poliacrilonitrile)

PORTUGUÊS

REFÊRENCIAS GERAIS

Materiais

Madeiras
6 spruce
7 cedro
8 pitch pine
9 freixo
10 larico
11 lignum vitæ, gaiaco

12 sêca
13 garruncho
14 garruncho, está podre
15 de estufa a vapor

16 laminado
17 graínha

Plásticos
1 Celofane™ (celulose)
2 nilon (poliamida)
3 politene (polietileno)
4 Propatene™ (polipropileno)
5 PVC
6 Teflon™
7 poliester, Dacron™
8 Kevlar™
9 Neoprene™
10 acrílico

TÜRKÇE

GENEL REFERANS

Malzemeler

Ahşap/kereste
6 ladin
7 sedir
8 katran çamı
9 dişbudak
10 lariks, melez kuzey çamı
11 peygamber ağacı

12 kurutulmuş/fırınlı ağaç
13 çürüme, çürük
14 küf
15 istimlenmiş

16 lamine
17 ağacın damarı, suyu

Plastikler
1 Selofan™ (selüloz asetat)
2 naylon (polyamid)
3 polietilen
4 polipropilen™
5 PVC (polivinil klorid)
6 PTF, Teflon™
7 polyester, Terilen™, Dacron™
8 Kevlar™
9 Neopren™
10 akrilik

ΕΛΛΗΝΙΚΑ (GREEK)

ΓΕΝΙΚΕΣ ΑΝΑΦΟΡΕΣ

ΥΛΙΚΑ

ΞΥΛΕΙΑ
6 ΕΛΑΤΟ
7 ΚΕΔΡΟΣ
8 ΠΙΤΣ ΠΑΙΝ
9 ΜΕΛΙΚΟΥΝΙΑ
10 ΠΕΥΚΟ
11 ΛΕΝΙΟΣΑΝΤΟ – ΑΓΙΟΞΥΛΟ
12 ΞΗΡΑΜΕΝΗ ΞΥΛΕΙΑ
13 ΣΑΠΙΟ
14 ΣΑΡΑΚΟΦΑΓΩΜΕΝΟ
15 ΥΓΡΑΜΜΕΝΟ ΜΕ ΑΤΜΟ
16 ΛΑΜΙΝΑΡΙΣΜΕΝΟ
17 ΝΕΡΑ

ΠΛΑΣΤΙΚΑ
1 ΣΕΛΟΦΑΝ™
2 ΝΑΥΛΟΝ
3 ΠΟΛΥΑΙΘΥΛΕΝΙΟ
4 ΠΟΛΥΠΡΟΠΥΛΕΝΙΟ™
5 ΠΙ ΒΙ ΣΙ
6 ΤΕΦΛΟΝ™
7 ΠΟΛΥΕΣΤΕΡΑΣ ΤΕΡΙΛΕΝ™-ΝΤΑΚΡΟΝ™
8 ΚΕΒΛΑΡ™
9 ΝΕΟΠΡΕΝΙΟ™
10 ΑΚΡΥΛΙΚΟ

Weights and measures

Metres	METRES–FEET Feet or Metres	Feet
0,31	1	3,28
0,61	2	6,56
0,91	3	9,84
1,22	4	13,12
1,52	5	16,40
1,83	6	19,69
2,13	7	22,97
2,44	8	26,25
2,74	9	29,53
3,05	10	32,81
6,10	20	65,62
9,14	30	98,42
12,19	40	131,23
15,24	50	164,04
30,48	100	328,09

1 metre = 3,280845 feet
1 foot = 0,3047995 metres

IMPERIAL MEASURES

12	inches	=	1 foot: 3 feet = 1 yard
6	feet		1 fathom
100	fathoms		1 cable
6080	feet	=	10 cables = 1 nautical mile
1852	metres		1 nautical mile
1760	yards	=	5280 feet = 1 statute mile
16	oz (ounces)		1 lb
14	lb (pounds)		1 stone
112	lb		1 cwt
20	cwt (hundred-weight)		1 ton
2	pints	=	1 quart: 4 quarts = 1 gallon

Cm	CENTIMETRES–INCHES In or Cm	In
2,54	1	0,39
5,08	2	0,79
7,62	3	1,18
10,16	4	1,57
12,70	5	1,97
15,24	6	2,36
17,78	7	2,76
20,32	8	3,15
22,86	9	3,54
25,40	10	3,94
50,80	20	7,87
76,20	30	11,81
101,60	40	15,75
127,00	50	19,69
254,00	100	39,37

1 inch = 2,539996 centimetres
1 centimetre = 0,3937014 inches

CUBIC CAPACITY

1 cu inch	16,387	cc
1 cu foot (1728 cu in)	0,028	cm
1 cu yard (27 cu ft)	0,765	cm
1 cu centimetre	0,061	cu in
1 cu decimetre	61,023	cu in
1 cu metre (1000 cdm)	35,315	cu ft
1 cu metre	1,31	cu yd

Kg	KILOGRAMS–POUNDS Lb or Kg	Lb
0,45	1	2,20
0,91	2	4,41
1,36	3	6,61
1,81	4	8,82
2,27	5	11,02
2,72	6	13,23
3,18	7	15,43
3,63	8	17,64
4,08	9	19,84
4,54	10	22,05
9,07	20	44,09
13,61	30	66,14
18,14	40	88,19
22,68	50	110,23
45,36	100	220,46

1 kilogram = 2,20462 lb
1 ton = 1016,05 kg
1 lb = 0,45359 kilograms
1 tonne = 2204,62 lb

LB/IN²–KG/CM²

Lb/in²	Kg/cm²	Lb/in²	Kg/cm²
10	0,703	32	2,250
12	0,844	34	2,390
14	0,984	36	2,531
16	1,125	40	2,812
18	1,266	45	3,164
20	1,406	50	3,515
22	1,547	60	4,218
24	1,687	70	4,921
26	1,828	80	5,625
28	1,969	90	6,328
30	2,109	100	7,031

TEMPERATURE

Celsius	Fahrenheit
–30	–22
–20	–4
–10	+14
–5	+23
0	+32
+5	+41
+10	+50
+20	+68
+30	+85
+36,9	+98,4
+37,2	+99
+38,8	+100
+38,3	+101
+38,9	+102
+39,4	+103
+40	+104
+41,1	+106
+50	+122
+60	+140
+70	+158
+80	+176
+90	+194
+100	+212

LITRES–IMPERIAL GALLONS

Litres	Litres or Gals	Gals
4,55	1	0,22
9,09	2	0,44
13,64	3	0,66
18,18	4	0,88
22,73	5	1,10
27,28	6	1,32
31,82	7	1,54
36,37	8	1,76
40,91	9	1,98
45,46	10	2,20
90,92	20	4,40
136,38	30	6,60
181,84	40	8,80
227,30	50	11,10
340,95	75	16,50
454,60	100	22,00
909,18	200	44,00
2272,98	500	110,00
4545,96	1000	220,00

1,42 dcls = 1/4 pint
2,48 dcls = 1/2 pint
5,68 dcls = 1 pint
5,68 dcls = 1/8 gallon

Beaufort scale	Knots	Metres per second
0	0–1	0–0,2
1	1–3	0,3–1,5
2	4–6	1,6–3,3
3	7–10	3,4–5,4
4	11–16	5,5–7,9
5	17–21	8–10,7
6	22–27	10,8–13,8
7	28–33	13,9–17,1
8	34–40	17,2–20,7
9	41–47	20,8–24,4
10	48–55	24,5–28,4
11	56–63	28,5–32,6
12	64	32,7

METRES–FATHOMS

Metres	Fathoms	Feet
0,91	1/2	3
1,83	1	6
3,66	2	12
5,49	3	18
7,32	4	24
9,14	5	30
18,29	10	60
36,58	20	120
54,86	30	180

METRES^2–FEET^2

Metres^2		Feet^2
0,09	1	10,76
0,93	10	107,64
1,86	20	215,28
2,79	30	322,92
3,72	40	430,56
4,65	50	538,19
5,57	60	645,83
6,50	70	753,47
7,43	80	861,11
8,36	90	968,75
9,29	100	1076,39

ROPE

In the UK rope is measured by its circumference.
In Europe, rope is measured by its diameter.
A formula to convert these dimensions is: Circumference in inches = $\frac{\text{Diameter in mm}}{8}$